Cruise Industry

中国与东盟国家
邮轮产业协同发展的
合作机制与实现路径研究

The Research on the Cooperation Mechanism and
Implementation Path of the Coordinated Development of
the Cruise Industry between China and ASEAN Countries

孙妍 等◎著

经济管理出版社
ECONOMY & MANAGEMENT PUBLISHING HOUSE

图书在版编目（CIP）数据

中国与东盟国家邮轮产业协同发展的合作机制与实现路径研究/孙妍等著 . —北京：经济管理出版社，2023.12

ISBN 978-7-5096-9419-0

Ⅰ.①中…　Ⅱ.①孙…　Ⅲ.①旅游船—产业发展—研究—中国、东南亚国家联盟　Ⅳ.①F426.474 ②F433.64

中国国家版本馆 CIP 数据核字（2023）第 213417 号

组稿编辑：梁植睿
责任编辑：梁植睿
助理编辑：亢文琴　姜玉满　詹　静
责任印制：黄章平
责任校对：张晓燕

出版发行：经济管理出版社
　　　　　（北京市海淀区北蜂窝 8 号中雅大厦 A 座 11 层　100038）
网　　址：www.E-mp.com.cn
电　　话：（010）51915602
印　　刷：唐山玺诚印务有限公司
经　　销：新华书店
开　　本：720mm×1000mm/16
印　　张：19.25
字　　数：389 千字
版　　次：2023 年 12 月第 1 版　　2023 年 12 月第 1 次印刷
书　　号：ISBN 978-7-5096-9419-0
定　　价：88.00 元

前　言

随着经济全球化的深入发展，大型邮轮公司开始在全球范围内拆分邮轮产业链的各个环节，利用各国在资本、技术、人力、政策上的差异，通过价值链拆分实现全球旅游资源的最佳配置。面对邮轮产业国际分工格局以及产业转移的趋势，中国应如何参与国际分工并实现产业协同发展呢？本书拟围绕中国与东盟国家邮轮产业合作问题，未雨绸缪地展开研究，以便为我国积极参与海洋产业国际分工及合作提供智力储备。本书中所涉及的东盟国家包括越南、柬埔寨、泰国、马来西亚、新加坡、文莱、印度尼西亚、菲律宾共八个国家。中国与东盟国家互为区域内主要邮轮旅游目的地和客源国，一直在积极推动邮轮产业合作。"海上丝绸之路"构想符合中国与东盟国家和地区的共同需求，为各地区优势互补、协同发展创造了合作基础。中国与东盟国家邮轮产业合作可以推动区域内经济发展，对"新海上丝绸之路"建设、"一带一路"倡议的实施、海洋经济的可持续发展意义非凡。

中国与东盟国家邮轮产业协同发展可以有效推动区域内海洋产业经济发展，增强互信，促进文化交流，对于扩大海洋经济合作领域、促进海洋旅游资源的共同开发、构建利益共同体和责任共同体具有重要的战略意义。本书拟从中国与东盟国家邮轮产业协同发展的角度深入探讨合作机制，并提出邮轮产业协同发展的实现路径，为我国深度融入东盟国家海洋产业合作提供理论参考，因此，本书中的研究极具理论价值与重大战略性实践意义。

本书的主要研究内容和重要观点如下：

第一编概述了中国与东盟国家邮轮产业发展和合作现状。第一，介绍了中国与东盟国家邮轮产业资源基础。其中，邮轮旅游资源部分主要介绍了各国所具有的滨海旅游资源，如海岸线、海岛、风土人情；基础设施部分主要介绍了各国现有的邮轮母港、停靠港、经停港的情况。第二，介绍了中国与东盟国家邮轮产业发展现状。具体内容主要包括：各国邮轮产业发展现状，如邮轮设计及修造业、邮轮营运业、邮轮航运及商贸服务业等发展状况、问题及趋势；各国在邮轮产业链上、中、下游的比较优势等。第三，介绍了中国与东盟国家邮轮产业合作概况和现有的合作模式，分析了中国与东盟国家邮轮产业合作的困境。

第二编对中国与东盟国家邮轮产业研究中所涉及的创新理论进行了研究。第一，从协同博弈的理论视角分析了邮轮产业参与主体之间策略行为的相互影响和作用机制，以探寻邮轮产业协同发展的理论基础。第二，从区域分工的理论视角，研究了区域之间的互补性，探讨了区域邮轮产业合作的基础以及产业合作的效应。第三，从理论创新的角度对邮轮全产业链的构建及运行效应进行了理论分析，以探寻各国邮轮产业通过价值链拆分及整合实现中国与东盟国家邮轮产业资源科学合理配置的机制。上述研究旨在实现理论上的重要突破，为我国与东盟国家合作发展邮轮产业提供理论依据。

第三编研究了中国与东盟国家邮轮产业协同发展的资源整合机制。第一，分析了中国与东盟国家邮轮产业资源整合的基础。首先，利用核密度估算工具Arc-GIS绘制了中国与东盟国家自然与人文旅游资源点位图、邮轮港口的空间布局点位图，以此进行核密度分析；其次，运用SPSS、DEA等数理分析工具对邮轮产业相关资源进行了数理分析，评价了中国与东盟国家邮轮产业资源的优势度，计算了邮轮产业资源整合效率。第二，从邮轮产业资源的融合、配置、利用三个层面探讨了资源整合的过程。首先，从邮轮产业资源融合机制的角度进一步分析了资源集聚、资源共享、资源耦合的过程、方式和保障等问题；其次，从邮轮产业资源配置机制的角度深入分析了资源配置的原则、模式和策略；再次，从邮轮产业资源利用机制的角度，探讨了资源利用的方式、过程和策略，一方面基于地域分工理论和要素禀赋理论探讨了邮轮产业资源利用的方式，另一方面从邮轮上下游产业链和生产要素资源利用的角度分析了资源利用的过程；最后，从资源利用的角度提出了提高资源利用效率的策略。第三，提出了中国与东盟国家邮轮产业资源整合的基本思路及保障机制。首先，从时空优化的角度研究了中国与东盟国家邮轮产业资源整合的时间顺序和空间结构；其次，基于邮轮上、下游产业链和生产要素资源整合的角度提出了邮轮产业资源整合的基本思路；最后，分别从三个层面提出了资源整合的保障机制。这些机制具体包括：政府层面，应从经济合作、政策开放和建立各国认同的邮轮产业法律监管协调体系视角建立保障机制；产业层面，应强化邮轮产业双边、多边合作机制，建立邮轮产业信息网络共享机制，充分发挥邮轮产业跨国联盟和国际合作组织的作用，以推动邮轮产业发展；企业层面，应建立跨国邮轮企业战略联盟合作创新、分散风险、技术资源共享等方面的机制。

第四编研究了中国与东盟国家邮轮产业协同发展的互信机制。第一，运用历史研究法介绍了各国建立互信的历史及现状，具体包括各国互信的历程、合作机制以及合作机制框架下的部分磋商成果。第二，探讨了中国与东盟部分国家在互信背景下的区域产业合作。第三，从各国关系的角度分析了各国互信面临的挑战，并且提出了建立互信机制的途径，如各国积极培育互信，加强人文交流互通，构建海洋命运共同体，共建国际组织，加强非传统安全合作，完善国际新秩序，以及在新安全观的基础上共建区域邮轮产业合作框架。中国与东盟国家建立合作关系的基础在于互信，各国邮轮产业协同发展也离不开互信。

第五编研究了中国与东盟国家邮轮产业协同发展的利益相关者均衡机制。第一，界定了利益相关者的概念及范畴，将中国与东盟国家邮轮产业利益相关者划分为直接利益相关者和间接利益相关者。第二，着手建立了利益相关者动态博弈模型，从利益相关者多主体博弈分析着手，构建了邮轮运营公司与政府机构的演化博弈模型、邮轮运营企业与消费者的信号博弈模型、邮轮企业与本地居民的不完全信息动态博弈模型、中国与东盟国家地方政府之间的动态博弈模型、中国与东盟国家政府之间的协同博弈模型，并利用构建的演化博弈模型、信号博弈模型、不完全信息动态博弈模型、协同博弈模型等深入研究了邮轮产业利益相关者在不同条件下的反应模式。第三，根据上述分析结果提出了相应的策略：优化利益相关者共同参与机制，优化利益相关者利益补偿机制，优化利益整合和分配机制，理顺利益相关者信息共享与管理机制，完善利益相关者法律保障机制等。

第六编研究了中国与东盟国家邮轮产业协同发展的全产业链构建机制。第一，对全产业链的概念和特征进行了界定，并针对邮轮全产业链研究进行了理论创新。第二，分析了邮轮全产业链构建的动力机制、主导环节以及动力强化机制的构成与运转，并基于内部动力和外部动力的视角分析了全产业链构建的动因，以邮轮全产业链的生产价值、市场价值和消费价值为切入点构建了动力强化机制的运转模型。第三，研究了邮轮全产业链的价值增值机制，运用 DEMATEL-ISM 方法对邮轮产业链环节增值的影响因素进行了筛选，并结合筛选出的影响因素构建了全产业链增值路径模型，从博弈论的视角研究了全产业链上游、中游和下游的增值路径。第四，研究了邮轮全产业链协同合作机制，具体分析了产业链协同机制的内涵，并从协同创新、共链协同和环保协同的角度分析了邮轮全产业链协同合作机制。

第七编着力探讨了中国与东盟国家邮轮产业协同发展的实现路径。第一，分析了中国与东盟国家邮轮产业协同发展的总体思路与目标，提出了互信、互利共赢、因地制宜和高效整合的总体思路，以及区域均衡发展、区域经济增长、相对利益最大化、要素资源流动共享和环境承载能力提升的协同发展目标。第二，分析了中国与东盟国家邮轮产业协同发展的实现路径，提出了加强互信、构建政府主导的合作机制、构建区域邮轮价值链、促进邮轮产业资源的共享、实现利益相关者均衡等建议。

中国与东盟国家邮轮产业协同发展可以有效推动区域内海洋产业经济发展，增强互信，促进文化交流，对于扩大海洋经济合作领域、促进海洋旅游资源的共同开发、构建利益共同体和责任共同体具有重要的战略意义。

本书包括八个部分，共二十二章，写作分工情况如下：绪论——孙妍；第一章——孙妍、许晓涛、王刚；第二章——孙妍；第三章——孙妍；第四章——孙妍；第五章——孙妍；第六章——孙妍；第七章——孙妍、王刚；第八章——孙妍、王刚；第九章——孙妍、王刚；第十章——孙妍；第十一章——孙妍；第十二章——孙妍、许晓涛；第十三章——孙妍、陈哲锋；第十四章——孙妍、陈哲锋；第十五章——孙妍、陈哲锋；第十六章——孙妍；第十七章——孙妍；第十八章——孙妍；第十九章——孙妍；第二十章——孙妍、刘婷；第二十一章——孙妍。孙妍负责本项研究的设计、修改与本书的统稿、定稿等事宜。

目　录

第一编　中国与东盟国家邮轮产业发展及
合作现状研究

第四编　中国与东盟国家邮轮产业协同发展的互信机制研究

第五编　中国与东盟国家邮轮产业协同发展的利益相关者均衡机制研究

第六编 中国与东盟国家邮轮产业协同发展的 全产业链构建机制研究

第七编　中国与东盟国家邮轮产业协同发展的实现路径研究

绪　论

第一节　研究背景、理论意义及应用价值

一、研究背景

随着经济全球化的深入发展，大型邮轮公司开始在全球范围内拆分邮轮产业链的各个环节，利用各国在资本、技术、人力、政策上的差异，通过价值链拆分实现全球旅游资源的最佳配置，面对邮轮产业国际分工格局以及产业转移的趋势，中国应如何参与国际分工并实现产业协同发展呢？本书拟围绕中国与东盟国家邮轮产业合作问题，未雨绸缪地展开研究，以便为我国积极参与海洋产业国际分工及合作提供智力储备。本书中所涉及的东盟国家包括越南、柬埔寨、泰国、马来西亚、新加坡、文莱、印度尼西亚、菲律宾共八个国家。中国与东盟国家互为区域内主要邮轮旅游目的地和客源国，一直在积极推动邮轮产业合作。"海上丝绸之路"构想符合中国与东盟国家和地区的共同需求，为各地区优势互补、协同发展创造了合作基础。中国与东盟国家邮轮产业合作可以推动区域内经济发展，对"新海上丝绸之路"建设、"一带一路"倡议的实施、海洋经济的可持续发展意义非凡。

本书拟从中国与东盟国家邮轮产业协同发展的角度深入探讨合作机制，并提出邮轮产业协同发展的实现路径，为我国深度融入中国与东盟国家海洋产业合作提供理论参考，因此，本书的研究极具理论价值与重大战略性实践意义。

二、国内外相关研究的学术史梳理及研究动态

（一）古典与新古典经济学家的区域产业分工合作观

理论界对于区域产业分工合作的讨论源于古典经济学家对国际贸易问题的研究。马克思在《资本论》中表达了区域产业分工的思想。亚当·斯密最早提出了绝对优势论和地域分工理论，此后大卫·李嘉图提出了基于比较优势论的国际分工模式。赫克歇尔、俄林提出了要素禀赋论，用于解释产业分工的原因及产业合作的方式。

（二）关于邮轮产业分工及产业链的研究

Wood（2000）探讨了加勒比邮轮产业全球化分工的三种表现形式，即全球竞争、资本流动、劳动力转移背景下的行业调整。马聪玲（2013）指出，邮轮产业链各个环节在全球范围内的分工布局，既存在不同产业间的分工，也存在同一产品不同环节的分工。金嘉晨（2013）认为，邮轮产业链主要由上游的邮轮设计建造环节、中游的邮轮运营环节、下游的邮轮配套服务环节共同构成。李霞（2014）认为，专业化分工有助于长三角地区在不同的产业上实现互补，从而形成完整的邮轮产业链，同时区域协作制度的建设是长三角地区邮轮产业联动的保障和关键。孙妍（2017）基于产业关联理论，采用投入产出分析法，选取国家统计局编制的 2007 年及 2012 年投入产出表相关数据对邮轮经济产业关联度进行了测算，以揭示邮轮产业与相关产业的结构关系和变动状态。叶欣梁（2020）认为，邮轮产业链的链族式模式，不仅包括邮轮、邮轮运营及旅游活动各环节主体，还包括依托邮轮产业的设计建造、经营管理、票务销售、游客消费等环节所形成的服务链。

（三）关于邮轮产业区域合作机制的研究

Hall 和 Braithwaite（1990）指出，加勒比海地区政府与邮轮旅游企业的合作对发展邮轮旅游将起到重要作用。Vogel 和 Papathanassis（2009）则结合目前的旅游趋势和邮轮商业环境分析了亚洲邮轮市场，认为在推动东南亚或者东北亚地区邮轮产业发展的过程中，各国政府、邮轮企业等相关利益者需建立协同网络系统，并通过细分市场、制订营销计划、推广亚洲文化、提高服务意识等措施来构建亚洲邮轮品牌。Monpanthong（2018）通过对普吉岛和新加坡两个邮轮港口管理情况的对比分析，认为应该加强港口管理，使整个东南亚地区的邮轮旅游更具竞争力，同时要进一步研究如何启动东盟地区港口之间的合作网络，以推动区域邮轮旅游发展。王帷洋（2008）、魏培育（2012）认为，邮轮经济的合作必须以政府、邮轮行业协会和邮轮企业的三方合作为基础，政府应该成为区域邮轮经济的合作主体，区域邮轮合作机制需要同时包含政府间及邮轮旅游企业的合作。李

倩铭（2014）从宏观和微观的角度研究了邮轮旅游空间组织演变的驱动机制，认为把握各驱动力在邮轮旅游空间组织演变中的作用可以为邮轮旅游的区域合作开发提供基础。柳礼奎和焦慧元（2014）认为，强化市场主导的动力机制，理顺京津冀邮轮市场结构是京津冀邮轮产业区域合作的基础。许晓涛和孙妍（2021）认为，中国与东盟国家邮轮产业的区域合作可以通过港口管理、航线开发、市场营销、船舶制造等各个方面的分工协作合力推动产业发展。

（四）关于邮轮产业区域合作实现路径的研究

Dinkla（2005）认为，跨国港口应该建立一种新的区域合作关系以发展邮轮经济。苏枫（2014）提出，应重视区域竞合，打造高品质邮轮产业链及建立国际邮轮品牌航线，以构建泛北部湾邮轮旅游圈。门达明（2015）提出，可以通过邮轮港口和航线建设以及组建邮轮公司和船队，进而培育邮轮旅游消费市场以实现邮轮旅游区域合作。谢睿琳（2015）提出，可以利用港口优势以当地丰富的旅游资源构建邮轮旅游圈。倪菁（2016）从邮轮航线的合作开发、邮轮市场的合作共建和邮轮人才的合作培养角度提出了闽台合作开发邮轮旅游市场的设想。廖民生（2018）提出，应协商和制定区域旅游合作政策和服务标准，推动"21世纪海上丝绸之路"沿线国家、地区和城市之间的市场开放、航线共建和文化交流。

上述研究为本书的研究工作奠定了良好的理论基础，为后续的应用性研究指明了方向。但同时也应看到，学者们对中国与东盟国家邮轮产业合作发展缺乏系统性的研究，尚未掀起热潮。罕见的几份文献主要研究了中国与东盟国家邮轮旅游合作的必要性、合作的模式等，对中国与东盟国家邮轮产业协同发展合作机制的整体设计尚未涉及。未来的研究应在前人研究的基础上，基于可持续发展的视角，对中国与东盟国家邮轮产业协同发展进行深入细致的理论研究及战略研究，力争提出可操作性强的对策建议。

三、研究的学术价值和应用价值

（一）本书研究的学术价值

从经济学的角度看，邮轮产业是我国融入国际分工、参与国际市场竞争的典型产业，是我国服务业全面开放的重要内容。受各国生产力水平、科技发展、社会经济结构等社会经济条件以及地理环境、资源禀赋等自然条件的影响，邮轮产业链各个环节在全球范围内的分工布局，既存在不同产业间的分工，也存在同一产品不同环节的分工。本书拟从中国与东盟国家邮轮产业合作发展的视角进行创新理论研究，以期丰富劳动地域分工理论，诠释全产业链理论，丰富区域旅游空间合作理论，实现理论上的重要突破，从而为推动中国与东盟国家邮轮产业合作提供理论基础。

（二）本书研究的应用价值

一是前瞻性。随着经济全球化的深入发展，大型邮轮公司开始在全球范围内拆分邮轮产业链的各个环节，利用各国在资本、技术、人力、政策上的差异，通过价值链拆分实现全球旅游资源的最佳配置。面对邮轮产业国际分工格局以及产业转移的趋势，中国应如何参与国际分工并实现产业协同发展呢？本书拟围绕中国与东盟国家邮轮产业合作问题，未雨绸缪地展开研究，以便为我国积极参与海洋产业国际分工及合作提供智力储备。因此，本书的研究具有前瞻性。二是集中性。本书在区域产业分工与合作理念的指导下，围绕一个核心两个重点开展研究：以中国和东盟国家为核心，集中优势力量直击邮轮产业协同发展、合作机制两个关键点位开展深入研究，具有研究目标明确、重点突出、研究注意力集中等特点。三是可操作性。本书属于应用性研究，核心价值是可操作性强。首先，本书的研究内容涉及国际合作、资源整合、互信、利益相关者均衡和全产业链构建五个方面，本书在研究中针对这五个方面设计了合理的保障机制，并提出了一系列应对之策，能有力地保障中国与东盟国家邮轮产业协同发展，具有经济实践上的可操作性；其次，本书研究能够促进海洋生态文明建设；最后，本书研究有利于促进国防建设与政治安全。

第二节　本书的逻辑框架、主要内容及研究方法

一、本书的逻辑框架

本书在进行项目申报时，原定的研究计划共设计了八个子课题，在研究过程中，为保证书稿结构的合理性，将原有的研究计划中的子课题结构内容做了一些调整，将申报书中设计的子课题三，即中国与东盟国家邮轮产业合作经济模拟的模型构建及模拟拆分之后调整到了后续各个子课题当中，如将经济模拟并入子课题四"中国与东盟国家邮轮产业协同发展的资源整合机制"、子课题五"中国与东盟国家邮轮产业协同发展的互信机制"、子课题六"中国与东盟国家邮轮产业协同发展的利益相关者均衡机制"、子课题七"中国与东盟国家邮轮产业协同发展的全产业链构建机制"的相关章节中，将模型构建的内容调整到上述四个子课题中。

目前，全书总体设计为七个子课题，微调的研究结构为：

子课题一：中国与东盟国家邮轮产业发展及合作现状研究。

子课题二：中国与东盟国家邮轮产业协同发展的创新理论研究。

子课题三：中国与东盟国家邮轮产业协同发展的资源整合机制研究。

子课题四：中国与东盟国家邮轮产业协同发展的互信机制研究。

子课题五：中国与东盟国家邮轮产业协同发展的利益相关者均衡机制研究。

子课题六：中国与东盟国家邮轮产业协同发展的全产业链构建机制研究。

子课题七：中国与东盟国家邮轮产业协同发展的实现路径研究。

本书在成文时，为了读者阅读方便，针对子课题一至子课题七的内容采用了第一编至第七编的写作结构安排，详见目录部分。

本书的逻辑框架如图 0-1 所示。

二、本书的主要研究内容

（一）基本思路

（1）调查分析：分析中国与东盟国家邮轮产业发展情况、旅游资源开发利用情况、基础设施建设情况等；收集第一手数据，为后续研究奠定信息基础。

（2）多视角建立理论分析框架：从区域产业分工合作、全产业链构建等视角进行创新理论研究。

（3）机制设计与策略研究：从资源整合、互信、全产业链构建等方面进行机制设计，并构建中国与东盟国家邮轮产业合作机制与模式，为政府科学决策提供依据。

（二）主要内容

本书在区域产业分工与合作理念的指导下，围绕一个核心两个重点开展研究：以中国和东盟国家为核心，集中优势力量直击邮轮产业协同发展、合作机制两个关键点位开展深入研究。本书主要研究内容如下：

子课题一概述了中国与东盟国家邮轮产业资源基础。第一，介绍了中国与东盟国家邮轮产业资源基础。其中，邮轮旅游资源部分主要介绍了各国所具有的滨海旅游资源，如海岸线、海岛、风土人情；基础设施部分主要介绍了各国现有的邮轮母港、停靠港、经停港的情况。第二，介绍了中国与东盟国家邮轮产业发展与合作现状。具体内容主要包括：各国邮轮产业发展现状，如邮轮设计及修造业、邮轮营运业、邮轮航运及商贸服务业等的发展状况、问题及趋势；各国在邮轮产业链上、中、下游的比较优势等。第三，主要介绍了中国与东盟国家邮轮产业合作概况和现有的合作模式，分析了中国与东盟国家邮轮产业合作的困境。

子课题二对中国与东盟国家邮轮产业研究中所涉及的理论进行了创新研究。第一，从协同博弈的理论视角分析了邮轮产业参与主体之间策略行为的相互影响和作用机制，以探寻邮轮产业协同发展的理论基础。第二，从中国与东盟国家邮

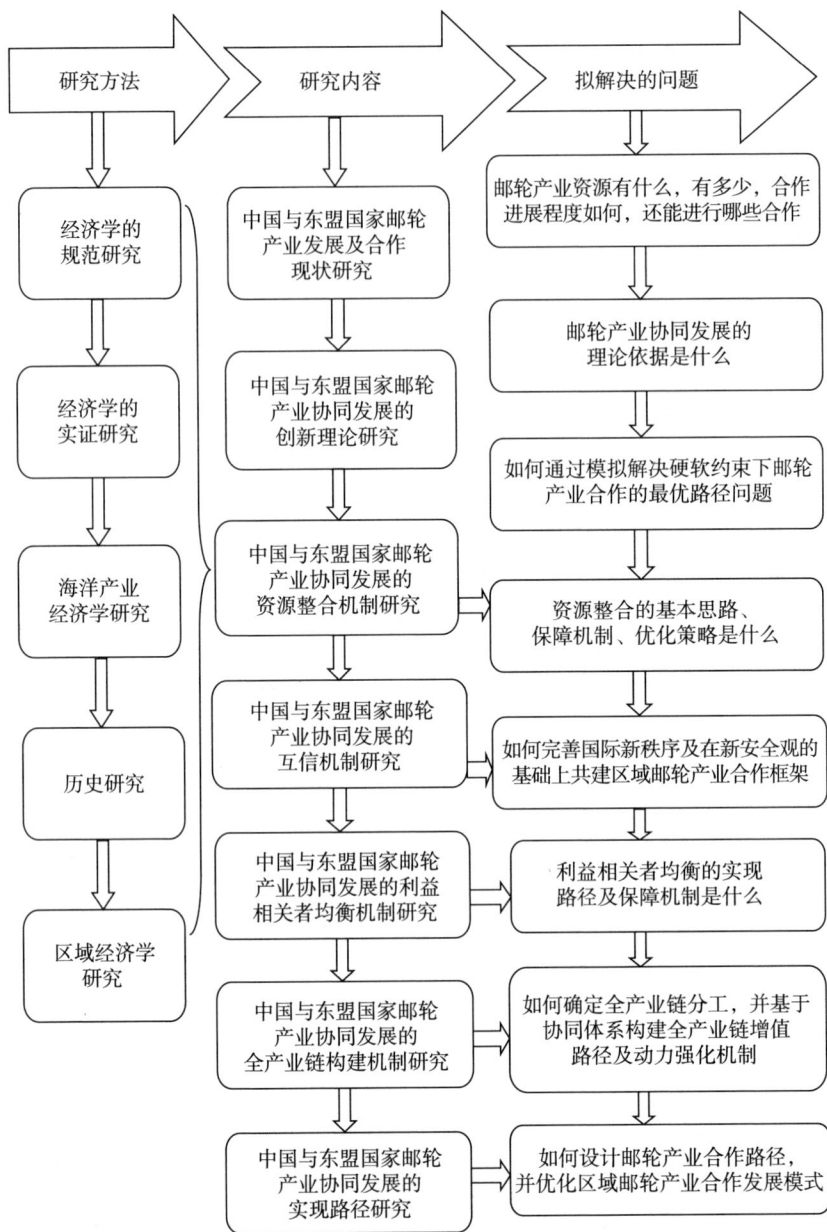

研究方法　　　　　研究内容　　　　　拟解决的问题

经济学的
规范研究

经济学的
实证研究

海洋产业
经济学研究

历史研究

区域经济学
研究

中国与东盟国家邮轮
产业发展及合作
现状研究

中国与东盟国家邮轮
产业协同发展的
创新理论研究

中国与东盟国家邮轮
产业协同发展的
资源整合机制研究

中国与东盟国家邮轮
产业协同发展的
互信机制研究

中国与东盟国家邮轮
产业协同发展的利益
相关者均衡机制研究

中国与东盟国家邮轮
产业协同发展的
全产业链构建机制研究

中国与东盟国家邮轮
产业协同发展的
实现路径研究

邮轮产业资源有什么, 有多少, 合作
进展程度如何, 还能进行哪些合作

邮轮产业协同发展的
理论依据是什么

如何通过模拟解决硬软约束下邮轮
产业合作的最优路径问题

资源整合的基本思路、
保障机制、优化策略是什么

如何完善国际新秩序及在新安全观的
基础上共建区域邮轮产业合作框架

利益相关者均衡的实现
路径及保障机制是什么

如何确定全产业链分工, 并基于
协同体系构建全产业链增值
路径及动力强化机制

如何设计邮轮产业合作路径,
并优化区域邮轮产业合作发展模式

图 0-1　中国与东盟国家邮轮产业协同发展的合作机制与实现路径研究的逻辑框架

轮产业合作发展的视角进行了创新理论研究, 从区域分工的理论视角, 研究了区域之间的互补性, 探讨了区域邮轮产业合作的基础以及产业合作的效应。第三,从理论创新的角度对邮轮全产业链的构建及运行效应进行了理论分析，以探寻各国邮轮产业通过价值链的拆分与整合实现中国与东盟国家邮轮产业资源科学合理配置的机制。上述研究旨在实现理论上的重要突破，为我国与东盟国家合作发展邮轮产业提供理论依据。

子课题三研究了中国与东盟国家邮轮产业协同发展的资源整合机制。第一，分析了中国与东盟国家邮轮产业资源整合的基础。首先，利用核密度估算工具ArcGIS绘制了中国与东盟国家自然与人文旅游资源点位图、邮轮港口的空间布局点位图，以此进行核密度分析；其次，运用 SPSS、DEA 等数理分析工具对邮轮产业相关资源进行了数理分析，评价了中国与东盟国家邮轮产业资源的优势度，计算了邮轮产业资源整合效率。第二，从邮轮产业资源的融合、配置、利用三个层面探讨了资源整合的过程。首先，从邮轮产业资源融合机制的角度进一步分析了资源集聚、资源共享、资源耦合的过程、方式和保障等问题；其次，从邮轮产业资源配置机制的角度深入分析了资源配置的原则、模式和策略；再次，从邮轮产业资源利用机制的角度，探讨了资源利用的方式、过程和策略，一方面基于地域分工理论和要素禀赋理论探讨了邮轮产业资源利用的方式，另一方面从邮轮上下游产业链和生产要素资源利用的角度分析了资源利用的过程；最后，从资源利用的角度提出了提高资源利用效率的策略。第三，提出了中国与东盟国家邮轮产业资源整合的基本思路及保障机制。首先，从时空优化的角度研究了中国与东盟国家邮轮产业资源整合的时间顺序和空间结构；其次，基于邮轮上、下游产业链和生产要素资源整合的角度提出了邮轮产业资源整合的基本思路；最后，分别从三个层面提出了资源整合的保障机制。这些机制具体包括：政府层面，应从经济合作、政策开放和建立各国认同的邮轮产业法律监管协调体系视角建立保障机制；产业层面，应强化邮轮产业双边、多边合作机制，建立邮轮产业信息网络共享机制，充分发挥邮轮产业跨国联盟和国际合作组织的作用，以推动邮轮产业发展；企业层面，应建立跨国邮轮企业战略联盟合作创新、分散风险、技术资源共享等方面的机制。

子课题四研究了中国与东盟国家邮轮产业协同发展的互信机制。第一，运用历史研究法介绍了各国建立互信的历史及现状，具体包括各国互信的历程、合作机制以及合作机制框架下的部分磋商成果。第二，探讨了中国与东盟部分国家在互信背景下的区域产业合作。第三，从各国关系的角度分析了各国互信面临的挑战。第四，提出了建立互信机制的途径，如各国积极培育互信，加强人文交流互通，构建海洋命运共同体，共建国际组织，加强非传统安全合作，完善国际新秩序，以及在新安全观的基础上共建区域邮轮产业合作框架。中国与东盟国家建立合作关系的基础在于互信，各国邮轮产业协同发展也离不开互信。

子课题五研究了中国与东盟国家邮轮产业协同发展的利益相关者均衡机制。第一，界定了利益相关者的概念及范畴，将中国与东盟国家邮轮产业利益相关者划分为直接利益相关者和间接利益相关者。第二，着手建立了利益相关者动态博弈模型，从利益相关者多主体博弈分析着手，构建了邮轮运营公司与政府机构的演化博弈模型、邮轮运营企业与消费者的信号博弈模型、邮轮企业与本地居民的不完全信息动态博弈模型、中国与东盟国家地方政府之间的动态博弈模型、中国与东盟国家政府之间的协同博弈模型，并利用构建的演化博弈模型、信号博弈模型、不完全信息动态博弈模型、协同博弈模型等深入研究了邮轮产业利益相关者在不同条件下的反应模式。第三，根据上述分析结果提出了相应的策略：优化利益相关者共同参与机制，优化利益相关者利益补偿机制，优化利益整合和分配机制，理顺利益相关者信息共享与管理机制，完善利益相关者法律保障机制等。

子课题六研究了中国与东盟国家邮轮全产业链的构建机制。第一，对全产业链的概念和特征进行了界定，并针对邮轮全产业链研究进行了理论创新。第二，分析了邮轮全产业链构建的动力机制、主导环节以及动力强化机制的构成与运转，并基于内部动力和外部动力的视角分析了全产业链构建的动因，以邮轮全产业链的生产价值、市场价值和消费价值为切入点构建了动力强化机制的运转模型。第三，研究了邮轮全产业链的价值增值机制，运用 DEMATEL-ISM 方法对邮轮产业链环节增值的影响因素进行了筛选，并结合筛选出的影响因素构建了全产业链增值路径模型，从博弈论的视角研究了全产业链上游、中游和下游的增值路径。第四，研究了邮轮全产业链协同合作机制，具体分析了产业链协同机制的内涵，并从协同创新、共链协同和环保协同的角度分析了邮轮全产业链协同合作机制。

子课题七着力探讨了中国与东盟国家邮轮产业协同发展的实现路径。第一，分析了中国与东盟国家邮轮产业协同发展的总体思路与目标，提出了互信、互利共赢、因地制宜和高效整合的总体思路，以及区域均衡发展、区域经济增长、相对利益最大化、要素资源流动共享和环境承载能力提升的协同发展目标。第二，分析了中国与东盟国家邮轮产业协同发展的实现路径，提出了加强互信、构建政府主导的合作机制、构建区域邮轮价值链、促进邮轮产业资源的共享、实现利益相关者均衡等建议。

中国与东盟国家邮轮产业协同发展可以有效推动区域内海洋产业经济发展，增强互信，促进文化交流，对于扩大海洋经济合作领域、促进海洋旅游资源的共同开发、共建利益共同体和责任共同体具有重要的战略意义。

三、研究的重点、难点及研究方法

（一）研究的重点和难点

1. 研究的重点

一是创新理论研究。本书力图从全新的视角，如从全产业链等理论视角对中国与东盟国家邮轮产业合作进行理论研究，以此奠定整个研究的理论基础。二是机制设计，主要包括设计资源整合、利益均衡、全产业链构建和互信等方面的机制。三是合作模式探索。

2. 研究的难点

（1）数据获取。由于东盟国家处于战略要冲地位，国内外基本数据资料的获取均存在困难；同时受新冠疫情的影响，2020 年之后中国与东盟国家航区多地邮轮停航，本书研究可获得的邮轮航线、邮轮港口靠泊量及出入境游客量的数据有限。

（2）国际合作机制设计。中国与东盟国家国际合作机制涉及方方面面，有些方面非常敏感，设计适宜的国际合作机制是本书的研究难点。

（二）研究方法

（1）规范研究法。本书采用此方法的目的是解决经济过程中"应该是怎样"的问题，旨在对各种经济问题的"好"与"坏"做出判断。本书的七个子课题均适用规范研究法。

（2）实证研究法。本书直接或间接获得了相关数据资料，子课题三、子课题六主要采用时间序列分析、面板数据分析、状态空间模型等实证研究方法进行研究。

（3）海洋产业经济学研究方法。海洋产业经济学研究方法涉及海洋旅游业、海洋交通运输业及涉海服务业等领域，子课题三、子课题四及子课题六主要采用此方法进行研究。

（4）历史研究方法。本书采用历史研究方法分析和整理了中国与东盟国家互信及产业合作的史料，以探求中国与东盟国家地区互信构建的难点和挑战，子课题四主要采用此方法进行研究。

（5）区域经济学研究方法。本书不仅运用区域分析方法研究了邮轮经济活动的空间分布形式、空间相互作用以及区位选择和区位政策，而且还运用区域分析方法进一步从政治、经济、文化、地理等多学科角度综合分析了合作区域的形成、发展及结构演变等内容。子课题三、子课题五、子课题六、子课题七主要采用此方法进行分析。

第三节　本书可能的创新、突出特色及不足之处

一、本书可能的创新

本书的研究首次涉及中国与东盟国家邮轮产业协同发展合作机制的整体设计，本书可能的创新点如下：

本书在对中国与东盟国家邮轮产业资源整合效率进行研究时选取了资源优势度评价指标，各指标的选取既遵循科学性原则又兼顾数据可得性。本书在研究中首次运用数据包络分析法对中国与东盟国家邮轮产业资源整合效率进行了创新性研究，从资源优势度评价指标中筛选出相关指标，从邮轮旅游资源、邮轮停靠港口资源、邮轮旅游人才培养几个角度选取指标作为数据包络分析的投入指标，选取邮轮游客人数、邮轮市场收入、入境邮轮停靠数量、港口服务效率作为数据包络分析的产出指标。

本书首次运用博弈论的方法分析了中国与东盟国家邮轮产业利益相关者的矛盾冲突及均衡的实现条件。本书首次建立了邮轮产业利益相关者动态博弈模型，从利益相关者多主体博弈分析着手，构建了邮轮运营公司与政府机构的演化博弈模型、邮轮运营企业与消费者的信号博弈模型、邮轮企业与本地居民的不完全信息动态博弈模型、中国与东盟国家地方政府之间的动态博弈模型、中国与东盟国家政府之间的协同博弈模型，并利用构建的演化博弈模型、信号博弈模型、不完全信息动态博弈模型、协同博弈模型等深入研究了邮轮产业利益相关者在不同条件下的反应模式。

本书在研究中首次提出了邮轮全产业链理论，属于理论创新。例如，子课题六"中国与东盟国家邮轮产业协同发展的全产业链构建机制研究"，该子课题以中国与东盟国家邮轮产业为研究对象，对中国与东盟国家邮轮全产业链进行了系统研究，创新性地提出了邮轮全产业链理论。

二、本书的突出特色

本书的突出特色体现在：运用经济学的规范研究、实证研究、经济模拟以及海洋产业经济学、区域经济学研究等方法，以中国与东盟国家邮轮产业协同发展为核心，以合作机制及合作模式为研究对象，围绕理论创新、模型建构、五大机制设计三个重点开展深入细致的研究工作。本书对中国与东盟国家邮轮产业协同

发展进行了理论研究及战略研究，力争提出可操作性强的对策建议，主要建树在于为我国与东盟国家实现邮轮产业有序布局、合作开发提供决策依据，以期促进东盟国家邮轮产业可持续发展，保障我国海洋产业经济发展的后劲。

三、本书的不足和尚需深入研究的问题

（一）本书存在的不足之处

（1）建立数理模型、分析具体问题受限。受新冠疫情的影响，本书课题组赴多国实地调研受限，课题组积极协调并聘请海外相关学者，将研究计划及数据收集内容告之，请求其协助收集所在国家的邮轮产业数据资料，如印度尼西亚、新加坡、马来西亚和泰国等地的数据。本书课题组成员及外聘专家实地调研的地区及机构涉及中国的广东、广西、福建、海南、香港、台湾，以及新加坡、马来西亚、菲律宾、印度尼西亚、文莱、泰国、越南等地的邮轮港口、邮轮公司、相关政府机构、社会团体、行业协会等。因直接资料获取的数量有限，本书采用的间接资料及数据来自国内外相关网页新闻、行业公示报告、政府网站以及统计年册等，研究结果可能存在一定的局限性。在建立分析模型之后，本书中的定性分析较多，定量分析缺少相关数据。例如，子课题五"中国与东盟国家邮轮产业协同发展的利益相关者均衡机制研究"，该子课题主要是运用博弈论相关模型对研究标的进行定性分析。

（2）本书的部分指标选择存在主观性。在构建数理模型时，考虑到部分数据存在不可获得性和滞后性等问题，本书在选取部分指标时存在一定程度的主观性。例如子课题三"中国与东盟国家邮轮产业协同发展的资源整合机制研究"当中的部分章节，以及子课题六"中国与东盟国家邮轮产业协同发展的全产业链构建机制研究"当中的部分章节。

（二）尚需深入研究的问题

（1）利益相关者均衡机制。本书对多个参与者的利益均衡采用博弈论的方法进行了研究，但因缺少可得的数据资料，较多采用了定性分析的方法，在数据收集条件得到改善后，应采用定量分析的方法探讨均衡机制的实现条件。

（2）合作的实现路径。对多国合作机制的探讨，任重而道远，因多国合作存在诸多政治、经济方面的不稳定因素，机制的建立需要根据外部环境的变化适时调整，而如何调整、如何建立调整机制也是需要深入探讨的问题。

第一编 中国与东盟国家邮轮产业发展及合作现状研究

本书所研究的东盟国家包括马来西亚、新加坡、菲律宾、越南、印度尼西亚、柬埔寨、文莱、泰国共八个国家。中国与东盟国家邮轮产业合作可以推动区域内经济发展、增强互信、促进文化交流,对实现区域产业资源优势互补、海洋经济可持续发展、加快"新海上丝绸之路"建设意义非凡。本部分将对中国与东盟国家的邮轮旅游资源、邮轮产业发展现状及邮轮产业合作情况进行分析。

第一章　中国与东盟国家邮轮产业资源基础

第一节　马来西亚

一、文化及旅游概述

马来西亚联邦位于亚洲东南部，地处太平洋与印度洋的交汇处，包括 13 个州和 3 个联邦直辖区，国土面积约 33 万平方千米（孙妍，2018）。截至 2021 年，马来西亚总人口约 3280 万，其中马来人占 69.1%，华人占 23%、印度血统占 6.9%、婆罗洲的土著人及其他种族占 1%。马来西亚历经 400 多年的殖民统治，多种族融合，形成了马来西亚独特的多元种族文化，成为东西方文明的交汇之地。马来西亚的官方语言是马来语，官方宗教是伊斯兰教。马来西亚拥有四个世界自然与文化遗产，如跨越 200 万年历史的玲珑谷地考古遗址，距今 500 多年历史的马六甲海峡历史名城——马六甲和乔治城，以生物多样性和喀斯特地貌而闻名的沙捞越的古农木鲁国家公园，有各类自然栖息地的博尔纳州沙巴的基纳巴卢公园等。

马来西亚是兼具半岛与岛屿特征于一体的海洋国家，具有绵长的海岸线，海岸线总长 4192 千米（Wood，2000）。秀丽的自然风光，多样的热带岛屿为马来西亚发展邮轮旅游业提供了良好的基础。作为扼守马六甲海峡的花园国度，马来西亚拥有多样的热带海岛风光、千姿百态的洞穴、独特的民俗文化和历史悠久的遗迹，吸引了众多游客旅游观光。旅游业是马来西亚的第三大经济支柱、第二大外汇收入来源，为加快发展旅游业，政府通过创办旅游文化品牌、完善旅游设施、加强海外推广、举办"购物嘉年华"等手段，提高了其旅游业的国际影响力。马来西亚入境游客的旅游目的地主要集中在吉隆坡及其周边地区，以及槟榔屿和基达等西部州。马来西亚南部有一座公路桥和堤道与新加坡相连，大部分陆路游客途经新加坡进入马来西亚，一半以上的游客来自新加坡，其他主要客源国为印度尼西亚、中国、泰国、文莱、印度、菲律宾、澳大利亚、日本和英国等。

二、邮轮港口情况

马来西亚因紧邻马六甲海峡而成为印度洋和南中国海之间的战略要地，马六甲海峡沿岸分布了多个港口。截至目前，马来西亚共有 11 个邮轮港口（见表 1-1），巴生港（Port Klang）是马来西亚最大的海港，被誉为马来西亚的海上门户，距离首都吉隆坡 38 千米，拥有亚太地区最大的邮轮码头之一——丽星邮轮码头。根据国际游轮协会（CLIA）的统计数据，2019 年，马来西亚邮轮停靠班次共561 次，比 2018 年增长了 22.5%，其中，中转 490 班次，返航 51 班次，过夜 20班次（见图 1-1），2014～2019 年，马来西亚邮轮港口停靠量的总增长率为12%。① 马来西亚最具增长潜力的六个邮轮港口包括亚庇港、古晋港、兰卡威港、马六甲港、槟城港以及巴生港。2019 年，共有约 45 万名游客乘船前往槟城港，36 万名旅客 176 船次在巴生港停靠。②

表 1-1　马来西亚邮轮港口统计

港口名称	港口类型	周边
吉隆坡巴生港（Port Klang）	邮轮母港	新港口，附近设施先进，丽星邮轮的母港之一；可以游览巴生港口以及蟹岛
亚庇港（Kota Kinabalu Port）	邮轮母港	沙巴市游览，距离市区两千米；京那巴鲁公园
兰卡威港（Langkawi Port）	邮轮母港	丽星邮轮母港之一，兰卡威小岛旅游：橡胶园、黑沙海滩，风光异常秀丽
民都鲁港（Bintulu Port）	停靠港	民都鲁城区以及西米拉遥国家公园，以绿海龟出名
关丹港（Kuantan Port）	停靠港	游览关丹市：以清真寺以及海滩而闻名
古晋港（Port of Kuching）	停靠港	古晋市的沙捞越河、古中式寺庙、布鲁克时代建筑、博物馆以及各式美食
库达班多斯港（Port of Kuda Bandos）	停靠港	绿色棕榈树，各式野生动物，白沙滩以及水上运动

① Chart Management Consultants. 2019 Asia Cruise Deployment and Capacity Report ［R］. Washington：CLIA，2020：16.

② Marandi R. Malaysia Tourism and Leisure Sector 2020/2021：An EMIS Insights Industry Report ［R］. London：EMIS，2020：21.

续表

港口名称	港口类型	周边
马六甲港（Port of Malacca）	接驳港	丰富的殖民地建筑、古老的地标以及中国建筑遗址
邦咯岛港(Port of Pulau Pangkor)	接驳港	美丽的海滩、荷兰城堡遗址以及大型犀鸟
槟城港（Port of Penang）	停靠（接驳）港	槟城深受殖民地以及中国文化影响，以美食而著称
山打根港（Port of Sandakan）	停靠港	东马沙巴第二大城市；龟岛公园、雨林公园、佛教寺庙等

资料来源：Whatsinport.com。

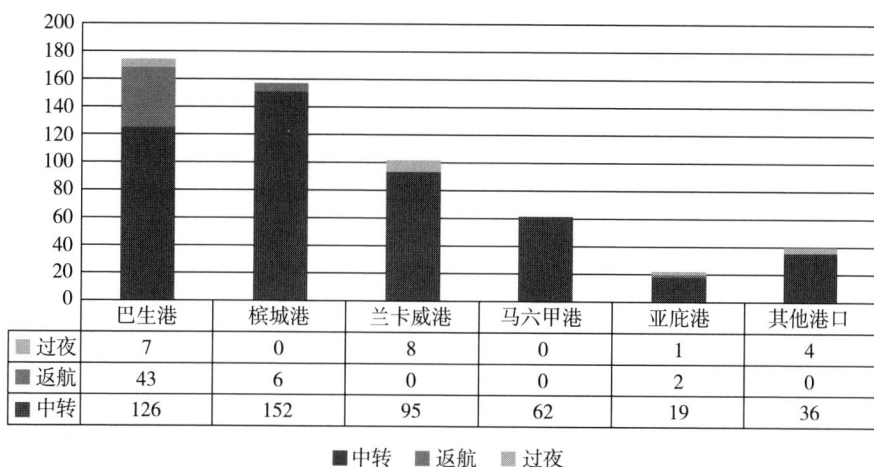

	巴生港	槟城港	兰卡威港	马六甲港	亚庇港	其他港口
过夜	7	0	8	0	1	4
返航	43	6	0	0	2	0
中转	126	152	95	62	19	36

■ 中转　■ 返航　▨ 过夜

图 1-1　2019 年马来西亚港口邮轮停靠班次

资料来源：CLIA。

第二节　新加坡

一、文化及旅游概述

新加坡，位于马来半岛南端，地处太平洋与印度洋航运要道——马六甲海峡的最南端，南邻新加坡海峡与印度尼西亚相隔，北邻柔佛海峡与马来西亚相隔。新加坡地域狭小，国土面积仅有 724.4 平方千米。截至 2021 年，新加坡人口为 570 万，其中大约 390 万为公民和永久居民，其中华人占 74%，马来人占 13%，印度人占9%；宗教信仰主要有佛教、伊斯兰教和印度教。新加坡官方语言为马来语、英语和汉语，其中英语是新加坡政府、商业和教育的通用语言，它的使用间接促进了当地旅游业的发展。

新加坡是一个多种族、多宗教、多元文化交融的国家，新加坡文化既包括华人移民所崇尚的东方文化价值观，也包容了西方文化价值观，多元文化的融合使新加坡的人文旅游资源更加丰富。新加坡的建筑形式多种多样，融汇了多个国家的建筑风格，展现出多元文化交汇的特点，包括中式风格建筑、马来风格建筑、英国殖民地建筑和印度风格建筑等。新加坡著名的娱乐和休闲景点包括赌场度假村、豪华酒店、会议设施、购物、高档餐厅和各种休闲设施。新加坡大约25%的旅游收入源于游客的购物支出，乌节路是主要的购物地点。新加坡还是一个美食天堂，从美食摊点到名厨餐厅，选择多种多样，新加坡举办了各类与食品和时尚有关的活动与体育赛事。在自然和野生动物保护方面，1994年开业的新加坡夜间野生动物园是全球首个展示夜间动物的野生动物园，新加坡植物园于2015年被联合国教科文组织列入世界文化遗产。

新加坡政府在不断完善自身基础设施建设和增强旅游产业竞争力的同时，力图将新加坡打造成旅游者浏览东南亚地区景观、体验东南亚文化的跳板。为形成区域旅游圈，新加坡与马来西亚、印度尼西亚、泰国、菲律宾和中国一起开展联合营销，强化区域内的文化特色和历史特色，共同谋求本区域旅游业的发展（韩媛媛，2015）。近年来，新加坡政府制定和实施了一系列促进旅游业发展的政策，具体举措如下：首先，新加坡政府为加强国家间的合作及鼓励私人资本投资开发旅游产品推出了"旅游无极限战略"，旨在整合周边国家的旅游资源进而形成旅游资源互补机制。其次，新加坡政府通过营销创新等举措解决了新加坡地域空间狭小和自然及文化旅游资源供应有限的问题，提高了旅游产业的附加值，增强了目的地吸力，提高了行业生产力和竞争力，吸引了当地人积极参与。再次，新加坡政府出台了干预和促进新产品开发的政策，如取消了新加坡自1965年独立以来制定的赌场赌博禁令，2005年后博彩业合法化，政府允许企业建造带有赌场的度假村等政策，之后，新加坡企业在滨海湾和圣淘沙兴建了两个带有赌场的综合娱乐城。最后，新加坡推出了易于执行的旅游业支持政策，如旅游发展援助计划、入境游推广及贸易展会双重扣税、旗舰店投资津贴计划、大型活动优惠税率及旅游业培训计划等。新加坡的国际金融和贸易活动，带动了商务旅游的发展，商务旅客约占入境旅客的30%。

二、邮轮港口情况

新加坡地理位置特殊，有"亚洲十字路口"之称，是东南亚乃至整个亚洲国家中最早发展邮轮产业的国家。新加坡港被誉为最有效率的国际邮轮母港，配套设施便利完善，亚太地区许多邮轮航线选择此地作为出发港或停靠港，世界各大邮轮公司将其视为东南亚地区的枢纽港。新加坡邮轮母港设施先进，交通便利，距离机场 20 分钟车程，步行 10 分钟即可到达地铁站。新加坡现已建成新加坡邮轮中心和新加坡滨海湾邮轮中心两个邮轮港口。1991 年建成的新加坡邮轮中心是新加坡第一大国际邮轮中心，可停泊载客超 5000 人的超大型邮轮；2012年 5 月启用的滨海湾邮轮中心对邮轮高度不设限，一次可以停泊四艘大型船只，可同时接待近 7000 名旅客，成为许多大型邮轮选择停泊的港口。2014 年，新加坡已建成滨海南码头站，该站邻近滨海南码头和滨海湾邮轮中心，方便乘坐邮轮的民众和外国游客往返邮轮中心。邮轮中心位于圣淘沙岛对岸，中心共有两座主要搭客站：国际搭客站为国际长途邮轮建立了两个 300 米长、250 米宽的超大型邮轮泊位；区域搭客站的四个邮轮泊位是为航行于新加坡、印度尼西亚和马来西亚之间的邮轮准备的（Wood，2000）。新加坡运营频率最高的邮轮是"海洋航行者号"，载客量为 3114 人，另外三艘大型邮轮——皇家加勒比国际邮轮与其姊妹船"海洋水手号"和"皇家礼赞号"分别载客 3114 人和 4180 人。根据 CLIA 统计数字，2018 年，新加坡两个邮轮码头出入境旅客人数达 187 万人次，接待邮轮数为 374 艘次；2019 年，新加坡邮轮港停靠班次共 414 次，其中中转 42 班次，返航 306 班次，过夜 52 班次。

第三节 菲律宾

一、文化及旅游概述

菲律宾是东西方文化的融汇地，自 16 世纪西班牙殖民者入侵菲律宾之后，外来文化在菲律宾文化发展中占据重要地位，菲律宾文化是在移民和文化交流中逐步形成的（吴杰伟，2012）。菲律宾被称为"千岛之国"，旅游资源丰富，境内大小岛屿多达 7107 个，主要包括吕宋岛、维萨亚群岛和棉兰老岛三大群岛。热带岛屿、沙滩、火山、世界遗产等极具特色的旅游资源，吸引着大量国际游客前往游览。菲律宾拥有丰富的海洋旅游资源，如海滩、雨林、山脉以及各种各样的水下景观；水下景观包括遥远的暗礁、死火山、宏伟的城墙、深邃的洞穴和沉船，这些旅游资源使菲律宾成为世界上最顶级的潜水胜地之一。菲律宾拥有多样的旅游资源，著名景点包括维萨亚斯（Visayas）群岛、长滩岛、伊夫高（Ifugao）的水稻梯田以及马尼拉和宿务（Cebu）的文化遗址等。菲律宾目前拥有三个世界文化遗产和三个世界自然遗产，文化遗产包括巴洛克式教堂、历史悠久的维甘镇（Vigan）和科迪勒拉（Philippine Cordilleras）的水稻梯田；自然遗产包括普林塞萨港（Puerto-Princesa）地下河国家公园、图巴塔哈珊瑚礁自然公园(Tubbataha Reefs Natural Park）以及哈米吉坦山（Hamiguitan）野生动物保护区。哈米吉坦山是联合国教科文组织指定的世界自然遗产，以多样的野生动物而闻名。多姿多彩的民族文化、悠久的历史、丰富的自然景点及文化遗产助推旅游业成为菲律宾经济的一个重要组成部分。

二、邮轮港口情况

菲律宾的很多城镇分布在星罗棋布的海岛上，海上交通是菲律宾公共交通的重要组成部分，但因当地经济欠发达，所配套的邮轮设施、设备有限。目前菲律宾共有大小邮轮港口 11 个（见表 1-2），其中马尼拉邮轮港为菲律宾最大的邮轮港口。根据 CLIA 统计数据，2019 年菲律宾邮轮停靠班次共 124 次，其中，中转113 班次，返航 2 班次，过夜 9 班次，其中马尼拉港排名第一（见图 1-2）。2019年，菲律宾的邮轮乘客数量为 213765 人，同比减少了 53%（李霞，2014），2020年由于新冠疫情影响，邮轮乘客数量只有 31340 人。[①]

表 1-2 菲律宾邮轮港口统计

港口名称	港口类型	游玩项目
马尼拉港（Manila Cruise Port）	邮轮母港	菲律宾国家博物馆、阿莫苏普海事博物馆、马尼拉湾以及帕塞海鲜市场
苏比克港（Port of Subic Bay）	接驳港	苏比克湾潜水、Marikit 公园
萨罗马格港（Port of Salomague）	接驳港	海滩
长滩岛港（Boracay Jetty Port）	接驳港	长滩岛海滩水上运动（White，Yapak，Dinwit）；跳岛（水晶湾）；悬崖跳水、皮划艇等
科隆布桑加港（Port of Coron Busuanga）	接驳港	科隆、布桑加两岛的海滩、泻湖游览以及 Siete Pecados 海洋公园、Kayangan 湖和 Malcapuya 岛水上运动
库里昂港（Port of Culion）	接驳港	海滩以及库里昂市游览
El Nido 港（Port of El Nido）	接驳港	游览一系列小岛（Apulit，Miniloc，Lagen，Pangulasian）

---

① 资料来源：CEIC。

港口名称	港口类型	游玩项目
百岛港（Hundreds Island Port）	接驳港	跳岛；沙滩嬉戏、野餐
普林塞萨港（Puerto Princesa Port）	接驳港	普林塞萨港地下河国家公园；本田湾跳岛；埃尔尼多及其附近壮观的喀斯特地貌岛屿
朗布隆港（Port of Romblon Island）	接驳港	沙滩、朗布隆市游览
宿务港（Cebu Port）	停靠（接驳）港	宿务港——菲律宾最大海港；宿务市——菲律宾第二大城市

资料来源：Cruises Timetables.com。

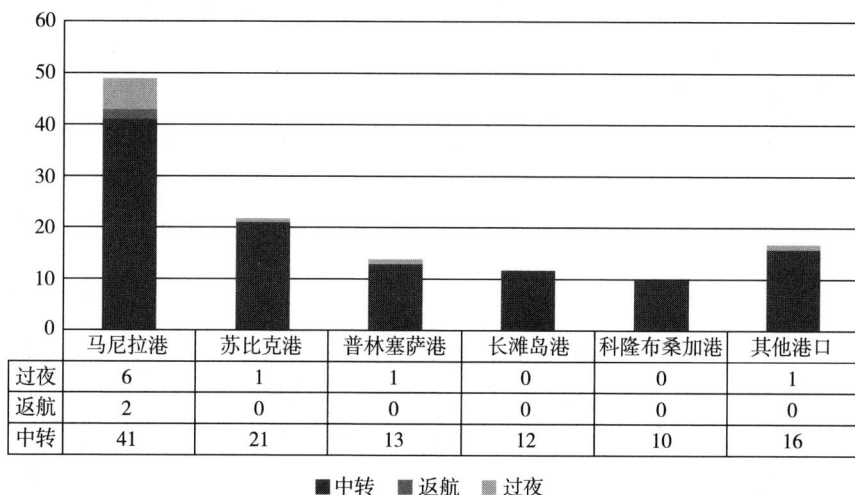

	马尼拉港	苏比克港	普林塞萨港	长滩岛港	科隆布桑加港	其他港口
过夜	6	1	1	0	0	1
返航	2	0	0	0	0	0
中转	41	21	13	12	10	16

■中转　■返航　▥过夜

图1-2　2019年菲律宾港口邮轮停靠班次

资料来源：CLIA。

第四节　越南

一、文化及旅游概述

越南与中国的文化交流源远流长，越南文化深受中华文化的影响，从历史和地缘的角度来看，越南文化可以归入中华文化圈。越南现有八处遗址被列入联合国教科文组织的《世界遗产名录》，其中包括五处文化遗产、两处自然遗产和一处混合遗产，另外还有七处遗址被列入政府的候选名单。现代大多数学者认同越南旅游业出现在法国殖民统治时期，当时著名的旅游景点包括七个海滨度假区（Hongay、Do Son、Sam Son、Cau Lo、Cua Tung、Nha Trang 和 Cap Saint Jacques）和四个山间避暑胜地（Dalat、Bana、Tam Dao 和 Sapa）。湄公河三角洲跨越南、柬埔寨两国，是东南亚最大的平原，也是越南的旅游热点地区，许多外国游客慕名前来，湄公河水上交通很发达，河中运营的邮轮和小船随处可见。中部地区的旅游资源主要分布在与查姆文明、日本和中国文明以及与古代帝王有关的地区。岘港因大理石山而闻名，大理石山是越南国内朝圣的重要目的地，自从修建缆车以来，大理石山中的避暑胜地巴纳（Bana）也重新成为旅游热点。时至今日，越南旅游业发展主要集中在几个区域，如北部的河内和南部的胡志明市，中部的胡安、荷安和岘港等。在河内，游客主要聚集在黄荆湖、旧城区的 36 条街道、法国殖民地租界、西湖附近、胡志明陵墓周围以及城堡附近。湄公河三角洲的旅游业不仅影响到靠近经济中心（Ben Tre、Can Tho、Vinh Long、Sadec 和 My Tho）地区的经济发展，而且也带动了邻近柬埔寨（Long Xuyèn）地区经济的发展。

二、邮轮港口情况

越南旅游资源丰富，拥有"海上桂林"之称的下龙湾，被誉为"东方夏威夷"的岘港，以及芽庄、海防、胡志明市等风景迷人的滨海度假胜地和邮轮旅游目的地。越南海岸线长且多优良海港，沿岸分布了 60 多个大小港口，但是可供邮轮使用的港口仅有 7 个（见表 1-3）。岘港市和胡志明市是越南的主要邮轮港口所在地，胡志明市的富美港是邮轮母港，岘港的邮轮港是经停港，均可以停靠超大型邮轮。岘港地处越南 3 个世界文化遗产（顺化古都、会安古镇、美山圣地）的交点，其港口作为东西经济走廊的终端，将缅甸、泰国、老挝和越南四国连接起来。2016 年以来，经海上访问岘港的游客数量增加了两倍多，为了更好地吸引邮轮停靠，岘港对港口进行了升级改造，以便大型邮轮停靠。皇家加勒比邮轮公司、嘉年华邮轮公司及丽星邮轮公司等跨国公司开辟了途经越南下龙湾、胡志明市、岘港等港口城市的旅游航线。云顶集团规划将西贡半岛打造成一个涵盖多功能公园、国际邮轮码头、办公大楼、度假别墅、公寓楼、酒店等为一体的综合体，其中，国际邮轮码头建成后将成为越南最大的客运邮轮港口。此外，作为亚洲邮轮协会选定的东南亚 46 个港口之一的真美港，不仅位于中部地区两个最大城市顺化和岘港之间，还处于连接新加坡、菲律宾、中国香港和越南的主要海上航线上，经改造后可容纳 3 万吨级邮轮（Trung，2019；杨静林，2017）。

表 1-3 越南邮轮港口统计

港口名称	港口类型	周边
胡志明市富美港（Phu My Port）	邮轮母港	胡志明市新港口，停靠大型邮轮，周边无观光地点，交通不太方便
岘港（Da Nang Port）	停靠港	周围是工业区，越南政府计划改建
下龙湾港（Port of Halong Bay）	停靠港	除了观赏下龙湾没有其他活动
芽庄（Nha Trang Port）	停靠港	购物、游览海洋地理博物馆
富国岛港（Port of Phu Quoc）	接驳港	游览沙滩、城镇、国家公园、野生动物园等
海防港（Port of Haiphong）	停靠港	距离海防市 2 千米，周围没有景区，船次很少
归仁港（Port of Qui Nhon）	停靠港	距离市区 5 千米，没有景区，船次很少

资料来源：Cruises Timetables.com。

根据 CLIA 统计数据，2019 年，越南邮轮停靠班次共 368 次，其中，中转 300 班次，返航 2 班次，过夜 66 班次。富美港是越南的顶级港口，停靠和中转次数最多（见图 1-3）。2014～2019 年，越南邮轮港口停靠量的总涨幅为 3%（李霞，2014），几乎没有变化，由此可见越南的邮轮旅游遇到了瓶颈，需要开发新的航线并对目前的邮轮港口和设施进行升级、改造。

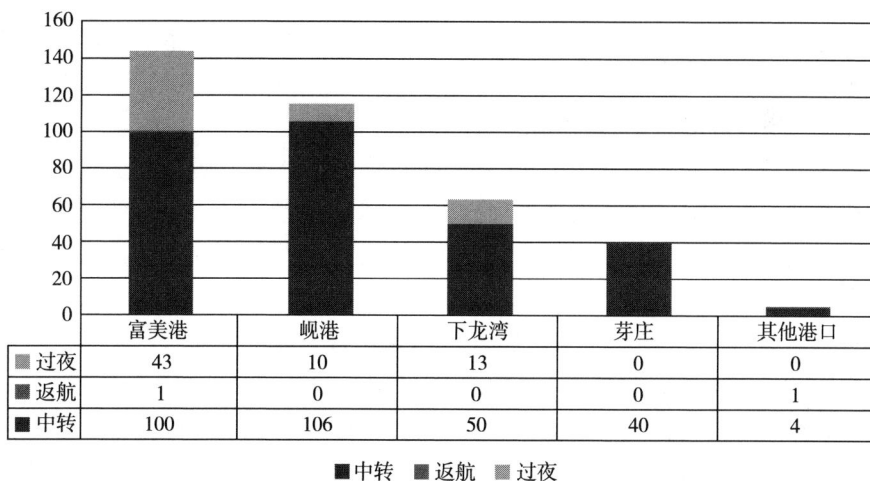

	富美港	岘港	下龙湾	芽庄	其他港口
过夜	43	10	13	0	0
返航	1	0	0	0	1
中转	100	106	50	40	4

■中转 ■返航 ■过夜

图 1-3 2019 年越南港口邮轮停靠班次

资料来源：CLIA。

第五节 印度尼西亚

一、文化及旅游概述

印度尼西亚由 17508 个热带岛屿组成，国土面积约 191.3 万平方千米，现有 300 多个民族，是全世界最大的群岛国家。印度尼西亚是一个多元宗教与文化并存的国家，大部分人信奉伊斯兰教，少数人信奉基督教、天主教和印度教等。印度尼西亚本土文化受到印度教、佛教和伊斯兰教的影响，它的传统文化项目包括木偶皮影戏、加梅兰演奏和蜡染纺织品制作等。印度尼西亚的主要旅游景点有爪哇岛、苏门答腊岛、加里曼丹岛（南婆罗洲）、巴厘岛（以葱茏的稻田、海滩、迷人的艺术表演、独具特色的建筑，还有热情好客的当地居民著称）、苏拉威西岛（西里伯斯）、马鲁古岛（摩鹿加群岛），以及四个世界文化遗产（婆罗浮屠、普拉姆巴南寺庙、桑吉兰早期人类遗址、巴厘文化景观）、四个世界自然遗产（科莫多国家公园、洛伦茨国家公园、苏门答腊热带雨林遗产和乌戎库隆国家公园）。印度尼西亚的国际旅游收入约 90% 来自巴厘岛、雅加达、巴淡岛及民丹岛，印度尼西亚政府将这几个地区列为旅游业发展重点。[①] 时至今日，巴厘岛依然是印度尼西亚海洋旅游收入最高的景点之一。名胜古迹、自然公园、热带雨林、景观多样性、种族多样性等使印度尼西亚成为世界著名旅游胜地。

旅游业在印度尼西亚经济中扮演了重要的角色，在印度尼西亚的经济规划中，旅游业一直被列为优先发展的项目，政府重视发展旅游业，并侧重于旅游项目推广以及旅游市场营销。印度尼西亚政府制定了若干发展旅游业的政策，并给予省和区一级政府一定的自治权，以使当地政府制定符合自身情况的当地政策。印度尼西亚 2009 年颁布的《旅游法》是国家、省和地方各级旅游发展规划的参考依据。2011 年，印度尼西亚政府颁布了《印度尼西亚经济发展总体规划》，规划指出，巴厘岛和努沙登加拉地区以发展旅游业为主（蔡金城，2011）。2014 年佐科总统就任后，提出了"全球海洋支点"的战略构想，并提出了政府通过重点建设港口、航运和海上旅游等，大力发展印度尼西亚互联互通和海洋经济的设想（王小明，2017）。2015 年，印度尼西亚政府计划提高全国 15 个旅游区的发

---

① 印尼大力发展旅游业，以实现入境游客两位数增长目标［EB/OL］.（2015-07-03）［2020-09-10］. http://cistudy.ccnu.edu.cn/info/1125/3150.htm.

展潜力，其中包括把巴厘岛和龙目岛开发成旅游休闲中心，提升苏拉威西岛东南部瓦卡托比海洋旅游区、东努省科莫多和克里穆杜岛、千岛群岛等滨海旅游业的发展潜能，政府将鼓励和推动对这些区的投资（吴崇伯，2016）。同年，印度尼西亚旅游部推出"郑和旅游线"计划，对当年郑和船队途经的雅加达、巴淡、巨港、邦加、勿里洞、三宝龙、井里汶、泗水和巴厘岛 9 个城市进行旅游文化开发，包括恢复郑和船队留下的文化遗迹、宗教遗址和民风习俗等，建设一条文化旅游专线（苏小红，2016）。2017 年，印度尼西亚政府规划建设"10 个旅游胜地"并邀请中国投资方参与建设，如投资开发东努沙登加拉省的拉布安巴焦和万丹省的丹琼莱孙等地区。2020 年，印度尼西亚为恢复受新冠疫情重创的旅游业，将廖内群岛的巴淡岛和宾丹岛，西爪哇省和中爪哇省的万隆和井里汶市，以及日惹、苏拉惹、三宝垄和巴厘岛作为带动旅游业复苏的区域。[①]

二、邮轮港口情况

截至 2019 年，印度尼西亚共有 21 个邮轮港母港及经停港（见表 1-4），大约半数的邮轮会停靠巴厘岛以及科摩多岛（以科摩多巨蜥而闻名于世），还有一些邮轮会停靠雅加达港。印度尼西亚最大的国际邮轮码头位于巴厘岛，巴厘岛是印度尼西亚最负盛名的旅游目的地，根据世界贸易组织（WTO）统计，进入印度尼西亚海域的邮轮有 1/3 将巴厘岛作为唯一停靠点，停靠巴厘岛的邮轮主要有三个始发点：①新加坡：往返印度尼西亚港口的邮轮或通过印度尼西亚水域到澳大利亚/新西兰的单程邮轮；②澳大利亚/新西兰：前往巴厘岛或新加坡的往返邮轮或单程邮轮；③多区域邮轮：包括直航印度尼西亚与东南亚或东北亚其他国家的港口。印度尼西亚八个世界遗产中，只有少数几个可以接待邮轮停靠进行一日游。根据 CLIA 统计数据，2019 年，印度尼西亚邮轮停靠班次共 356 次，其中，中转 300 班次，返航 26 班次，过夜 30 班次，比 2019 年增加 9.3%（见图 1-4）；2019 年，印度尼西亚水路入境的乘客数量为 416 万，同比增长 29.4%。[②]

表 1-4　印度尼西亚邮轮港口统计

港口名称	港口类型	周边
巴厘岛（贝诺瓦）港 （Bali Benoa Cruise Port）	邮轮母港	道路等基础设施较差，离市区 12 千米，港口提供民族表演、蜡染，周围有度假村的度假设施

---

① 印尼旅游部大力扶持 4 大旅游地，包括巴厘岛［EB/OL］.（2020-11-09）［2021-12-01］. https://www.163.com/dy/article/FR1B66PO0534P9N2.html.

② 数据来源：CEIC。

港口名称	港口类型	周边
安汶邮轮港（Ambon Port）	停靠港	周围被火山坡环绕，安汶岛是南莫鲁卡斯主要岛屿之一，有自由战士纪念碑、西瓦里马博物馆
巴厘岛（塞卢坎巴望）港（Celukan Bawang Port）	停靠港	巴厘岛北部大型海港，以货运为主，附近可以游览罗威那海滩
苏门答腊港（Belawan Port）	停靠港	传统村庄、萨摩西岛、西玛伦贡城堡、西达巴塔国王墓地、棉兰市区等
比通港（Bitung Port）	停靠港	游览比通港口、Trikora 纪念碑、Lembeh 海峡
吉利特拉万安港（Port of Gili Trawangan）	停靠港	珊瑚礁、白色海滩、潜水、观赏海洋野生动物
雅加达港（Port of Java）	停靠港	距离市区 12 千米，港口有舞蹈欢迎表演
松巴港（Port of Kodi Sumba）	接驳港	松巴岛拥有美丽的海滩，以檀香、马匹、手工编织工艺品以及令人惊叹的巨石墓而闻名
科摩多岛港（Port of Komodo）	接驳港	游览科摩多国家野生公园，1986 年其被纳入世界文化遗产
库邦港（Port of Kupang）	停靠港	殖民地遗迹、Oeba 市场以及库邦博物馆
拉兰图卡港（Port of Larantuka Flores）	接驳港	Kelimutu 彩色湖泊、古老村庄等
龙目岛（Port of Lombok）	停靠港（超大型邮轮）	海岛自然景观以及水上运动（滑水、游泳以及划船等）
巴东湾港（Port of Padang Bay）	接驳港	印度尼西亚众多文化交汇处以及海员聚集地，巴厘岛最好的潜水地（珊瑚、海洋动物）
苏拉威西岛港（Port of Pare Sulawesi）	停靠港	以本土的陶艺、编制手工艺品以及舞蹈而闻名
巴布亚新几内亚莫尔兹比港（Port Moresby）	停靠港	各国水手聚集地，游览渔民岛、帕加角以及 Koki 市场
庞越港（Port of Probolinggo）	停靠（接驳）港	属于东爪哇地区之一，以出产优质芒果而闻名，景点有红色教堂、庞越博物馆、蜡染中心以及一些传统市场
巴布亚新几内亚拉包尔港（Port of Rabaul）	停靠（接驳）港	潜水的绝佳去处
沙璜港（Port of Sabang）	停靠港	迷人的海滩以及具有旧殖民风格的城镇
三宝垄港（Port of Sebarang）	停靠港	距离市区 6 千米，游览三宝垄镇以及婆罗浮屠
泗水港（Port of Surabaya）	停靠（接驳）港	泗水酒店、州政府大楼以及泗水动物园

续表

港口名称	港口类型	周边
乌戎潘当港 （Port of Ujung Pandang）	停靠港	手工艺品博物馆、弗雷登堡

资料来源：Whatsinport.com。

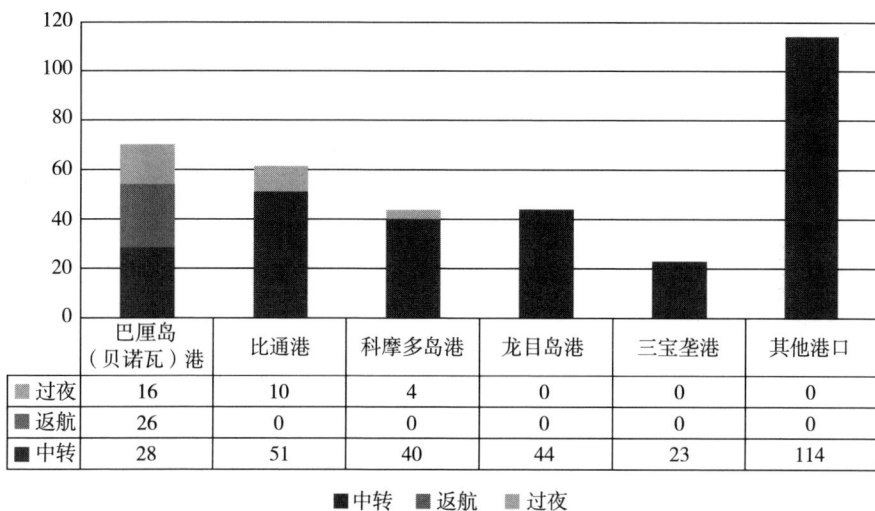

	巴厘岛 （贝诺瓦）港	比通港	科摩多岛港	龙目岛港	三宝垄港	其他港口
过夜	16	10	4	0	0	0
返航	26	0	0	0	0	0
中转	28	51	40	44	23	114

■ 中转　■ 返航　▨ 过夜

图 1-4　2019 年印度尼西亚港口邮轮停靠班次

资料来源：CLIA。

第六节　柬埔寨

一、文化及旅游概述

柬埔寨旧称"高棉"，是一个君主立宪制国家。柬埔寨王国历史悠久，境内有许多著名的历史遗迹。柬埔寨文化深受印度及中国文化的影响，柬埔寨人口中高棉人约占90%，越南人、中国人以及查姆族人约占10%，宗教信仰有佛教、印度教、伊斯兰教等。柬埔寨与泰国、老挝以及越南接壤，国土面积约为18.1万平方千米。柬埔寨的著名旅游景点包括暹粒（吴哥窟）、金边、西哈努克欧斯特海滩度假村、马德望（第二大城市）、贡布省（拥有一望无际的稻田、糖棕树及西部山区的少数民族）、新近开发的南部岛屿、茶胶省以及帕威夏古寺。

二、邮轮港口情况

柬埔寨的海岸线长度约为 460 千米，人口总数及经济发展水平在东南亚国家中排名靠后。目前，柬埔寨只有一个邮轮港口——西哈努克港（停靠/接驳港），港口周边有小镇可以游览。

第七节　文莱

一、文化及旅游概述

文莱位于婆罗洲岛西北侧，全名文莱达鲁萨兰国，马来语意为"和平之邦"，伊斯兰教为其国教。文莱与马来西亚有着特殊的历史情节和地缘关系，马来西亚传统是文莱文化的根基。文莱普遍使用马来语、英语和汉语，马来语是其官方语言。文莱国土面积约为 5675 平方千米，人口约 45 万（2021 年），主要人口为马来人，还有少量的华人、印度人、婆罗洲土著人。文莱素有"和平之邦"的美誉，因长期受伊斯兰教教规和文化的熏陶，绝大部分国民保持谦卑友善的优良品格，社会秩序良好，犯罪率低（葛红亮，2017）。

文莱海岸线长约 161 千米，共有 33 个岛屿。文莱港口有斯里巴加湾港和麻拉深水港，主要旅游景点有王室陈列馆、赛福鼎清真寺、杰鲁东公园、水上村落，以及造价 13 亿文元的水晶公园、黄金堆砌的努洛伊曼皇宫等。文莱国土面积狭小，以石油和天然气为主要经济支柱，近年来政府致力于大力发展旅游业，并成立了文莱旅游发展委员会，指导旅游业的发展（高歌，2011）。文莱旅游资源丰富，不仅具有独特的热带雨林景观、原始生态环境，还有伊斯兰文化、多民族风俗、文莱皇家等。水村、赛福鼎清真寺、杰米清真寺、杰鲁东公园、淡布隆国家森林公园等旅游目的地吸引了众多国际游客旅游观光。

二、邮轮港口情况

文莱目前有两个邮轮港口：一个是斯里巴加湾邮轮港（Bander Seri Begawan），距离市区 25 千米，港口设立游客服务中心，中心有餐厅以及纪念品出售。另一个是穆阿拉邮轮港，距离文莱国际机场 16 千米，从港口出发可以去斯里巴加湾市游览，参观清真寺、皇家富豪大厦以及马来技术博物馆等景点。

第八节 泰国

一、文化及旅游概述

泰国位于中南半岛南部，与老挝、柬埔寨、马来西亚、缅甸、越南接壤，并于 1932 年成为君主立宪制国家。泰国是庙宇林立的千佛之国，其中 90% 以上的民众信奉佛教。泰国文化长期受东西方文化的渗透，包容并蓄成为泰国文化的特色之一。泰国海岸线长约 2600 千米，素有"大象之国""微笑之国"的美誉，自然景观和人文景观丰富多样，景点众多，既有曼谷、普吉、芭提雅、清迈和帕塔亚等成熟的旅游城市，也有清莱、华欣、苏梅岛等正在开发的旅游景点。泰国有五处遗址被联合国教科文组织列入世界自然和文化遗产名录，包括三处世界文化遗址、两处世界自然遗址。乌登塔尼省班江考古遗址是东南亚地区最重要的史前聚居地之一，该遗址的农业种植可追溯到公元前 1450 年。大城府建于 1350 年，是一座历史悠久的古都，现在的大城历史公园囊括了大城王国 2/3 的历史遗迹，也是泰国的主要景点之一。素可泰、西萨查纳莱和坎帕昂是泰国建筑、雕塑、绘画和陶瓷的杰出代表。Thungyai-Huai Kha Khaeng 野生动物保护区（1991 年）和 Dong Phayayen-Khao Yai 森林综合体（2005 年）是泰国的两个世界自然遗产，前者是以野生动物保护区、石灰岩洞穴、野生水牛和犀鸟而闻名的旅游胜地；后者的森林综合体容纳了大约 800 种野生动物。

除海滩、自然景观以及文化景观外，泰国旅游局还大力推广文化旅游和医疗旅游，如在不同的旅游目的地举办促销活动和召开旅游会议，推出蜜月旅行和假日促销套餐，让游客体验泰国古典舞、泰国菜、泰式按摩及泰拳等。旅游业已成为泰国的支柱产业之一，行业相关雇员达数万人。

二、邮轮港口情况

泰国共有 12 个邮轮港口，其中曼谷港、普吉港以及苏梅岛港为主要港口（见表 1-5）。泰国首都曼谷位于湄南河畔，曼谷港位于湄南河下游，是泰国最大的港口，大型邮轮通常停靠在曼谷港东南方向的林查班港（深水港）。泰国第三大岛屿苏梅岛是东南亚著名的度假胜地，苏梅岛目前有 5 个码头，分别是纳通码头、通阳码头、湄南码头、大佛码头和波菩码头，邮轮一般靠泊在纳通码头外海，游客通过接驳船抵达码头。比较受欢迎的邮轮旅游目的地是普吉岛、曼谷等，其中，普吉岛被誉为安达曼海的明珠，在 2018 年的亚洲邮轮预订靠泊量为 218 艘次，同 2017 年的 150 艘次相比，增长了 45.3%，位列第 7 名（Laua and Yip，2020）。虽然其深水港无法容纳大型邮轮停靠，但是为了满足日益增长的游客需求，泰国政府在巴东海滩增设了两座临时浮筒为大型邮轮提供服务（Monpanthong，2018）。位于泰国最大港口曼谷港东南方向的林查班港，是一个适合大型邮轮停靠的深水港，距离芭提雅海滩仅 10 分钟车程，2018 年的亚洲邮轮预订靠泊量为 149 艘次，同比 2017 年增长了 29.6%（CLIA，2019）。

根据 CLIA 统计数字，2019 年泰国邮轮停靠班次共 550 次，其中中转 427 班次，返航 43 班次，过夜 80 班次（CLIA，2019）。其中，普吉岛为泰国最受邮轮乘客喜爱的岛屿，稳居停靠量首位（见图 1-5）。

表 1-5　泰国邮轮港口统计

港口名称	港口类型	周边
曼谷港 （Port of Bangkok）（Lam Chabang）	邮轮母港	距离曼谷市区两个小时车程，周边没有可以提供给游客的娱乐项目
苏梅岛港（Koh Samui Port）	邮轮母港	泰国第三大岛，最早的居民来自海南，游览神庙以及佛教花园
普吉港（Phuket Port）	邮轮母港	秀丽的芭东海滩、海洋研究中心、水族馆以及博物馆
狗骨岛港（Ko Kood Port）	接驳港	清澈见底的海滩、香蕉种植园、水上高跷
大皮皮岛港（Ko Phi Phi Port）	接驳港	观看日出、日落，猴子海滩，焰火表演以及海啸纪念馆
遥诺岛港（Port of Ko Yao Noi）	停靠港	稻田、红树林以及犀鸟
甲米割喉岛（Ko Hong Port）	接驳港	珊瑚礁、岩洞、水上活动以及多样的海洋生物
攀牙府（Phang Nga）	接驳港	海滩、石灰岩、007 岛、佛庙洞
克雷登岛（Ko Kradan）	停靠（接驳）港	白沙滩等
芭提雅岛（Pattaya）	停靠（接驳）港	40 千米海滩、各种海上项目、海鲜美食
斯米兰岛（Similan）	停靠（接驳）港	世界上最美丽的、未损坏的岛屿，具有丰富的、种类繁多的海洋生物，以及壮观的珊瑚礁
洛克岛（Ko Rok Nok）	停靠（接驳）港	白沙滩、潜水

资料来源：Cruises timetables. com。

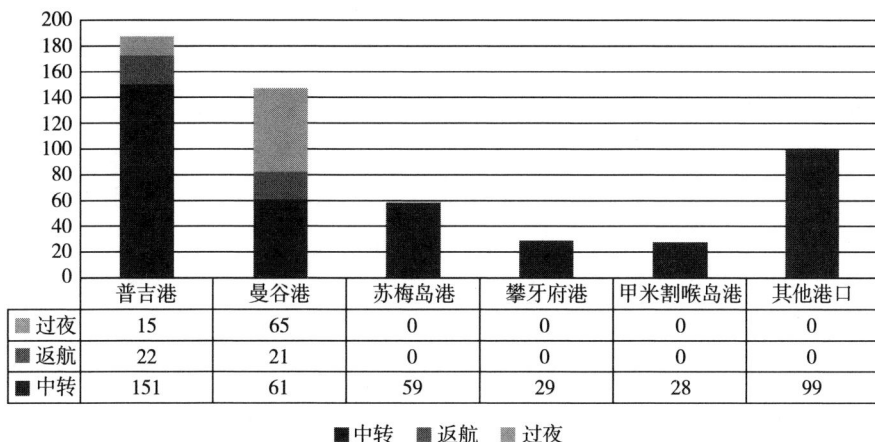

	普吉港	曼谷港	苏梅岛港	攀牙府港	甲米割喉岛港	其他港口
过夜	15	65	0	0	0	0
返航	22	21	0	0	0	0
中转	151	61	59	29	28	99

■中转　■返航　■过夜

图1-5　2019年泰国港口邮轮停靠班次

资料来源：CLIA。

第九节　中国

一、自然及人文旅游资源

中华人民共和国拥有14亿人口，是世界上人口数量最多的国家，同时也是世界五大文明的发源地之一，其历史可以追溯到公元前3000年的龙山文化时期。中国文化包括艺术、文学、宗教、武术、音乐、书法、陶瓷、饮食厨艺和其他特色文化艺术等。原国家旅游局将中国的旅游景点分成三大类，即自然景观、历史文化遗址和民俗风情。截至2021年，中国已有56处遗址被联合国教科文组织列入《世界遗产名录》，其中包括世界文化遗产34处，世界自然遗产14处，混合遗产4处，文化景观遗产4处，还有60处遗产等待申报，中国的世界遗产数量居世界第二。中国有许多享誉世界的旅游胜地，每年都有数以亿计的国内以及国际游客前来参观、游览这些旅游景点，旅游业已成为中国国民经济的重要组成部分。中国从中央到地方层面建立了各级旅游管理机构，中央政府负责制定全国性的旅游方针，并为国际和国内旅游市场制定政策和发展计划，国家级和省级主管部门负责积极贯彻这些政策和计划，行之有效的政策推动了旅游业收入呈指数级增长。

二、邮轮港口情况

2006 年以来，中国沿海邮轮港口建设处于快速发展阶段，沿海邮轮港口在建及已建成的数量接近 30 个，已落成的有三亚港、海口港、北海港、广州港、深圳港、厦门港、温州港、舟山港、上海港、青岛港、烟台港、天津港、大连港 13 大国际邮轮港，逐步形成以广州港、深圳港、厦门港为核心的粤港澳大湾区邮轮圈，以上海港为核心的长三角邮轮圈和以天津港为核心的环渤海湾邮轮圈，同时形成了以上海为主，北以天津为翼，南以广州、深圳、厦门为翼的"一主两翼"邮轮城市发展的新格局。2015 年，中国交通运输部发布了《全国沿海邮轮港口规划布局方案》，许多经济发达的沿海城市开始筹备修建邮轮港口。中国南海地区投入使用的邮轮港口有 13 个，其中包括专用邮轮港口，还有一些海港城市的货运码头改建或新建的港口（见表 1-6）。根据 CLIA 统计数字，2019 年，中国邮轮港口共停靠 809 班次，其中中转 68 班次，返航 687 班次，过夜 54 班次（CLIA，2019）（见图 1-6）。

表 1-6　中国南海地区邮轮港口统计

港口名称	港口类型	周边
香港港口	邮轮母港	天然良港，周围有完善的配套设施，有地铁通往市区，距离香港国际机场机场 20 分钟车程
广州南沙国际邮轮母港	邮轮母港	中国建筑面积最大的邮轮母港综合体，首次实现了与地铁无缝衔接，并安装了国内功率最大的岸电设备以实现绿化环保的设计要求
深圳招商蛇口邮轮母港	邮轮母港	位于蛇口工业区，完全建成后周边将汇集会展、餐饮、酒店、商业综合体、娱乐设施等全方位配套
厦门国际邮轮中心	邮轮母港	占地 47 公顷，距离机场 25 分钟车程
福州国际邮轮港	邮轮母港	位于松下港区，以母港航线为主，兼顾挂靠航线
琅岐邮轮停靠港	停靠港	位于福州琅岐岛，与福州国际邮轮港组成"一主一副"组合港，主要停靠 8 万吨级以下邮轮
台湾高雄港	停靠港	天然良港，旧称"打狗港"，位于高雄湾内，台湾第一大港，邮轮航线重要一环
台湾基隆港	停靠港	天然良港，环岛航运、观光主要枢纽港，旧称"鸡笼港"，台湾第二大港，邮轮航线重要一环
台湾花莲港	停靠港	原名"洄澜港"，位于市区东部沿海，台湾东部重要港口
台湾台中港	停靠港	旧称"梧栖"港，台湾中部航运门户
海口秀英港	停靠港	秀英港肩负着客运和货运任务，距离机场较远

续表

港口名称	港口类型	周边
三亚凤凰岛国际邮轮港	邮轮母港	位于三亚凤凰岛，周围有海滩旅游、高档酒店以及诸多餐饮设施
北部湾国际邮轮母港	邮轮母港	位于北海市北侧，由邮轮码头和石步岭港区两个片区组成，可停靠10万吨级邮轮

资料来源：中国邮轮网。

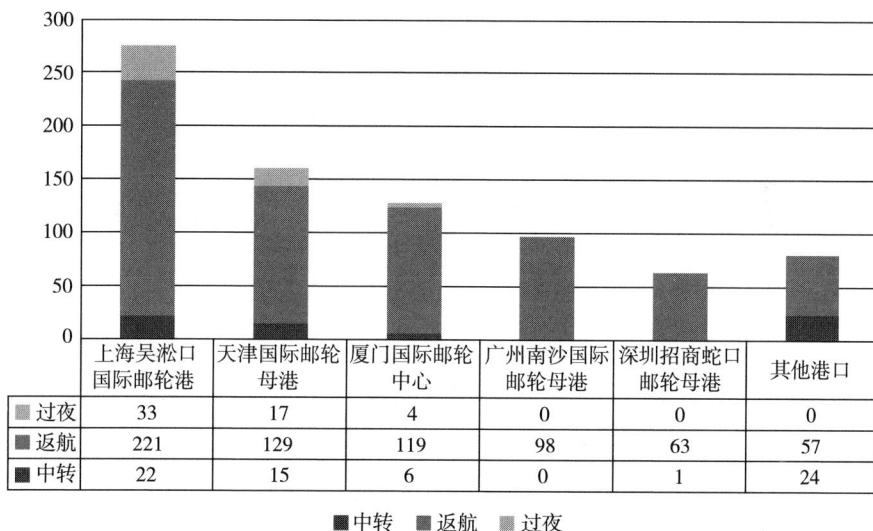

	上海吴淞口国际邮轮港	天津国际邮轮母港	厦门国际邮轮中心	广州南沙国际邮轮母港	深圳招商蛇口邮轮母港	其他港口
过夜	33	17	4	0	0	0
返航	221	129	119	98	63	57
中转	22	15	6	0	1	24

■中转　■返航　■过夜

图1-6　2019年中国港口邮轮停靠班次

资料来源：CLIA。

第二章 中国与东盟国家邮轮产业发展现状

第一节 中国与东盟国家邮轮上游产业发展现状

邮轮上游产业主要包括邮轮研发、设计、制造及维修业等。最初邮轮是运输服务载体,现在是高技术船舶产品及旅游体验品,这对邮轮的设计和建造材料提出了更高的要求。设计建造豪华邮轮的壁垒极高,不仅需要庞大的资金支持、雄厚的产品设计开发能力,而且建造邮轮所需的技术含量极高、工程繁复、配套产业数量众多、项目管理难度大,建造周期长且资金量需求大,以致欧洲以外的国家很难进入该产业。目前,邮轮上游产业主要被欧洲国家所垄断。欧洲地区的邮轮设计、制造及维修产业的技术水平在全球处于绝对领先地位,同时拥有完整的邮轮产业链。世界三大邮轮制造业巨头,如意大利的芬坎蒂尼、德国迈尔船厂、STX 法国囊括了全球近 90% 的豪华邮轮订单;此外,还有两家,如芬兰阿克尔船厂、德国劳埃德船厂的实力及订单量同样不容小觑,垄断为欧洲邮轮制造厂商带来了丰厚的利润。

目前,中国与东盟国家普遍缺乏建造邮轮的实力:一是没有设计邮轮的技术人才;二是没有制造邮轮核心零部件的能力;三是没有成熟的邮轮配套体系。中国与东盟国家中最有希望参与邮轮上游产业链分工的国家就是中国。随着中国造船工业的迅速发展,近几年中国的造船完工量、新接订单量以及手持订单量均为世界第一。中国已经突破了航空母舰、LNG(Liquefied Natural Gas,液态天然气)船制造等高端装备制造业的瓶颈,当前最需要加强的就是豪华邮轮的研发、设计、制造及维修等行业;对于中国造船业而言,进入豪华邮轮建造行列是技术升级及利润提高的大好时机。目前有能力参与航空母舰生产的中国船厂为数不少，但能够承接豪华邮轮生产的中国造船厂寥寥无几。中国船舶企业参与全球船舶产业链分工，更多承接的是低附加值和低成本扩张部分，国内生产邮轮的零部件基本依靠进口，生产成本很高，且不具备邮轮自主设计的能力，邮轮的内饰和配套行业更是接近空白。

由于自主研发的周期太长，耗资巨大，中国采取了一条有别于日韩邮轮建造的道路。自 2012 年开始，中国船舶工业集团公司联合各方开始探索适合中国本土邮轮建造的方式。2015 年 10 月 13 日，中国船舶工业集团、中国投资有限公司、上海宝山区政府、美国嘉年华集团、意大利芬坎蒂尼集团和英国劳氏船级社发布邮轮产业合作六方共同宣言，组成全球邮轮产业顶级团队，共同发展中国邮轮制造产业，培育发展本土邮轮产业链（叶欣梁，2019）。我国与意大利芬坎蒂尼集团合作，利用其国际邮轮先进制造技术，创办合资企业，设立邮轮产业发展配套产业园区。2016 年 10 月 12 日，上海中船国际邮轮产业园在宝山区揭牌，为邮轮产业链向上游延伸搭建了平台。目前，主营高端船舶装饰设计、施工、电气系统设计安装的多家企业已经落户上海国际邮轮产业园。① 2017 年 2 月 22 日，中国船舶工业集团公司与美国嘉年华集团、意大利芬坎蒂尼集团签署了中国首艘大型邮轮建造备忘录协议（MOA）。根据协议，中船集团联合嘉年华集团等组建的邮轮船东运营合资公司将向中船集团与芬坎蒂尼合资组建的邮轮建造公司订购 2 艘 Vista 级大型豪华邮轮，上述邮轮将在中船集团旗下上海外高桥造船有限公司建造。② 2018 年8 月 28 日，中国船舶工业集团有限公司与意大利芬坎蒂尼集团在北京签署了全面战略合作备忘录，计划将合作从邮轮扩展到石油和天然气行业，以及巨型游艇、特种船舶、钢结构、海工装备等方面（中船集团，2018）。

建造豪华邮轮所需的资金量巨大，鉴于此，为推动邮轮产业的发展，中船集团联合中国银行、建设银行、农业银行、兴业银行和光大银行等金融机构，共同成立了豪华邮轮发展基金，投资领域涵盖邮轮设计建造、投资经营管理及配套服务等。招商局集团按照"前港—中区—后城"的开发模式，在江苏海门规划了邮轮制造基地、邮轮配套产业园和国际邮轮城项目，实施港产城联动发展，对豪华邮轮的全产业链进行战略布局。招商工业海门基地 2 号坞工程总投资 30 亿元，计划建设国内首个、世界先进的室内干船坞等（南通市人民政府，2019）。船坞建成后可形成年产 1 艘 10 万总吨级大型邮轮，兼顾 2 艘极地探险邮轮的产能；

---

① 新华社. 三菱重工暂停邮轮制造中国造船踏入该市场能成功吗？——中国首个国际邮轮产业园落户上海［EB/OL］. 中华人民共和国中央人民政府网，（2016 - 10 - 12）［2022 - 10 - 18］. https://www.gov.cn/xinwen/2016-10/12/content_5118069.htm.

② 我国首艘国产邮轮建造 MOA 正式签约［J］. 水上消防，2017（2）：44-45.

招商工业江苏海门基地于2019年9月交付中国首艘极地探险邮轮，实现了中国邮轮制造"零的突破"（陈静，2020）。此外，招商工业江苏海门基地还承建了多艘邮轮：2021年7月，交付4号极地探险邮轮"海洋探险号"；2021年9月，交付2号极地探险邮轮"西尔维娅·厄尔号"；2021年10月，交付3号极地探险邮轮"海洋胜利号"。具体如表2-1所示。

表2-1　中国邮轮建造情况

新建邮轮	总吨位（万吨）	载客量（人）	交付时间	建造船厂	船东
未命名	13.55	5246	2023	上海外高桥造船	中船嘉年华
未命名	6	600	2021	常石舟山造船	NYK邮轮
格雷格·莫蒂默号	0.8035	254	2019	招商邮轮制造	SunStone
海洋探险号	0.8035	254	2021	招商邮轮制造	SunStone
西尔维娅·厄尔号	0.8035	254	2021	招商邮轮制造	SunStone
4号邮轮	0.8035	254	2021	招商邮轮制造	SunStone
未命名	3.75	660	2022	招商邮轮制造	世天邮轮

资料来源：笔者根据《中国邮轮产业发展报告（2020）》和相关资料整理得出。

随着世界邮轮产业的发展，特别是中国邮轮旅游市场的迅猛发展，各级政府相继出台了一系列政策规范，以推动邮轮产业的发展。近年来，国家有关部门出台的相关支持政策基本涵盖了邮轮设计建造、邮轮经营、邮轮港口码头、旅游服务等，在推动中国邮轮产业健康、稳定发展方面，取得了一定的成效。

第二节　中国与东盟国家邮轮中游产业发展现状

邮轮中游产业包括邮轮营运业，如海事运营、船上项目经营和资本运营等。中国与东盟国家和地区的邮轮运营公司大多是欧美邮轮公司的分支机构，该地区本土邮轮运营公司较少，目前仅有中国内地、中国香港地区有本土邮轮运营公司。

近年来，在中国与东盟区域运营的邮轮公司主要有嘉年华邮轮集团、皇家加勒比邮轮公司及云顶香港有限公司。

1. 嘉年华邮轮集团

嘉年华邮轮集团成立于1972年，公司总部位于美国佛罗里达州的迈阿密港。经过多年的扩张和并购，嘉年华邮轮集团"收割"了全球邮轮市场的每一个细分市场，旗下拥有 12 个下属邮轮公司：公主邮轮公司、荷美邮轮公司、Windstar 邮轮公司、Seabourn 邮轮公司、歌诗达邮轮公司、Cunard 邮轮公司、P&O 邮轮英国公司、Ocean Village 邮轮公司、Swan Hellenic 邮轮公司、AID 邮轮公司、the German A-ROSA 邮轮公司、P&O 邮轮澳大利亚公司（顾一中，2012）。嘉年华邮轮集团保留了旗下多家公司的经营特点，同时对各个公司的邮轮设计和管理实施标准化，如此既能够确保集团总体经营的统一性，又能充分发挥旗下邮轮公司经营的灵活性。嘉年华邮轮集团旗下的英国嘉年华邮轮有限公司在中国的上海、北京、天津、成都和广州等地设立办事处，服务于当地的旅行社，销售皇后邮轮及公主邮轮产品，公主邮轮和歌诗达邮轮主要执航于亚太航区。

公主邮轮被称为帝王级的邮轮，是全球知名豪华邮轮品牌之一，始创于 1965 年，是全球体量最大、服务最好的邮轮之一。2003 年，公主邮轮与嘉年华邮轮公司合并，成为其旗下品牌之一。公主邮轮以新颖的船舶设计、多元化的旅行体验和个性化的乘客服务而闻名，被称为全球邮轮的引领者。公主邮轮提供的服务多样化，力求满足每一位乘客的消费需求。例如，公主邮轮与多个教育机构合作，推出了适合学龄儿童的"海上探索营"；公主邮轮为乘客配备了"海洋勋章"，利用该设备乘客可以直接预订餐食或定位与同行好友联系，"海洋勋章"同时可以将乘客的消费偏好数据发送给邮轮公司，以便为其提供更加个性化的服务。[①]

公主邮轮在世界各地推出了多样化的产品，如在中国市场主推的多为 3~4 天的短线产品，在东南亚主推的多为 7 天以上的中长线产品。随着中国消费市场的扩大，公主邮轮将在中国进一步开发中长线产品。公主邮轮在中国与东盟国家和地区开发的部分邮轮航线如表 2-2 所示。

表 2-2　公主邮轮中国与东盟国家航区部分航线

船名	始发地	航线
蓝宝石公主号	新加坡	新加坡—泰国苏梅岛—泰国曼谷—越南胡志明—中国香港—中国台湾基隆—韩国釜山—日本长崎—日本横滨
	中国上海	中国上海—韩国釜山—日本鹿儿岛—中国台湾花莲—中国台湾高雄—中国香港—越南芽庄—越南胡志明—泰国曼谷—泰国苏梅岛—新加坡—马来西亚哥打京那巴鲁—菲律宾长滩岛—菲律宾马尼拉—中国香港—中国台湾基隆—日本冲绳—日本长崎—日本博多—中国上海
		中国上海—中国香港—越南芽庄—越南胡志明—新加坡—印度尼西亚巴厘岛—澳大利亚珀斯—澳大利亚阿德雷德—澳大利亚墨尔本

① 公主邮轮：发展差异化邮轮产品体验，打造市场共赢策略［EB/OL］.（2019-07-15）［2020-05-12］. https：//www.travelweekly-china.com/76340.

船名	始发地	航线
至尊公主号	新加坡	新加坡—马来西亚巴生港—马来西亚槟城—泰国普吉岛—印度尼西亚巴厘岛—新加坡—越南陈梅—越南芽庄—越南胡志明—柬埔寨西哈努克—泰国曼谷—泰国苏梅岛——新加坡
钻石公主号	中国香港	中国香港—越南岘港—越南芽庄—越南胡志明—新加坡—马来西亚哥打京那巴鲁—菲律宾苏比克湾—菲律宾马尼拉—中国香港

资料来源：嘉年华邮轮公司。

歌诗达邮轮成立于1860年，总部位于意大利热那亚，2003年加盟嘉年华邮轮集团。歌诗达邮轮作为嘉年华旗下最国际化的品牌之一，率先进入亚洲市场；2006年歌诗达邮轮到访亚洲港口，并将中国香港作为亚太航区的首个邮轮母港，同年歌诗达邮轮将亚太总部设在中国香港，2011年歌诗达又在上海设立了独资公司。目前，歌诗达在中国的母港包括上海、天津、深圳、香港和三亚等港口。歌诗达邮轮定位为适合大众的新生活方式，经过多年的市场培育，歌诗达邮轮成为中国市场占有率第一的邮轮公司，旗下"威尼斯号"和"大西洋号"出发港口为深圳太子湾邮轮港，到达目的地覆盖菲律宾苏比克湾和马尼拉等地；旗下"新浪漫号"自三亚凤凰岛邮轮港出发，到达目的地为越南岘港、下龙湾、芽庄、胡志明和顺化等；旗下"大西洋号"出发港口为上海邮轮港，主营日韩航线。

2. 皇家加勒比邮轮公司

皇家加勒比邮轮公司是全球第二大邮轮运营商，1968年成立于美国迈阿密，旗下的皇家加勒比邮轮品牌是全球第一大邮轮品牌。公司目前拥有8大豪华船系，旗下"海洋航行者号"、"海洋量子号"、"海洋光谱号"及"海洋赞礼号"邮轮主要航行于亚太区域。"海洋航行者号"是整个亚太航区最大的豪华邮轮，主要执航于中国及东南亚航区。2008年，皇家加勒比首次开通了从中国香港、上海始发的邮轮航线，宣告正式进入中国市场。2009年，皇家加勒比旗下"海洋神话号"豪华邮轮获得中国政府特别批准首航中国台湾，并于2009年3月14日至4月19日运营上海驶往中国台湾的6个往返包船航次，航线设计为6晚7天，分别停靠中国台湾的花莲、基隆和台中（王蔚，2009）。2011年，"海洋神话号"开辟了以天津、上海和中国香港为母港的精彩航次，分别前往日本、韩国、中国台湾地区、越南、新加坡和俄罗斯等地。2012年6月，皇家加勒比以上海为母港开设了国际邮轮航线，并将"海洋航行者号"引入中国，2013年再次将"海洋水手号"引入中国。这不仅是皇家加勒比国际邮轮在全球发展战略中新的里程碑，巩固了其在中国市场的领先地位，同时也极大地推动了中国邮轮产业的健康快速发展（龙京红、刘利娜，2015）。皇家加勒比邮轮公司在中国与东盟国家航区开辟的部分航线如表 2-3 所示。

表 2-3　皇家加勒比邮轮公司部分航线

船名	始发地	航线
海洋航行者号	新加坡	新加坡—吉隆坡—槟城—普吉岛、新加坡—曼谷—胡志明—芽庄—岘港（真美港）—河内—香港
	中国香港	中国香港—深圳—新加坡—吉隆坡—槟城—普吉岛—中国香港
海洋量子号	新加坡	新加坡—马六甲—槟城—普吉岛—巴生港—新加坡
	中国香港	中国香港—日本冲绳—菲律宾马尼拉—菲律宾苏比克湾—新加坡
海洋光谱号	中国香港	中国香港—越南岘港—越南芽庄—中国香港
		中国香港—中国台湾高雄—台湾基隆—中国香港
海洋赞礼号	中国香港	中国香港—公海—中国香港

资料来源：皇家加勒比邮轮公司。

3. 云顶香港有限公司

1993 年，马来西亚富商林梧桐耗资 1.625 亿美元从瑞典从业者手中购置了 2 艘新建邮轮，丽星邮轮有限公司随即宣告成立。2009 年，丽星邮轮有限公司改名为云顶香港有限公司，总部位于中国香港，公司以推动亚太地区的邮轮旅游发展为目标，现已发展成为世界三大邮轮公司之一。云顶香港邮轮公司旗下品牌包括丽星邮轮、星梦邮轮及水晶邮轮，主要以亚太地区作为主营业务航区。云顶香港针对亚洲细分市场提供了差异化产品及优质服务，如设计出符合亚洲人消费习惯的邮轮旅游产品，提供短途邮轮产品，推出能吸引年轻消费者的邮轮项目，使邮轮旅游不再囿于老年人的休闲娱乐。

云顶香港有限公司目前在包括中国大陆、日本、印度尼西亚、马来西亚、菲律宾、新加坡、澳洲、印度、德国、荷兰、瑞典、中国台湾及美国等 20 多个国家和地区设有办事处。云顶香港通过丽星邮轮品牌在亚洲经营邮轮旅游业，旗下"双子星号""双鱼星号""宝瓶星号"主要运载各国游客畅游中国与东盟国家航区。"双子星号"目前执航的是东南亚航线，出发港口主要是新加坡滨海湾邮轮中心，到达目的地覆盖马来西亚槟城、巴生港、兰卡威以及马六甲，或者执航菲律宾马尼拉和苏比克湾等多个目的地的航线，或者由中国三亚凤凰岛邮轮港和海口秀英港出发，前往越南岘港、下龙湾。"宝瓶星号"进驻三亚凤凰岛邮轮港，开辟了"中国香港—三亚—越南岘港—下龙湾"航线。2015 年，云顶香港推出的星梦邮轮品牌，旗下"云顶梦号"和"世界梦号"分别于 2016 年和 2017 年下水，"云顶梦号"及"世界梦号"出发港口主要是广州南沙邮轮港、深圳太子湾邮轮港以及厦门国际邮轮港，开设的航线为"广州—岘港—下龙湾"，"深圳—中国香港—新加坡—泗水—巴厘岛—中国香港"，星梦邮轮品牌为中国与东盟国家邮轮旅游者提供了更多的消费选择（云顶香港，2020）。受新冠疫情影响，2020年开始，云顶香港邮轮公司大量航线被迫停航，云顶香港中国区大量航线停运，云顶香港亚太区业务量锐减，业务收入入不敷出。2020年开始，云顶集团高管降薪20%~50%，并在全球范围内开始大规模裁员，截至2021年底裁员比例高达57%。云顶旗下德国MV造船集团于2022年1月向德国法院提交破产申请，同年1月，云顶香港向百慕大最高法院提交清盘申请（刘畅，2022），3月底云顶香港中国区员工被遣散，至此，云顶香港结束了其亚太航区的邮轮业务。

4. 中国内地及香港地区邮轮公司发展概况

丽星邮轮公司于2004年进入中国市场，嘉年华邮轮公司于2006年进入中国市场，皇家加勒比邮轮公司于2009年进入中国市场，至此，全球三大邮轮公司全部进驻中国市场。邮轮产业作为一项新兴的海洋产业，近年来备受中国各地政府的追捧，纷纷投资兴建各类邮轮港口和组建本土邮轮公司，但本土邮轮公司的经营与上述跨国大型邮轮公司相比，无论是航线设计、船队建设方面还是公司规模方面，均存在较大的差距，目前具有一定规模的邮轮公司包括中国邮轮有限公司、渤海邮轮公司、海航旅业邮轮游艇管理有限公司、太平洋邮轮公司以及星旅远洋国际邮轮有限公司。

中国邮轮有限公司于2011年在香港注册成立，同年，该公司收购了全球唯一双体豪华国际邮轮"亚洲之星"，之后该邮轮正式更名为"中华之星"。中国邮轮有限公司将浙江舟山作为运营基地，旨在建设邮轮投资、运营管理总部基地。该公司将厦门作为海峡母港、上海作为华东母港，天津作为华北母港，并且申请了舟山、厦门、青岛至中国台湾、日韩、越南的航线，现已开通浙江舟山至中国台湾基隆、台中港等固定航线（林上军，2014）。丽星邮轮公司在东亚、东南亚和中国东南部沿海开通了多条航线，如俄罗斯航线、日韩航线、越南航线等。2012年在北京成立的海航旅业邮轮游艇管理有限公司是中国大陆地区首家拥有豪华邮轮的公司，旗下"海娜号"豪华邮轮于2013年在三亚凤凰岛邮轮码头首航，开通的航线包括三亚至越南航线、天津至韩国航线，"海娜号"在短暂运营中国市场之后，于2017年在印度被拆解（最邮轮，2017）。

渤海轮渡集团股份有限公司于2014年2月在中国香港设立渤海邮轮有限公司，渤海轮渡集团于2020年2月22日对渤海邮轮有限公司增注资金2.98亿港元，增资后渤海邮轮注册总资本达到 4.68 亿港元。① 2014 年 2 月，渤海邮轮有限公司以 4368 万美元的价格向歌诗达公司购买了造价 2.4 亿美元的豪华邮轮"歌诗达旅行号"，改造后更名为"中华泰山号"（刘哲，2016），"中华泰山号"运营的航线包括"烟台—韩国首尔—韩国济州岛""威海—日本福冈—日本佐世保""青岛—日本鹿儿岛—日本佐世保""深圳—越南岘港"等。

太平洋邮轮公司 1995 年始创于中国香港，主要从事邮轮运营服务，旗下"明辉公主号"邮轮于 2001 年开通了海口（北海）至越南海上旅游航线。2016 年，太平洋邮轮开始运营邮轮游艇旅行平台及中国内地的公司，目前太平洋邮轮的业务项目涵盖邮轮、游艇及直升机租赁等业务。

2019 年，中国远洋海运集团和中国旅游集团共同出资设立了星旅远洋国际邮轮有限公司，总部位于福建省厦门市（厦门中远海运，2019）。旗下 7 万吨级豪华邮轮"鼓浪屿号"计划在深圳太子国际邮轮港开通 14 条途经日本及东南亚的航线，目前执航的航线包括"深圳—岘港—下龙湾""深圳—苏比克湾—马尼拉""深圳—八重山—那霸""深圳—宫古岛—那霸"等。

第三节　中国与东盟国家邮轮下游产业发展现状

邮轮下游产业主要包括邮轮航运服务业及港口配套服务业。中国与东盟国家的邮轮产业发展大多处于起步阶段，下游产业发展情况较好的国家和地区包括新加坡、马来西亚和中国内地、中国香港等地。

一、新加坡邮轮产业发展现状

为了促进邮轮产业的发展，新加坡政府于 1989 年成立了邮轮发展署，1991 年政府投资 5000 万新加坡元兴建了邮轮码头，1998 年重修扩建成了可以同时停靠 8 艘邮轮的深水码头。新加坡邮轮发展署将邮轮基础设施建设、邮轮业务发展和邮轮产业能力提升作为三大核心策略，大力推动了新加坡邮轮产业的快速发展。邮轮发展署采取与利益相关者合作的方式，确保新加坡的邮轮基础设施未来有能力靠泊最新的船舶，并能够提供最佳的乘客体验；邮轮发展署与邮轮公司合作，向消费者推销邮轮服务产品，扩大邮轮旅游的公众认知度和影响力；邮轮发展署还与旅行社合作，通过培育邮轮地面服务商和旅游经营者等辅助业务力求提

---

① 近 3 亿港币！渤海轮渡要增资香港邮轮子公司［N］. 经济导报，2020-02-22（8）.

高旅行社销售邮轮旅游产品的能力，获得更大的收益（Wood，2000）。在邮轮投融资合作方面，2006 年新加坡设立了 1000 万美元的新加坡 Fly-Cruise（机场与港口联运）发展基金，用于提升港口与机场的联运能力（李涛涛等，2016），2012 年新加坡国家旅游局斥资 1200 万新加坡元设立邮轮发展基金，同年新加坡樟宜机场集团、新加坡旅游局和公主邮轮公司通过投融资合作获得更多的邮轮资源。国际合作方面，新加坡邮轮中心与中国上海、天津等港口签署了谅解备忘录，在邮轮港口管理技术、技术与营运、物资补给、市场开发和投资等方面进行合作，与越南的岘港港口控股公司在港口方面进行合作（孙妍，2018）。

新加坡目前已形成了以邮轮母港运营为核心的邮轮母港产业集群。新加坡邮轮运营管理水平处于世界领先地位，同时新加坡也是全球邮轮产业的客运枢纽以及亚太地区前五大旅游目的地之一。新加坡邮轮产业的发展模式属于枢纽港口型，政府充分利用其优越的自然条件和区位优势，按照国际标准建设邮轮港口，并结合周边区域统一规划开发，吸引各类产业进驻，提供邮轮维修、燃油补给、食品供应、邮轮管理以及餐饮、住宿、娱乐、购物等多种高质量综合配套设施和服务，在吸引大量邮轮停靠的同时，充分满足游客旅游的多样需求。在国际合作方面，新加坡与中国、印度、日本、韩国、马来西亚、斯里兰卡、菲律宾以及中国香港、中国台湾等亚洲国家和地区的邮轮港口结成了战略联盟，进一步推广了新加坡的邮轮旅游，促进了新加坡旅游业的蓬勃发展。

新加坡邮轮母港设备、设施先进，距离机场 20 分钟路程，距离地铁步行 10 分钟距离。2018 年，新加坡的船舶停靠总数为 374 次，仅次于中国上海宝山港的 416 次（CLIA，2018）。2018 年，新加坡吸引了 187 万名旅客，入境游客增长率达到 35%，比 2017 年增长了一倍，2016~2018 年连续三年保持两位数的增长。2019 年统计数字有略微下滑，游客数量为 181 万，邮轮停靠次数为 414 次，2020 年受新冠疫情影响，数据断崖式下跌（见图 2-1）。

二、马来西亚邮轮产业发展现状

为了促进邮轮产业发展，马来西亚政府积极改善国内的投资环境，引导民营资本投资基础设施建设。相比空中以及陆地交通的客流量，邮轮交通面对的乘客群体相对较少，但因邮轮产业发展涉及多个上下游相关产业，马来西亚政府已将其确定为国家重点经济发展板块之一。政府和私营企业都看到了这一领域的发展潜力，邮轮旅游业也被纳入 2019~2030 年国家交通政策的特色发展领域，在该政策中，政府旨在优化特定的港口，提高邮轮旅游的经济贡献度。

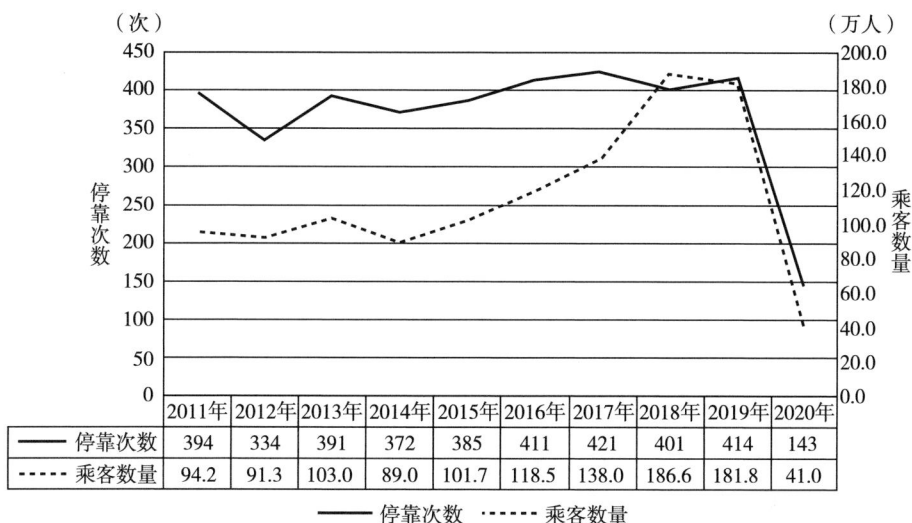

（次）	2011年	2012年	2013年	2014年	2015年	2016年	2017年	2018年	2019年	2020年
停靠次数	394	334	391	372	385	411	421	401	414	143
乘客数量	94.2	91.3	103.0	89.0	101.7	118.5	138.0	186.6	181.8	41.0

—— 停靠次数 ······ 乘客数量

图 2-1 2011~2020 年新加坡港口邮轮停靠次数及乘客吞吐量

资料来源：新加坡旅游局。

马来西亚境内的巴生港、槟城港、皇京港和兰卡威港逐步形成了马来西亚邮轮产业发展的重要基础。马来西亚政府曾在海上门户——巴生港划出 150 亩土地给丽星邮轮公司建设总部。巴生港位于马来西亚雪兰莪州（Selangor）的因达岛（Pulau Indah），于 1995 年开始启用，距离首都吉隆坡 45 分钟车程，是马来西亚最大及最繁忙的港口，也是马来西亚通往中国与东盟国家旅游胜地的绝佳门户。巴生港的邮轮码头有 3 个邮轮泊位，总长 660 米，水深 12 米，能够停靠 5 万吨级以上的邮轮，港口标志性建筑是丽星邮轮的登轮大厦，共有五层，其中第一层和第二层供游客使用，第三层和第四层为丽星邮轮公司的办事处及管理中心（孙妍，2018）。

槟城港位于马来半岛西海岸和槟城岛北部，是马来西亚最古老的港口之一，也是马来西亚第二大集装箱港口，港口所在的乔治城（槟城）2008 年入选世界文化遗产，途经槟城港可以到达马来西亚北部各州和泰国南部各省。马来西亚最大港口运营商 MMC 集团和 Royal Caribbean Cruises Ltd 于 2018 年签署合资协议，拟投资 1.55 亿林吉特扩建槟城码头，以便能够接待更大吨位的邮轮。

马六甲皇京港位于吉隆坡和柔佛之间，最初是一个小型港口。马六甲州每年到访 50 余艘邮轮，但囿于港口缺少靠泊设施，邮轮只能停在海上，不能真正进入马六甲，限制了马六甲州的邮轮旅游业发展。2013 年，马来西亚政府积极响应中国政府提出的建设"新海上丝绸之路"的倡议，开始与中国合作开发马六甲门户项目。2014 年，马来西亚本土公司凯杰发展（KAJD）承接了马六甲皇京港门户项目，该项目中马合计投资为 430 亿林吉特，总占地面积为 1366 英亩，包括三个开垦岛和一个自然岛。第一个开垦岛工程占地面积 140 亩，总的建设费用为 4 亿林吉特，其中人工填岛耗费 3 亿林吉特，国际邮轮码头建设耗费 1 亿林吉特，第一个开垦岛上的邮轮码头于 2019 年 6 月开工，码头竣工后可同时停泊 4 艘邮轮及接待 2 万客流量，邮轮码头外港可承载绿洲深海系列邮轮停泊（哈钦森，2019）。除了巴生港和马六甲皇京港以外，还有兰卡威港、奇佳港等，都是丽星邮轮公司的主要靠泊港口。

兰卡威位于槟榔屿北方，马来半岛西北岸外侧，是马来西亚北部的门户，也是通往安达曼群岛的必经之处。兰卡威的邮轮码头是丽星邮轮在马来群岛定点停泊码头之一，拥有 2 个泊位，可以同时停靠两艘大型邮轮。奇佳港也是丽星邮轮在马来西亚的主要靠泊港口之一，码头附近有马来西亚东海岸最大的娱乐中心，奇佳港距离马来西亚东部最大城市关丹一小时车程（孙妍，2018）。

三、菲律宾、印度尼西亚、文莱邮轮产业发展现状

（一）菲律宾邮轮产业发展现状

菲律宾拥有漫长的海岸线，为该国提供了丰富的滨海旅游和海岛旅游资源。菲律宾凭借众多旅游资源及各项政府规划，成为东南亚国家中较早发展邮轮产业的国家之一。菲律宾邮轮产业发展主要集中在邮轮基础设施建设及旅游景点开发方面，菲律宾旅游局已将邮轮旅游作为本国发展旅游的重要战略产品。

菲律宾政府集中力量建设邮轮港口基础设施及周边旅游景点，如大力投资苏比克港和长滩岛的建设工程，港口基础设施扩建后能够满足大型邮轮的靠泊需求，同时便于游客岸上观光旅游，优质的海岛和历史遗迹等旅游资源吸引了众多游客。在港城建设方面，菲律宾热门港口数量多达 72 个，但可作为邮轮母港的仅有马尼拉港。马尼拉港是菲律宾最为繁忙的港口，也是最大的天然良港，早在16 世纪时就已经成为著名的商港，港内泊位数量为 1 个，吃水深度可达 10 米，邮轮港距离机场仅 8 千米，这些为马尼拉港成为国际邮轮枢纽提供了充足的条件。借助发达的交通网络，游客可方便地登港游览马尼拉的旅游景区。

2015 年，菲律宾旅游局和港务局合作，旨在升级港口基础设施以便邮轮靠泊，重点改造的港口有马尼拉港、公主港、苏比克港和长滩港，菲律宾计划将西可根岛开发成现代化的邮轮旅游目的地。2016 年，菲律宾旅游局提出了邮轮旅游发展战略，该战略侧重于发展首都马尼拉、长滩岛和普林塞卡港等旅游目的地，并于 2021 年在索莱尔邮轮中心（Solaire Cruise Centre）开放其首个邮轮专用港口，希望它能够成为继中国香港特别行政区及新加坡之后的替代邮轮母港

（Isted，2019）。自 2016 年以来，《重建更好法案》（BBB）的基础设施建造计划已经开始实施，并取得了实质性进展（Cuenca，2021）。2019 年，西海岸的苏比克港（Subic Bay）和普林塞卡港（Puerto Princesca）跻身全国顶级港口名单，北部的科隆港也进入了全国五大港口名单，菲律宾政府一直在升级旧的港口、建造新的港口，并利用其绵长的海岸线发展邮轮旅游（Marandi，2020）。根据 CLIA 的统计数据，从 2014 年到 2018 年，菲律宾的邮轮港口停靠量以 16% 的复合年增长率增长，2018 年与 2014 年相比，邮轮产业增长率高达 108%，但 2019 年该国的国际邮轮停靠数量下降了 50%，这与政府出台了船只停靠限制政策（如长滩岛旺季禁停邮轮）以及邮轮基础设施欠缺有关。根据 Statista 的预测数据，由于疫情的影响，菲律宾的邮轮旅游收入在 2020 年为 200 万美元，跌幅预计达到 91.3%，之后会逐步恢复。

（二）印度尼西亚邮轮产业发展现状

印度尼西亚是世界上最大的群岛国家，由 1 万多座岛屿组成，号称"赤道上的翡翠"。印度尼西亚旅游资源丰富，以风景如画的自然景观、淳朴的民俗文化、原始的村落建筑、异域的歌舞风情等吸引了全球各地的游客慕名而来。丰富的海岛旅游资源和自然景观使印度尼西亚成为中国与东盟国家中的热门邮轮旅游胜地之一。

印度尼西亚政府近年来高度重视旅游业的发展，尤其是邮轮旅游业的发展。从 2016 年开始，政府不断加强对邮轮旅游资源的开发及港口基础设施建设，以提升现有港口的接待能力和配套服务能力，旨在进一步刺激国际邮轮旅游市场的增长。同时，印度尼西亚旅游局组织跨国邮轮公司赴印度尼西亚港口城市考察，希望借此推动邮轮航线开发及推介印度尼西亚邮轮旅游目的地。印度尼西亚的靠岸邮轮和游客数量近年来呈上升趋势，但是由于其港口设施比较陈旧，难以满足大型邮轮停靠，在一定程度上限制了邮轮旅游的发展。为此，政府放宽和简化了对邮轮及其船员和乘客的航行管制，努力增加邮轮进出港数量，积极与私营部门合作，如促成印度尼西亚国营码头运营商 PT Pelabuhan Indonesia III（Persero）与云顶邮轮集团的合作，双方携手建设北巴厘塞鲁坎巴旺的邮轮码头基础设施，建成之后可供全长 350 米的邮轮停靠，之后双方又继续扩大合作，共同开发了 PT Pelabuhan Indonesia III（Persero）在北巴厘以外运营的印度尼西亚的其他邮轮港口。印度尼西亚还在持续推进邮轮港口升级建设，如最负盛名的旅游胜地巴厘岛为了吸引大型邮轮的停靠，在岛上的伯诺阿港建设了邮轮码头，该码头能够容纳载客量达 5000 人次旅客的邮轮，单次可接待旅客 2500 人。

此外，印度尼西亚还规划在全国重点建设九个邮轮停靠港以构建邮轮旅游产业集群。例如，印度尼西亚将巴厘岛的伯诺阿港作为邮轮航运枢纽，同时规划扩建了巴厘岛附近的塞卢坎巴望港口，并将其作为主要停靠港，巴厘岛的知名度大大提升了途经塞卢坎巴望港口的邮轮数量。此外，印度尼西亚同时还计划在苏门答腊岛巴拉望港、北雅加达丹戎不碌港、东爪哇省丹戎佩拉港以及苏拉威西岛苏加诺—哈达港进一步完善邮轮港口设施。2018 年 7 月，云顶邮轮公司（Genting Cruises）与民丹岛卡克拉瓦拉托滨海度假酒店（PT Bintan Resort Cakrawala）签署了一份谅解备忘录，计划将民丹岛作为国际邮轮旅游目的地。印度尼西亚政府还宣布将在巴厘岛西北部的孟姜根岛（Menjangan）开发一个新的邮轮港口，并在港口附近建设度假区（Alexander，2018）。根据 Statista 预测，由于疫情的影响，印度尼西亚的邮轮旅游收入在 2020 年约为 172 万美元，跌幅预计达到91.5%，预计在之后 3~4 年内恢复到疫情前的水平。

（三）文莱邮轮产业发展现状

文莱首都斯里巴加湾市是中国与东盟国家邮轮航区重要的旅游目的地，斯里巴加湾市目前拥有 1 个国际邮轮港口——穆阿拉港，该港口因受限于较短的泊位长度和道宽，目前仅可供 5000 吨级的小型邮轮停靠。文莱政府规划将穆阿拉港建设成现代化的港口枢纽，扩大现有港口规模，以满足超大型邮轮停靠的需求。穆阿拉港地理位置优越，距离机场较近，仅有 25 分钟的车程；同时，港口周边交通便利，观光游客也方便乘坐市政交通抵达附近的著名旅游景点，如王室陈列室、国家公园等。

2010 年，文莱唯一的深水港摩拉港被正式列入东盟邮轮作业网络，现已成为东南亚邮轮航线的一个中转站，该港已具备停靠大型邮轮的条件，到访的外国邮轮因此大幅增加。为促进本国邮轮旅游业的发展，吸引亚洲最大邮轮市场的客源，2019 年文莱旅游局和广西北部湾国际港务公司合作，在摩拉深水港升级港口基础设施，进一步增加了国际邮轮可停靠码头的数量。国际邮轮接待方面，根据国际邮轮协会（CLIA）2019 年报告显示，文莱共接待了 33 艘次的邮轮中转停靠，接待了 1.14 万人次的邮轮游客，在东盟九国中排名第九位。

四、泰国、越南、柬埔寨邮轮产业发展现状

（一）泰国邮轮产业发展现状

2015 年，泰国财政部与普吉港的管理公司共同规划发展计划，旨在促进兰察邦和曼谷港的开发，为邮轮提供服务。同年，泰国相关部门修订投资计划，为增加资金投入，允许私营领域参与开发邮轮港口及设施建设。泰国邮轮产业凭借良好的旅游资源及一系列产业刺激政策，近年来取得了飞速的发展，邮轮旅游观光为泰国带来的年均收益高达 22 亿泰铢。泰国政府在《2017-2022 年第二旅游发展规划》当中提出，要大力推进国内邮轮、游艇行业的发展。泰国多家邮轮公司正在不断开发新的邮轮航线，同时在前往中国、东南亚、日本等国的已有航线上增加航班，泰国的林查班港和苏梅岛港口在游客评比中获得了"最受欢迎港口"的美誉。

虽然泰国 2014~2019 年邮轮停靠增长率高达 88%，但因医疗旅游、会展旅游的收入占比远高于邮轮旅游，地方政府对邮轮旅游产业的关注度并不是很高。进入泰国海域的游客主要是搭乘 Royal Caribbean 公司和 Princess Cruise 公司的邮轮，目前，泰国五个港口中只有曼谷、兰察邦和普吉这三个港口可供邮轮停靠，且这三个港口还不能为邮轮提供配套服务。

（二）越南邮轮产业发展现状

越南近年来通过积极建设邮轮港口、优化入境政策、开展国际合作等方式促进邮轮产业的发展。越南积极建设邮轮港口，开通多条国际邮轮航线，在越南政府的大力推动下，下龙湾已经建成可以停靠 22 万吨以上的豪华邮轮的深水港；2017 年，越南吸引了 407 艘次邮轮，其中有 345 艘次为过境邮轮，有 1 艘次为中转邮轮，有 61 艘次为过夜邮轮。入境政策方面，包括允许外国邮轮进入越南富国岛及昆岛、降低频繁入境的邮轮港口费等，根据 CLIA 的统计数字显示，2019年越南邮轮到访游客数量 7000 人次，比上年下降 31.6%[①]。国际合作方面，越南与中国、日本、韩国及其他东南亚国家积极开展邮轮旅游产业合作，如越南与菲律宾合作签署的《2014~2016 年邮轮旅游产业开发合作计划》，已在邮轮旅游产业开发、推介、引资等方面进行合作，越南和菲律宾共同为各海港潜在旅游投资项目和相关旅游服务创造条件，两国相互协助对方推广各自的邮轮旅游产品，以此促进两国双向邮轮旅游往来人数不断增长。

（三）柬埔寨邮轮产业发展现状

柬埔寨首都西哈努克市是与金边、吴哥窟齐名的三大旅游胜地之一，也是柬埔寨唯一的港口城市，西哈努克港是柬埔寨目前最大的国际海港和对外贸易枢纽，邮轮常常停靠在此。近年来，柬埔寨不断打通西哈努克港与周边旅游景点的连通渠道，提升通行效率，加大旅游产品宣传，扩大邮轮港口建设规模，提升旅游服务效率，吸引国际游客前来体验。柬埔寨政府提议中国投资中柬之间的邮轮旅游，开辟海南到西哈努克港的邮轮旅游航线，吸引中国游客到柬埔寨西哈努克港口城市旅游，再通过体验暹粒市的旅游套餐，感受吴哥窟的文化之旅。

---

① Cruise Lines International Association. 2019 Asia Market Report［R］. Washington：CLIA，2020：2.

五、中国南海航区邮轮产业发展现状

中国南海主要沿海港口城市包括广州、深圳、香港、澳门、海口、三亚等。中国南海邮轮航区主要停靠港口包括香港、三亚、深圳、广州等。中国南海航区邮轮产业发展主要集中在下游产业链，主要以提供邮轮港口服务、商贸服务、游览服务、船供服务为主。

（一）香港

香港是一个天然良港，位于珠江口外东侧，介于香港岛和九龙半岛之间。20世纪90年代中期，中国香港成为亚太地区仅次于新加坡的第二繁忙和深受欢迎的邮轮港口。香港地处亚洲中心位置，地理位置非常优越，是亚洲邮轮航线上的重要邮轮母港，香港通往亚洲地区主要邮轮港口的航程均在7天以内[①]，这极大地促进了邮轮航线设计的多样化。香港兴建了位于港岛中心地带的启德邮轮港，并于2013年正式启用，启德邮轮码头可停靠总吨位22万吨级的巨型邮轮，现已开通多条连接东亚、东南亚、欧洲、大洋洲和美洲的航线。除启德邮轮码头外，海运码头也可供邮轮停靠，启德和海运港口码头附近的集疏运体系发达，能够快速地将游客输送到各个旅游景点，从香港国际机场到中心商业区的交通便利，方便游客换乘飞机/邮轮。作为一个中西文化交汇的旅游目的地，香港的特色美食、迪士尼乐园、海洋世界等著名景点以及免税商品、货币兑换便利等优势吸引了全球的游客。得天独厚的地理位置、丰富的旅游景点和先进的邮轮基础设施，使得香港成为亚洲邮轮枢纽城市。

此外，香港特区政府还成立了"邮轮业咨询委员会"，不断加强与邮轮市场和毗邻港口的联系，香港已联合琼、粤、桂、闽等省份成立"航游南中国"邮轮合作组织，旨在推广邮轮旅游产品及拓展区域邮轮合作。2014年2月，中国台湾和香港地区签署了"亚洲邮轮项目"合作协议，该项目将协助国际邮轮公司宣传台湾和香港间的多元化邮轮航线旅游产品，进一步推动这两个地区的邮轮旅游发展（李小年，2020）。香港对于在港设立的邮轮公司给予免税优惠，开放邮轮公海旅游等，进一步促进了香港邮轮产业的繁荣发展。2009~2019年，香港接待邮轮数量呈上升趋势，2018年全香港接待邮轮210艘次，游客接待量从2009年的18.75万人次增加到了2018年的87.52万人次，其中启德邮轮码头游客接待量约占90%（邮轮参考，2019）。

（二）三亚

三亚市是南海海上交通要道，向北连接东北亚邮轮旅游圈、海峡旅游圈，向

---

① 参见各大邮轮公司的航线设计。

南连接东南亚、南亚邮轮旅游圈；"新海上丝绸之路"的开辟可使三亚邮轮母港航线进一步辐射至加勒比海邮轮圈、北非邮轮港口等地；优越的区位优势为三亚发展高端邮轮及其相关产业链创造了良好的条件（Wood, 2000）。三亚凤凰岛国际邮轮港位于中国香港和新加坡两大国际邮轮母港之间，地理位置十分特殊，是邮轮来往于中国香港和新加坡乃至整个中国与东盟国家和地区的理想中转港，非常适合发展邮轮旅游。

三亚凤凰岛国际邮轮港处于国内邮轮港口链的最南端，于2006年11月开港。邮轮港所在的凤凰岛是一个填海而成的人工岛，凤凰岛距离市中心1千米左右，通过跨海大桥与市区连接起来，交通便利，周边配套服务设施齐全，包括七星级及超五星级酒店、国际养生度假中心、商务会所、国际游艇会所及海上风情餐饮商业街等。[①] 凤凰岛国际邮轮港是中国设施最齐全的专用邮轮港口之一，也是国内首个休闲度假功能配套完整的综合型港区。邮轮港一期工程建成8万吨级邮轮泊位，港口设计年接待游客能力达30万人次，可实现至少3000名游客同时出入境；二期工程建成4个邮轮泊位，包括2个15万吨泊位、2个22.5万吨泊位，可以停靠世界上所有型号的豪华邮轮，年接待能力可达到200万人次。

三亚凤凰岛国际邮轮港主要停靠以东南亚航线为主的邮轮，如香港—越南航线邮轮，伴有少量东南亚—远东地区航线邮轮，以及打开南海邮轮旅游探索之门的三亚—西沙新航线邮轮。2011年11月，丽星邮轮"宝瓶星号"首次开辟了以三亚为母港的三条国际航线。[②] 2015年8月，中交建与香港中国旅行社合资，携手进军三亚邮轮产业，除组建自有品牌的邮轮船队外，还在邮轮经济区合作、酒店建设运营、教育及康养产业、免税贸易、旅游文化等方面进行合作（孙妍，2018）。为进一步开拓西沙航线，2016年3月，中交建、港中旅、中远洋三家央企联合成立了"三沙南海梦之旅邮轮有限责任公司"，合资公司通过购买、并购、合作等方式，组建了拥有5艘以上邮轮的国内自有邮轮船队，该公司以三亚凤凰岛为邮轮母港，开辟了西沙、南沙、中国与东盟国家等多条国际国内邮轮航线（孙妍，2018）。2019年11月，歌诗达邮轮宣布开辟三亚母港航线。2020年9月，云顶邮轮集团与三亚中央商务区达成战略合作，旨在将其旗下豪华邮轮品牌引入三亚，推动形成以海南为核心的邮轮航线发展。

2006~2014年，三亚国际邮轮港接待国际邮轮数量及出入境旅客人数增长迅

---

① 凤凰岛国际邮轮港飞速发展 三亚打造"邮轮之都"［EB/OL］. 河北新闻网，（2013-04-27）［2020-03-02］. http：//zhuanti. hebnews. cn/2013/2013-04/27/content_3225439. htm.

② 吴雅菁. 南国都市报数字报［EB/OL］. 南国都市报数字报网，（2011-11-28）［2020-02-01］. http：//ngdsb. hinews. cn/html/2011-11/28/content_420666. htm.

速，呈上升趋势，2014 年以后逐年下降，特别是 2017 年后呈现断崖式下跌，接待国际邮轮数量及出入境旅客人数分别下降 60% 以上，港口运营基本回到了起点，2020 年新冠疫情的暴发，导致邮轮港口游客接待量进一步下降。2017 年 12 月，中央第四环境保护督察组指出，凤凰岛人工填海造成水流变化，三亚湾西部岸线遭到侵蚀（海南省人民政府，2018）。2021 年 11 月，海南省政府为落实中央督察组的整改意见，确保生态环保和可持续发展，要求三亚市凤凰岛二期项目全部拆除，恢复建设前原状（海南省人民政府，2021）。2022 年 6 月，凤凰岛二期拆除工作已完成（交通部南海航海保障中心，2022）。

（三）深圳

深圳是中国四大邮轮旅游发展实验区之一，位于深圳的太子湾邮轮母港，是华南地区唯一集"海、陆、空、铁"于一体的现代化邮轮母港，太子湾邮轮母港享有深港融合圈、空港辐射圈、海港服务圈"三圈叠加"效应，是深圳通连香港、走向世界的"海上门户"。2016 年 11 月，深圳太子湾邮轮母港开港，该港占地面积 4 万多平方米，建筑面积 13 万平方米，母港设计包括 1 个 22 万吨级和 1 个 12 万吨级邮轮泊位，可停靠 22 万吨级豪华邮轮。

深圳筹划建立融合"船、港、城、游、购、娱"的邮轮母港休闲胜地，太子湾邮轮母港与歌诗达邮轮、地中海邮轮、星梦邮轮等国际邮轮公司合作，开辟了多条以太子湾为母港的国际航线，以深圳为中心形成的 2 小时交通圈可覆盖 6000 多万人口。深圳依托环境与资源优势，创新邮轮旅游与其他交通方式对接，以扩大邮轮客源，具体包括"飞机+邮轮""高铁+邮轮""邮轮+主题活动"等在内的差异性创新服务，以提升邮轮旅游的丰富性。

（四）广州

2019 年 11 月，广州南沙国际邮轮母港开港，该港总建筑面积为 76 万平方米，可以靠泊 22.5 万吨级的豪华邮轮。作为目前中国最大的邮轮母港综合体，南沙邮轮母港已开通越南、菲律宾、中国香港、日本等地的 9 条航线，经停目的地 12 个，成为开通东南亚航线最多的邮轮港口之一（李振，2019）。广州市规划在南沙国际邮轮母港周边区域配套商业、酒店和高端写字楼，进一步完善物流、商贸等相关服务，吸引邮轮设计建造、经营、消费和服务等相关企业入驻南沙邮轮产业园。

第三章　中国与东盟国家邮轮产业合作现状

第一节　中国与东盟国家邮轮产业合作进展

近十年来，随着邮轮运营网络的逐渐东移，中国与东盟国家航区成为邮轮航线开发、邮轮运营及邮轮修造的热点区域之一，该区域内国家积极发展邮轮产业并取得了一定的成绩。鉴于邮轮产业的发展需要多国协同合作，中国与东盟国家适时参与并推动了产业合作的开展。当前，中国与东盟国家邮轮产业合作已经取得了一些进展，合作内容涵盖邮轮制造、邮轮旅游线路、邮轮人力资源培训以及邮轮港建设等方面，具体进展如下：

2014年4月，中国香港旅游发展局（HKTB）与中国台湾旅游局（TTB）合作成立了亚洲邮轮基金（ACF），海南省与菲律宾分别于2014年12月和2015年4月加入亚洲邮轮基金。亚洲邮轮基金希望通过建立四个邮轮旅游目的地的合作关系，为邮轮运营商提供更为丰富的亚洲邮轮旅游套餐，以增强他们对亚洲市场的信心，同时扩大经营规模并增强该区域邮轮市场的竞争力，进一步拓宽亚洲旅游业的前景（Offshore Energy，2014）。在区域合作方面，2014年11月，香港旅游发展局联合台湾"观光局"、菲律宾旅游部、海南省旅游委启动亚洲邮轮专案，共同推动形成新的中国香港、中国台湾、菲律宾、中国海南、中国与东盟国家邮轮经济圈，2015年12月，福建省厦门市加入亚洲邮轮专案（李方芳，2015）。2016年3月16日，菲律宾以中国的海南、香港、台湾和厦门共同宣布启动亚洲邮轮联盟（ACC），旨在最大限度地提高亚洲邮轮旅游业的增长速度，ACC通过提供一站式平台支持邮轮公司在亚洲开发市场，包括促进航线开发，分享行业和市场信息，通过资金支持邮轮公司加大营销力度等

（PR Newswire，2016）。

2015 年 3 月 29 日，博鳌亚洲论坛 21 世纪海上丝绸之路分论坛暨中国东盟海洋合作年正式启动，中国外长、泰国外长以及与会各方均在论坛上表示了积极的合作愿望（王晓樱等，2015）。2015 年 12 月 16 日，中国—东盟邮轮产业经济城市合作论坛在厦门举办，与会的国内外专家就"发展邮轮经济，实现互利共赢"这一主题展开了讨论，论坛通过了有关《中国—东盟邮轮城市共同促进邮轮经济发展倡议》，倡议的主要内容包括：努力推动中国—东盟国家之间邮轮旅游通关便利化；共同促进中国—东盟国家邮轮业界信息共享与互通；加强中国—东盟国家各邮轮城市间人员往来与交流；共同开辟中国—东盟国家间邮轮新航线；积极建立中国—东盟各邮轮港口互为母港互送客源的合作关系；加强中国—东盟国家邮轮旅游配套产业合作与发展（陈挺、林世雄，2015）。

2018 年 1 月 26 日，东盟各国领导人在泰国清迈举行的东盟旅游论坛上签署了《东盟邮轮旅游联合宣言》，进一步推动了区域邮轮合作。2018 年 4 月 9 日，在博鳌亚洲论坛的"中国—东盟省市长对话"中，来自中国、柬埔寨、菲律宾、新加坡、泰国等国的与会成员就开辟邮轮航线、推进港口建设、开放邮轮签证等话题以及成立"21 世纪海上丝绸之路沿线邮轮旅游城市联盟"进行了讨论，会后共同签署了《中国—东盟省市长对话共同倡议》。2018 年 3 月，新加坡旅游局宣布与国际邮轮协会（CLIA）建立为期三年的合作伙伴关系，旨在通过旅行社培训和集中营销活动等多种手段吸引更多的邮轮旅客到新加坡旅游。2019 年底，新加坡旅游局、樟宜机场与邮轮运营商皇家加勒比签署了一份为期五年的协议，协议旨在推广"飞机＋邮轮"度假模式（Solutions，2020）。在邮轮码头合作方面，2010 年，由新加坡邮轮中心（SCCPL）以及 WSK（一家新加坡的港口设备供应商）联合成立了亚洲邮轮码头协会（ACTA），旨在联合邮轮码头、港口运营商和船东共同提高区域邮轮服务水平；目前会员包含日本、韩国、马来西亚、菲律宾、新加坡以及中国 6 个国家的 9 个邮轮港口（李霞，2014）。

2018 年 5 月，中国和印度尼西亚签署了《加强基础设施连通性和在"一带一路"倡议和"全球海洋轴战略"框架下建设区域综合经济走廊的联合声明》。2018 年 11 月，中国和菲律宾签署了一份联合声明，重申双方承诺鼓励本国公民前往对方国家旅游，并共同努力改善旅游基础设施，提高旅游服务质量。2018 年，中国和新加坡发表联合声明，提出两国将通过不同的交通工具加强互联互通，以鼓励旅游业的发展。2018 年 8 月，中国与马来西亚签署了联合声明，旨在加强、深化和扩大旅游业合作，此外，2020 年还被定为"中马文化旅游年"（新华社，2018）。2019 年 3 月，国际邮轮协会与马来西亚邮轮业协会签署了一份谅解备忘录，旨在共同推动马来西亚的邮轮教育发展以及提高行业知名度。

2019 年 8 月，广州市南沙区与马来西亚槟城州签署了邮轮旅游合作备忘录，共同推动开设"一带一路"槟城到南沙的新邮轮航线，从广州乘坐邮轮可直达马来西亚槟城（白嘉懿，2019）。

2020 年 8 月 3 日，国际邮轮协会（CLIA）、亚洲邮轮港口协会、世界旅游城市联合会邮轮分会、青岛市文旅局、青岛国际邮轮港区服务管理局等共同主办了第八届国际邮轮峰会，各个跨国邮轮公司，如嘉年华集团、皇家加勒比游轮、歌诗达邮轮、地中海邮轮、云顶邮轮、星旅远洋国际邮轮、中船嘉年华邮轮、渤海邮轮、蓝梦邮轮、长江黄金邮轮 10 家邮轮公司参与峰会；10 家国内外邮轮公司代表共同签署邮轮安全承诺书，积极应对疫情、恢复游客信心、接受社会各界监督，共同推动邮轮行业尽快安全复航（刘笑笑，2020）。

2022 年 7 月 12 日，亚洲海洋旅游发展大会在浙江省宁波市举办，吸引了世界旅游联盟、中国—东盟中心等国际组织参与其中，会议对高质量海洋旅游目的地的建设等热点议题进行了深入探讨，形成了合作、对话、共赢的广泛共识（倪敏，2022）。

2022 年 8 月 11 日，越南国家旅游局（VNAT）和新加坡旅游局（STB）在胡志明市举行了第 16 次越南—新加坡旅游合作会议，两国意图加强邮轮旅游领域的合作和联合推广活动，旨在促进疫情后两国之间邮轮旅游的发展（Tourism Information Technology Center，2022）。

2023 年 2 月 5 日，在印度尼西亚日惹举行的 2023 年东盟旅游论坛（ATF）上，东盟各国同意加强合作，以确定和执行《东盟旅游战略规划（2016—2025）》（ATSP）的战略步骤，旨在提高旅游的作用，推动该地区经济复苏和就业，进一步推动东盟国际邮轮旅游的合作（全球旅报，2023）。

2023 年 3 月 1 日，中国海南自贸港工作委员会推出《支持"两个总部基地"建设的核心政策举措》，提出支持发展面向东南亚等境外国家和地区的邮轮旅游航线，支持东南亚等境外国家和地区知名旅游服务企业在海南自贸港设立总部（王子谦，2023）。

综上所述，中国与东盟国家航区涉及的国家通过各国领导人峰会、部长级会议和非政府组织等搭建了邮轮产业合作的国家元首级、部长级以及民间等多层次的沟通交流平台，通过学术论坛、行业峰会等形式搭建了定期或不定期、正式或非正式的交流平台，为中国与东盟国家邮轮合作创造了优越的外部条件，提供了良好的沟通机制。

第二节　中国与东盟国家邮轮产业合作困境

虽然政府和非政府层面合作协议的签订为南海地区邮轮产业合作奠定了制度基础，但是南海邮轮合作仍然呈现出双边合作多于多边合作、倡议多而落实少的现状。目前，中国与东盟国家邮轮产业合作缺乏顶层设计和统一规划，缺少多边合作的制度性安排，邮轮产业合作的目标、产业优先发展方向、多国合作机制和实施的路径不明确，多边合作在资源共享、产业链构建、港口互通、市场开拓和利益均衡等方面缺乏必要的协同。部分国家出于资源开发的考量，对邮轮航区多边合作、提供区域性公共服务产品和构建邮轮全产业链反应冷淡，缺乏开展邮轮产业合作的意愿。受各种不确定性因素的影响，目前中国与东盟国家邮轮产业合作机制尚未真正建立，本书针对两者之间邮轮产业合作的困境分析如下：

一、邮轮产业基础不同

中国与东盟国家产业发展水平差异化特征明显，产业竞争力各有不同，区域邮轮产业发展呈现明显的产业链垂直分工体系。[①] 从产业链视角划分，邮轮产业可分为上游的邮轮设计和修造业、中游的邮轮运营业和下游的邮轮服务业。中国与东盟国家邮轮产业发展基础不同，邮轮产业链各环节的优势度不同，该区域内大多数国家尚未形成完整的上下游产业链，且上下游配套产业缺失。部分国家经济发展滞后，处在工业化初期，农业对总产值的贡献较大，工业基础较薄弱，缺乏明确的产业分工体系，工业发展以劳动密集型产业为主。部分国家缺少发展邮轮产业的技术、设备和基础设施，在交通航运、邮轮运营和科研手段等方面难以形成有效的支撑。中国与东盟国家邮轮产业发展呈现明显的不平衡性和多层次性，目前存在三个产业梯级：第一级为中国、新加坡；第二级为马来西亚、菲律宾、泰国和印度尼西亚；第三级为越南和柬埔寨。在中国与东盟国家产业结构和发展水平差异明显的背景下，怎样有效推动跨境邮轮产业合作和区域价值链的构建也是亟待解决的难题之一。

---

① 苏宁，等."一带一路"倡议与中国参与全球治理新突破［M］.上海：上海社会科学院出版社，2018：141-142.

二、资源禀赋不同

中国与东盟国家山水相依、海域相连，拥有丰富的自然及人文资源。由于各国所处地域和环境不同，形成了中国与东盟国家独有的自然条件和资源禀赋。部分国家自然条件好，开发便利。部分国家自然条件恶劣，邮轮产业基础设施建设成本高企，建设难度较大。部分国家有丰富的人力资源和技术优势，能够承接具有较高附加值的资本密集型或技术密集型的邮轮高端产业；反之，部分国家不具备上述优势，只能从事附加值较低的劳动密集型的邮轮低端产业。部分国家拥有广阔的腹地和众多的人口，为邮轮市场的开拓提供了良好的市场开发基础，另外一部分国家地域狭小且人口有限，在邮轮市场开发方面处于劣势。部分国家建立了完善的投融资系统用以支撑邮轮产业建设所需的资金融通，凭借先进的生产设备和丰富的管理经验保证产业链各环节的顺利运行；反之，部分国家则因缺乏邮轮产业建设所需资金导致产业发展迟滞。邮轮产业各层次的开发合作是一个动态集成的过程，合作既要满足各个国家的个性化需求，又要满足各个国家的基本利益，这种资源禀赋间的差异所造成的区域产业发展不平衡，会阻碍邮轮产业合作的建设进程，而怎样实现各国邮轮产业资源的有效整合和合理共享也是亟待破解的合作难题之一。

三、利益均衡机制的缺位

中国与东盟国家间的邮轮产业合作是以获取利益为基础的，但是每个国家在合作联盟中的获益程度是不同的，存在绝对获利和相对获利的问题。中国与东盟国家经济发展阶段不同，产业发展基础不同，多边贸易获益程度不同，部分国家与中国存在严重的贸易逆差、进出口商品结构不平衡等问题。中国与东盟国家经济发展存在多元性，区域承受能力和利益诉求各不相同。目前，中国与东盟国家已经签订了多项经济和贸易合作协定，但仍未构建较为完整的政府间、政府与企业间、政府与社会组织间的邮轮产业合作网络和利益均衡机制，合作网络和均衡机制的缺失必然会造成合作过程中部分国家出现消极怠工或抵制行为。同时，现有的合作模式存在结构松散和多头管理的情况，现有的合作机制也不能有效实现利益协调和利益补偿，而国家合作是以经济互惠的互有收益为基础的，区域内其他国家认为中国是合作的最大赢家的利益质疑将会阻碍利益均衡机制的构建进程。怎样破解利益均衡机制缺位的问题成为中国与东盟国家邮轮产业合作可持续推进的难点之一。

综合上述邮轮产业合作中存在的问题，本书的后续章节将从互信、资源整合、全产业链构建、利益均衡的角度探讨区域邮轮产业协同发展的机制和合作路径。

第二编 中国与东盟国家邮轮产业协同发展的创新理论研究

　　本部分对中国与东盟国家邮轮产业研究中所涉及的理论进行了创新研究。首先，从协同博弈和演化博弈的理论视角分析了邮轮产业参与主体之间策略行为的相互影响和作用机制，为本书第五部分利益相关者均衡机制的构建提供了理论探讨的基础，进而为探寻邮轮产业协同发展的机制提供了理论基础。其次，从区域分工合作的理论视角研究了区域之间的互补性，为第三部分中国与东盟国家邮轮产业协同发展的资源整合机制研究提供了依据，进一步探讨了区域之间邮轮产业合作的基础。最后，提出了邮轮全产业链理论，为本书第六部分中国与东盟国家邮轮全产业链合作机制的构建提供了理论基础。本部分在研究中运用该理论对邮轮全产业链的构建及运行效应进行了理论分析，借以探寻各国邮轮产业通过价值链拆分及整合实现区域价值链构建的方式。

第四章　中国与东盟国家邮轮产业利益相关者博弈的理论研究

第一节　邮轮产业协同博弈分析

一、协同博弈的概念

中国古代巨著《孙子兵法》是最早的关于博弈论的著作。现代博弈论的研究始于19世纪，1928年冯·诺依曼证明了博弈论的基本原理，标志着博弈论的正式诞生（迈尔森，2001）。诺依曼与摩根斯坦（Von Neumann 和 Morgenstern）在1944年出版的著作《博弈论与经济行为》中提出了博弈论的概念并将其应用于经济领域，之后塔克（Tucker）和纳什（Nash）又对博弈论进行了完善。多年来，经济学家们陆续提出了一些协同博弈的概念。例如：Von Neumann 和 Morgenstern（1944）提出的稳定集合，Nash（1950，1953）提出的两人叫价博弈解概念，Shapley（1953）提出的博弈价值的概念，Gillies（1959）提出的博弈的核的概念，Aumann 和 Maschler（1964）提出的叫价集合以及其他一些概念。海萨尼（Harsanyi，1961）把协同博弈定义为协议是强制性的博弈，并指出具有序贯结构的协同博弈具有特殊的重要意义。在经济学中，协同博弈被视为具有多个纳什均衡的非合作博弈，其中任何帕累托最优策略组合都是一个均衡状态。对博弈各方而言，只有当他们对协同博弈如何进行具有相似的理念时，博弈者才会认为其策略选择是最优的。中国与东盟国家邮轮产业的参与主体做出任何决策时，都会受到其他相关利益主体行动的影响和制约。从利益相关者的角度来看，参与方中任何一方的决策都会对其他参与方的决策带来不利影响。协同博弈就是邮轮产业各参与方能够交流信息并且签订各方均须遵守的带有强制性协议的博弈类型。

二、中国与东盟国家邮轮产业协同博弈分析

(一)协同博弈分析

随着中国与东盟国家邮轮产业合作交流的不断深化,各方信息共享的领域不断扩大,会出现多次交流均衡,均衡将对合作主体起到积极的示范作用,并为再次均衡奠定基础,由此形成多阶段博弈均衡。各国邮轮产业的交流协同最初呈现出合作的态势,协同意愿存在于中国与东盟国家的多个主体之间。各国邮轮产业协同系统的运行同样遵从选择、均衡、演化路径,协同博弈各方经过多次交流、反复博弈,可能出现多个纳什均衡。

邮轮产业相关企业在产业链的价值创造过程中,会将利益相关方的战略作为研究对象,博弈成员之间的策略选择相互依存,博弈参与者即为各国在邮轮产业链上的利益主体,参与者数量达到三个以上。各方结合各自的比较优势,通过对生产资料、管理运营及产品创新的协同,拟定有利于各协同主体的发展策略。中国与东盟国家邮轮产业相关企业在各自所处的产业链环中进行价值创造时,会考量战略协同体中各利益相关者的发展策略。各国邮轮产业实现战略协同就是既要对产业发展战略达成一致,又要调整战略联盟整体策略,在确保各自利益最大化的同时形成协作的策略交织网络。在对各个主体进行价值分析时,需要将均衡、信息、规则、策略、参与者等因素纳入分析框架,由于各国邮轮产业发展水平各异,产业实力差异较大,因而协同博弈可以分为两类情况:一类是博弈主体实力相当,彼此形成竞争替代关系;另一类是博弈主体实力悬殊,彼此形成竞争互补关系,此时各方基于协同博弈做出战略选择,其合作模式则是通过结盟实现收益最大化。

多个参与方进行的战略协同具有竞合共存性、要素整合性、动态演变性及共生互赢性的特征。竞合共存性是指战略联盟中的利益相关者既有竞争又有合作,当合作的长期利益大于短期利益时会出现协同博弈,各方为取得竞争优势而合作,合作将会促进各方的资源、运营管理等优势得以充分发挥。要素整合性是指协同博弈的主体彼此之间密切协作,利益相关方对岛屿沙滩、邮轮航线、服务及销售渠道等资源实现共享,生产要素实现最优组合,具体表现为邮轮运营要素、旅游发展要素、旅游自然环境要素及人文环境要素的整合。动态演变性是指参与博弈的各方处于开放的经济系统中,为适应环境的动态变化而不断调整自身的状态,博弈各方的协同战略将随外界环境的变化进行调整,以便于各方快速适应竞合环境。共生互赢性是指战略联盟中的参与方借助分工合作和优势互补实现共生互赢,如利用资源优势开拓新兴市场,依靠风险共担开发新产品,借助垂直合作

优化产业链。

（二）有限理性的多国邮轮产业协同博弈分析

经济学家肯尼斯·约瑟夫·阿罗（Kenneth J. Arrow）最早提出了"有限理性"（Bounded Rationality）的概念，即可将人的行为视为有意识的理性，此类理性存在局限性（廖博谛，2018）。20 世纪 40 年代，管理学家赫伯特·西蒙（Herbert Simon）发展了"有限理性"理论，将有限理性的概念和模型引入博弈论分析框架，并将其进一步扩展到管理决策领域，他认为，所有与管理相关的决策都与内在约束有关，约束包括生物体自身的生理、心理限度，即可用的资源存在稀缺性（西蒙，1989）。决策者无法做到完全理性，只能是有限理性，决策过程会受到各种外部因素的制约及扰动。理性对博弈者的策略和行为产生了很大的影响，在做出理性决策时，决策者预测到所有博弈方可能采取的策略后，会选择最佳博弈行为并使自身损失最小化或收益最大化。

中国与东盟国家邮轮产业各相关方通过理性决策选择个体发展路径和集体博弈策略。有限理性决策的过程是从个体到群体再到个体，这类决策过程风险较小，即便决策出现方向性错误，受影响的也仅仅是做出决策的个体，战略联盟中的其他成员不受影响或者受到的影响极小。有限理性意味着博弈各方因环境或条件的制约而无法采用完全理性决策下的最优策略集，博弈各方达成的策略均衡往往是经过多次修正和改进的结果。参与博弈的主体在行动之前会对战略联盟做出整体分析，邮轮产业各相关方在保持个体有限理性的前提下，通过协同合作，在战略联盟的交流互动中实现群体理性，同时，联盟成员将搭建信息共享平台，实现信息对称及减少各自的损失。在决策过程有限理性的前提下，成员之间建立相互学习和协调的机制，逐步实现决策行为均衡。

多国建立的邮轮产业协同联盟中，各国均了解博弈的性质，但因政治、经济、文化等方面存在差异，各方对博弈前的全部或者部分行动并未获得完整的信息，此时的博弈可以视为不完全信息博弈。在价值链构建的过程中，邮轮产业相关企业会将利益相关方的发展战略作为研究标的，力求在不完全信息协同博弈中结成战略协同体，为提升价值链运作效率奠定基础。战略协同体中的成员会依据各自在资源和生产经营等方面的优势，选择适合自身发展的策略，各方采取的每一个策略都构成了策略集合中的一个点，多方策略及行为的排列组合构成了笛卡尔积形态的策略空间。用 α 表示策略联盟中所有成员的集合，β 表示各个成员所采取策略的集合，则策略空间 $\pi = \alpha \times \beta$，可以看出，策略空间的数目与 α 和 β 的数量密切相关，即参与博弈的成员越多，采取的行动策略越多，则策略空间数量越大。

三、中国与东盟国家邮轮产业协同博弈模型

邮轮产业战略联盟中的成员主要是邮轮产业相关组织，各参与方因各自的产业基础、产业资源及在产业链中所处的位置不同，可能会发生策略冲突，彼此为自身的利益而战。作为协同发展的战略联盟子集，邮轮产业各参与方在联系和发展的过程中相互协调及合作，力求在邮轮产品供给、前期服务和售后服务等方面实现标准的一致性。在邮轮产业战略联盟的协同博弈模型中，各参与者对其他参与者的行为存在预期，参与者无须采取一致的策略，只要其做出的策略选择能够在一定程度上相互配合，那么参与者进行协作的结果便成为协同博弈的解。协同博弈参与者不太注重联盟整体利益，更多是从个体利益角度做出策略考量，此类博弈的参与者需要确定自身的策略，不存在事前约定及重复选择的行为，追求最优解是协同博弈的目标。

假定参与方具有相同的策略偏好，当存在多个纳什均衡时，若所有博弈参与方都能准确预测策略集，则该策略集就是最优选项。如果一个博弈具有多重纳什均衡，其中必定存在一个纳什均衡能够使所有参与方收益最大化。每个博弈参与方不仅会选择这个纳什均衡策略，而且会预测其他参与方也会选择该策略，该策略如果成为所有参与方的理性选择，则其将会成为最终结果（郎艳怀，2015）。每个博弈参与方对备选策略都存在偏好，可能不会启用所有备选项。选择多重纳什均衡的有利方法是追求收益主导和风险主导，此时，每个参与方都有两种选择：行动或维持现状，采取行动的一方可能会因此获益，维持现状而不参与行动的一方可能会遭受损失，最终的结局取决于所有博弈方做出的决策，他们可能收益为正也可能收益为零或是收益为负。为了更直观地表述，本书选取有代表性的两国并用表 4-1 的收益矩阵表示两种策略选择对双方产生的影响。

表 4-1 "行动与维持现状"策略博弈

国家2 ＼ 国家1	行动	维持现状
行动	5, 5	8, −2
维持现状	−8, 2	0, 0

由表 4-1 可见，博弈存在两个纯策略纳什均衡，分别是（行动，行动）和（维持现状，维持现状）。明显的（行动，行动）是两个纳什均衡中帕累托效率较高的一个，（行动，行动）成为帕累托占优均衡（张峰，2008）。也就是说，两国达成邮轮产业合作意向就会选择（行动，行动）策略，联合行动将会实现

双赢格局。在这类博弈中，我们可以推算出子博弈的完全平衡。博弈方通过逆向推理选择他们的最佳行动，以实现最大限度的理性，在多阶段博弈均衡的过程中，每个博弈方都需要预测其他各方的反应并采取相应的策略，各方行动所能选择的策略将会是博弈方数量的 n 次幂。

协同博弈在经济学领域影响颇深，其核心理念是纳什均衡。中国与东盟国家在互相预测别国策略的基础上，会选择对自己最优的策略以实现纳什均衡。本书将多国博弈设定为具有个体偏好的多矩阵协同博弈，协同博弈强调效果，即当博弈各方协调一致时，战略联盟内的国家可以获得更高的收益。中国与东盟国家邮轮产业博弈方由 $(i_1, i_2, \cdots, i_n)n$ 个个体组成，每个博弈方 i 都有一组有限的选择策略 q 和一个个体偏好函数，每个博弈参与者 $i \in n$ 与 n 中的其他参与者形成一个独立的双矩阵博弈，多国博弈情况可以用无向图 $GR(v, q)$ 来表述，v 代表图中各个顶点，也就是参与方的个数，q 代表 GR 各顶点连接边的数量集合，即每个参与方与其他方博弈策略集，用图形可以表示为图4-1：

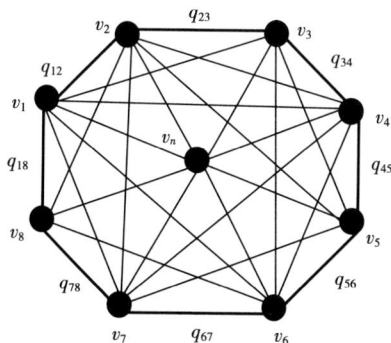

图4-1 多国博弈情况示意

图4-1构造了一个表述多方博弈的空间网络图，其中的 $v_i(i=1, \cdots, n)$ 与图中的每个参与方 v_j 都构成了一个博弈，也就是说，每个参与方都要做出 $(n-1)$ 次策略决策，图中每个参与方的策略 q_i 与收益函数 $w(i, j)$ 相关，也就是说，参与方 i，j 如果选择策略 q_{ij} 将会获得 $P(i, j)$ 的收益。假定所有参与方都同意采用一个联合策略 $q = (q_1, \cdots, q_n)$，每个参与方能够得到的总收益可以表述为：

$$P_i(q) = w^i(q_i) + \sum_{j \in N_i} w^{ij}(q_i, q_j)$$

假设多个邮轮产业发展水平相似的国家参与博弈，它们可以选择"行动"

或是"维持现状"策略。当多国都选择行动策略时，它们的收益 P 和投资 $I(I)$ 成正比，增长率 R 是市场平均增长率（$R>0$）。如果其中几个参与方选择行动，另外几个参与方选择维持现状，则选择合作的参与方获得的收益 C 将是假设条件下的总收益减去为合作所支付的信息和通信成本（$C>0$），然而选择竞争的参与方所获得的收益并未改变。当多国都选择行动策略时，邮轮产业利益相关者的演化博弈中，多方均需为合作行动支付信息及通信成本。

第二节　邮轮产业利益相关者演化博弈

一、演化博弈的思想

演化博弈的思想最初源于生物学研究领域，沿袭了物竞天择、适者生存的生物进化学思想。Fisher（1930）[1]、Hamilton（1967）[2] 首次将演化博弈的思想用在动物和植物之间的生存博弈研究中，Alchian（1950）[3] 认为，演化博弈亦适用于社会活动中的动态选择机制，这种机制将促使社会中的行为主体选择最适合自身生存的策略，进而达到演化均衡。Maynard 和 Price（1973）[4] 创造性地提出了演化稳定策略（ESS），Taylor 和 Jonker（1978）[5] 提出了模仿者动态模型，演化稳定策略和模仿者动态模型构成了演化博弈理论的两大基石。

二、邮轮产业利益相关者的演化博弈

中国与东盟国家邮轮产业合作的利益相关者包括各国政府、邮轮运营公司、邮轮消费者、邮轮经停港口区域的居民等。邮轮产业的协同发展是一个渐进的过程，多方利益均衡和博弈策略的形成均基于态势演进过程。邮轮产业协同发展的各利益相关者的行动选择及其演化过程，可以用演化博弈理论进行分析。中国与东盟国家对邮轮产业合作中所应遵循的行为规则和行动策略的认知，是在演化进

---

①　Fisher R A. The Genetical Theory of Natural Selection [M]. Oxford: Oxford University Press, 1930: 48.

②　Hamilton W D. Extraordinary Sex Ratios [J]. Science, 1967, 156（4）: 477-488.

③　Alchian A. Uncertainty, Evolution, and Economic Theory [J]. The Journal of Political Economy, 1950, 58（3）: 211-221.

④　Maynard S J, Price G R. The Logic of Animal Conflict [J]. Nature, 1973, 246（11）: 15-18.

⑤　Taylor P, Jonker L. Evolutionary Stable Strategies and Game Dynamics [J]. Mathematical Biosciences, 1978（40）: 145-156.

程中不断得以完善和改进的，其中，成功的策略被采纳，合作各方达成共识的"规则"和"制度"成为主体的行动标准。多国邮轮产业合作联盟形成一个演化系统，经济发展水平和自然条件决定了参与合作的各国是有限理性的，有限理性的个体对环境变化无法做出迅速回应，而是依照探索、协调、适应、成长的行为方式，重复博弈，选择策略的动态演化稳定。多国邮轮产业利益相关主体在合作博弈的演化过程中不断探索、协调，有限理性的博弈方通过调整彼此的策略实现动态演化平衡，这是一个反复调整的动态过程，虽然各方是以取得最优反应动态为目标，但其选择的往往是效率次优的演化稳定策略（ESS）。

（一）演化稳定策略

中国与东盟国家邮轮产业合作的利益相关方形成多群体演化博弈状态，对于 N 个博弈的利益相关群体，每个群体 $g\{g=1,2,\cdots,N\}$ 有 M 种策略，用 $j=1$，$2,\cdots,M$ 表示，群体 g 对应 M 维向量集 $V^g=\{y=(y_1,\cdots,y_m):y_i\geqslant0,\ \sum y_i=1\}$。群体 g 中的任何一种混合策略都可以用向量集 V^g 中的任意向量 α^g 表示，群体 g 中采用每种策略的主体所占的比例可以用任意向量 β^g 表示。策略集合可以表示为 g 个这样 M 维空间的笛卡尔积，即 $M^g=V^1\times V^2\times\cdots\times V^g$。在多群体非对称演化博弈视角下，以中国与东盟国家邮轮产业合作的各个利益相关方的适应度作为支付水平，每个利益相关者的适应度是其所采取的策略和当前状态的函数，该函数可表述为一个映射 $f^g=V^g\times V\to R$。

（二）多个利益相关方演化动态模型

中国与东盟国家邮轮产业利益相关方中的每个个体都有不同的纯策略集、支付水平和演化进度，若有 N 个利益相关方进行非对称博弈，则模仿者动态方程可表述为：

$$dy_i^s(u)/du=[f(v_i^s,y)-f(y^s,y^{-s})]y_i^s$$

其中，y 表示多群体的混合策略集合，上标 $s(s=1,2,3,\cdots,N)$ 表示 N 个利益相关方当中的第 s 个利益相关者群体，y_i^s 表示第 s 个利益相关者群体中采取第 i 个纯策略的个体数占该群体总数的比例。y^s 和 y^{-s} 表示群体 s 和其他群体在 u 时刻的状态，$f(v_i^s,y)$ 表示多群体状态为 y 时群体 s 选择纯策略 v_i^s 所能得到的纯策略支付水平，$f(y^s,y^{-s})$ 是群体的平均支付状态。

第三节　邮轮产业利益相关者不完全信息动态博弈

不完全信息动态博弈指的是博弈中至少有一个参与者不了解其他参与者在博

弈中能够获得的效用水平，参与人的行动是序贯的，行动存在先后次序，虽然后行动者能够洞察到先行动者的行动，却无法推断出先行动者的类型。但参与者的行动具有类型依存的特点，因此，每个参与者的行动传达的信息都能够体现出自身类型的特征，于是后行动者将依据观察到的先行动者的行动推断出先行动者的类型或修正其类型的先验信息，之后选择对自己最有利的行动策略。先行动者预计到自己的行动策略会被后行动者所察觉，则会对外展现出对自己有利的信息，避免暴露对自己不利的信息。海萨尼（Harsanyi）认为，这类具有序贯结构的协同博弈包含两个或两个以上的阶段，局中人可以在几个连续步骤中逐渐建立起若干协议，在某些条件下序贯博弈常常允许在博弈后期阶段对先前协议进行再协商和修改（Hall and Braithwaite，1990）。

信号传递博弈是不完全信息动态博弈中的一种特殊类型，它是研究具有信息传递作用的信号机制的博弈模型（谢识予，2017），描述的是两个博弈方所进行的两阶段不完全信息动态博弈。两个博弈方分别称为信号发出方和信号接收方，两者均能进行理性思考，并推断彼此状态的主观概率，主观概率又称置信度，信号发出方的置信度中包含信号接收方所观察到的状态的主观信息，信号接收方从信号发出方的行动中获取与信号发出方有关的信息，并依据这些信息做出下一步行动选择，信号发出方和信号接收方都会利用这些信息做决策，并依照其主观概率采取最佳行动。信号传递博弈中，第二顺序参与者起初不知道第一顺序参与者的类型，只知道第一顺序参与者的不同类型的先验分布概率。在本书的研究中，设定两个博弈方分别为邮轮产品提供者（邮轮运营企业）和邮轮产品消费者，邮轮产品提供者为第一顺序参与者，邮轮产品消费者为第二顺序参与者，邮轮产品消费者试图从观察到的第一顺序参与者的行动中推断出其类型，从而选择自己的最优策略。

在中国与东盟国家邮轮产业合作中，当合作联盟中的一个参与国对另一个或几个参与国采取的行动策略做出反应时，该参与国便可以从其他国家所采取的行动中推断出有价值的信息，这个推断过程运用了贝叶斯动态修正法则。多国动态博弈的过程不仅是参与国家选择博弈策略的过程，而且是参与国家不断修正想法的过程。在多国利益相关者的不完全信息动态博弈过程中，一个参与方并不清楚其他利益相关者的确切类型是什么，但能够确定其他利益相关者的类型为某个特定类型的概率有多高。也就是说，给定一个利益相关者对其他利益相关者的类型分布的先验概率分布，且所有参与者是风险中性的，则参与合作的利益相关者将根据这种概率分布来选择能够使自身的期望支付水平最大化的行动策略。

第五章　区域分工视角下中国与东盟国家邮轮产业合作的理论探讨

第一节　中国与东盟国家区域产业分工合作的理论分析

区域产业分工与合作是区域经济理论研究的热点问题之一，很多经济学家都对这一问题进行了深入研究和探讨，形成了从多个角度对其进行阐释的经济理论。区域合作理论源于区域分工理论和区域经济发展理论①，本节将从区域分工理论、区域经济发展理论的视角来分析中国与东盟国家的邮轮产业合作问题。

一、区域合作理论

（一）区域分工理论

区域分工理论主要源于对国际分工和贸易的研究，由最初的亚当·斯密的绝对优势理论、大卫·李嘉图的绝对优势理论、赫克歇尔-俄林的要素禀赋论、波特的国家竞争优势论以及迪格里尼和布杜拉的竞合学说等有关理论组成。

区域资源禀赋的差异推动了比较优势的形成，进一步导致了区域分工的产生，对利益的追求是区域之间开展经济合作的动力之一，区域之间利用各自的比较优势进行产业合作，这是区域产业合作产生的理论基础。古典经济学鼻祖亚当·斯密在《国富论》一书中批判了重商主义，解释了国际贸易的成因，提出了绝对优势理论，他认为，国际分工和贸易产生的原因和基础在于各国之间在劳动生产率和生产成本上存在绝对差别。1817 年，英国经济学家大卫·李嘉图在

---

① 朱建江．区域发展导论［M］．上海：上海社会科学院出版社，2020：118.

《政治经济学及赋税原理》一书中提出了比较优势理论。李嘉图认为，生产技术和成本的差异是地域之间进行分工和贸易的前提，各地区在生产技术和成本方面的相对差异将促使资源重新配置，各个国家或地区生产各自在成本和价格方面具有比较优势的商品并用于交换，可以获得比较利益，增加社会财富，进而获得更多的社会福利。李嘉图提出，参与区际分工和贸易的国家，无论经济发展处于何种阶段、贫富及资源多寡，都可以利用比较成本优势参与区际分工，各国生产并出口具有相对优势的商品，进口具有相对劣势的商品，能以较小的生产消耗获得较高的使用价值。比较优势理论影响深远，它是区域产业空间布局和地域分工理论的基础，为经济发展水平不同的地区之间参与国际分工提供了理论依据。

1919 年，赫克歇尔发表了《对外贸易对收入分配的影响》一文，他认为，要素禀赋比例不同的经济体之间进行自由贸易可以使要素价格实现完全的均等化，要素价格的均等将替代国家之间要素的流动（李俊江等，2011）。这篇文章成为要素禀赋论（H-O 模型）的立论基础。H-O 模型由瑞典经济学家赫克歇尔和俄林共同提出，他们认为，国家与地区之间的分工取决于它们各自所拥有的生产要素的丰缺程度，要素禀赋的差异是地域分工和国际贸易产生的原因。H-O模型继承和发展了比较优势理论，将单一要素投入模型扩展为资本和劳动等多要素投入模型，将国际贸易的研究对象由产品扩大到生产要素领域，该学说认为，地域分工中的国家和地区应该生产并出口自身生产要素丰裕的商品，进口生产要素稀缺的商品，以此提高各自的生产效率。各地区根据自身的要素禀赋展开分工，进而形成专业化生产的分工格局。

在俄林之后，琼斯等人提出了"区域比较利益理论"，他们认为，区域之间存在的外部经济差异和生产要素比较优势的差异将导致资源配置效率的差异，区域生产要素的优势可以通过利益驱动的要素流动加以实现，这个过程也是区域经济合作和一体化的过程。[①] 随着世界经济一体化和贸易自由化的深入发展，市场竞争不可避免地走向国际化，传统的比较优势理论和要素禀赋论不再适用于日趋复杂和多样化的国际分工，跨国企业竞争优势将取代比较优势成为国际分工的重要基础，由此，迈克尔·波特提出了国家竞争优势理论，并构建了著名的"钻石模型"，该模型的六要素包括市场条件、需求条件、相关和支持产业、企业的组织结构与战略、政府、机会。[②] 波特认为，竞争环境的差异是造成不同国家和地区之间产业竞争力和生产能力出现差别的主要原因，他同时提出了"产业簇群"的概念，认为产业簇群是竞争优势的主要载体。意大利学者迪格里尼和布杜拉提

---

① 刘永佶. 经济中国（第 3 辑）[M]. 北京：中央民族大学出版社，2007：245.

② 迈克尔·波特. 国家竞争优势 [M]. 李明轩，邱如美，译. 北京：中信出版社，2012：43-63.

出了竞合学说，他们认为，地区之间的发展存在既竞争又合作的关系，地区之间的利益与冲突并存，合作不是简单的零和博弈，而是创造更大价值的活动，组织间的合作越好，产生的价值越多。

区域合作是与区域分工相伴而生的。区域分工越深化，各区域的经济发展越专业化。各个区域出于各自发展利益的需要，彼此之间会在分工的基础上寻求合作。

（二）区域经济发展理论

区域经济发展理论包括区域间经济发展理论、区域经济一体化理论和区域协调发展理论。在区域经济发展关系理论研究领域，主要包括极化-涓滴效应学说、梯度推移学说、中心-外围理论等。极化-涓滴效应主要用于阐释经济发达地区与欠发达地区经济之间的相互作用及影响。梯度推移学说认为，区域经济的兴衰取决于区域产业结构的优劣，区域主导部门生命周期阶段的变化会导致区域产业出现梯度推移的现象。中心-外围理论将世界经济体系分为中心和外围两部分，认为由发达工业国组成的中心与由发展中国家组成的外围之间存在不平等的发展关系，它们之间的相互作用会导致中心国家和外围国家经济发展水平的差距不断增大。在区域经济一体化的研究领域，美国经济学家雅各布·维纳提出了关税同盟理论，同时还提出了"贸易创造效应"和"贸易转移效应"，为区域经济一体化理论的深入发展奠定了基础。20世纪60年代以后，国外学者对欧洲国家集团化发展的现象进行了广泛而深入的研究，进一步丰富了区域经济一体化的理论和实证研究。之后，各国学者又从均衡发展理论和非均衡发展理论的角度继续深化了区域经济发展的理论研究，从生产布局、经济地理学、区域利益协调等角度研究了区域协调发展问题。

上述区域产业分工合作理论为中国与东盟国家邮轮产业分工合作的研究奠定了重要的理论基础。在跨国产业合作中，区域经济一体化是一种显著的经济现象。在跨国产业合作带动区域经济一体化的过程中，生产要素在区际范围内不断趋向自由流动，推动资源的有效配置和生产效率的提高，从而推动区域福利水平的帕累托改进。区域产业的分工合作能够实现区域发展的优势共享及优势互补，将分散各处的区域经济活动整合起来，形成更大的生产合力，进而激发区域经济发展的潜能，为参与各方提供更多的经济发展机会。

二、区域合作理论在中国与东盟国家邮轮产业合作中的应用

正在构建21世纪海上丝绸之路的中国与东盟国家的邮轮产业合作不仅是区域政府间的宏观合作，也是中国与东盟国家航区各国的区域经济合作。当前，中国与东盟国家均为区域全面经济伙伴关系协定（RCEP）和中国—东盟自由贸易区（CAFTA）的成员国。中国与东盟国家经济结构高度互补，合作区域内资本要素、劳动力要素和技术要素齐全，要素在国家间的自由流动能够带动不均衡的要素分布变得均衡，生产要素在国家间能够得到更加合理和有效的利用。生产要素的区际流动能够缩小地区要素禀赋的差异，提高地区生产效率。中国与东盟国家地理位置毗邻、资源丰富、产业互补性较强，如能形成良好的国际区域产业合作关系，则能充分发挥地缘优势和要素禀赋的比较优势，促进国家之间的互利共赢。多国邮轮产业合作首先建立在生产要素自由流动的基础上，要素通过跨国流动形成合理的分工布局，各国产业的相对优势提高了各个环节的生产效率，实现了跨国生产要素收益最大化。跨国生产要素在流动过程中受到无形的规则成本和有形的流通成本制约，合作中需要多国协同扫除障碍，加速要素流通。生产要素的无障碍互通是提高多国分工协作效率的前提，要素的便利流通能够在更大地域范围内实现产业规模化，推动区域经济发展。例如，随着 RCEP 协定的生效，各成员国间货物、服务、投资等领域市场准入进一步放宽，原产地规则、海关程序、检验检疫、技术标准等逐步统一，将促进区域内经济要素自由流动，强化成员间生产分工合作，拉动区域内消费市场扩容升级，推动区域内产业链、供应链和价值链进一步发展（商务微新闻，2020）。

第二节　中国与东盟国家邮轮产业合作效应分析

一、要素整合效应

产业要素整合是指在特定的时间范围内，对合作区域内尚未最优配置的资金、人才、技术、自然资源等生产要素进行合并、重组，使要素在流动的过程中实现补充和互动，进而在动态调整中形成整体聚集效应。要素整合可以促进要素之间取长补短，在数量上形成合适的比例，在质量上适应彼此，以符合时效性及空间物流成本最低的要求。因此，要素整合可以实现生产要素的节约，形成产出最大化、投入最小化的效应，进而提高生产要素内部质量及产业共生经济效益。

中国与东盟国家邮轮上游产业生产要素包括邮轮修造业从业人员、资金、技术、土地及原材料等；中游产业生产要素包括邮轮船舶、邮轮运营管理人员及服务人员等；下游产业生产要素包括邮轮旅游吸引物及邮轮旅游服务设施等。中国与东盟国家邮轮产业生产要素在整合的过程中，与产业相关的人才、技术、信息、资金、市场及政策等要素应根据各国的比较成本优势进行融合，实现优势互补；要素在产业运营过程中按照一定的准则和规律相互关联、相互影响，能够发挥出个体要素、相似要素和整合要素的综合效用。

二、产业关联效应

产业关联效应是指在产业互补过程中，某国的某一类产业与他国其他产业之间形成的投入产出关系，即 A 国一个行业生产的产品会成为 B 国一个行业生产的投入要素，同时 B 国一个行业生产的产品也会成为 A 国一个行业生产的投入要素，多国各个相关产业之间形成相互联系的供需关系，产业之间涉及的产品既包括有形产品也包括无形产品。

产业关联效应的量化研究方面，美国学者 Isard（1951）提出，应该充分重视不同地区产品的异质性，为了反映"地区×产业"的投入产出结构，他设计了一个"n 地区—m 产业"的地区间投入产出模型（Interregional Input-Output Model），即 IRIO 模型，该模型能够反映出各个地区对某个产业产品的生产和消费情况。其后，Moses（1955）[①]、Leontief 和 Strout（1963）[②] 等先后提出了多区域投入产出模型（Multiregional Input-Output Model），简称 MRIO 模型，也称为列系数或 Chenery-Moses 模型。MRIO 模型将进出口贸易划分为中间产品和最终需求，该模型通过量化各国不同产业之间的投入产出系数以反映各国生产技术存在的差异。

中国与东盟国家邮轮产业的关联效应通过技术、产品、资金和人才关联等形式得以实现。在技术关联方面，如果各国邮轮产业在生产技术组合中共享彼此的先进技术和研发平台，一国的产业技术能够为他国提供相似水平的生产手段，那么国与国关联产业之间便能够获得潜在的协同效应。各国企业通过技术关联可以较快地将技术转化为核心竞争力，企业的互补性资产也因技术关联得以充分利用，如共享科研人员和设备等。在产品关联方面，邮轮产业提供的有形产品包括邮轮、邮轮港口及邮轮设施，提供的无形产品包括邮轮旅游服务等。现代邮轮产业涵盖邮轮建造业、邮轮营运业、邮轮商贸服务业、邮轮航运服务业及观光休闲业等生产环节与服务环节，是一个多产业交叉的边缘产业（孙妍，2017）。各国邮轮产业借助投入产出关系形成邮轮产品供需链，且邮轮产品链存在前后向关联特性，合理配置产业资源能够促进各国比较优势的发挥。产品关联有利于产品链的形成，邮轮上下游产品链形成纽带关系，各环节的价值增值活动能够推动产业

① Moses L N. The Stability of Interregional Trading Patterns and Input-Output Analysis [J]. American Economic Review, 1955, 45（5）：803-832.

② Leontief W, Strout A. Multiregional Input-Output Analysis Structural Interdependence and Economic Development [C] // Barna T. Structural Interdependence and Economic Development. New York：Palgrave Macmillan，1963：121.

整体向前发展（杨静林，2017）。

三、共生经济效应

共生经济是指两个或两个以上独立的经济体之间以资源共享或优势互补为目的而形成的组合体经济，这类共生体能够促进经济组织内部和外部资源配置效率的提高。

在获得经济利益动机的驱使下，共生经济体将会形成全新的分工和协作组织。这类全新的经济组织既可以单独存在，又可以作为某一经济体的附属组织而存在。共生体是共生经济成长的核心，围绕这一核心可以形成产业内共生经济体、产业间共生经济体和全产业共生经济体。中国与东盟国家邮轮产业共生经济体可以形成产业内共生经济体、产业间共生经济体和全产业共生经济体三种类型。邮轮产业共生经济体还包括三类行为方式，即资源共享方式、交易互通方式和互补共生方式。在邮轮产业资源共享方式下，各共生经济体通过共享资源增强核心竞争力，缩短产品研发周期和扩大市场范围。在交易互通方式下，各国邮轮上下游产业相关的企业和消费者之间构成共生经济体，交易行为内化为共生体内部的资金、信息和物质的互联互通，进而降低交易成本，提升整体竞争力。在互补共生方式下，产品和服务之间具有互补性质的企业通过结成共生单元以获得本身不具备的资源，借助优势互补提高竞争力及扩大市场份额。在上述共生经济体行为方式的驱动下，共生经济组织将会产生内部经济效应和外部经济效应。内部经济效应源于共生体内部企业的经济活动所产生的直接和间接的经济利益，外部经济效应源于共生体外部企业的经济活动所产生的直接和间接的经济利益。在各国形成的产业内和产业间共生关系中，各国的资源禀赋和发展基础不同会造成邮轮产业发展水平的差异，不同共生单元之间的关联度通过质参量、象参量的变化率体现出来，共生经济能够提高各国邮轮企业或产业的利益及整个合作区域的社会经济效益。

第六章　邮轮全产业链构建的理论分析

第一节　邮轮全产业链的内涵及理论分析

一、邮轮全产业链的内涵

全产业链理论源于产业经济学，涵盖了价值链、供应链、空间链及企业链等诸多内容。全产业链就是借助多种整合形式，将某个产业的上、中、下游相关资源进行整合，由此实现整个产业运行效率提升的同时降低产业运营成本。

邮轮全产业链模式就是运用产业整合的方法，以有竞争实力的邮轮运营与管理企业为核心，通过与上游的邮轮设计建造企业，下游的港口、金融、旅游商贸服务等相关企业融合的方式，构建一个既互补又存在竞争的产业共生体，产业链整合有助于降低单个产业的成本，提高区域邮轮产业链条的效率，形成外部规模经济效应。

二、邮轮全产业链构建的理论分析

（一）温特式全产业链

温特尔主义（Wintelism）主导下的全产业链构建，是以信息技术为基础，以产业链模块化为特征，在全球范围内有效配置生产资源的方式。产业链模块化是将上下游相关产业的生产过程进行分解，由此带来规模经济效应和范围经济效应。以温特尔主义为代表的柔性生产方式促进了生产组织由垂直型结构向水平型结构的转变，该模式通过建立模块化平台、规模生产、协作配合，将整个产业链拆分成相对独立的节点，专业化企业参与其中，处于产业链环核心位置的企业利用信息技术和网络化管理模式，制定产品标准，配置产品生产的全球资源，促进全产业链快速升级。

温特式全产业链利用模块化生产单元构成产业链节点，产业模块化下的产业体系和产品结构兼具灵活性和多样化的特点，能在更大的空间区域内实现规模经济和范围经济。就规模经济而言，中国与东盟国家各国实现专业化分工之后，专注于发展本国邮轮产业优势模块，产品生产专业化水平提高、生产能力扩大会降低供给企业的单位产品成本，从而形成企业长期平均成本随产品产量增加而递减的规模经济效应。就范围经济而言，中国与东盟国家各国可以通过多种邮轮产品的协同生产有效降低单位产品成本。各国通力协作可以克服邮轮产品单一、市场容量有限、产能过剩却无法规模量产的生产困境，如通过共享邮轮港口、邮轮航线、邮轮品牌等共同分摊港口建设维护、航线开发和广告等成本，利用分工和专业化提高生产率，进而形成外部范围经济效应。

（二）邮轮全产业链运行效应

邮轮全产业链形成一条涵盖上下游多个相关产业的链环，上下游产业的纵向协同和横向联合构成协同发展的网状结构。邮轮全产业链运行效应包括：一是全产业链内的产业链环在合纵连横的过程中可能会产生知识和技术的外溢效应。此类效应能够促进区域整体创新能力的提升，即便未曾参与技术创新的企业也能享受到创新的溢出成果；同时，外溢效应能够加强邮轮设计、研发、营销、服务等要素的沉淀，推动需求关联和成本关联效应的发挥，推动劳动力市场共享，有效降低运营总成本和产品边际成本，获得更高的投资回报率。二是协同融合效应。邮轮全产业链运行模式不仅是各个产业链环的协同，还包括产品品牌、产品服务等方面的协同发展及融合创新。三是传递效应。处在产业链中游的企业在链环运转过程中将起到承上启下的作用，在运营过程中，中游企业不仅会将自己对邮轮产品的诉求传递给上游的邮轮设计修造业，还会将邮轮运营与管理中收集到的消费者需求传递给下游的港口、旅游商贸服务等行业，以此间接地实现对上下游产业的监督与控制作用。

中国与东盟国家邮轮产业凭借合理的布局能够促进产业链整合。邮轮全产业链整合不仅有助于邮轮产品供给与市场需求的对接，而且有利于邮轮产业链的价值增值。若产业链以模块化方式运营，其中若干模块的成本降低将会有效降低整个邮轮产业链的成本，提高整个产业链的效益，增加整个产业链的价值，进而提高全产业链抵御风险的能力。合作区域内的邮轮上下游产业通过全产业链整合的形式，实现互利共生、利益共享、合作共赢，进而推动产业整体向前发展。随着产业分工的发展，产业内部不同类型的价值创造活动由多个相关企业合作完成，这些企业围绕某种特定需求或特定产品（服务）进行生产，在生产运作过程中自动形成上下游产业的投入产出关系，即构成产业链。产业链实质上是将能够影响节点产业的产品或服务的价值部分串联起来形成的链状生产组织。

第二节 邮轮产业价值链的拆分及整合

一、邮轮产业价值链的拆分

邮轮产业价值链指的是邮轮上下游关联企业之间，从设计邮轮开始，到生产制造邮轮，再到邮轮公司购买并使用邮轮在全球各大航线上运营，邮轮船上服务对接旅行者，邮轮靠泊港口服务，以及邮轮港口区域商贸、金融、餐饮住宿等相关服务环节为创造价值所进行的一系列经济活动的总称。价值链就是将邮轮产业运行过程中的节点有效连接起来以实现价值增值的集合体。

随着分工的细化，邮轮产业链的增值环节越来越多，产业链上的产品和服务很难全部由一家企业独立提供。由此，价值链开始拆分，越来越多的企业开始参与邮轮产业链的某一环节。专业化生产使得这些企业在各个环节具有高超的技术和较低的成本，各自在邮轮产业价值链中形成比较优势。价值链的不断分解使得市场中出现了具有比较优势的特定产业，这些产业分属邮轮产业链的价值增值环节。经过市场机制的优胜劣汰，价值链的优化组合会把最有优势的价值链环节连接起来，价值链中的企业选择能够最大限度发挥自身优势的环节，彼此通力合作，以此大幅度降低产品成本并获得更高的价值增值，同时创造出新的价值。价值链拆分作为一种经营战略能够确保企业获得较高的投资回报率。

随着亚太地区邮轮旅游产业的兴起，邮轮航线逐步由美洲迈阿密地区及南欧加勒比海地区扩展至亚太地区，尤以东亚、东南亚、南亚地区邮轮航线较为密集。在邮轮产业由西向东转移的过程中，跨国公司利用各地区要素禀赋的差异，在全球范围内对产业价值链进行空间上的拆分。价值链的拆分促进了区域模块化生产的出现，意味着产品研发、生产制造、运营管理及售后服务等各个环节的价值增值活动被布局到了成本及交易费用具有比较优势的地区。跨国公司以产品生产流程为基础构建了研发模块、生产制造模块及营销服务模块；产业链上的核心企业利用跨国联盟寻找成本洼地，将低附加值的业务模块外包，而自身则专注于研发及生产这些具有高利润率的核心模块，以此不断提升核心模块的附加值。模块化生产方式使跨国公司能够在区域内实现利润最大化。

二、邮轮产业价值链整合分析

邮轮产业价值链整合是企业通过设计、制造、销售、服务等活动，与其他企业建立协作关系，借助与外部企业的整合管理，实现整个产业价值链增值的过程。本部分将运用策略性行为理论、交易费用理论及协同营销理论分析邮轮产业价值链整合的过程。

（一）策略性行为理论视角下的价值链整合

邮轮产业价值链整合的模式包括横向价值链整合和纵向价值链整合。邮轮产业价值链横向整合是对处在价值链同一层次的企业进行整合，合理配置产业资源，邮轮产业价值链纵向整合是对处在价值链中的上下游企业进行整合。邮轮产业价值链的上下游企业处在同一个利益链环之中，链环中的企业均把对方提供的产品作为不可或缺的生产要素，任何一方退出价值链都会造成整个链环运行的阻滞，价值链上的任何一个环节缺失都会造成生产停滞。

邮轮产业上游的邮轮设计及制造企业数量较少，符合寡头垄断市场形态，上游企业形成产品导向型价值链；下游的邮轮相关服务类企业集中在港口区域，符合垄断竞争市场形态，下游企业形成需求导向型价值链。处在利益链环中的企业既互相制约又互相依存，以邮轮产业价值链为例，如果上游的邮轮设计制造商拥有较多的邮轮需求数量和销售渠道信息，则其对产品销售终端的中游企业将会有较多的话语权，中游的邮轮运营及管理企业就会努力提高生产资料市场信息获取的准确性，可能会产生后向一体化的动机。然而没有机会参加前后向一体化的企业将会出现成本增加的情况，即在产品生产各个阶段的相关企业都增加了各自的边际成本，此时产业链的利润低于前后向一体化时的利润。邮轮产业上游企业可以利用前向一体化或者自身所拥有的垄断地位，通过纵向约束或者纵向控制的方式对下游产业的竞争态势施加影响，努力将外部性内部化，以此提高整个产业链的利润。邮轮产业上游寡头决策者的行为不仅取决于需求函数，而且取决于其他寡头决策的影响，即寡头在制定策略时需要考虑决策问题的约束条件和实现目标，以及其他决策者对该策略的反应，诸如合谋行动。在寡头垄断的市场中，市场环境可视为内生变量，市场环境包括影响企业绩效的要素，如潜在竞争对手的数量、生产技术、进入市场的成本及速度等。上游寡头垄断企业需要解决的是博弈决策问题，需其考虑制定一系列行动策略时其他寡头可能的反应。主导企业通过一系列策略性行为影响市场环境，以改变竞争对手的预期及对未来市场的预判，迫使对手做出对自己有利的市场决策（孙智君，2010）。

（二）交易费用理论视角下的价值链整合

1937 年，美国著名经济学家科斯在《企业的性质》（*The Nature of the Firm*）

一文中首次提出了交易费用理论，他利用新古典经济学的分析框架研究了企业交易成本的特点，指出企业组织内部交易成本及市场价格在资源配置中所起的作用（Corse，1937）。威廉姆森、克莱因和张五常等进一步发展了交易费用经济学，他们认为，经济活动组织方式的选择与节约交易费用的行为有关。纵向一体化产业组织内部的交易费用显著地低于无组织的单个企业所担负的费用。中国与东盟国家邮轮产业合作为企业提供了有组织的交易平台，从产业组织角度来看，具有产业核心功能与产业互补功能的邮轮企业，在减少交易费用动机的驱使下，通过价值链整合的方式节约成本以提高价值创造的效率，其中价值链相关企业构筑的产业联盟可以利益共享、风险共担。

（三）协同营销理论视角下的价值链整合

现实中任何一家企业都无法绝对地独立运作，企业必须遵从商业生态生存法则，在商业生态系统中携手合作、取长补短，以获得更多的发展机会。在此背景下，两个或两个以上的企业会基于增强市场竞争力、充分利用营销资源、提高营销效率的目的，在产品开发、市场共赢等领域展开全面合作，发挥各自的优势，以扩大市场占有率、提高利润率和提升品牌知名度。邮轮产业相关企业可以采取混合协同营销的方式，即兼具水平协同营销和垂直协同营销优点的一类协同营销方式。在水平协同营销方面，邮轮产业关联企业可以通过两种方式实现协同营销：第一种是有互补关系的生产异类产品的企业，如邮轮运营企业与邮轮船供企业通过合作实现协同营销；第二种是能够提供相似产品的邮轮企业，如皇家加勒比邮轮公司、丽星邮轮公司和歌诗达邮轮公司通过合作实现协同营销，邮轮运营公司可以通过合作建立通用预订网站，共享邮轮港口服务系统、维护系统等，以节约成本，实现资源共享及巩固营销网络。在垂直协同营销方面，邮轮产业关联企业可以通过有效整合纵向产业链，推动产业链上下游企业纵向协作、资源互补、合作营销，关联企业之间构建的战略联盟给竞争者设置了市场进入壁垒。企业之间的相互依存有助于核心企业协调价值链上各个企业的行动，各企业拥有共同的终端消费群体，消费群体的需求能够推动合作组织提高价值让渡的效率，形成高效的价值网络。合作组织设计合理的利润分配模式能够调动各方积极性，进而形成互利共赢的利益共同体。

第三节　全产业链运营模式下的邮轮产业资源配置

邮轮产业资源配置是指通过特定的方式以安排产业资源的使用方向和使用数

量，从而达到扩大资源基数、提高邮轮产业资源利用效率的目的。邮轮产业运用温特式模块化生产方式，构建了全产业链运营模式，价值链经过拆分及整合实现了生产资料优化配置。邮轮产业的资源配置机制可以归结为外源性资源配置机制与内生性资源配置机制。

邮轮产业各环节的利润、产品的市场需求、交易费用等决定了产业资源配置的方向、种类和数量，以上构成外源性资源配置机制的基础。邮轮产业资源可视为一类商品，可以按照商品的规律，通过市场供求关系定价，根据市场价格变动和供需情况调节产业资源配置方向，市场调节机制能够优化组合生产要素，提高资源配置的效率。价值链的拆分及整合是外源性资源配置机制在中国与东盟国家各国邮轮产业资源配置方式中的现实演绎，邮轮旅游市场的需求及产业联盟的协同共同影响了外源性资源配置机制的运行。内源性资源配置机制具备资源导向性特征，区域现有的旅游资源类型决定了产业资源配置的方向、产业组织的方式和效率。中国与东盟国家各国邮轮旅游资源禀赋各不相同，在资源导向性配置机制中，可以利用各自的优势，取长补短，实现资源的最优化配置。

第三编　中国与东盟国家邮轮产业协同发展的资源整合机制研究

　　首先，本部分分析了中国与东盟国家邮轮产业资源整合的基础，利用核密度估算工具绘制了中国与东盟国家自然与人文旅游资源点位图、邮轮港口的空间布局点位图，并运用定量分析的方法，评价了中国与东盟国家邮轮产业资源的优势度，计算了邮轮产业资源整合的效率。其次，本部分从邮轮产业资源的融合、配置、利用三个层面探讨了资源整合的过程，进一步明确了资源整合的机理。最后，本部分提出了中国与东盟国家邮轮产业资源整合的基本思路及保障机制。

第七章　中国与东盟国家邮轮产业资源整合基础分析

第一节　中国与东盟国家邮轮产业资源空间格局分析

中国与东盟国家邮轮产业资源空间格局是指产业资源在空间上的分布特性。资源的空间格局涉及资源分布的特性、资源分布的密度、资源的空间关联性等。首先，本书利用核密度估算工具对中国与东盟国家的邮轮港口和世界自然与文化遗产资源进行了可视化分析，借助 ArcGIS 10.8 软件中的核密度工具绘制出了中国与东盟国家区域资源分布点位图，清晰地描绘出了资源的空间差异，并据此测算出了中国与东盟国家邮轮产业资源分布的密度。其次，本书绘制出了中国与东盟国家世界自然与文化资源和邮轮港口的空间布局点位图，全方位描述了中国与东盟国家邮轮旅游资源的分布特性，直观地分析了中国与东盟国家的邮轮港口、邮轮旅游资源、邮轮航线分布状况，进而得出了邮轮产业资源的分布特点及资源优势。

核密度估计是一种具有非负性和标准化特性的非参数密度估计方法，核密度估计的定义为：设点集 Y_i，$\cdots$，Y_n 是从分布密度函数为 g 的总体中抽取的样本，估计 g 在某点 y 处的值 $f(y)$。本书采用 Rosenblatt-Parzen 方法进行计算，公式如下：

$$g(y) = \frac{1}{nh}\sum_{i=1}^{n} k\left(\frac{y - Y_i}{h}\right) \qquad \text{式 (7-1)}$$

式中，$\left(\dfrac{y-Y_i}{h}\right)$ 称为核函数；$h>0$ 为带宽，为估值点 y 到事件点 Y_i 的距离。

中国与东盟国家各国旅游资源的丰富程度，在一定程度上反映了各国旅游目的地的吸引力。各国世界自然遗产、世界文化遗产、世界地质遗产、世界生物圈保护区等成为评价旅游资源密度的指标，根据世界银行、世界旅游组织、世界自然保护联盟等国际机构的统计，截至2020年，中国与东盟国家拥有世界自然和文化遗产93个、世界地质公园52个、世界生物圈保护区76个，中国与东盟国家区域成为重要的旅游资源富集区。本书选用的数据是从联合国教科文组织官网获取的中国与东盟国家世界自然和文化遗产名录，每个遗产的地理坐标经纬度数据通过"百度地图拾取坐标系统"捕获，并将其输入ArcGIS 10.8软件中，实现地图上的可视化，最终通过核密度估算方法得到数据结果。

一、中国与东盟国家邮轮港口空间分布分析

中国与东盟国家的邮轮港口是邮轮产业发展的重要载体，是邮轮旅游系统的重要组成部分，中国与东盟国家的邮轮港口呈现出"链式分布"状态，港口分布较为均衡。中国与东盟国家各国邮轮港口资源丰富，位于中国与东盟国家区域北部的中国，港口主要分布在广东、广西、海南、福建、香港和台湾等地区，数量有20个左右；印度尼西亚的邮轮港口有19个，分布较为分散，其南部岛屿港口数量众多；马来西亚、泰国与菲律宾的邮轮港口各有10个左右，散落在各国的海岸线和岛屿上，泰国和马来西亚的邮轮港口在马六甲海峡沿岸分布较多；越南、柬埔寨、新加坡、文莱邮轮港口数量较少，主要分布在各国核心区域内。

本书运用核密度分析工具对中国与东盟国家区域内的邮轮港口空间集聚状况进行了分析，发现中国与东盟国家区域内的邮轮港口空间格局呈现"三区三带"式分布特征。"三区"中的第一个邮轮港口密集区在泰国、马来西亚、印度尼西亚、新加坡邻近马六甲海峡的区域；第二个邮轮港口密集区在菲律宾马尼拉周边的港口区；第三个邮轮港口密集区在南印度尼西亚岛屿群。"三带"是中国福建省以南沿海港口带，越南、柬埔寨、泰国港口带，以及菲律宾、印度尼西亚港口带。在中国与东盟国家区域内，中国拥有两个港口密集区，福建与台湾地区的港口形成一个密集区，广东、广西和海南的港口形成一个密集区。丰富的港口资源将各国邮轮游客旅游路线串联起来，为中国与东盟国家区域邮轮旅游发展提供了重要的联结纽带。

二、中国与东盟国家区域世界自然与文化遗产资源分布分析

中国与东盟国家区域世界遗产资源分布呈现出整体分散、局部集中、相对均衡的特点。截至2021年，中国的世界遗产资源数量为55个，分布在中国与东盟国家区域内的有10个，分别在广东、广西、福建三地靠近邮轮港口的区域。越

南的世界遗产资源沿海岸线分布，主要集中在北部区域。柬埔寨的世界遗产资源距离港口较远。泰国有 3 个世界遗产靠近海岸线。马来西亚的世界遗产资源主要集中在马六甲海峡沿岸。印度尼西亚的部分世界遗产距南海海岸线较远。菲律宾的世界遗产资源数量不多，靠近港口和海岸线。

中国与东盟国家区域世界自然与文化遗产分布资源高密度区有两个。一个资源高密度区在中国的福建省和广东省，紧邻台湾海峡，区位优势明显；另一个资源高密度区由越南、柬埔寨和泰国组成，自然与文化遗产数量有 17 个，大部分靠近海岸线。印度尼西亚、马来西亚和菲律宾三国的遗产资源总量也达到了 19 个，但分布较为分散，不够集中。

第二节　中国与东盟国家邮轮产业资源优势度评价

一、中国与东盟国家邮轮产业资源优势度评价指标体系构建

中国与东盟国家邮轮产业资源整合是一个多方协同、资源互补、优势叠加的复杂过程，需要各国依据自身邮轮产业发展状况，不断调整系统内资源的利用模式，因此需要在设计资源整合机制前对各国邮轮产业资源的优势度进行评价，以期找到资源整合及融合的最佳路径。本书将运用主成分分析法、因子分析法，分析各国邮轮产业资源的优势度。

资源优势度评价指标体系主要是从各国经济发展状况、邮轮产业发展基础条件、邮轮产业旅游资源状况三个大类（一级指标）进行构建，指标选取的依据如下：

经济发展状况指标，主要反映的是合作国家的经济发展水平。经济发展水平是中国与东盟国家经济发展阶段和经济发达程度的体现，是邮轮产业发展状况的重要评价指标，可以直接反映各国产业发展阶段、贸易和制造业发展水平、国民消费水平、旅游业发展实力等。该指标可间接评定各国邮轮产业发展水平、邮轮旅游市场的潜在实力等。

邮轮产业发展基础条件。邮轮产业发展基础条件包括交通基础设施及邮轮人才供给条件，邮轮旅游的通达效率与各国邮轮产业基础设施条件息息相关，邮轮产业服务条件与各国服务人才水平和港口服务效率密切相关。

邮轮产业旅游资源状况。各国邮轮港口数量和旅游资源数量与邮轮旅游吸引力之间具有正相关关系，海岸线的长度、文化遗产的数量和邮轮港口的多寡是影

响邮轮航线规划和设计的重要因素。

除上述一级指标之外，本节在研究中还选取了 17 个分项指标（二级指标），具体如表 7-1 所示。

表 7-1　中国与东盟国家邮轮产业资源优势度指标

一级指标	二级指标	代码
经济发展状况 D	国内生产总值（亿美元）	D1
	人均国内生产总值（美元）	D2
	货物进出口贸易额（亿美元）	D3
	工业绩效指数 CIP（分）	D4
	国际旅游收入（亿美元）	D5
	服务业产值占社会总产值比重（%）	D6
邮轮产业发展基础条件 E	铁路里程数（千米）	E1
	公路里程数（万千米）	E2
	高速公路里程（千米）	E3
	大学数量（个）	E4
	人才竞争力排名得分（分）	E5
	世界大学排名上榜数量（所）	E6
	港口服务效率（%）	E7
邮轮产业旅游资源状况 H	各国海岸线长度（千千米）	H1
	世界自然与文化遗产数量（个）	H2
	海岛数量（个）	H3
	邮轮港口数量（个）	H4

二、优势度评价指标的选取

中国与东盟国家邮轮产业资源优势度评价涉及邮轮上下游产业链上的诸多节点，与各国经济发展状况息息相关。优势度评价需要构建科学合理的指标体系，遵循必要的基本原则，科学全面地反映中国与东盟国家邮轮产业资源状况。本部分将从经济发展状况、邮轮产业发展基础条件和邮轮旅游资源状况的角度选取评价指标。

经济发展状况可以细分为六个二级指标，分别为国内生产总值、人均国内生产总值、货物进出口贸易额、工业绩效指数 CIP、国际旅游收入、服务业产值占社会总产值比重，数据统计年份为 2019 年，具体如表 7-2 所示。

表 7-2 中国与东盟国家经济发展状况相关数据

经济发展状况	中国	菲律宾	文莱	马来西亚	新加坡	印度尼西亚	泰国	柬埔寨	越南
国内生产总值（亿美元）	143429	3770	135	3600	3700	11200	5400	271	2620
人均国内生产总值（美元）	10261	3500	31100	11400	65200	4100	7800	1600	2700
货物进出口贸易额（亿美元）	45774	1832	116	4432	7500	3388	4825	348	5182
工业绩效指数 CIP 评分（分）	0.39	0.07	0.03	0.16	0.26	0.08	0.14	0.02	0.09
国际旅游收入（亿美元）	1313	114	1.9	222	203	184	650.8	53.1	118.3
服务业产值占社会总产值比重（%）	53.27	59.79	37.34	52.96	69.45	43.41	57.08	39.49	41.12

注：统计数据年份为 2019 年。

邮轮产业发展基础条件可以细分为七个二级指标，分别是铁路里程数、公路里程数、高速公路里程、大学数量、人才竞争力排名得分、世界大学排名上榜数量、港口服务效率，数据统计年份为 2019 年，具体如表 7-3 所示。

表 7-3 2019 年中国与东盟国家邮轮产业发展基础条件世界排名

竞争力内容	中国	菲律宾	文莱	马来西亚	新加坡	印度尼西亚	泰国	柬埔寨	越南
铁路里程数（千米）	130000	897	13	1890	177	6458	4071	602	2600
公路里程数（万千米）	484.65	3.29	0.31	25	0.35	54.23	70.24	6.24	38.77
高速公路里程（千米）	140000	417	133	2000	161	2300	545	50	1200
大学数量（个）	3005	450	7	591	34	310	169	121	376
人才竞争力排名得分（分）	45.44	40.94	49.91	58.62	77.27	38.61	38.62	26.57	33.41
世界大学排名上榜数量（所）	95	4	2	22	3	16	10	0	4
港口服务效率（%）	14	88	69	19	1	61	73	91	83

资料来源：世界经济论坛。

邮轮旅游资源状况可以细分为以下四个二级指标：各国海岸线长度、世界自然与文化遗产数量、海岛数量、邮轮港口数量，可以通过这些指标对中国与东盟国家邮轮旅游资源的优势度进行评价，数据统计年份为 2019 年，具体如表 7-4 所示。

表 7-4　中国与东盟国家邮轮旅游资源状况

旅游资源	中国	菲律宾	文莱	马来西亚	新加坡	印度尼西亚	泰国	柬埔寨	越南
各国海岸线长度（千千米）	32	18.5	0.2	4.2	0.2	81	2.6	0.5	3.3
世界自然与文化遗产数量（个）	55	6	0	4	1	9	6	3	8
海岛数量（个）	7372	7000	33	1007	63	17508	200	60	3000
邮轮港口数量（个）	21	11	2	11	1	21	12	1	7

注：中国邮轮港口数量选取的是南海周边的广东、广西、福建、海南、台湾和香港地区的数据。

三、数据来源及评价方法

本节选取的指标都是可量化的参数，需要进行定量分析，数据来源于世界银行数据库、中国与东盟国家各国统计年鉴、Statista 行业分析数据库、世界旅游组织、联合国教科文组织等国际组织以及世界自然保护区网站等国际性网站发布的统计数据及报告等。

首先，本节采用 SPSS 26.0 统计软件作为中国与东盟国家邮轮产业资源优势度的分析工具，对构建的指标体系进行了因子分析。其次，本节依据得到的主成分方差解释旋转矩阵的相关数据，并对中国与东盟国家经济发展状况、邮轮产业发展基础条件、邮轮旅游资源状况三个一级指标进行了得分评价。最后，本节通过加权计算的方法得到了各国邮轮产业资源的综合分值，并对其进行了排名。

四、计算过程及结果分析

邮轮产业资源原始指标的数据量纲不同，表现为变量在量级和计量单位上存在差异，在计算变量间关系或对变量进行比较时，不具有综合性和可比性，需要对原始数据进行标准化处理。本节运用 SPSS 26.0 统计软件中的默认 Z-Score 标准化方法（零均值规范化）对原始变量数据进行了标准化处理，转化公式为：

$$k^* = \frac{k - \bar{k}}{\sigma}$$
式（7-2）

其中，$\bar{k}$ 为中国与东盟国家各项指标原始数据的均值，σ 为原始数据的标准差。经过处理的数据的均值为 0，标准差为 1。中国与东盟国家邮轮产业资源优势度评价指标标准值如表 7-5、表 7-6、表 7-7 所示。

表 7-5　中国与东盟国家邮轮产业资源优势度评价指标标准值（a）

国家	D1	D2	D3	D4	D5	D6
中国	2.66018	-0.24252	2.62927	2.10592	2.38518	0.26228
菲律宾	-0.33396	-0.56821	-0.44194	-0.56591	-0.48841	0.86536
文莱	-0.41189	0.76131	-0.56188	-0.89989	-0.75708	-1.21120
马来西亚	-0.33760	-0.18766	-0.26022	0.18554	-0.22957	0.23361
新加坡	-0.33546	2.40394	-0.04580	1.02049	-0.27511	1.75888
印度尼西亚	-0.17467	-0.53931	-0.33319	-0.48241	-0.32065	-0.64974
泰国	-0.29901	-0.36107	-0.23276	0.01855	0.79811	0.61469
柬埔寨	-0.40897	-0.65973	-0.54567	-0.98338	-0.63437	-1.01233
越南	-0.35861	-0.60674	-0.20781	-0.39892	-0.47811	-0.86156

表 7-6　中国与东盟国家邮轮产业资源优势度评价指标标准值（b）

国家	E1	E2	E3	E4	E5	E6	E7
中国	2.66347	2.63100	2.66624	2.60820	-0.00317	2.58781	-1.19539
菲律宾	-0.36085	-0.46735	-0.34263	-0.12019	-0.30143	-0.44426	0.93900
文莱	-0.38155	-0.48653	-0.34875	-0.59326	0.29311	-0.51090	0.39098
马来西亚	-0.33758	-0.32761	-0.30851	0.03037	0.87041	0.15549	-1.05117
新加坡	-0.37771	-0.48628	-0.34815	-0.56443	2.10654	-0.47758	-1.57035
印度尼西亚	-0.23058	-0.13947	-0.30204	-0.26970	-0.45586	-0.04443	0.16024
泰国	-0.28649	-0.03642	-0.33987	-0.42026	-0.45520	-0.24434	0.50636
柬埔寨	-0.36776	-0.44836	-0.35054	-0.47152	-1.25388	-0.57754	1.02553
越南	-0.32095	-0.23898	-0.32575	-0.19922	-0.80052	-0.44426	0.79479

表 7-7　中国与东盟国家邮轮产业资源优势度评价指标标准值（c）

国家	H1	H2	H3	H4
中国	0.60531	2.62673	0.57158	1.46009
菲律宾	0.09984	-0.24925	0.50801	0.17178
文莱	-0.58534	-0.59437	-0.68248	-0.98771

续表

国家	H1	H2	H3	H4
马来西亚	−0.43557	−0.36429	−0.51604	0.17178
新加坡	−0.58534	−0.53685	−0.67735	−1.11654
印度尼西亚	2.43995	−0.07669	2.30357	1.46009
泰国	−0.49548	−0.24925	−0.65394	0.30061
柬埔寨	−0.57411	−0.42181	−0.67786	−1.11654
越南	−0.46927	−0.13421	−0.17549	−0.34355

本书运用 SPSS 26.0 统计软件进行了因子分析，并通过计算获得了主成分的特征值、贡献率、累计贡献率等数据，具体如表 7-8 所示。

表 7-8 总方差解释

成分	初始特征值			提取载荷平方和			旋转载荷平方和		
	总计	方差百分比（%）	累计贡献率（%）	总计	方差百分比（%）	累计贡献率（%）	总计	方差百分比（%）	累计贡献率（%）
1	10.334	60.789	60.789	10.334	60.789	60.789	9.630	56.644	56.644
2	3.714	21.847	82.636	3.714	21.847	82.636	3.414	20.080	76.725
3	1.805	10.615	93.250	1.805	10.615	93.250	2.809	16.526	93.250
4	0.644	3.789	97.039						
5	0.269	1.584	98.623						
6	0.144	0.847	99.470						
7	0.062	0.366	99.836						
8	0.028	0.164	100						
9	9.33E−16	5.49E−15	100						
10	7.79E−16	4.58E−15	100						
11	3.59E−16	2.11E−15	100						
12	2.48E−16	1.46E−15	100						
13	2.04E−16	1.20E−15	100						
14	−1.03E−16	−6.08E−16	100						
15	−2.75E−16	−1.62E−15	100						
16	−4.70E−16	−2.77E−15	100						
17	−1.31E−15	−7.73E−15	100						

注：提取方法为主成分分析法。

从 17 个因子的总方差解释中可以看出，一共有 3 个初始特征值大于 1 的主成分，主成分方差累计贡献率达到 93.250%，这可以解释原有 17 个变量指标的绝大部分信息，符合提取要求，本节将其命名为主成分 F1、F2、F3，运用 SPSS 26.0 统计软件进行了因子分析，并根据分析得出的数据绘制出了相应的"主成分碎石图"，具体如图 7-1 所示，当选择成分数超过 3 个之后，其特征值曲线变得平缓，其代表性也减弱。

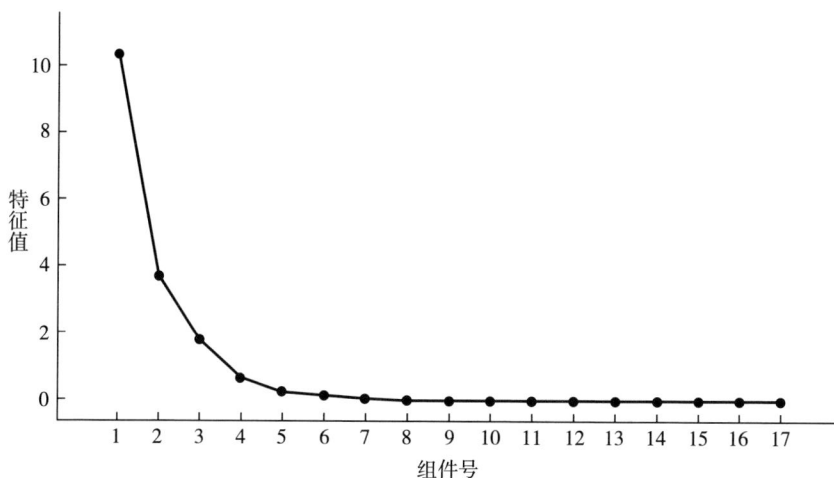

图 7-1　主成分碎石图

鉴于上述分析结果，本书将选取主成分 F1、F2、F3 进行分析，对主成分载荷高低进行判断，然后再将对 3 个主成分旋转后的成分矩阵进行分析，结果具体如表 7-9 所示。

表 7-9　旋转后的成分矩阵

变量名称	成分		
	1	2	3
国内生产总值（亿美元）	0.978	0.059	0.156
人均国内生产总值（美元）	−0.151	0.852	−0.291
货物进出口贸易额（亿美元）	0.977	0.160	0.102
有竞争力的工业绩效指数 CIP 评分（分）	0.789	0.586	0.044
国际旅游收入（亿美元）	0.927	0.115	0.106

续表

变量名称	成分		
	1	2	3
服务业产值占社会总产值比重（%）	0.099	0.779	−0.004
铁路里程数（千米）	0.984	0.037	0.130
公路里程数（万千米）	0.984	0.007	0.161
高速公路里程（千米）	0.984	0.047	0.105
大学数量（个）	0.972	0.016	0.166
人才竞争力排名得分（分）	−0.047	0.967	−0.118
世界大学排名上榜数量（所）	0.962	0.089	0.218
港口服务效率（%）	−0.418	−0.844	−0.047
海岸线长度（千千米）	0.125	−0.084	0.969
世界自然与文化遗产数量（个）	0.974	−0.025	0.206
海岛数量（个）	0.113	−0.135	0.968
邮轮港口数量（个）	0.527	−0.096	0.783

注：提取方法为主成分分析法；旋转方法为凯撒正态化最大方差法；旋转后的成分矩阵表示旋转在 5 次迭代后已收敛。

本节对主成分载荷解释如下：

（1）主成分 F1 是反映中国与东盟国家邮轮产业发展基础的因子，特征值为 10.334，方差百分比为 60.789%，是最为综合的主成分因子。主成分 F1 在货物进出口贸易额、高速公路里程、公路里程数、铁路里程数、国内生产总值、世界大学排名上榜数量、国际旅游收入这七个变量指标上占有较高载荷。

（2）主成分 F2 反映的是邮轮旅游吸引力因子，特征值为 3.714，方差百分比为 21.847%。主成分 F2 在各国海岛数量、海岸线长度、邮轮港口数量、大学数量、世界自然与文化遗产数量这五个指标上有较高载荷。

（3）主成分 F3 反映的是邮轮港口服务因子，特征值为 1.805，方差百分比为 10.615%。主成分 F3 在港口服务效率、人才竞争力排名得分、人均国内生产总值、服务业产值占社会总产值比重这四个变量指标上有较高载荷。

五、中国与东盟国家邮轮产业的优势度得分和排名

本节采用 Thomson 回归法，通过计算得出了指标变量的成分得分系数矩阵，具体如表 7-10 所示。

表 7-10　成分得分系数矩阵

变量名称	成分		
	1	2	3
国内生产总值（亿美元）	0.111	-0.024	-0.030
人均国内生产总值（美元）	-0.041	0.259	-0.026
货物进出口贸易额（亿美元）	0.110	0.004	-0.044
有竞争力的工业绩效指数 CIP 评分（分）	0.065	0.150	-0.004
国际旅游收入（亿美元）	0.106	-0.008	-0.042
服务业产值占社会总产值比重（%）	-0.034	0.250	0.070
铁路里程数（千米）	0.116	-0.034	-0.045
公路里程数（万千米）	0.114	-0.041	-0.034
高速公路里程（千米）	0.118	-0.034	-0.055
大学数量（个）	0.111	-0.037	-0.029
人才竞争力排名得分（分）	-0.053	0.309	0.054
世界大学排名上榜数量（所）	0.100	-0.006	0.003
港口服务效率（%）	0.001	-0.257	-0.065
海岸线长度（千千米）	-0.085	0.067	0.419
世界自然与文化遗产数量（个）	0.110	-0.046	-0.016
海岛数量（个）	-0.083	0.051	0.415
邮轮港口数量（个）	-0.009	0.019	0.289

注：提取方法为主成分分析法；旋转方法为凯撒正态化最大方差法；数据为组件得分。

本节计算了中国与东盟国家的主成分因子得分，采用的公式如下：

$$F_{xy} = \sum S_{ij} \times Z_{mn} \qquad\qquad 式（7-3）$$

式中，F_{xy} 为中国与东盟国家邮轮产业资源主成分因子得分；S_{ij} 为主成分得分系数；Z_{mn} 为中国与东盟国家邮轮产业资源标准化后的指标变量。

例如，中国与东盟国家中，某国的邮轮产业资源有 17 个指标变量，一共可计算出三个主成分因子得分，第一个主成分因子得分的计算公式如下：

$$F_{11} = 0.111 \times Z_{x1} - 0.041 \times Z_{x2} + 0.110 \times Z_{x3} + 0.065 \times Z_{x4} + 0.106 \times Z_{x5} - 0.034 \times Z_{x6} +$$
$$0.116 \times Z_{x7} + 0.114 \times Z_{x8} + 0.118 \times Z_{x9} + 0.111 \times Z_{x10} - 0.053 \times Z_{x11} + 0.100 \times Z_{x12} +$$
$$0.001 \times Z_{x13} - 0.085 \times Z_{x14} + 0.110 \times Z_{x15} - 0.083 \times Z_{x16} - 0.009 \times Z_{x17} \qquad 式（7-4）$$

本节按照此计算方法得到了中国与东盟国家三个主成分因子得分，具体如表 7-11 所示。

表7-11 中国与东盟国家三个主成分因子得分

国家	FAC1	FAC2	FAC3
中国	2.62292	0.12798	0.24504
菲律宾	−0.43640	−0.24250	0.40969
文莱	−0.45936	−0.23248	−0.77755
马来西亚	−0.18156	0.58350	−0.13127
新加坡	−0.47046	2.27807	−0.47684
印度尼西亚	−0.58570	−0.20479	2.40974
泰国	−0.03675	−0.21756	−0.36331
柬埔寨	−0.28415	−1.22089	−0.89600
越南	−0.16855	−0.87132	−0.41951

然后，本节计算了中国与东盟国家邮轮产业资源优势度综合得分 S，采用的计算公式如下：

$$S = \frac{56.644}{93.250} \times FAC_1 + \frac{20.080}{93.250} \times FAC_2 + \frac{16.526}{93.250} \times FAC_3 \qquad 式（7-5）$$

式中，56.644、20.080、16.526 分别为三个主成分方差贡献率数据，93.250 为主成分累计贡献率，FAC_1、FAC_2、FAC_3 为三个主成分因子得分。

本节依此公式，对中国与东盟国家各国邮轮产业资源主成分因子综合得分进行了排名，具体按照第一至第九的顺序排名，显示结果如表7-12所示。

表7-12 中国与东盟国家邮轮产业资源优势度排名

国家	综合得分 S	排名
中国	1.66	1
新加坡	0.12	2
印度尼西亚	0.03	3
马来西亚	−0.01	4
泰国	−0.13	5
菲律宾	−0.24	6
越南	−0.36	7
文莱	−0.47	8
柬埔寨	−0.59	9

综上所述，根据表7-12中的数据可以看出，中国与东盟国家邮轮产业资源优势度排名为：中国>新加坡>印度尼西亚>马来西亚>泰国>菲律宾>越南>文莱>柬埔寨。资源优势度评价指标包括中国与东盟国家各国的经济发展水平、基础设施条件、旅游资源丰裕度等参数，本节通过计算，根据优势度水平划分为以下三个级别：第一梯队：中国、新加坡、印度尼西亚，三国的综合分数为正，邮轮产业资源优势较大。中国的分数远高于其他国家，得益于中国优质的邮轮产业资源环境、庞大的经济体量、完整的产业链及稳定的国家政体；新加坡是中国与东盟国家区域的邮轮枢纽，经济发达，邮轮旅游发展处于领先地位，但因地域狭小，在港口及旅游资源数量量化时排在中国之后；印度尼西亚资源优势度排名靠前，其国家体量大，人口众多，在旅游资源、邮轮港口数量和海岛数量等方面占优势，但印度尼西亚整体邮轮产业发展水平相对较弱；三国在中国与东盟国家区域呈一北两南式分布，形成两个邮轮产业发展极，未来应加强合作，增加科技、资金、人才等方面的交流融合，优势互补，引领中国与东盟国家邮轮产业的发展。第二梯队：马来西亚和泰国，两国位于中国与东盟国家区域西南部，相互接壤，来往频繁，区位优势明显，邮轮产业资源相对丰富，经济发展处于中等水平，邮轮旅游发展环境良好。两国可加强基础设施建设，加大互联互通规模，不断优化邮轮产业结构，完善邮轮产业链，提升制造业、服务业水平，转变资源融合与利用方式，由此扩大中国与东盟国家邮轮产业的区域影响力。第三梯队：菲律宾、越南、文莱、柬埔寨。文莱经济发达，但因国家体量小，经济发展维度单一，评分相对靠后，可集中发展邮轮旅游服务业。这四个国家分数较低，邮轮产业发展相对落后，主要受经济发展水平和基础设施建设落后的制约，邮轮产业资源有待开发；这四国可以增加基础设施建设投入，提升邮轮产业参与度，尽快融入中国与东盟国家区域邮轮产业合作。

第三节 中国与东盟国家邮轮产业资源整合效率分析

一、分析方法及数据处理

本节采用数据包络分析法（Data Envelopment Analysis，DEA）对中国与东盟国家邮轮产业资源整合效率进行分析，此方法广泛应用于多种行业和部门，主要用于研究多指标投入和多指标产出。数据包络分析法利用线性规划的方法，对具有可比性的同类型单位进行相对有效的评价，可以衡量不同主体间合作的效率。

研究中国与东盟国家邮轮产业资源整合效率就是研究九个国家邮轮产业资源之间的协同、整合、利用状况，因此运用 DEA 方法进行分析是可行的。

DEA 模型有三种类型：①CCR 模型；②BCC 模型；③DEA-Malmquist 指数模型。本节采用 BCC 模型测算中国与东盟国家邮轮产业的技术效率、纯技术效率、全要素生产率，并对不同时期资源整合效率的动态变化进行对比。BCC 模型是在 CCR 的基础上增加了规模报酬可变的假设①，不需要对指标数据进行处理。BCC 模型数据处理的表达式如下：

假设条件：$\sum \gamma_j = 1$，$j = 1$，2，$\cdots$，n，即可得：

$$BC^2 \begin{cases} \min\theta \\ \text{s. t. } \sum_{j=1}^{n} \gamma_j y_j + s^+ = \theta x_0 \\ \sum_{j=1}^{n} \gamma_j y_j - s^- = \theta y_0 \\ \sum \gamma_j = 1, \ j = 1, \ 2, \ \cdots, \ n \end{cases}$$

$s^+ \geq 0$，$s^- \leq 0$

中国与东盟国家邮轮产业资源优势度评价指标共有 17 个，为表征中国与东盟国家邮轮产业的投入状况，本节从邮轮旅游资源、邮轮停靠港口资源、邮轮旅游人才培养角度，选取世界自然与文化遗产数量、邮轮港口数量、世界大学排名上榜数量这三个指标作为 DEA 分析的投入指标。为表征中国与东盟国家邮轮产业经过多年的持续投入，在邮轮产业经济和邮轮吸引力等方面所产生的绩效成果，本节选取邮轮游客人数、邮轮市场收入、入境邮轮停靠数量、港口服务效率这四个邮轮旅游全过程中涉及的典型评价参数作为 DEA 分析的产出指标，具体指标、度量标准及指标选取的依据如表 7-13 所示。

表 7-13　中国与东盟国家邮轮产业资源整合效率投入及产出指标

指标类型	具体指标	指标选取的依据及度量标准
投入指标	世界自然与文化遗产数量	中国与东盟国家邮轮旅游吸引力，旅游资源的数量（个）
	邮轮港口数量	中国与东盟国家基础设施建设投入，可供邮轮停靠的港口数量（个）
	世界大学排名上榜数量	中国与东盟国家邮轮产业竞争力人才投入，各国大学在世界排名榜中上榜数量（所）

① Charnes A，Cooper W，Golany B，et al. Foundations of Data Envelopment Analysis for Pareto-Koopmans Efficient Empiracal Production Functions [J]. Journal of Econometrics，1985，30（1）：91-107.

指标类型	具体指标	指标选取的依据及度量标准
产出指标	邮轮游客人数	中国与东盟国家参与邮轮旅游的游客人数（千人）
	邮轮市场收入	中国与东盟国家邮轮市场运行获得的收入（百万美元）
	入境邮轮停靠数量	中国与东盟国家对邮轮停靠的吸引力，停靠的次数（艘次）
	港口服务效率	中国与东盟国家邮轮港口运行与服务效率得分（分）

　　DEA 评价法是基于中国与东盟国家邮轮产业投入与产出的具体数据进行资源整合的效率评价方法，因 2020 年新冠疫情席卷全球，邮轮产业受到重创，中国与东盟国家邮轮旅游基本处于停滞状态，故在此期间邮轮产业数据严重偏离正常运营状态，为反映中国与东盟国家邮轮产业资源整合正常年份的状况，本节选取了 2016~2019 年四年间中国与东盟国家邮轮产业投入与产出数据，以求客观准确地反映现实发展趋势，体现中国与东盟国家邮轮产业资源整合的状况，具体数据如表 7-14 所示。

表 7-14　2016~2019 年中国与东盟国家相关数据结果

国家	年份	投入指标			产出指标			
		世界自然与文化遗产数量（个）	邮轮港口数量（个）	世界大学排名上榜数量（所）	邮轮游客人数（千人）	邮轮市场收入（百万美元）	入境邮轮停靠数量（艘次）	港口服务效率得分（分）
中国	2016	10	18	79	2113	1643.5	850	54.6
菲律宾		6	9	4	26	21.6	47	42.5
文莱		0	2	2	2	0.32	28	50.4
马来西亚		4	8	20	100	80.25	422	70.5
新加坡		1	1	3	314	187.25	391	90.1
印度尼西亚		8	15	15	33	18.89	172	55.6
泰国		6	8	9	35	15.6	291	51
柬埔寨		2	1	1	2.8	0.98	45	41.5
越南		8	4	3	10	4.25	466	45.3

国家	年份	投入指标			产出指标			
		世界自然与文化遗产数量（个）	邮轮港口数量（个）	世界大学排名上榜数量（所）	邮轮游客人数（千人）	邮轮市场收入（百万美元）	入境邮轮停靠数量（艘次）	港口服务效率得分（分）
中国	2017	10	20	85	2397	1864.6	1156	55.2
菲律宾		6	9	4	60	23.4	102	43.6
文莱		0	2	2	1.8	0.35	30	51
马来西亚		4	8	21	188	80.94	468	69
新加坡		1	1	3	367	210.56	393	90.3
印度尼西亚		8	17	15	47	19.54	187	54.6
泰国		6	10	9	30	17.71	509	51.2
柬埔寨		3	1	1	3	1.44	50	40.5
越南		8	5	3	11	4.55	407	46.6
中国	2018	10	20	85	2357	1952.3	1012	58.6
菲律宾		6	10	4	61	24.1	248	43.9
文莱		0	2	2	2	0.37	30	51.7
马来西亚		4	9	22	150	90.31	458	71.5
新加坡		1	1	3	373	303.49	374	90.6
印度尼西亚		9	19	16	72	18.65	354	54.1
泰国		6	12	10	28.06	19.14	581	51.5
柬埔寨		3	1	1	2	1.59	52	43.3
越南		8	6	4	9.62	4.87	493	46.4
中国	2019	10	21	87	1919	1786.6	809	73.2
菲律宾		6	11	4	29	25.7	123	44.7
文莱		0	2	2	0.61	0.44	28	52.4
马来西亚		4	11	22	121	92.11	561	70
新加坡		1	1	3	325	356.27	400	90.8
印度尼西亚		9	19	16	62	19.13	387	55.8
泰国		6	12	10	20	20.46	550	51.4
柬埔寨		3	1	1	1.5	1.75	45	42.9
越南		8	7	4	7	5.24	368	47.3

注：中国世界自然与文化遗产数量和邮轮港口数量选择的是靠近中国与东盟国家区域的广西、广东、福建、海南、台湾及香港的数据。

二、中国与东盟国家邮轮产业资源整合效率评价分析

本书利用 DEA-Malmquist 生产率指数，采用 DEAP 2.1 软件对表 7-14 中中国与东盟国家的投入与产出指标进行了计算，得出了 2016~2019 年中国与东盟国家邮轮产业资源整合综合效率分析结果，具体如表 7-15 所示，其中测算结果大于 1，说明整合效率值增加，等于 1 说明整合效率值没有变化，小于 1 说明整合效率值减小（张健华，2003）。

表 7-15　2016~2019 年中国与东盟国家邮轮产业资源整合综合效率分析结果

年份	技术效率变化	技术进步指数	纯技术效率变化	规模效率变化	全要素生产率
2016	1.000	1.000	1.000	1.000	1.000
2016~2017	1.093	0.991	1.221	0.895	1.083
2017~2018	1.073	1.043	1.086	0.989	1.119
2018~2019	0.908	1.007	0.983	0.923	0.914
几何均值	1.021	1.014	1.093	0.935	1.035

注：2016 年为初始基准年，各项效率值均为 1.000；全要素生产率=技术效率变化×技术进步指数；技术效率变化=纯技术效率×规模效率变化。

从表 7-15 中的数据结果可以看出：

（1）全要素生产率指数变化：2016~2019 年中国与东盟国家全要素生产率几何均值为 1.021，大于 1，表明这四年间，中国与东盟国家邮轮产业资源整合效率处于提升状态，整体提升的幅度为 2.1%，较为缓慢。

从时间跨度上看，2017~2018 年中国与东盟国家全要素生产率为 1.035，在这四年中增长较快，2018~2019 年中国与东盟国家全要素生产率为 0.914，比 2017~2018 年下降了 20.5%，说明 2018~2019 年中国与东盟国家邮轮产业资源整合效率下降，这是因为经过多年的稳步增长，中国与东盟国家的邮轮产业发展速度放缓，部分国家邮轮游客数量和邮轮收入增长乏力。从整体来看，2016~2019 年这四年间，各国邮轮产业规模扩张的幅度较大，邮轮旅游航线丰富，邮轮游客的人数不断增加，邮轮产业资源融合利用的程度有所加深，但整合的程度不够明显，可能与中国与东盟国家中一部分国家对邮轮产业的重视程度和参与度不高有关。从时间序列数据对比可发现，2019 年相较于 2018 年，资源整合、融合发展的效率明显下降，可能与部分国家邮轮产业发展速度趋缓有一定的关系。

（2）技术进步指数和技术效率变化是指中国与东盟国家邮轮产业资源整合

过程中，各国邮轮产业融合、配置、利用的程度和效率，技术效率变化与纯技术效率变化和规模效率变化密切相关。从数据中可以看出，2016~2017年的纯技术效率变化为1.221，说明资源投入后整体的利用效率较高，技术进步指数为0.991，规模效率变化为0.895，说明这一年资源整合规模有所下降。2017~2018年除规模效率变化小于1外，其他指标均大于1，说明资源融合、配置、利用等过程的效率在稳步提升，整体向好。2018~2019年，除技术进步指数为1.007，稍有提高外，纯技术效率变化和规模效率变化都小于1，说明当年的资源利用率下降，各国资源没有发挥出最大价值，各国的资源优势没有充分释放，从而造成资源整合效率的下降。2016~2019年的整体规模效率几何均值为0.935，表明各国资源整合利用在规模上并未达到效率最佳的状态。

本节分析了中国与东盟国家邮轮产业资源的平均整合效率评价结果，具体如表7-16所示：

表7-16　2016~2019年中国与东盟国家邮轮产业资源的平均整合效率分析结果

国家	技术效率变化	技术进步指数	纯技术效率变化	规模效率变化	全要素生产率
中国	0.876	1.142	1.000	0.876	1.001
菲律宾	1.042	0.985	1.074	0.970	1.026
文莱	1.000	0.960	1.000	1.000	0.960
马来西亚	1.084	1.007	1.351	0.802	1.091
新加坡	1.000	1.086	1.000	1.000	1.086
印度尼西亚	1.154	1.010	1.105	1.044	1.165
泰国	1.195	0.999	1.553	0.770	1.194
柬埔寨	1.000	0.994	1.000	1.000	0.994
越南	0.884	0.954	0.890	0.993	0.843
几何均值	1.021	1.014	1.093	0.935	1.035

注：全要素生产率＝技术效率变化×技术进步指数。

从表7-16中的数据可以看出：2016~2019年，中国与东盟国家邮轮产业资源全要素生产率的几何均值是1.035，说明九个国家整体邮轮产业资源整合效率处于提升状态，提升幅度为3.5%，资源整合进展较为缓慢。其中，泰国的全要素生产率为1.194，在九个国家中是最高的，说明泰国在这四年中邮轮产业投入所得到的产出效率最高，效率提升幅度为19.4%，邮轮产业资源整合的效果较理想，主要原因在于泰国在这四年中，加强与周边国家马来西亚、印度尼西亚、新加坡的邮轮产业合作，快速融入中国与东盟国家邮轮产业圈，邮轮停靠次数、邮轮旅游人数都有大幅度的提升，邮轮产业资源优势充分释放并得到高效利用。印度尼西亚、马来西亚、新加坡、菲律宾、中国五国的全要素生产率位于中间位置，产业资源处于平稳整合的状态。越南、柬埔寨、文莱三国的全要素生产率指数小于1，说明这三个国家邮轮产业资源整合效率出现了下降，三国与中国与东盟国家邮轮产业融合的效率不高，邮轮产业发展遇到瓶颈，不是理想的整合状态。

　　基于上述中国与东盟国家邮轮产业资源整合效率的分析结果，本节主要得出了以下结论：中国与东盟国家在 2016～2019 年间整体邮轮产业资源的整合效率处于稳步提升的状态，但不同国家间的资源整合效率存在差异，要提升中国与东盟国家整体邮轮产业资源的整合效率，需要各国加大资源整合力度，加大邮轮产业合作力度，在邮轮产业资源融合、配置、利用各环节深化合作细节，不断探索邮轮产业资源的整合机制，加快中国与东盟国家邮轮产业合作进程。

第八章　协同发展视角下的邮轮产业资源融合、配置与利用机制

邮轮产业资源整合是不同国家的邮轮上下游产业链上有形或无形资源的整合，整合的主体包含两个或两个以上的资源对象，这些资源是无序的、散乱的，需要相关机制提升邮轮产业资源利用的效率，从而发挥各国的资源价值，协同各国的资源优势，实现效益最大化的良性整合。要实现资源的高效整合，需要构建必要的整合机制，对各国邮轮产业资源进行融合、配置和利用，推动各国邮轮产业高效快速发展，实现邮轮产业资源互补与共享，提升产业及国家竞争力。中国与东盟国家邮轮产业资源整合是一个不断变化的动态过程，各个国家作为邮轮产业资源的主体，在整合的过程中，不断地与一个或多个国家进行资源互换，邮轮产业相关企业间不断优化资源，提升资源流动的效率，进而产生增值效应。

第一节　邮轮产业资源融合机制

资源融合是邮轮产业资源整合的起点，邮轮产业生产要素、资源在不同主体之间发生交换，形成一个多要素、多层次、多产业相互关联的资源聚合体。本节从邮轮产业协同发展的角度，将邮轮产业资源融合机制分解为资源集聚机制、资源共享机制和资源耦合机制。

一、邮轮产业资源集聚机制

中国与东盟国家现有的邮轮产业资源在规模、水平、种类、价值等方面存在很大差异，影响了产业资源的集聚效果。产业资源集聚需要依据中国与东盟国家的经济发展水平、邮轮产业发展阶段、产业资源禀赋、国家发展环境等因素，在明确中国与东盟国家邮轮产业未来发展方向的基础上，将邮轮产业资源进行合理

的链接与汇集，通过合作产生集聚效应，提升区域邮轮产业的竞争力（祝尔娟等，2011）。

（一）邮轮产业资源集聚过程

中国与东盟国家根据各国邮轮产业资源现状，按照各国参与集聚的意愿或各国签署的产业资源发展协议，将各国的产业资源发展信息汇集在一起，由合作国家的相关组织和机构进行协商，结合各国市场和经济发展状况，合理高效地分类集聚邮轮产业资源。中国与东盟国家邮轮产业资源集聚也是一个动态再平衡的过程。具体的集聚过程如下：首先，中国与东盟国家结合各国邮轮产业资源现状，分享邮轮产业发展信息，分析资源优势度，明确资源短板，识别产业需求，抓住产业发展机会，确定自身定位和方向。其次，充分发挥中国与东盟国家合作组织、机构、企业联盟的作用，集聚多方政策及建议，针对邮轮产业资源系统，分门别类地设计合理的资源集聚方式，依据各产业资源特点，丰富邮轮产业资源集聚的渠道。再次，产业资源集聚之后，伴随着邮轮产业变化、市场需求的转移及各国政策的调整，产业资源集聚也会随之发生变化，进而发生动态再平衡。最后，集聚反馈。各国在邮轮产业资源集聚过程中，国内其他产业受邮轮产业资源集聚的影响，可能发生产业资源转移的情况，进而改变国内相关产业的资源状态，影响各国邮轮产业资源的类型和数量，进而影响下一轮集聚。

（二）邮轮产业资源集聚形式

1. 基于主体的资源集聚形式

邮轮产业资源包括上下游产业链上相关产业的资源、自然及人文旅游资源、生产要素资源（土地、劳动力、资本、信息技术）等，这些资源在类型、结构、价值、特点等方面存在差异，涉及不同的国家、企业、机构、组织、个人等主体。产业集聚主体不同，产业资源聚集形式也不同。中国与东盟国家各国邮轮产业集聚的主体包括跨国邮轮修造企业、邮轮营运企业、邮轮旅游企业、邮轮相关高校、科研院所、投融资机构、邮轮服务、政府等，各种资源的流动都是以主体作为资源载体实现的，而不同主体所拥有的资源各不相同，因此中国与东盟国家各国邮轮产业可以根据主体类型差异，集聚不同的具有专业化特征的资源。

（1）中国与东盟国家政府是区域内邮轮产业发展的重要主体，能够主导邮轮产业制度、政策的制定，引领产业发展方向，平衡国家间的利益。中国与东盟国家政府所属的相关产业机构合作，可增强国家间的交流与合作，扩大产业规模，实现优势互补。政府组建国家间的经济联盟、邮轮产业发展协会等组织，能够加大区域开放融合的力度，实现邮轮产业资源整合集聚。

（2）邮轮企业是国家间邮轮产业交融和互通的桥梁，是产业政策的执行者，是国家间产业信息交流的纽带。邮轮企业的集聚，可以提升区域中大型邮轮企业的规模，改变各国企业独立发展的状态，进而培育出中国与东盟国家区域内具有国际影响力的跨国优质邮轮企业。

（3）各国大学、研究院、企业等机构拥有邮轮设计制造、邮轮运营、港口建设、邮轮旅游等方面的技术和人才，可以将此类机构所拥有的资源进行集聚。

2. 基于生产要素的资源集聚形式

邮轮产业生产要素资源包括中国与东盟国家各国邮轮产业相关的土地资源、人力资本、金融资本、信息技术等多种资源类型。生产要素资源集聚面临着地域、文化、经济发展等多方面的限制，有很强的不确定性。通过集聚，生产要素间产生强关联性，对后续产业体系的构建起到稳定作用。例如，在人力资本方面，人才是产业发展政策实施的主体，影响产业的发展水平。聚集人力资源，提升邮轮产业高级技术人员比例，汇集全球邮轮产业的先进技术，吸纳优秀人才，促进人力资源与其他生产要素的融合，优化国际间产业合作模式，形成人才聚集效应。在资本方面，金融支持是跨国邮轮产业发展的保障，区域内资本的规模与产业建设水平相关。集聚金融资本、合理投资是中国与东盟国家区域邮轮产业发展的重要一环，完善各国金融服务体系，合理引导资本流动，可以提高资本集聚的效率。

（三）邮轮产业资源集聚保障

1. 明确目标，增强资源集聚意愿

中国与东盟国家围绕各自的经济发展目标进行邮轮产业资源集聚，其核心是各国互惠互利，从集聚中受益。对于中国与东盟国家而言，扩大区域邮轮产业规模是各国的意愿，形成全球范围内有影响力的区域性邮轮产业合作区是发展方向。明确发展目标，各国资源集聚的意愿会逐渐增强，提升资源的集聚能力，挖掘潜在价值，加强各国资源关联度，高效地处理资源集聚带来的新效应，形成更具规模的资源集合体。

2. 达成共识，构建合作协议

中国与东盟国家起草区域邮轮产业资源发展协议，各国达成邮轮产业发展共识。中国与东盟国家各国可将邮轮产业相关资源开放出来，增加区域产业资源的丰裕度，形成产业资源库。中国与东盟国家相关产业构建产业联盟，各国人才、资本、信息、技术等重要资源积极响应，积极投入中国与东盟国家邮轮产业区建设，进一步扩大资源库的资源集聚数量，提升资源集聚的效率。

二、邮轮产业资源共享机制

邮轮产业资源共享是中国与东盟国家各国在产业资源集聚的基础上，扩大开放，展开合作，发挥资源优势，促进优质资源互补转移，循环利用。邮轮产业资源共享可以提升中国与东盟国家各国资源的集聚度,取长补短,扩大资源存量。邮轮产业资源共享,有利于各国利用冗余的资源,弥补资源缺口,增强产业资源的竞争力,提升资源的利用效率,达到协同发展的目的。

(一)邮轮产业资源共享过程

邮轮产业资源共享是产业资源融合的核心环节。中国与东盟国家各国在资源集聚的过程中,依据自身资源在产业发展中的作用,提取资源特色,将这些资源共享给区域内的国家或邮轮发展企业,使其能高效构建区域性优质资源模块,为后续资源协同、重组创造条件。除闲置的"特色资源"外,各国共享优质邮轮产业资源,拓展发展路径,延伸产业资源发展节点,形成网络化资源链接,进而组建具有较大规模的区域邮轮产业链环。邮轮产业链上的各个环节通过资源共享形成高效的产业区,有助于提升中国与东盟国家邮轮产业的协同价值。以中国与东盟国家邮轮港口共享为例,各国目前均有邮轮停靠港口,其中中国、新加坡、马来西亚、泰国等的港口数量相对较多,各国可组建中国与东盟国家区域港口联盟,共享港口资源,为邮轮产业发展提供便利,加大开放程度,以港口联盟为共享契机,带动其他相关产业的协同发展。

(二)邮轮产业资源共享原则

中国与东盟国家各国在邮轮产业资源共享的过程中,受国家安全、文化差异、利益冲突等多方面因素影响,对资源共享的程度、范围可能会产生异议,各国会依据自身资源的发展水平与别国进行资源共享,共享过程可能会影响各国参与的意愿,影响各国优质与异质资源的有效联合与转移,因此需要遵循资源共享原则。

1. 阶段化共享原则

阶段化共享模式是产业合作各方在不完全具备理论、技术、知识及能力储备的背景下,采取的一种渐进式的合作原则,阶段化共享为各国提供柔性的合作方案,使各国能够较好地获取和吸收他国产业技术和资源,避免各国因跨国跨地区大范围的资源共享而增加产业发展风险。阶段化资源共享是从争议较少的模块开始,逐步进阶到全产业链的合作与共享。不同阶段的产业共享不是孤立的,而是连续的资源交互与融合的过程,按照点—线—面的方式推进,实现资源交互与转化,提升资源利用效率。

2. 规范性约束原则

规范性是跨国产业合作的基本保障。中国与东盟国家各国资源共享从筹划、运行到整合、利用,每个环节都需要不断完善。国家间通过建立正式联盟,在尊重各国合作共享意愿的前提下,达成各方认可的协议、宣言、标准等约束各相关方的行为,优化与提升协作效率,在合作与发展的大背景下,推动中国与东盟国家区域邮轮产业的可持续发展。

3. 多渠道交互原则

多渠道交互原则是一种双边、多边的资源共享原则。中国与东盟国家各国邮轮产业涉及的关联产业较多，产业发展水平和层次存在较大差异，各国之间的资源交互比较松散，建立双边、多边的交互原则有助于国家间在某些领域达成发展共识，确立共同的发展目标，形成示范效应，减少中国与东盟国家九国资源共享障碍。

（三）邮轮产业资源共享激励

中国与东盟国家邮轮产业资源共享进程受国家发展意愿、国家风险接受度等因素的影响而不断发生变化，产业资源的共享主体与组织协调资源的主体间计量共享收益和损失的结果存在差距，共享成本和收益的平衡影响了共享行为。中国与东盟国家需要建立激励机制推动邮轮产业资源共享，推动良性的共享循环，提高资源共享意愿。

1. 建立适宜的区域资源共享联盟参与和退出机制

中国与东盟国家间资源共享遵循互惠互利的原则，参与资源共享的国家应互相尊重，建立适宜的参与和退出机制，保证国家间的平等公正，由合作机构协调各国资源的多样性，增加资源的交互与共享，促进区域产业发展。

2. 明确区域资源共享的运行方式

资源共享各方在参与的基础上，需明确资源共享的运行细则，资源在区域系统内的转移、吸收、互换过程都需要展示给各主体，保证各方在资源共享的过程中提升竞争力，扩大资源的影响范围，优化资源利用效率，保护各方切身利益，提高各方资源共享的积极性。

3. 资源共享主体间建立有效的沟通协调机制

跨国产业合作要求国家间建立有效的沟通和协调渠道，交换彼此的诉求和意见，增进信任，合作共赢。中国与东盟国家可以充分利用中国—东盟间现有的沟通交流机制，组建中国与东盟国家邮轮产业联盟，构建网络信息交流平台，定期开展中国与东盟国家邮轮主题交流会，加强沟通，激发各方资源合作共享的积极性。

4. 合理分配资源共享利益

资源共享的目的是提升产业发展水平，产生利益收益。利益的合理分配是区域产业合作的必要条件，依据各国在资源合作共享过程中的参与度与贡献率，科学地分配利益，激励各国发挥自身资源优势参与产业合作，可以创造出更大的价值。

三、邮轮产业资源耦合机制

邮轮产业资源耦合是指邮轮产业资源在集聚、共享的基础上，在各产业链、产业节点间通过交互、转移、融合的方式彼此影响，创造出具有更大价值的新资源的过程。

（一）邮轮产业资源耦合原则

1. 邮轮产业资源耦合强关联性原则

中国与东盟国家邮轮产业资源包含上下游产业链不同环节的诸多资源，这些资源通过不同主体、不同方式、不同类型分阶段融合，产业资源间相互关联，关联性的加强能够聚集更丰富的资源，产生耦合效应，形成规模更大、价值更高的新资源组合体，进而发挥出更大的效用。以邮轮航线资源的开发为例，邮轮航线规划与港口群资源、各国游客资源、自然与文化资源、商贸服务资源等相关，这种资源间的强相关性所产生的耦合效应可延伸至区域全产业链合作，进而促进中国与东盟国家区域邮轮产业资源的开发与融合。

2. 邮轮产业资源耦合互补性原则

两种或多种资源间存在很强的互补性是邮轮产业资源耦合的条件之一，邮轮产业链中一种类别资源与其他类别资源间的互补作用越强，两类资源间的耦合作用就越好，相互促进的效应就越大，能够进一步提高耦合的价值，进而创造出全新的合作模式或合作类别，扩大资源耦合的影响力。

综上所述，邮轮产业资源耦合应遵循上述两个原则，耦合产生的新资源可能带来超额价值。中国与东盟国家区域国家或其他主体，应积极推进资源间的深度耦合，扩大产业资源链条交互、转移、融合的深度和广度，共同建设优质邮轮旅游区。

（二）邮轮产业资源耦合过程

邮轮产业资源耦合涉及产业上、中、下游资源，资源耦合过程可分为资源关联期、相互渗透期、价值扩张期。

1. 资源关联期

在此阶段，资源处于初步的关联状态，资源经过集聚发展，逐步适应，开始共享彼此的优势，协同互补。资源关联节点的出现，是耦合的开始，资源主体积极推动资源融合，疏通资源流通与交换的渠道，促进资源相互融合，形成耦合的关联节点。

2. 相互渗透期

邮轮产业资源耦合从关联逐步发展为相互渗透，耦合的程度继续加深，联结的节点不断增多，资源间相互促进的作用开始显现，资源处于中度耦合状态。邮轮产业资源的相互渗透，是多产业相互融合的过程，相关产业的高科技技术，不断地向邮轮制造、邮轮旅游方向渗透，助力其提升发展水平与效率；邮轮旅游市场也不断将自身的发展需求向邮轮产品及服务提供方反馈，以推动服务创新及产品升级。例如，中国与东盟国家邮轮企业在设计航线和优化运营的过程中，将各国游客对服务的要求反馈给港口，推动邮轮港口提升服务水平和旅游吸引力，满足邮轮游客的需求。各国邮轮航线和港口资源不断耦合，相互渗透，高效互补了各国邮轮资源的不利因素。

3. 价值扩张期

中国与东盟国家邮轮产业资源在相互渗透的基础上，进入到资源耦合价值扩张期，即深度耦合阶段。资源耦合所形成的新资源在规模和价值上已经不同于原有的资源体系，这些资源融为一体，形成区域性特色资源体系，该体系在邮轮制造、旅游、产品、服务等方面不断创造新的价值，促进中国与东盟国家各国加强互利共生意愿，进一步加深各国产业协同共生的关系，增强资源耦合动力，吸引更大范围内的资源交互、转移和融合。

（三）邮轮产业资源耦合方式

邮轮产业资源耦合方式，是指资源间通过一定的方式，完成稳定关联、渗透、融合的形式。资源耦合是基于资源主体间能够达成共同目标而实现的。邮轮产业资源的主体如国家、政府、企业等，采用正式的合作协议或参与区域邮轮发展联盟等方式，实现资源互补、技术交叉、知识交互。各主体依据不同对象、不同目的采取灵活多变的耦合方式，促进邮轮产业资源联合开发、扩大规模、提升价值。

1. 依据资源类型的耦合

根据资源的类型，邮轮产业资源耦合可分为同类资源耦合和跨类资源耦合。同类资源耦合是指某一类型资源的耦合行为。同类资源耦合具有天然的优势，资源的类别、特点、属性等内在因子存在共通性，决定了同类资源更容易耦合，各耦合方充分利用彼此间资源的相似性，强化耦合后资源的联结规模，凸显资源的特色，提升资源的核心价值及同类资源在产业链条中的竞争力。例如，中国与东盟国家拥有的优质沙滩资源是同类资源，各国沙滩资源耦合，形成中国与东盟国家沙滩联盟，各国合作创新沙滩旅游产品、提高沙滩旅游服务质量、增强区域沙滩旅游吸引力。

跨类资源耦合是指邮轮产业链中不同类别资源的耦合，是跨行业、跨企业、跨种类的资源耦合行为。跨类资源耦合利用不同类别资源间的异质性，对其进行重新排列组合，有效发挥跨类资源间的耦合效应，创造出新的资源联结发展模式，创新耦合后的资源价值。例如，邮轮产业链各环节资源与互联网资源间的耦合就是跨类资源耦合，这种耦合是在"互联网+"背景下，互联网与邮轮产业的深度融合。

2. 依据资源层次的耦合

中国与东盟国家邮轮产业资源耦合时，各国依据自身资源结构的特点，参与资源组合创新，最大限度地发挥资源价值。资源耦合是伴随着邮轮产业协同发展进程分阶段、分难易逐步推进的，依据邮轮产业资源耦合的难易程度及先后顺序，可将其分为核心资源域、支持资源域、服务资源域。邮轮产业核心资源域包括邮轮修造、邮轮运营、邮轮航线开发、邮轮客源市场开拓、邮轮港口建设等领域；邮轮产业支持资源域是支撑邮轮旅游顺利开展的扩展领域，包括签证便利度、国家开放程度等领域；邮轮产业服务资源域是体现邮轮产业发展水平的关键领域，包括邮轮金融、邮轮人才、邮轮港口沿岸旅游资源、邮轮产业信息化等领域。不同结构和层次的邮轮产业资源通过耦合形成中国与东盟国家区域特有的邮轮资源，资源间不断联结，交互融合，互补共生，从核心领域到支持领域，再到服务领域，具有强烈的地域性与特色性，逐步实现邮轮产业资源耦合，打造优质中国与东盟国家邮轮产业资源区。

第二节　邮轮产业资源配置机制

邮轮产业资源配置是资源整合的中间过渡环节，高效合理的资源配置，可以优化资源耦合的成果，弥补各国资源不平衡的状态，为下一步资源的利用创造条件。邮轮产业主体通过资源整合，获得了大量相关资源，但有些资源并不具有利用价值，或者利用价值不高，属于资源的冗余部分，且与新资源体系相关性不大，那么就需要对资源体系各部分进行重新配置和调整，以期达到良好的利用效果（董保宝等，2011）。邮轮产业资源配置是一个资源再平衡再分配的过程，其提高了资源利用的效率。

一、邮轮产业资源配置原则

（一）现实需求原则

现实需求原则是各国资源配置的出发点。中国与东盟国家或企业在邮轮产业资源配置的过程中，需从自身的现实需求出发，不论是邮轮产业的空间整合，还是邮轮上下游产业链、邮轮生产要素等配置，都应依据各国的实际情况，分析各国资源的需求，在资源利用最大化的基础上，合理配置自身资源，减少不必要的资源错配。

（二）效率提升原则

资源配置的目的就是提升资源的利用效率，配置效率直接影响想要达成的效果，资源配置效率涉及各方资源匹配的合理性和准确性，资源精准地在各国间合理的融合和分配，能大大降低试错成本；在注重资源配置精准度的同时，也要关注配置的合理性，各方需克服困难，以开放包容的心态，减少各国间资源配置的摩擦，推动区域资源快速配置与利用。

（三）互补性原则

在资源配置的过程中应重点关注资源的互补性，在同质资源融合利用的基础上，对异质资源进行优先配置，补充资源的丰富性和多样性，注重各国资源互补，缩小资源差距，充分利用资源互补产生的叠加效应，提高邮轮产业收益率。

（四）价值增值原则

中国与东盟国家各国参与区域邮轮产业合作最直接的目的就是实现价值增值。在资源整合的过程中，各国将自身资源价值融入区域资源体系中，单一资源在加入区域资源体系后，产生的融合价值可能会超越其单独的价值，资源间经历了连接、传递、交互等一系列过程，整体价值可能会产生质的飞跃。

二、邮轮产业资源配置模式

中国与东盟国家邮轮产业合作具有跨地域、跨产业、高投入、高风险的特点，资源在国家间的优化配置是产业合作的重要环节。中国与东盟国家邮轮产业资源配置与区域战略发展目标、资源类型特点、资源组合风险和利益分配密切相关。新资源组合体在各国间重新配置时，会因核心资源配置、关键技术占用、利益均衡等关键要素而产生分歧，从而影响资源组合优化配置的进程。邮轮产业资源配置发生在新组合资源体系形成之后，是为了改进合作模式、优化资源利用效率而进行的。中国与东盟国家邮轮产业可行的资源配置模式如下：

（一）功能配置

功能配置是邮轮产业资源配置的核心。产业合作发展需要各产业资源充分发挥自身的功能属性，各国资源在区域内服从整体的功能设定，若功能相关性大，对资源的支持力度大，则在配置时处于优先地位；反之，若功能匹配度不高，对资源的支持力度小，则在配置时处于劣势地位。

（二）区位配置

区位配置就是资源依据地理区位，结合产业布局，在区域内发挥自身优势的过程。中国与东盟国家区域涉及的地域范围非常广，资源在较大范围内进行配置时，可以分国家、分区域、分模块进行，各区位板块从内部提升资源融合利用的效率，从外部协同链接，从整体上提高区域邮轮产业资源优势度。

（三）联合配置

联合配置是一个或多个在区域内具备资源优势的国家和企业通过动态联合，联手制定区域内资源配置策略及资源配置规则，协调各方资源配置争议，将资源从部分区域向整体区域配置，以满足各方发展的需求。

三、邮轮产业资源配置策略

（一）科学构建邮轮产业资源联合体

科学构建区域邮轮产业资源联合体能够确保中国与东盟国家区域实现邮轮产业链的大部分功能，减少对外部资源的依赖，进而实现区域的完全独立自主。邮轮产业资源联合体的构建，需借助区域内发达国家或企业的力量，成立专门的机构，对资源的吸纳、融合、匹配、链接和输出等方面进行整合，以此提高区域资源发展与利用的效率。

中国与东盟国家区域邮轮产业资源合作突出的特点就是跨区域、跨国家、跨产业，资源联合体的资源来自不同的国家和主体，科学引导资源在产业间的流动与组合，保障资源配置公平合理，合理地制定资源配置策略能保证资源配置的效果。中国与东盟国家贡献出自身的邮轮产业资源，在区域联盟、协会、企业等组织的协同下，形成完备的资源联合体，保证邮轮产业链的完整性。

（二）统一邮轮产业资源行业标准

中国与东盟国家应建立统一的邮轮产业行业标准，共同推进产业合作发展。中国与东盟国家的部分邮轮产业资源在类别、名称、形式、功能等方面都存在差异，缺乏统一的标准，导致各国资源系统不能有效连接和兼容，信息系统不能很好地集成，直接影响区域资源的有效开发和利用。各国可与国际接轨，借鉴国际上现有的邮轮产业标准，制定适用于中国与东盟国家区域的产业标准，不断创新，创造出更具特色、更符合中国与东盟国家区域各国发展特点的统一标准。例如，在中国与东盟国家各国邮轮游客签证便利度方面，目前没有统一规范的标准，各国各自为政，信息系统隔绝开来，不能共享，导致各国邮轮游客互通、身份验证等障碍重重，因而急需制定科学适宜的标准和政策，实现中国与东盟国家区域游客的无障碍畅联互通。

（三）规范资源配置行为

为了更好地实现中国与东盟国家区域邮轮产业资源协同发展的目标，促进区域产业资源联合体发挥更大的价值，需要规范各主体的资源配置行为。中国与东盟国家邮轮产业资源配置，可以从国家、产业、企业、行业、个人等诸多层面，通过制定区域产业发展纲要、举办产业发展交流会议、构建国家联盟和企业联盟、成立行业协会和区域产业合作组织等多种机制，规范资源配置的行为，明确划分各主体的权利与义务界限，提高中国与东盟国家区域邮轮产业资源配置的效率。

第三节　邮轮产业资源利用机制

一、邮轮产业资源利用探讨

（一）基于地域分工理论的邮轮产业资源利用

劳动地域分工是人类经济活动按地域空间进行的一种分工形式，地域分工在一定程度上能够提高邮轮产业生产力。中国与东盟国家邮轮产业地域分工需要从中国与东盟国家的实际情况出发，在各国合作的基础上，充分利用各国资源的地域优势，形成可持续的区域资源利用格局。

中国与东盟国家区域邮轮产业合作发展，涉及中国与东盟国家共九个国家，邮轮产业链条长，资源分布网格化，地域、海域、空域范围广阔，延伸到各国社会生活的诸多方面。中国与东盟国家可以充分利用自身邮轮产业资源，形成多个区域邮轮发展极，发展极间相互链接、辐射，带动周边邮轮产业资源的利用，保证各层级资源的协同变迁，增强合作国家邮轮资源的竞争力。中国与东盟国家邮轮产业发展水平差距较大，区域邮轮产业发展不协调，部分国家资源利用滞后。中国与东盟国家可以充分利用地域相邻的优势，创建东西南三大邮轮经济带，提升各国邮轮产业发展水平，提高资源利用率，加快各国融入区域邮轮产业发展进程。

中国与东盟国家邮轮产业合作区作为一个整体，还可与域外产业区进行协作，合作区域应明确自身在全球邮轮产业的定位及分工，合理利用产业资源，提升区域邮轮产业的生产效率，缩小与世界先进产业区的差距。

（二）基于要素禀赋理论的邮轮产业资源利用

中国与东盟国家在邮轮产业资源利用时，需要依据自身的要素禀赋，核定要素丰裕度，集中发展精力，优先发展利用优势产业资源部分，实现资源利用效率最大化。在中国与东盟国家中，资本要素丰富的国家，在资源利用时，可以向外输出资本密集型产品，如参与邮轮制造业投资、提供金融服务等；旅游资源丰富的国家，可以向外输出本国特色邮轮旅游资源；劳动力丰富的国家，可以优先利用劳动力资源发展低端制造业和邮轮服务业等。中国与东盟国家在差异化利用邮轮产业资源时，可以充分评价其资源要素的优势，实现优势互补。

二、邮轮产业资源利用过程

（一）邮轮上下游产业链相关产业资源利用过程

邮轮上游产业链资源的利用，可以依据中国与东盟国家邮轮产业实力，选择自身在上游产业链发挥作用的方向。邮轮上游产业链较为完善的国家，可以向全球技术领先的国家学习先进的设计理念、先进的修造技术及高水平制造工艺，不断尝试积累邮轮修造经验，掌握独立设计、建造及维修邮轮的能力，逐步形成本土邮轮修造产业集群。具备独立设计、建造及维修豪华邮轮能力的国家可以将邮轮设计制造的相关技术传授给中国与东盟国家的其他国家，引导有能力的中国与东盟国家参与邮轮设计与修造环节，扩大邮轮上游产业资源的规模，分工协同，建设中国与东盟国家区域邮轮设计修造产业圈，形成具有世界影响力的邮轮修造产业集群。

邮轮中游产业链资源的利用，可以通过对外合作和对内培育两个渠道完成。对外合作即中国与东盟国家邮轮运营业加大与三大顶级跨国邮轮公司合作的力度，通过外资参股、合作共管等多种营运模式，协同参与中国与东盟国家邮轮航区的分配与管理，扩大邮轮营运的范围和规模，增加航线及邮轮的数量，合作培育邮轮旅游市场，共同开发邮轮客源市场。对内培育即成立中国与东盟国家本土邮轮运营企业，开拓本土特色邮轮航线，通过价格、品牌、文化宣传，着力打造中国与东盟国家各国认可的本土品牌，进而在邮轮运营市场占据一席之地，与国际邮轮巨头分享市场红利，提升实力，最终能与之抗衡，形成良性竞争，使中国与东盟国家各国邮轮游客收益。

邮轮下游产业链涉及邮轮港口、邮轮服务、邮轮旅游、金融商贸等资源的利用。中国与东盟国家各国在邮轮下游产业链的参与度是最高的，各个国家都建设了邮轮港口，都在积极开展邮轮旅游，努力提升本国邮轮旅游资源在中国与东盟国家区域的利用比例。充分利用邮轮下游产业链资源是推动各国邮轮旅游业发展的重要一环，中国与东盟国家可以开辟多条发展途径，扬长避短，相互协同，提高参与合作国家的整体旅游产业竞争力和资源利用效率。

（二）邮轮产业生产要素资源利用过程

邮轮产业生产要素主要包括土地、劳动力、资本、信息、技术、管理等基本要素，生产要素的形态随着科学技术和社会的发展不断演变。生产要素的有效利用就是生产要素间合理组合，在数量和质量上相互配合，彼此促进与保持平衡，在多个国家间流通演化，形成正向驱动的效果。

邮轮产业生产要素涵盖资本、人力资源、自然与人文旅游资源、信息与技术、教育与管理等诸多方面，这些生产要素处在中国与东盟国家开放系统中，在系统内外通过不间断的交换流动，从无序杂乱的混沌状态向有序状态演变。资本在生产要素利用中起到核心作用，产业资本的投入与协同配置可促进生产要素的有效输入与输出，减少不必要的空置与损耗，实现中国与东盟国家区域邮轮产业生产要素的有机融合，邮轮产业生产要素的利用过程如图8-1所示。

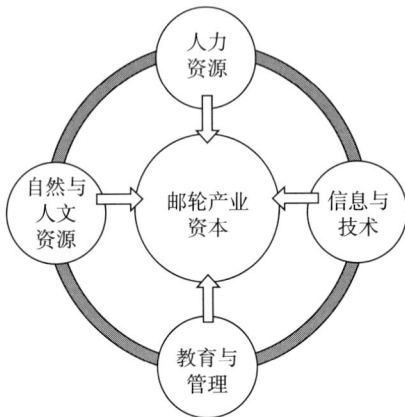

图8-1　中国与东盟国家区域邮轮产业生产要素利用示意图

三、邮轮产业资源利用策略

中国与东盟国家出于自身经济发展的需要，开展邮轮产业合作，不断开发和利用资源，增强产业竞争力。各国通力合作，围绕中国与东盟国家区域大市场，充分利用各自的资源优势，提升资源利用效率，减少资源的冗余和浪费，提升整体邮轮产业发展水平。中国与东盟国家邮轮产业资源的合理利用，对区域邮轮产业合作发展至关重要，可通过如下策略提高资源利用效率。

（一）构建邮轮产业资源利用机制

中国与东盟国家及企业等主体需设计各国普遍认可的资源利用机制，各国在科学合理的统一框架下，依据行业标准、环境保护、可持续发展准则等方面的要求，对邮轮产业资源进行利用，减少利用过程中可能产生的冲突，深度融合各国资源。各国及企业等主体之间同样需要构建资源利用机制，协调利用策略，保证各主体能顺利融入中国与东盟国家区域邮轮产业资源利用体系中。

（二）科学分析内外资源状况，调整利用策略

在外部资源利用方面，各国需充分了解区域经济和产业发展前景，理清中国

与东盟国家区域邮轮产业合作方向，分析各国邮轮制造研发能力、邮轮旅游营运状况、邮轮产业人才储备状况、邮轮产业金融支持力度、邮轮相关产业链资源发展状况等，清晰认知整个合作区域内邮轮产业资源获取和利用的状态。在内部资源利用方面，各国需分析自身邮轮产业资源的优劣势，集中力量，优先发展与利用优势资源，发挥其最大效能。各国通过对内外部资源利用状况的分析，从邮轮产业的创新能力、人力资源、基础设施、信息化建设等方面，评估资源利用和发展水平，制定适合自身发展的政策，调整优化利用策略。

（三）组建邮轮产业资源利用与协调机构

各国在邮轮资源利用的过程中，需要专业机构对资源利用过程中遇到的问题进行管理和协调，化解各国资源利用过程中出现的矛盾，保证区域邮轮产业合作能够顺利开展。联盟及合作组织能够有效监控区域国家邮轮产业运行状况，对照各国资源在中国与东盟国家邮轮产业体系中的匹配与利用情况，及时调整资源运行状态，提供资源高效利用策略，减少资源的无效利用率，规避不必要的风险和损失。另外，在中国与东盟国家邮轮产业资源利用过程中，当部分区域邮轮资源整体处于劣势或者缺失状态时，联盟及合作组织等机构通过与全球资源进行协调与合作，保证邮轮产业顺利运行的同时加快区域产业资源融合进程，为中国与东盟国家邮轮产业发展提供保障。

第九章 中国与东盟国家邮轮产业资源整合的基本思路与保障机制

第一节 中国与东盟国家邮轮产业资源整合的时空优化

一、中国与东盟国家邮轮产业资源整合的时序安排

中国与东盟国家邮轮产业资源整合的程度，受中国与东盟国家各国整合意愿和产业发展水平的影响。各国应搁置争议，本着互惠互利、合作共赢的原则，通力合作，积极参与资源整合，充分发挥各国邮轮产业的优势，最大限度地利用各国邮轮产业资源，经过优化调整，促使中国与东盟国家邮轮产业的发展水平不断提升。各国邮轮产业充分合作将推动海洋经济快速发展，为各国提供更多的工作岗位，带动相关产业的发展，实现经济腾飞，中国与东盟国家邮轮产业的资源整合，为产业的快速发展开辟了新的方向。

中国与东盟国家各国应在符合本国发展利益的前提下，积极参与邮轮产业资源整合。中国与东盟国家邮轮产业资源整合可以分三个阶段推进。第一阶段，2020~2030年，中国与东盟国家全面提升邮轮设计、邮轮制造、邮轮营运等方面的参与度，加快邮轮港口建设，推进港口辐射区域的交通、旅游等服务配套设施的建设，减少邮轮停靠限制，优化邮轮旅游线路，培育邮轮产业下游相关服务业，促进中国与东盟国家邮轮产业资源融合。第二阶段，2030~2040年，中国与东盟国家各国在邮轮基础设施建设、产业资源整合及关联产业布局的基础上，依据各国产业发展优势，结合本国产业发展的体量和规模，与中国与东盟国家各国积极协调，强化各国在邮轮产业链上渗透的广度与深度，基本形成中国与东盟国

家区域邮轮产业合作格局。第三阶段，2040~2050年，优化中国与东盟国家邮轮产业发展的分工合作模式，提升各国邮轮产业资源利用效率，减少中国与东盟国家各国人员、资本、资金、信息等流通障碍，推动邮轮产业合作达到新的高度，形成具有世界影响力的邮轮产业合作带。

二、中国与东盟国家邮轮产业资源空间结构整合

中国与东盟国家邮轮产业资源整合涉及九个国家，各国需要在不同利益主体之间达成合作共识。在邮轮产业合作过程中，每个国家都是一个子系统，子系统间相互合作产生的联合效应，要大于单个子系统功能的简单相加，多国合作形成了区域邮轮产业网络系统。

邮轮产业资源的空间整合能够将原本分散的资源要素串联起来，形成协同发展态势，进而形成中国与东盟国家区域全员参与的产业格局；空间整合机制的建立推动了多极合作发展模式的形成，进一步加快了多个国家产业融合的进程。在整合邮轮产业资源的过程中，根据各国邮轮产业发展现状，分为核心区域和辐射区域。其中，核心区域通过引领效应，扩大区域产业优势，对区域产业的发展形成带动辐射作用，增强产业整体实力；两个以上的核心区之间可以开展合作，强强联合，共创双赢，主导区域内产业发展方向，引领产业发展。

（一）中国与东盟国家邮轮产业空间结构点轴整合模式

中国与东盟国家邮轮产业资源的空间整合，适用点轴开发模式。点轴开发模式是增长极理论的延伸，中国与东盟国家邮轮产业的发展，产业优势总是集中在少数起步较早、发展较好的国家，成"点"状分布，将这些点有机连接起来，可以向区域内其他国家的邮轮产业辐射，形成"轴"线。邮轮产业点轴开发模式，即从目前的单个或多个增长极，逐渐向一国内部或中国与东盟国家区域内其他国家延伸和传导，进而带动区域整体邮轮产业发展，形成区域邮轮产业集群。

1. 培育重点发展轴，形成中国—新加坡主聚合轴

中国与东盟国家共九个国家中，邮轮产业整体发展实力较强的国家是新加坡和中国。新加坡地处马六甲海峡，区位优势明显，新加坡拥有卓越的科技创新能力、全球领先的教育体系、和谐的人文环境，国家繁荣稳定。新加坡邮轮产业发展起步较早，邮轮港口基础设施和配套服务完善，是亚太地区邮轮旅游理想的中转站，更是中国与东盟国家邮轮产业发展的重要增长"极"。作为世界第二大经济体，中国经济体量庞大，产业链条完整，成为中国与东盟国家邮轮制造业集聚区。多年来，中国一直在积极布局邮轮设计、运营、港口建设与服务、邮轮金融等相关产业，中国邮轮产业的发展在中国与东盟国家中处于领先地位，成为区域内的另一个增长"极"。中国与新加坡这两个主要的邮轮产业增长极点，可以通

过加大合作力度，形成中国与东盟国家区域邮轮产业主聚合轴，从主聚合轴上的增长点向周围国家辐射，可以推进邮轮产业基础设施建设，提升邮轮旅游参与度，促进中国与东盟国家人才、资金、技术的交流融合，提升邮轮产业资源整合与配置的效率。

2. 培育五条重要发展轴，形成区域内拓展轴

（1）中国—越南—泰国—柬埔寨拓展轴。

中国与东盟国家中，越南、泰国、柬埔寨与中国的空间距离相对较近，合作发展的空间和前景巨大。在"一带一路"倡议背景下，中国可以利用自身在公路、铁路、港口等基础设施建设领域的优势，不断推进与这三个国家在基建方面的合作。目前，一些基础设施项目已经开工建设，新的公路、铁路、航空、海运等交通运输线路不断开通，在原有互通的基础上，提升域内国家基础设施建设水平，培育产业集群，增强产业合作力度，促进人员往来及技术融合，加强旅游合作，为邮轮全产业链合作发展奠定基础，形成中国与东盟国家邮轮产业合作的北部拓展轴。

（2）中国—菲律宾—印度尼西亚拓展轴。

菲律宾、印度尼西亚都是群岛国家，与中国隔海相望。该拓展轴位于中国与东盟国家西侧，可以通过海运、航空、信息技术等渠道连接起来，加强互联互通，形成中国与东盟国家东部国家发展线。中国、菲律宾、印度尼西亚三国可以原有的工业、服务业为基础，不断整合现有资源，在基础设施建设、邮轮制造、邮轮旅游、邮轮相关服务业、现代邮轮港口运营等方面取长补短，提升邮轮基础设施水平，促进邮轮服务从业人员交流往来和邮轮产业集群的形成，进而形成中国与东盟国家邮轮制造业基地和邮轮旅游的热点区域。

（3）马来西亚—新加坡—文莱—印度尼西亚—菲律宾拓展轴。

马来西亚、新加坡、文莱、印度尼西亚、菲律宾位于亚洲东南部，五国共拥有两万多个岛屿，主要分布在太平洋和印度洋之间的狭长区域内，形成中国与东盟国家区域的南大门，是中国与东盟国家邮轮产业重要的发展轴线。五国拥有广阔的海洋和多样的岛屿，历史上来往交流频繁，文化和信仰相近，马来西亚和新加坡两国接壤，与其他三国主要通过海路连接在一起，合作发展邮轮产业的优势明显。五国可以现有的邮轮产业为基础，重点发展基础设施建设、交通网络建设、邮轮港口建设、邮轮运营、邮轮旅游、邮轮相关服务业等方面，优化整合产业布局，促进邮轮经济快速发展。

（4）泰国—马来西亚—新加坡—印度尼西亚拓展轴。

该拓展轴线位于中国与东盟国家区域西南部，泰国、马来西亚、新加坡三国通过陆路连接在一起，环抱泰国湾，形成一个环形发展圈，三国与南部的印度尼

西亚隔马六甲海峡相望，互联互通非常紧密。近年来，四国邮轮旅游产业合作密切，交往频繁，在原有的邮轮产业发展基础上，积极统筹邮轮产业发展规划，加强邮轮基础设施建设，培育邮轮旅游、邮轮营运与服务市场，加大资源整合力度，提高融合发展水平。

（5）中国—越南—柬埔寨—马来西亚—新加坡拓展轴。

该轴线位于中国与东盟国家航区重要通道，是贯穿中国与东盟国家区域南北向的发展轴，亦是邮轮产业整合的重要通道。越南、柬埔寨通过陆路将中国邮轮市场与新加坡、马来西亚市场连接起来，形成重要的发展轴。可以充分发挥四国的邮轮产业优势，发展各具特色的邮轮旅游服务，重点建设大型邮轮港口，将这些港口串联起来，规划具有国际影响力的邮轮旅游线路。

（二）中国与东盟国家邮轮产业空间结构多核辐射模式整合

本书所研究的东盟国家目前包含八个国家，中国和这八个国家形成区域性发展格局。该区域向西，可以辐射缅甸、孟加拉国、印度等，更远一些，可与中东、地中海周边以及欧洲国家合作，共同推进邮轮产业升级与创新。从中国与东盟国家区域向北辐射，有日本、韩国、俄罗斯等经济较为发达的国家，邮轮产业发展前景广阔，可以和中国与东盟国家邮轮产业融合发展，进而成为区域邮轮发展的重要节点。从中国与东盟国家区域向南辐射，还有澳大利亚、新西兰、巴布亚新几内亚等，中国与东盟国家区域与这几个国家开展邮轮产业合作，有广阔空间。因此，中国与东盟国家邮轮产业的发展与整合，不仅可以面向九个国家，还可以向域外辐射，有广阔的空间推进合作发展。

中国与东盟国家区域邮轮产业向域外互联、扩散，可采用多核辐射模式。中国与东盟国家中，中国、新加坡、马来西亚、泰国的邮轮产业发展各具优势，形成区域内的产业中心（核），中心和中心之间贯通互联，增强了邮轮产业内部发展实力，吸引外围区域向中心集聚，中心优势也不断向外传递，最终突破区域与国界限制，形成产业合作发展面。

1. "中国核" 辐射模式

中国位于中国与东盟国家航区的最北部，幅员辽阔，与韩国、日本、俄罗斯等国家经贸和人员往来频繁。中国装备制造业基础雄厚，船舶制造业的发展更是举世瞩目，大型邮轮港口兴建完成，邮轮运营管理步入正轨，邮轮相关服务业正在加紧布局，邮轮产业发展充满活力。可以中国为基地，将邮轮产业链向北延伸，利用韩国、日本、俄罗斯等国邮轮产业的比较优势，推进与中国与东盟国家邮轮产业的链接融合，完善产业资源的空间布局与重组，形成协同、可持续的发展格局。

2. "泰国核"辐射模式

泰国位于中国与东盟国家航区西部，是东盟第二大经济体及重要的新兴市场经济体。泰国邮轮旅游发展较早，港口基础设施完善，旅游资源丰富，旅游服务业发达，吸引了泰国周边及世界各地的游客。泰国可以利用现有的邮轮产业发展优势，提高邮轮产业吸引力，将缅甸、老挝、孟加拉国、印度等周边国家的潜在客源引向中国与东盟国家区域，扩大区域邮轮市场规模。泰国旅游国际化程度较高，国际游客客源范围广，利用这些优势，还可以将中东地区、欧美地区的游客融入中国与东盟国家区域，以此提高中国与东盟国家区域的邮轮旅游国际化程度。

3. "新加坡—马来西亚—印度尼西亚核"辐射模式

新加坡、马来西亚、印度尼西亚三国毗邻世界重要邮轮航行通道——马六甲海峡，每年穿越海峡的国际邮轮数量庞大，海峡异常繁忙。新加坡和马来西亚邮轮产业较发达，国际化水平较高，如能利用现有的邮轮产业国际化效应，吸引更多的中国与东盟国家参与邮轮产业建设，整合现有的产业资源，能够将该区域的影响力辐射至整个中国与东盟国家区域。中国与东盟国家区域向南，还有澳大利亚、新西兰、巴布亚新几内亚等国家，借助"新加坡—马来西亚—印度尼西亚核"的发展网络，不断向南融合，促使两个区域间的邮轮产业产生高度关联，能够扩大中国与东盟国家区域邮轮产业的影响力。

第二节 中国与东盟国家邮轮产业资源整合的基本思路

一、中国与东盟国家邮轮产业链资源整合

(一) 邮轮产业上游邮轮设计建造业资源整合

邮轮产业上游是邮轮设计和建造行业，是资本密集和技术密集型行业。长期以来，少数欧洲船厂垄断了邮轮设计制造，导致该行业进入壁垒极高。自20世纪50年代以来，亚洲国家造船技术水平不断提升，日本、韩国、中国等已先后涉足邮轮设计制造领域。在中国与东盟国家中，目前中国拥有建造大型邮轮的制造业基础和技术条件，在上游邮轮设计建造业资源整合方面，中国作为研究范围中邮轮建造的第一梯队，可以全方位构建邮轮建造产业链；印度尼西亚、泰国为第二梯队，可以承接邮轮建造产业的一个或多个环节；菲律宾、越南、柬埔寨、马来西亚为第三梯队，可以着力提升本国制造业水平。三个梯队相互配合，分工

合作，形成中国与东盟国家区域层次化邮轮制造产业链。在邮轮设计资源整合方面，中国与东盟国家可以分阶段进行。第一阶段通过引进外部优秀设计人才、先进技术和理念，推动中国与东盟国家邮轮设计水平的提升；第二阶段待吸收技术及吸纳人才之后，在大学和企业开设相关课程，带动中国与东盟国家邮轮设计水平的整体提升，做好邮轮设计专业的人力资源、技术资源储备。

（二）邮轮产业中游邮轮营运业资源整合

邮轮产业中游是邮轮运营业，邮轮运营公司向邮轮制造企业订购邮轮，设计邮轮航线，服务邮轮游客。全球邮轮运营业目前被三大邮轮集团所垄断，嘉年华集团、皇家加勒比集团、丽星邮轮集团占据了全球近80%的市场份额，随着亚太新兴市场邮轮旅游需求的增加，三大邮轮集团正抓紧布局中国与东盟国家区域，在各国增设邮轮公司，增加各类型邮轮营运班次，培育邮轮客源市场。三大集团现在中国与东盟国家区域邮轮市场占据了绝对主导地位，各国港口均有三大公司邮轮停靠。

1. 优化邮轮运营公司布局，增加市场联动性

中国与东盟国家区域内邮轮运营公司的发展、分布并不均衡。当前，中国与东盟国家区域内形成了南面新加坡—北面中国两个相对独立的邮轮运营区，新加坡港、中国香港、中国上海吴淞港等港口凭借完善的基础设施、高效的港口服务，成为邮轮运营公司布局的重点区域；中国内地以上海为中心，开辟的航线辐射东北亚的日本、韩国；中国香港以丽星邮轮运营公司为代表，与日韩、越南和新加坡大力开展邮轮旅游业务；东南亚国家以新加坡邮轮运营公司为核心，与马来西亚、印度尼西亚、泰国开展邮轮旅游合作。其他中国与东盟国家区域，因邮轮港口建设迟缓、邮轮服务设施落后、国家政策等原因限制了邮轮运营公司的进驻。

优化邮轮营运公司布局，增加市场联动性，就需要各地区改变各自为营的状态，加强邮轮营运公司间的联动与合作，融入全球邮轮运营系统，相互渗透，资源共享，提升区域邮轮运营水平。同时，中国与东盟国家各国应加大开放力度，扩大与邮轮运营公司的合作，积极参与中国与东盟国家区域邮轮运营与管理环节，通过增加邮轮停靠港口，增加外部邮轮航次，推动本国邮轮运营服务水平的提高，盘活邮轮港口和岸上旅游资源，形成良性循环。

2. 培育区域内品牌邮轮运营公司

中国与东盟国家区域内的本土邮轮运营公司普遍竞争力不足，生存压力巨大，目前区域内只有中国在运营中国全资的邮轮公司。中国与东盟国家可以尝试改变邮轮营运观念和体系，培育区域内品牌邮轮运营公司，发展具有区域特色的邮轮运营模式。以中国为例，中国应汲取大型邮轮公司的发展经验，培育自主品

牌邮轮运营公司，发展具有中国特色的邮轮旅游与服务；从邮轮设计理念的构建、邮轮文化的定位、邮轮运营管理模式的创新、邮轮营销等诸多方面进行统筹，构建具有中国特色的邮轮运营网络，依据中国邮轮游客的消费习惯，连接中国从南到北的邮轮港口，将中国内陆运河加入到邮轮旅游范围内，开辟短途、中途、长途、超长途邮轮线路，将国内国外联结成巨大的邮轮网络，满足各种邮轮旅游需求，打造中国邮轮品牌，创新邮轮产品，提升中国邮轮旅游吸引力。

（三）邮轮产业下游港口、金融、旅游商贸服务业等资源整合

1. 中国与东盟国家邮轮港口资源整合

中国与东盟国家邮轮港口资源整合是区域内港口协调发展的关键。港口是邮轮旅游的重要载体，是中国与东盟国家推进海洋经济合作的重要支点，是促进海洋经济合作发展的重要战略资源。邮轮港口资源整合可以有效提高港口运营效率，增强港口间的互动与联系，符合中国与东盟国家海洋经济和邮轮产业发展的内在需求，促进中国与东盟国家港口协作方式由封闭、粗放式，向开放、集约式转变。中国与东盟国家港口资源整合的思路是：港口定位—开放组建港口联盟—港口功能规划—港口协同发展。中国与东盟国家各国政府在港口资源整合中发挥着重要的支持作用，各国政府合作是港口资源整合的基础，资源整合需充分发挥市场和企业的能动作用，引导港口资源高效配置，提升邮轮港口运营效率，实现各国港口效益最大化。

中国与东盟国家港口资源整合需要遵循一些原则：一是整合的区域性。中国与东盟国家海岸带资源丰富，拥有建设港口的优越条件，在现有邮轮港口群的基础上，继续推进大型优质港口建设，形成区域邮轮港口群。二是整合的渐进性。港口建设与发展是庞大而复杂的过程，港口资源整合应是"渐进"推进的过程，分阶段、分时序有序推进。中国与东盟国家各国按照港口发展规模与水平，优先开放一个或多个港口，组成一个港口联盟，再逐步整合区域内其他港口，推进区域内港口协同运营，进而统筹全部港口资源。

2. 中国与东盟国家金融资源的整合

中国与东盟国家间经济融合程度的加深促进了区域金融的发展，加快了资本在区域间的大规模流动，资金的流通便利推动了邮轮产业合作进程。目前中国与东盟国家间的金融合作面临区域性金融服务机构少、金融规则不健全、金融法律风险高等问题，需要进行金融领域资源整合。由此提出建议：第一，建立区域性金融协调机制，充分利用好亚投行、丝路基金、《区域全面经济伙伴关系协定》（RCEP）等，设立中国与东盟国家邮轮产业专项基金，协调资金流向，引导资金投入邮轮产业建设进程。第二，构建金融安全屏障，降低金融风险。各国加强金融监管，加强双边、多边金融监管合作，保障中国与东盟国家金融安全，防范金

融风险对区域经济的冲击。第三，完善中国与东盟国家金融合作规则。各国若各行其是则很难达成合作发展共识，影响资金流动的便利性，建立各方认同的金融规则是中国与东盟国家金融合作的基础。合作国家可构建各国认可的国际结算、金融汇率、货币流通机制，推动中国与东盟国家金融资源整合，最终实现邮轮产业全面合作。

3. 中国与东盟国家旅游商贸服务业资源整合

中国与东盟国家旅游商贸服务业是邮轮下游产业链的关键环节，直接影响邮轮游客的体验感和满意度。中国与东盟国家邮轮港口城市及周边区域的酒店、餐饮、娱乐场所、旅游景区、购物中心等均属于旅游商贸服务业，具有高附加值的特点，直接体现了一个国家服务业的发展水平。中国与东盟国家各国旅游商贸服务业发展差距较大，各国服务业特色及重心各不相同，目前并没有统一的中国与东盟国家区域邮轮管理服务平台可供游客快速选择，旅游商贸服务国际化程度不高，需要进行有效整合。对中国与东盟国家旅游商贸服务业资源整合的建议如下：第一，优化产业政策，提高对旅游商贸服务业的重视程度。加快服务业发展能够推动国家经济发展，中国与东盟国家应着力构建本国旅游商贸服务体系，制定服务业发展政策，做好服务业规划，整合服务业资源融合渠道，保障旅游商贸服务业各节点顺畅衔接，满足国际游客需求，如此可产生良好的经济效益、社会效益和生态效益。第二，创建中国与东盟国家特色旅游商贸服务品牌。中国与东盟国家建设具有本国特色的酒店群、购物群、美食群、娱乐场所群等，融入本国文化特征，加深邮轮游客印象，形成良好的口碑；联合各国的品牌旅游服务产品，构建中国与东盟国家区域特色旅游服务圈，吸引邮轮游客停靠体验。例如，中国可在邮轮港口城市打造中国唐朝风格酒店群、泰国可打造佛教文化特色酒店群、印度尼西亚可打造伊斯兰特色酒店群等。第三，构建中国与东盟国家区域旅游商贸服务网络平台。中国与东盟国家邮轮旅游涉及九个国家，各国的旅游服务信息非常多元，此时，构建中国与东盟国家区域性的服务网络平台就非常必要。游客在体验国际旅游时，拥有一站式的网络服务平台将非常方便快捷，类似中国的去哪儿、美团、飞猪等网络平台，可以解决游客吃住行游购娱的需求，平台可用不同国家语言显示，涵盖丰富的旅游服务信息，减少时间和选择成本，满足游客的多样化需求，方便游客快速出行。

二、中国与东盟国家邮轮产业生产要素资源整合

邮轮上下游及相关产业发展所需的生产要素资源包括自然旅游资源及人文旅游资源、邮轮产业建设发展所需资金、人力资源、教育资源、信息资源等。推进中国与东盟国家区域生产要素资源的整合，可以实现要素的优化配置和效益最

大化。

（一）自然旅游资源及人文旅游资源整合

1. 自然旅游资源整合

自然旅游资源是在自然地理环境下形成的，对人有吸引力的自然景观或自然生物资源，邮轮旅游的魅力部分源于区域自然旅游资源的吸引力。根据《中国旅游资源普查规范》，自然旅游资源分为四大类，即地貌景观类、水域风光类、天气气象类和生物景观类。中国与东盟国家地域辽阔，自然旅游资源丰富，自然旅游资源整合方式建议如下：

（1）构建中国与东盟国家滨海旅游沙滩群。

中国与东盟国家大多拥有绵长的海岸线和绮丽的沙滩资源，各国应充分利用海岸和沙滩资源，培育区域内特色滨海旅游城市及旅游沙滩品牌，组建中国与东盟国家滨海旅游沙滩群，构建滨海城市网络，丰富邮轮旅游线路，满足各国游客对阳光、沙滩、滨海城市特色风貌的旅游需求。中国与东盟国家区域内，具有发展潜力的热点滨海旅游海滩，如中国厦门鼓浪屿海滩、深圳大鹏半岛海滩、海南三亚亚龙湾、中国香港浅水湾等；越南的岘港海滩、昆岛海滩、富国岛长滩等；柬埔寨的西港海滩、象岛长滩等；泰国的普吉岛海滩、塞丽海滩、哈林海滩等；马来西亚的迪沙鲁海滩、波德申海滩、边佳兰海滩等；印度尼西亚的库塔海滩、金巴兰海滩等；文莱的斯里克纳干沙滩；菲律宾的马尼拉海滩、莱亚海滩等。

（2）构建中国与东盟国家海岛度假群。

中国与东盟国家的海岛风光秀美、风格迥异、极具特色，是理想的旅游度假胜地，对邮轮游客颇具吸引力。各国可以发展具有本国特色的海岛旅游项目，塑造独特的海岛旅游文化，构建中国与东盟国家海岛度假群。目前，中国与东盟国家区域内发展比较成熟的度假海岛有新加坡、泰国普吉岛、马来西亚沙巴岛、菲律宾长滩岛、泰国苏梅岛、印度尼西亚巴厘岛、泰国贝丽岛、菲律宾巴拉望岛等。其他国家具有发展潜力的岛屿很多，各国可以合作开发，整合海岛旅游资源，携手构建中国与东盟国家海岛度假群。

（3）构建特色火山、动植物观赏群。

环太平洋火山带是世界著名的火山带，中国与东盟国家区域中印度尼西亚和菲律宾是火山最集中的地方，火山活动非常活跃；地壳运动形成的火山，形态和活跃度有很大差异，区域内的火山具有很强的观赏价值。印度尼西亚境内拥有400多座火山，活火山有77座，是真正的"火山之国"，阿贡火山、巴杜尔火山、林贾尼火山、默拉皮火山、布罗莫火山、宜珍火山、锡纳朋火山、葛林芝火山、索普坦火山、喀拉喀托火山等都是印度尼西亚著名火山。菲律宾境内火山众多，达到50多座，其中阿波火山、马荣火山、塔尔火山较为著名。中国与东盟其他国家也有诸多火山遗迹，形成各具特色的奇异景象，更是成为独特的旅游胜地和火山旅游的重要资源。中国与东盟国家应充分利用区域内独具特色的火山旅游资源，规划设计中国与东盟国家区域火山群旅游线路。

中国与东盟国家区域还是世界三大热带旅游区域之一，复杂多变的地质结构和温热多雨的海洋气候，共同构建了中国与东盟国家区域绚丽的自然风光。中国与东盟国家区域热带植被资源丰富，拥有众多的热带雨林，动植物资源种类繁多，森林覆盖率高，其中马来西亚拥有亚洲最大的塔曼·尼瓜拉森林。中国与东盟国家大都划定了自然保护区，保护的植物种类达数万种。中国与东盟国家区域还拥有众多珍稀动物资源，中国大熊猫、金丝猴、朱鹮，以及泰国白象、越南斑鳖、马来西亚马来貘、菲律宾眼镜猴、印度尼西亚科莫多巨蜥等物种，世界闻名，还有鼠鹿、犀鸟、长鼻猴、老虎、犀牛、巨蟒等珍贵动物，生活在广阔的热带雨林中。若将中国与东盟国家区域这些宝贵的动植物资源整合起来，构建区域动植物观赏群，可为区域特色旅游资源的开发创造条件。

2. 人文旅游资源整合

中国与东盟国家在数千年的朝代更迭中留下了大量璀璨神秘的文化遗存，包括大量的历史文物和历史古迹，在几千年人类文明的发展进程中，各国创造出光辉灿烂的文明，形成特色鲜明的民族文化，在世界文化史上留下了光辉的一页。多国多民族各具特色的风俗习惯、文化性格与文化魅力，形成了中国与东盟国家宝贵的人文旅游资源。

（1）中国与东盟国家文化遗产旅游圈建设。

中国与东盟国家世界文化遗产资源丰富，建设区域文化遗产旅游圈是保护与传承文化遗产的重要途径。中国与东盟国家应携手合作，共同推进区域内文化遗产资源的整合，构建区域文化遗产旅游圈，形成具有国际影响力的文化旅游胜地。中国在几千年的历史长河中创造了璀璨的文明，成为世界遗产类别较齐全的国家之一，其所拥有的 32 项世界文化遗产成为世界级文化旅游资源。印度尼西亚和越南各有五项世界文化遗产，泰国、柬埔寨、菲律宾各有三项，马来西亚有两项。印度尼西亚的婆罗浮屠、巴玛南神庙，菲律宾的圣奥古斯丁教堂，泰国的卧佛寺、黎明寺等都是历史悠久的著名宗教建筑。依托文化遗产旅游圈建设，将世界文化遗产打造成世界级旅游资源及旅游品牌，提升区域邮轮旅游品牌形象，助推邮轮旅游目的地建设、邮轮旅游资源整合和邮轮产业升级，提升区域邮轮旅游的世界影响力。

（2）中国与东盟国家民族特色风情文化圈构建。

中国与东盟国家可以考虑构建民族特色风情文化圈。中国与东盟国家大多为多民族国家，各国的民俗传统、风土人情、生活习惯、宗教信仰等塑造了多样的地域文化，这些各具特色的文化吸引了万千游客前来感受与体验。文化与旅游互相作用，旅游作为交流的一种方式，会推动文化的传播，游客在体验到中国与东盟国家各国文化多样性之后，会将这类特色文化传播出去。

中国有 56 个民族，在漫长的人类文明发展进程中，创造了绚丽多彩的文化成果，集中表现在饮食、服饰、节日庆祝、礼仪、居住等诸多方面。印度尼西亚、马来西亚、菲律宾等国家的民族多达几十个，各民族的风俗习惯各具特色，宗教性节日、纪念性节日、文化交流性节日等庆祝方式种类繁多。各国的神话传说、史诗、音乐演奏、舞蹈表演、绘画等颇具价值的文化遗产，不断传承、影响着各国人民，反映了各国各民族的文化特征。

（二）中国与东盟国家邮轮旅游资源整合

1. 中国与东盟国家邮轮旅游航线的开放与优化

中国与东盟国家邮轮旅游发展程度与各国邮轮港口和航线的开放程度密切相关，新加坡、马来西亚、泰国等国家的邮轮港口和航线的开放程度较好，部分国家邮轮港口的开放程度不够，旅游参与度较低，对区域邮轮产业的协同发展形成了障碍。中国与东盟国家应依据港口条件、乘客消费需求等情况优化组合各国优质的旅游资源，整体规划较分散的邮轮旅游线路（Wood，2000），逐步开放航线并不断优化，充分满足市场需求，提高中国与东盟国家地区邮轮旅游的吸引力。新航线的开发推动了区域文化、商贸、人员交流，推动了区域邮轮产业发展，推动了多国政策和发展规划的逐渐协同。

2. 中国与东盟国家邮轮旅游产品融合

中国与东盟国家邮轮产品融合是旅游资源整合的关键要素。中国与东盟国家各国邮轮产业发展水平存在差异，民俗文化和自然旅游资源各具特色，在整合邮轮旅游资源时，应充分考虑各国的资源禀赋，融合本地文化，打造兼具本土文化特征与旅游趣味性的邮轮旅游产品，使邮轮上的娱乐项目成为文化传播的载体，自然景观与在地文化成为邮轮旅游产品的标签。

3. 构建中国与东盟国家区域邮轮旅游圈

中国与东盟国家邮轮旅游圈的构建，需要结合各国邮轮旅游的市场定位、旅游资源的吸引力、邮轮旅游的互动效果，依据各国邮轮游客的数量及流动规律，形成多圈层、频互动的邮轮旅游网络。

中国与东盟国家人口众多，邮轮旅游涵盖的区域非常广阔，各区域邮轮旅游发展状况存在很大差别，邮轮旅游发展较好的区域能够吸引其他区域的旅游资源投入进来，形成具有层级优先顺序的邮轮旅游发展体系。根据中国与东盟国家现有邮轮旅游发展状况，可以构建三大邮轮旅游圈和八大邮轮旅游中心。三大邮轮旅游圈分别是中越菲邮轮旅游圈、新马印文邮轮旅游圈、新马泰柬越邮轮旅游圈。三大邮轮旅游圈各自独立发展壮大，进而相互连接与渗透，实现中国与东盟国家旅游圈的整体协同发展。八大邮轮旅游中心分别是中国香港和三亚、越南岘港、菲律宾马尼拉、新加坡、印度尼西亚巴厘岛、马来西亚巴生港、泰国曼谷，这八大邮轮旅游中心成为连通中国与东盟国家区域邮轮旅游的核心节点，进而在全域形成多核·圈·网络①互动的邮轮旅游空间结构。

（三）中国与东盟国家邮轮产业建设发展的制度及资金支持

中国与东盟国家邮轮产业合作区的构建离不开各国政治、经济、贸易等多方面的合作，多国合作与各国领土主权争议、政治稳定性、贸易公平、利益均衡等诸多问题相关，其中任何一个环节出现问题，都会导致合作的停滞。

本书中所研究的国家均为中国—东盟自贸区成员，制度建设可以在中国—东盟战略合作伙伴的框架下完善，中国提出的"一带一路"倡议促进了各国的协调联动，经过多年的努力，中国与东盟于 2002 年达成《南海各方行为宣言》，"南海行为准则"磋商也在积极推进。随着"21 世纪海上丝绸之路"、中国—东盟命运共同体等理念的提出，进一步提高了中国东盟战略合作的质量，而《区域全面经济伙伴关系协定》（RCEP）的签署，更是为中国与东盟国家的发展注入了强心针，进一步强化了开放、多边的贸易理念，改善了投资环境，促进了贸易投资自由化、便利化，帮助各国更好地应对挑战，增强了地区发展潜力。东盟—中国（"10+1"）领导人会议、中国—东盟博览会、中国—东盟商务与投资峰会等会议，为合作的制度化建设提供了交流的平台。

多国合作还应完善中国与东盟国家各国邮轮产业相关立法。外籍邮轮在我国港口存在挂靠、通关便利化、邮轮旅客权益保护及争议的法律适用问题，邮轮相关政策与法律等问题都需要通过制度化方式来处理。中国与东盟国家各国需要制定、补充邮轮旅游相关法律法规，支持中国与东盟国家区域邮轮旅游发展。具体到邮轮的赔偿损害规定、承运人法律责任、境外邮轮挂靠港口规定、邮轮码头设立及管理规定、邮轮突发问题解决机制、邮轮保险规定、邮轮买卖的规定等需要在未来的邮轮产业合作中一一完善。

邮轮产业的发展需要大量的资金支持。中国与东盟国家各国邮轮产业合作应优化区域资金资源配置，通过互设金融机构，加强邮轮金融资源、信息的共享与融合，提高区域各国的经济融合度。各国应充分利用"中国—东盟投资合作基金"、亚投行等国际金融合作组织的优势，加快投资中国与东盟国家区域邮轮产业基础设施建设，积极促进区域邮轮产业发展。中国与东盟国家还应为邮轮相关企业提供投资、贸易等方面的信息，增强企业对区域邮轮产业发展的信心；各国

---

① 田纪鹏. 世界城市旅游经济结构演进评价与优化研究［M］. 北京：中国旅游出版社，2016：291.

可以利用使馆、贸易处、资金结算中心等平台及时对外公布东盟各国有关招商项目、投资环境介绍及政策导向等资料，吸引资本以全资、合资、参股等多种形式参与邮轮产业软硬件设施的建设。在邮轮港口建设的前期阶段，资金实力较强的国家，还可以对缺乏资金的国家及企业提供长期低息或无息贷款，对其加大投资支持力度，减少中国与东盟国家邮轮企业投资壁垒，逐步改善资金缺乏和投资环境欠佳的状况（张海琦、袁波，2013）。

（四）开展邮轮产业人力资源、教育、信息产业合作

人力资源开发是中国与东盟国家开展合作的重点领域，邮轮产业的发展离不开先进技术和知识资本，各国需要大批邮轮相关产业的高素质人才。各国应积极建立人才培养基地，充分利用中国—东盟合作基金的作用，扩大区域人才培养规模，吸引高层次人才向区域重点产业集中，建立技术、管理、科技创新等方面的交流对话机制，扫清人力资源流动的障碍，为促进各国邮轮产业发展提供人力储备。

教育是高经济效益的战略性产业，关系到国家的前途和命运，教育质量和教学水平，是国家综合国力的重要体现。中国与东盟国家应全方位参与邮轮、旅游、金融、服务等专业的学历学位互认，保证学制衔接，推进各国留学互助、教育援助计划，扩大科学研究成果共享、师资互派规模，推动双边、多边教育教学、人才交流合作，开办邮轮产业的短期学习培训课程，打造中国与东盟国家区域游学项目，各国大学间开展经常性主题研讨活动，各国政府和教育主管部门为各国高校和学生的交流提供平台，支持高校探讨改进邮轮相关专业教学方式，优化课程设置，深化各国高校与邮轮企业的合作，实现中国与东盟国家区域邮轮教育产业质的飞跃，助力区域邮轮产业圈构建。

当前，信息化是国家间合作的重要方式。中国与东盟国家普遍重视信息化建设，信息网络技术的发展为各国经济腾飞创造了条件。中国与东盟国家开展高水平的区域信息化网络建设与合作，可以加速邮轮产业升级，提高邮轮产业发展效率，加快各国邮轮相关信息交流融合的速度，带动邮轮产业数字化、网络化。各国加大信息化领域的合作力度，有利于各国产业转型升级和科技创新，有利于丰富中国与东盟国家邮轮产业合作内容，有利于提升邮轮产业资源整合效率。开创中国与东盟国家区域邮轮数字信息化时代，可通过以下步骤逐步实现：首先，推进中国与东盟国家信息网络基础设施建设与互联。布局云计算、物联网等新兴信息化建设项目，设立中国与东盟国家区域邮轮产业信息交流一站式网络平台。目前中国与东盟国家中，中国、新加坡、文莱信息化发展水平较高，马来西亚发展得也不错，其余的国家信息化水平有待提高，未来中国与东盟国家信息化发展潜力巨大。其次，深化数字经济合作，促进区域贸易发展及人文交流。中国与东盟

国家各国可以深入开展"互联网+"的经济合作模式，将信息经济渗透到各国人民生活的方方面面，邮轮产业链建设需要信息化，逐步实现"互联网+"，拓展邮轮企业的国际视野，紧跟世界邮轮产业发展步伐。中国与东盟国家各国要加紧构建区域性贸易、生活服务网络平台，帮助各国特色产品和服务在区域内流动，增加各国交流融合的深度，增进中国与东盟国家各国人民的相互了解与文化交流，从而提高各国邮轮旅游目的地的吸引力。最后，加强网络信息安全建设。社会的稳定、安全、团结是中国与东盟国家各国经济发展的基础，一个可控的安全信息网络，是各国网络建设的共同需求。中国与东盟国家各国应充分尊重他国网络信息安全的权利，保障他国核心利益，构建符合各国准则的网络安全机制，打击网络黑客组织和网络犯罪活动，共建多元繁荣的信息网络合作体系（丁波涛，2017）。

第三节　中国与东盟国家邮轮产业资源整合的保障机制

一、充分发挥中国与东盟国家政府的作用

中国与东盟国家邮轮产业资源整合涉及九个国家，是跨区域、跨国家的广泛合作。跨国合作涉及国家主权、国家利益、国家安全等方面，合作要取得各国政府的支持，才能有序开展，政府在区域合作中起决定性作用。

（一）中国与东盟国家推动经济合作

近年来，受国际经济与贸易环境变化的影响，全球经济出现了一定程度的衰退，西方发达地区的经济增长缺乏动力，消费低迷，中国与东盟国家的经济不可避免地受到影响，中国与东盟国家各国都在谋求新的经济增长点。作为中国与东盟国家区域经济合作不可或缺的重要一环，邮轮产业合作的战略高度不断提升，各国积极参与邮轮产业分工，希望通过邮轮产业合作带动区域经济增长。各国可以从以下几个方面推进中国与东盟国家区域经济合作：第一，全面参与。区域内经济体量小、发展水平较低的国家应积极参与中国—东盟组织的各项合作活动，挖掘潜在发展机会，争取合理的利益分配。第二，优化经济合作领域。从传统的重工业、制造业、消费品、集成电子产品等货物贸易，逐步扩大到服务贸易、投资领域，如金融、人力、旅游、教育、医疗、高精尖技术、信息、知识产权、环境保护等项目；各国还应扩大保税区范围，消除关税壁垒，扩大能源贸易规模，推动中国与东盟国家区域经济融合发展。第三，推进金融货币一体化。中国与东

盟国家各国应逐步放开金融管制，建立区域金融机构，便利多边贸易，增加本币互换规模，建立有效的金融风险防御体系，稳定区域货币汇率，保证经济合作的可持续性。

（二）中国与东盟国家政策的开放

中国与东盟国家在中国—东盟合作发展框架下参与了中国—东盟自由贸易区建设，签署了中国—东盟自贸区《服务贸易协议》《货物贸易协议》《投资协议》，从政策上不断完善和深化多边经贸合作，形成制度保证。为顺利推进中国—东盟区域经济一体化进程，各国需严格执行已签署的协议和协定，并探索政策开放的新领域，将区域合作推向更高水平。具体建议如下：第一，贸易政策开放。2020年11月，《区域全面经济伙伴关系协定》（RCEP）的签署为中国、东盟及亚太地区国家的贸易合作提供了更多的机遇，各国需继续加大贸易政策的开放力度，扩大开放合作的领域，真正实现区域贸易自由化、便利化。第二，金融政策开放。建立区域性金融机构，如中国—东盟基础设施投资银行、中国—东盟保险集团、中国东盟资金清算中心等，确保各国资金流通和结算的便利性，增强各国抵御金融风险的能力，逐步形成区域货币自由流通的格局。第三，投资政策开放。建立中国—东盟投资促进委员会，协调各国投资出现的问题，开放投资领域，完善区域投资法律框架，在先进制造业、高新技术产业、新能源、新材料、旅游现代服务业等领域扩大投资合作比例。

（三）中国与东盟国家建立各国认同的邮轮产业法律监管协调体系

中国与东盟国家各国政府需要达成共识、搁置争议、求同存异，以更加开放的姿态应对区域经济一体化的发展趋势，合作国家出面协调，起草与制定邮轮产业合作机制和法规，统一规划及协调邮轮产业合作进程，解决邮轮营运过程中出现的争端，协同各方利益，营造出开放包容的邮轮产业合作环境，构建中国与东盟国家邮轮产业体系，推动中国与东盟国家海洋经济发展。

中国与东盟国家邮轮产业发展需要遵循行业发展规律，遵守行业发展规则，运用合理的方式解决发展中遇到的问题。各国需要协商制定中国与东盟国家区域适用的邮轮产业运行规则及邮轮产业相关法律，并按照法律准则和条款开展合作，减少各国政府对产业发展的过度干预，将不确定性降至最低，为产业发展有序进行提供法律保障。各国在法律的框架下开展产业活动，需要相关机构的有效监管，以确保产业按照既定的方向发展。中国与东盟国家各国需要组建相应的监管机构，如成立中国与东盟国家邮轮发展委员会，解决合作过程中出现的冲突，协调各方利益，优化产业政策，反馈产业成果，保证区域邮轮产业可持续发展。中国与东盟国家各国可以组建邮轮产业自律性组织，如××国邮轮产业协会或××国邮轮产业联合会，协调各国政府、产业间和企业间的政策，保证产业在本国的良好运转，保障邮轮产业的发展秩序，将本国产业发展融入中国与东盟国家区域产业发展中，对接各国发展政策，提升产业发展效率。

二、构建邮轮产业合作、交流的保障机制

（一）强化邮轮产业双边、多边合作机制

为实现区域邮轮产业合作，中国与东盟国家需要将各国已有的产业运行规则重新排列组合，制定出新的合作规则和制度框架以实现多方共赢。中国与东盟国家区域邮轮产业合作，可以多边合作为基础框架，通过构筑双边合作融合网络，扩大合作面，推进邮轮产业全面合作。中国与东盟国家邮轮产业是在中国—东盟自由贸易区协定的框架下运行的，区域内经贸合作模式丰富，合作范围广泛，合作对象多元。中国与东盟成员国之间，合作交流十分频繁，目前在中国与东盟国家区域内，有中国—东盟自由贸易区、RCEP、亚太经合组织、东盟与中日韩（"10+3"）合作等多种合作机制，东盟各国与周边国家的合作机制，如大湄公河次区域合作、北部湾经济合作组织等。这些合作机制，涉及双边和多边合作，各种合作机制的侧重点不同，为各区域紧密合作、经济融合起到积极促进作用。

（二）充分发挥邮轮产业跨国联盟的作用

中国与东盟国家区域邮轮产业跨国合作的主体包括各国政府、邮轮企业和合作协调组织、民间组织和邮轮产业参与人员。合作的多个主体在产业利益的驱动下，结成一个个合作团体，通过签订协议、建立契约化合作模式，逐步形成跨国产业联盟。区域经济一体化是世界经济发展的趋势，未来国际间的竞争不单是国与国之间、企业与企业之间的竞争，还是多种战略联盟间的竞争。要充分发挥中国与东盟国家邮轮产业跨国战略联盟的作用，具体可以通过构建如下模式：第一，跨国联盟模式。由中国—东盟跨国联盟、次区域跨国联盟、跨国友好城市联盟、中国与东盟国家邮轮产业发展委员会等联盟组织，共同完成中国与东盟国家邮轮产业规划、产业机制构建、产业协同等方面的合作。第二，邮轮产业链联盟模式。组建中国与东盟国家邮轮设计研发联盟、邮轮制造合作联盟、邮轮港口建设联盟、邮轮运营管理联盟、船舶运输行业协会、邮轮旅行社联盟、邮轮产业信息联盟等。跨国联盟的构建，在国家与国家、国家与企业、企业与企业、企业与消费者之间构筑了桥梁，借助联盟推进中国与东盟国家区域邮轮产业有序发展，资源共享，高效利用域内邮轮产业资源，降低区域内产业风险，能够形成合作共赢的局面，最终达成邮轮产业协同发展的目标。

（三）充分发挥国际合作组织的作用，推动邮轮产业发展

国际合作组织是全球化的产物，是国际生活的重要组成部分。中国与东盟国家区域的国际合作组织相互交织，影响了国际事务的方方面面，形成多个国际合

作网络。中国与东盟国家可依托的国际组织有国际移民组织、亚洲议会和平协会、南亚区域合作联盟、国际刑警组织、国际劳工组织、世界贸易组织、亚太经合组织、亚洲开发银行、世界旅游组织、国际能源机构、大湄公河次区域经济合作、国际货币基金组织、世界卫生组织、万国邮政联盟、国际自然及自然资源保护联盟、世界知识产权组织、世界气象组织、全球移动通信系统协会、世界技能组织、世界自然保护联盟等。

中国与东盟国家邮轮产业的发展，离不开国际合作组织。中国与东盟国家可通过合作组织平台展开国际合作，解决区域公共问题，合理分配邮轮产业发展过程中创造的价值、成果和收益。在国际合作出现问题时，国际合作组织成为中国与东盟国家解决政治、经济、地缘冲突的有效工具，可借助国际合作组织建立国际安全体系，防止国家间的冲突升级为战争，有效保障区域的和平发展。中国与东盟国家通过与国际组织的合作，推动邮轮基础设施建设，开发利用旅游资源，保护环境，发展邮轮运营业，推动中国与东盟国家区域邮轮产业的发展。

（四）建立邮轮产业信息网络共享机制

信息化时代，信息资源对经济发展的贡献度越来越高，信息技术的发展水平成为衡量国家竞争力的重要指标。中国与东盟国家区域邮轮产业合作是跨国、跨区域的合作，需要准确及时的交流与反馈产业信息，信息资源的共享是产业合作的关键，可提高区域产业信息的配置效率，加快中国与东盟国家邮轮产业的发展速度。构建邮轮产业信息网络共享机制可通过如下途径：第一，信息网络设施同步建设。中国与东盟国家应构建高水平的区域信息交流网络，布局信息网络基础设施建设，区域信息网络连接全球信息网络系统可以为各国提供高效的现代信息网络通信服务，实现信息资源共享，为邮轮产业合作奠定基础。第二，各国关键信息资源共享。中国与东盟国家的邮轮产业信息资源分散在政府、企业、科研院所、高校、个人等不同体系内，可将这些重要信息汇聚起来形成信息资源库，便于各国利用信息深入分析中国与东盟国家邮轮产业发展状况，进而精准制定规划和政策。第三，信息网络共享。构建中国—东盟信息网络论坛，开展信息交流，共商信息共享机制，制定信息网络技术标准，确定信息共享指标体系，商定各国信息共享及交流渠道，签署区域信息共享协议。第四，构建邮轮产业信息共享平台和网站。各国定期在共享平台、网站发布邮轮产业发展信息，为各国政府、企业、人员提供实时精准的数据信息服务，开创区域邮轮产业合作新局面。

三、跨国邮轮企业战略联盟机制

跨国邮轮企业战略联盟是中国与东盟国家各国邮轮企业为提升区域邮轮产业竞争力，打造区域邮轮旅游品牌，凝聚在一起形成具有一定规模的产业联合体，借此共享区域邮轮企业资源、分散产业风险、扩大市场规模、提升产业服务水平。

（一）跨国邮轮企业战略联盟实现合作创新、技术资源共享

中国与东盟国家区域内的企业、高校、科研机构等主体形成跨国邮轮企业战略联盟，展开深度合作，在邮轮全产业链发展背景下，联盟加大合作创新力度，如合作创新区域特色邮轮旅游产品、邮轮娱乐服务项目、邮轮目的地旅游吸引物、"邮轮+区域文化"理念和企业联盟组织结构形式等。跨国邮轮企业战略联盟努力平衡区域邮轮企业发展状态，共享各国具有优势的邮轮技术资源，如邮轮建造技术、邮轮营运技术、邮轮管理、邮轮维护、邮轮服务等，带动区域内邮轮企业协同发展，以创新为驱动，以先进技术为支撑，提升区域邮轮企业的专业技术，实现资源共享，创造区域邮轮产业发展的新格局。

（二）跨国邮轮企业战略联盟分散风险，提升服务质量

建立跨国企业战略联盟能够分散风险，实现规模经济和范围经济效应，并为中国与东盟国家邮轮产业资源整合提供微观层面的保障。跨国邮轮企业战略联盟的构建促使企业能够获得更多的资本、技术和信息，进而分散风险。普通邮轮企业通过与优质邮轮企业结盟，能够获得较高的品牌知名度，此外，跨国邮轮企业战略联盟凭借交换互补性资源，共同拥有市场，节约了企业营运、研发、销售成本，减少了重复、无效投资，降低了风险，提高了运营效率。跨国邮轮企业战略联盟将区域内优势企业的资金和技术资源集中起来，通过联合、兼并、重组等方式，有效聚焦联盟企业的核心竞争优势，整合优质邮轮企业资源，迅速扩大相关企业规模，提升联盟企业的国际竞争力。

跨国邮轮企业战略联盟的建立，激发了域内邮轮企业之间的竞争，企业只有不断提升服务水平，满足市场的要求，才能在激烈的市场竞争中生存下来，优质的邮轮企业不断涌现，形成良性循环的局面，全面提升区域邮轮企业服务质量。战略联盟中的企业集中精力，提升产品质量，降低边际成本，发掘潜在的市场机会，深度细化服务内容，才能促进区域龙头企业快速成长。区域内颇具规模的邮轮企业，在战略联盟的指导下，向中国与东盟国家区域外扩张，进一步开拓域外市场，逐步成长为全球性的大型邮轮企业，引领区域邮轮产业向高层次进阶。

第四编　中国与东盟国家邮轮产业协同发展的互信机制研究

　　互信，顾名思义，就是国家间在政治上建立的相互信任。根据国际关系学的建构主义理论，国家之间首先要存在"朋友"的身份认同，其次各国才以此为基础建立相互的信任，最后各国会对某些问题形成相同的态度和统一的认知，并对此产生相同的预期与期望。在纷繁复杂的国际政治环境中，中国与东盟国家各国建立的互信存在多方博弈，彼此之间构建的互信存在"乐观互信"与"悲观互信"两种状态。"乐观互信"就是博弈各方在某类问题上能够达成共识，博弈各方预期他方的某种行动对自己有利而对互信持乐观态度；"悲观互信"就是博弈各方预期他方的行动或者他方处于非安全环境中而对自身发展不利，则会对互信产生悲观态度。

　　中国与东盟国家建立合作关系的基础在于互信，各国邮轮产业协同发展亦离不开互信。本部分首先介绍了各国建立互信的历史及现状，其次探讨了中国与东盟部分国家在互信背景下的区域产业合作，再次分析了各国互信面临的挑战，最后提出了建立互信机制的途径，如各国培育互信的积极因素，加强人文交流互通、共建国际组织、完善国际新秩序及在新安全观的基础上共建区域邮轮产业合作框架。

第十章　中国与东盟国家互信的历史及现状

第一节　中国与东盟国家互信的历程

中国与东盟国家包括中国及部分东南亚联盟国家。中国与东盟国家互信建立的过程历经争议与复合，从疏远到亲近，从敌视到缓和，中国与东盟唇齿相依、同舟共济，彼此之间的关系历久弥新，双方在长期的历史境遇中，事实上已经形成了命运共同体。

中国与东盟建立的互信，经历了一个漫长的增信释疑的过程。自20世纪70年代，马来西亚、泰国和菲律宾等相继与中国建立了外交关系。1975年，中国正式承认东盟；1978~1991年，中国和东盟逐渐走向友好互信关系；1990年8月，中国与印度尼西亚恢复外交关系；1990年10月，中国与新加坡建交；1991年中越关系正常化；1993年中菲关系正常化；1994年7月，中国应东盟邀请参加了东盟地区论坛会议，并成为该论坛的创始成员国；1996年，中国从东盟的"磋商伙伴"升级为"对话伙伴"；1997年，中国与东盟建立"面向21世纪的睦邻互信伙伴关系"，并建立"10+1"对话机制。进入21世纪之后，中国与东盟的政治互动与交流合作日益频繁，从"全面对话伙伴关系"发展为"战略伙伴关系"，再到"和谐伙伴关系"，双方的互信不断加强，这一阶段双方签署了诸多协议。例如，2002年，中国与东盟签署《中国-东盟全面经济合作框架协议》；2003年，中国加入《东南亚友好合作条约》；2016年，中国—东盟领导人会议通过《中国—东盟产能合作联合声明》等成果文件；2017年，中国—东盟领导人会议通过《中国—东盟关于进一步深化基础设施互联互通合作的联合声明》等成果文件（屠年松、屠琪珺，2018）。

东盟成员国的安全政策主要服务于其经济发展目标，2009 年中国就成为东盟的第一大贸易伙伴国，2022 年 1 月 1 日开始生效的《区域全面经济伙伴关系协定》（RCEP）进一步推动了中国与东盟经贸合作关系的深化。2021 年 11 月，习近平在"中国-东盟建立对话关系 30 周年纪念峰会"上宣布，中方愿在未来 3 年再向东盟提供 15 亿美元发展援助，用于东盟国家抗疫和恢复经济，中国拥有巨大国内市场，将始终向东盟国家开放，愿进口更多东盟国家优质产品，包括在未来 5 年力争从东盟进口 1500 亿美元农产品，中方将启动科技创新提升计划，向东盟提供 1000 项先进适用技术，未来 5 年支持 300 名东盟青年科学家来华交流（杜兰，2021）。中国以"亲、诚、惠、容"作为周边外交的指导方针，把东盟作为周边外交的优先方向。中国与东盟共同主张新安全观，即双方通过建立互信机制以求获得共同安全，通过协商机制解决各类争端。

第二节　中国与东盟国家互信的合作机制

一、中国—东盟对话合作机制

（一）中国—东盟领导人会议机制

1997 年，首次中国—东盟领导人会议在马来西亚吉隆坡举行，中国与东盟发表联合声明，双方决定共同携手，努力建立面向 21 世纪的睦邻互信伙伴关系。在接下来的 20 多年的时间里，中国—东盟领导人会议取得了多项成果（见表 10-1）。

表 10-1　历次中国—东盟领导人会议

时间	举办地点	会议主要成果
1997 年	马来西亚吉隆坡	时任国家主席江泽民与东盟领导人在首次会议上发表《中华人民共和国与东盟国家首脑会晤联合声明》，双方决定共同携手，努力建立面向 21 世纪的睦邻互信伙伴关系
1998 年	越南河内	时任国家副主席胡锦涛出席了会议。双方同意通过全面对话合作框架，开辟多种合作渠道，通过平等友好协商，进一步推进睦邻互信伙伴关系的发展
1999 年	菲律宾马尼拉	时任国务院总理朱镕基在会上提出了中方加强与东盟睦邻互信伙伴关系的主张和具体建议，表示中国将继续深化与东盟各国在各个领域的对话与合作。东盟各国高度评价了中国在亚洲金融危机中给予东盟国家的支持和援助

续表

时间	举办地点	会议主要成果
2000 年	新加坡	时任国务院总理朱镕基在会上积极评价中国与东盟双边关系，并就今后一段时间内双方在政治、人力资源开发、加强湄公河流域基础设施建设、高新技术、农业、贸易与投资等方面的合作提出了具体建议
2001 年	文莱斯里巴加湾	时任国务院总理朱镕基出席了会议。双方签署了《中国—东盟服务贸易协议》等文件，双方一致同意在十年内建立中国—东盟自由贸易区
2002 年	柬埔寨金边	时任国务院总理朱镕基出席了会议。双方签署了《中国与东盟全面经济合作框架协议》，决定到 2010 年建成中国—东盟自由贸易区
2003 年	印度尼西亚巴厘岛	时任国务院总理温家宝出席了会议。中国政府宣布加入《东南亚友好合作条约》，并与东盟签署了《中国与东盟面向和平与繁荣的战略伙伴关系联合宣言》，确立了中国与东盟的战略伙伴关系
2004 年	老挝万象	时任国务院总理温家宝出席了会议。会议发表了《落实中国—东盟面向和平与繁荣的战略伙伴关系联合宣言的行动计划》。双方还签署了《中国与东盟全面经济合作框架协议货物贸易协议》《中国—东盟争端解决机制协议》等文件
2005 年	马来西亚吉隆坡	时任国务院总理温家宝出席了会议。会议决定将交通、能源、文化、旅游和公共卫生列为双方新的五大重点合作领域
2006 年	中国南宁	时任国务院总理温家宝出席了会议。温家宝与五国领导人高度评价双边关系的良好发展，一致表示愿继续推进互利合作，永远做东盟的好邻居、好伙伴、好朋友
2007 年	菲律宾宿务	时任国务院总理温家宝出席会议并发表题为《共同谱写中国—东盟关系的新篇章》的重要讲话，双方签署了《中国—东盟自贸区服务贸易协议》《落实中国—东盟面向共同发展的信息通信领域伙伴关系北京宣言的行动计划》等合作文件
2007 年	新加坡	时任国务院总理温家宝与东盟十国领导人出席会议。温家宝在会上发表题为《扩大合作 互利共赢》的讲话
2009 年	泰国华欣	时任国务院总理温家宝与东盟十国领导人出席。双方回顾总结了一年多来共同应对国际金融危机等挑战的历程，表达了同舟共济、共谋发展的意愿，就全面深化合作达成广泛共识
2010 年	越南河内	时任国务院总理温家宝出席了会议。会议通过并发表了落实中国与东盟面向和平与繁荣的战略伙伴关系联合宣言的第二个五年行动计划以及《中国和东盟领导人关于可持续发展的联合声明》
2011 年	印度尼西亚巴厘岛	时任国务院总理温家宝出席了会议。会议回顾了中国—东盟建立对话关系 20 周年取得的成就，中国与东盟将继续相互支持，密切配合，深化战略互信，全面提升务实合作水平。会议发表了《纪念峰会联合声明》
2012 年	柬埔寨金边	时任国务院总理温家宝出席了会议，提出深化中国东盟自贸区建设，推进互联互通，密切人文合作交流的愿景

时间	举办地点	会议主要成果
2013 年	文莱斯里巴加湾	时任国务院总理李克强出席了会议，提出中国与东盟关系进入成熟期，合作已进入快车道，与会领导人发表了《纪念中国—东盟建立战略伙伴关系 10 周年联合声明》
2014 年	缅甸内比都	时任国务院总理李克强出席了会议。会议发表《主席声明》，积极评价中国—东盟关系取得的进展，并对进一步推进各领域务实合作做出规划
2015 年	马来西亚吉隆坡	时任国务院总理李克强出席了会议。李克强提出双方要明确以增进互信夯实合作根基、融合发展促进共同繁荣、求同存异缩小分歧为发展大方向，抓住难得历史机遇，充分对接各自发展战略，提升十一个国家整体发展水平，力争实现 2020 年建成东亚经济共同体目标
2016 年	老挝万象	时任国务院总理李克强出席了会议。会议通过了《中国—东盟建立对话关系 25 周年纪念峰会联合声明》《中国—东盟产能合作联合声明》、"中国与东盟国家应对海上紧急事态外交高官热线平台指导方针"等文件
2017 年	菲律宾马尼拉	时任国务院总理李克强出席了会议。会议通过《中国—东盟关于进一步深化基础设施互联互通合作的联合声明》《中国—东盟关于全面加强有效反腐败合作联合声明》《中国—东盟旅游合作联合声明》等成果文件
2018 年	新加坡	时任国务院总理李克强出席了会议。会议通过《中国—东盟战略伙伴关系 2030 年愿景》，发表科技创新合作联合声明
2019 年	泰国曼谷	时任国务院总理李克强出席了会议。会议宣布制定《落实中国—东盟面向和平与繁荣的战略伙伴关系联合宣言的行动计划（2021－2025）》，发表涉及"一带一路"、智慧城市、媒体交流合作的声明
2020 年	视频会议	时任国务院总理李克强出席了会议。会议发表了《落实中国—东盟面向和平与繁荣的战略伙伴关系联合宣言的行动计划（2021－2025）》《中国—东盟关于建立数字经济合作伙伴关系的倡议》，宣布 2021 年为中国—东盟可持续发展合作年
2021 年	视频会议	时任国务院总理李克强出席了会议。会议发表了《中国—东盟关于合作支持〈东盟全面经济复苏框架〉的联合声明》和《关于加强中国—东盟绿色和可持续发展合作的联合声明》

资料来源：根据中国政府网、中华人民共和国外交部网站——东南亚国家联盟、人民网——时政相关资料整理。

（二）部长级合作机制

中国与东盟恢复正常交往以来，除领导人会议合作机制外，还建立了多层次、多领域的卓有成效的部长级和工作层对话机制。1996 年，时任中国外交部长钱其琛参加了东盟伙伴国会议，中国和东盟已建立的部长级会议机制包括外交、商务、文化、质检、海关署长、安全执法、交通、卫生和电信等领域，这类合作机制在微观层面补充了领导人会议的具体操作内容（见表10-2）。

表10-2　中国—东盟外长级会议大事记

时间	建立进程
1991 年	时任中国外交部长钱其琛应邀参加了在马来西亚吉隆坡举行的东盟外长会议，首次与东盟对话
1992 年	中国成为东盟的"磋商伙伴"
1993 年	中国—东盟决定建立东盟—中国经济、贸易合作联合委员会和东盟—中国科学技术合作联合委员会，以进一步发展双方在经济、贸易与科学技术领域里的合作与交流
1994 年	时任中国外交部长钱其琛在东盟外长会议上签署了关于建立东盟—中国经济、贸易合作联合委员会和东盟—中国科学技术合作联合委员会的协议
1996 年	中国和东盟的磋商伙伴关系升格为全面对话伙伴关系。双方关系进入一个新的阶段
1997 年	中国—东盟外长会议在马来西亚必打灵查亚举行，时任中国外交部长钱其琛提出希望与东盟共同努力建立面向21世纪的睦邻互信伙伴关系。钱其琛提出双方应在湄公河盆地开发、泛亚铁路网等次区域合作中加强相互协调与合作；加强双方在东盟地区论坛、亚太经合组织、亚欧会议及联合国中的相互支持与配合
1998 年	中国—东盟外长会议在菲律宾马尼拉举行，时任中国外交部长唐家璇指出中国东盟应携手渡过东亚金融危机，尽快恢复亚洲经济。中方提出扩大相互贸易、投资和合作领域，加强双方在经济、安全对话中的沟通，拓展次区域和增长区的合作
2000 年	中国—东盟外长会议在泰国曼谷举行，时任中国外交部长唐家璇与东盟外长就东盟地区论坛发展方向、亚太安全局势、全球化对地区安全的影响及其他国际问题交换了意见
2001 年	中国—东盟外长会议在越南河内举行，时任中国外交部长唐家璇出席了会议。这次东盟外长会议的主题是"东盟：团结、稳定、一体化、扩大合作"
2002 年	中国—东盟外长会议在越南河内举行，时任中国外交部长唐家璇和与会东盟外长就跨国犯罪问题进行了探讨
2003 年	中国—东盟外长会议在越南河内举行，时任中国外交部长李肇星指出双方互信不断加强，中国政府愿与东盟各国一道，不断充实各个领域的对话及合作，实现政治、经济、安全等领域的相互促进
2004 年	中国—东盟外长非正式会议在中国青岛举行，双方同意通过现有机制继续增进理解，扩大共识
2005 年	中国—东盟外长会议在马来西亚吉隆坡举行，双方表示将推动东亚合作稳定发展
2007 年	中国—东盟外长会议在菲律宾宿务举行，同年10月，第一届中国—东盟质检部长会议举办，这标志着中国和东盟质检部长级磋商机制的正式建立和运作
2008 年	中国—东盟外长会议在新加坡举行，时任中国外交部长杨洁篪表示中方将一如既往地支持东盟在区域合作中发挥主导作用，支持东盟一体化和东盟共同体建设

时间	建立进程
2009 年	中国—东盟外长会议在泰国普吉举行，时任中国外交部部长杨洁篪指出，中方愿在开放市场、推进基础设施建设、加大次区域合作、开发新能源和可再生能源、发展循环经济、加强信息分享，积极促进教育、文化、媒体、旅游合作等方面进一步加强同东盟的交流与合作
2010 年	中国—东盟外长会议在越南河内举行，时任中国外交部部长杨洁篪出席会议并指出，中国和东盟国家同舟共济，相互支持，全面建立中国—东盟自贸区，携手推进东亚合作和一体化建设，成功应对国际金融危机冲击，并在危机的洗礼中增进了互信，提升了合作水平，促进了地区稳定与发展
2011 年	中国—东盟外长会议在昆明举行，时任中国外交部部长杨洁篪出席会议并讲话。会议以中国—东盟战略合作为主题，双方就建立对话关系 20 周年、中国—东盟自贸区建设、东亚合作等在友好、轻松的气氛中充分交换了意见，达成广泛共识
2012 年	中国—东盟外长会议在柬埔寨金边举行，时任中国外交部部长杨洁篪就推进中国—东盟经贸、互联互通、海上合作、社会人文等领域合作提出具体建议，表示中方愿根据东盟共同体建设需要，不断调整中国—东盟合作重点，使双方合作与东盟共同体建设相伴而行
2013 年	中国—东盟外长会议在中国北京举行，中国外交部长王毅表示，中国新一届政府高度重视东盟，将坚定不移地把东盟作为周边外交的优先方向，坚定不移地深化同东盟的战略伙伴关系。希望中国和东盟以建立战略伙伴关系 10 周年为契机，总结经验，规划未来，坚持睦邻友好，聚焦发展合作
2014 年	中国—东盟外长会议在缅甸内比都举行，中国外交部长王毅表示，中国东盟战略伙伴关系经历了黄金 10 年，正在步入起点更高、内涵更广、合作更深的崭新阶段，中国将始终把东盟作为周边外交的优先方向，坚定支持东盟的发展壮大，坚定支持东盟在区域合作中的主导地位，坚定支持东盟 2015 年建成共同体
2015 年	中国—东盟外长会议在马来西亚吉隆坡举行，中国外交部长王毅表示，中方视东盟为周边外交优先方向，建设 21 世纪海上丝绸之路的重点地区，构建以合作共赢为核心的新型国际关系重要伙伴，中方愿将"一带一路"倡议与东盟国家各自的发展战略对接起来，与东盟共同体的建设蓝图对接起来，为中国与东盟的合作开辟新前景。中方愿就深化中国东盟合作提出包括设立工作组，探讨商签中国东盟国家睦邻友好合作条约等在内的 10 项建议
2016 年	中国—东盟外长会议在老挝万象举行，中国外交部长王毅表示，我们要珍惜双方多年积累的信任和友谊，珍惜中国—东盟合作来之不易的良好局面。中国将继续把东盟作为周边外交优先方向，支持东盟共同体建设，支持东盟在区域合作中的中心地位，愿与东盟以纪念对话关系 25 周年为契机，推动双方关系进一步丰富和深化，迈向更为紧密的中国—东盟命运共同体
2017 年	中国—东盟外长会议在菲律宾马尼拉举行，中国外交部长王毅表示东盟作为东南亚重要的区域性组织，不断成长壮大，成为促进区域一体化和维护地区和平稳定的代表性力量。中方提出包括制定中国东盟战略伙伴关系 2030 愿景等七大倡议得到东盟方面的积极回应

时间	建立进程
2018 年	中国—东盟外长会议在新加坡举行,中国外交部长王毅表示,中国—东盟建立战略伙伴关系 15 年来,双方关系不断发展,实现了从量的积累到质的飞跃,从快速发展的成长期迈入提质升级的成熟期,进入了全方位发展的新阶段。中国愿与东盟共享机遇,共迎挑战,构建更为紧密的命运共同体,使中国—东盟合作成为地区和平稳定与发展繁荣的支柱
2019 年	中国—东盟外长会议在泰国曼谷举行,中国外交部长王毅出席会议时指出,双方一要把握对接发展规划的机遇,对接"一带一路"倡议与《东盟互联互通总体规划 2025》;二要把握可持续发展的机遇,缩小东盟内部发展差距,助力东盟一体化建设;三要把握创新合作的机遇,将创新合作作为中国—东盟关系新的增长点;四要把握深化安全合作的机遇,加强防务部门沟通和交流;五要把握深化人文交流的机遇,增强双方关系不断发展的原动力
2020 年	中国—东盟外长会议以视频方式线上举行,中国外交部长王毅就中国—东盟的合作和未来前景提出,在当前局势下,中国与东盟的未来合作及双边关系的发展有以下机遇:公共卫生领域的合作;经贸领域的共建;共同应对非传统安全威胁;发展蓝色伙伴关系
2021 年	中国—东盟外长会议以视频方式线上举行,中国外交部长王毅表示,东盟在中国外交全局中占有重要位置,是中国周边外交的优先方向。中国愿与东盟持续深化抗疫合作、大力推进经济复苏、巩固现有区域合作架构、维护南海地区和平稳定

资料来源:根据中国政府网、中华人民共和国外交部网站——东南亚国家联盟、人民网——时政相关资料整理。

（三）东盟与对话伙伴国会议

1978 年,东盟外长会议的后续会议,首届东盟与对话伙伴国会议召开。参加国包括东盟九国,如泰国、菲律宾、新加坡、马来西亚、印度尼西亚、文莱、越南、老挝和缅甸,十个对话伙伴国包括中国、美国、俄罗斯、日本、加拿大、澳大利亚、新西兰、韩国、印度及欧盟（李玉举,2009）。会议每年由东盟成员国和对话伙伴国的外长出席,主要讨论政治、经济、东盟与对话伙伴国的合作等问题。中国于 1996 年成为东盟全面对话伙伴国（外交部亚洲司,2021）。

二、工作层机制

（一）中国—东盟高官磋商

1995 年,中国和东盟开始在高官层次（副部级）进行政治磋商。中国—东盟高官磋商是双方加强合作的重要工作机制之一,借助这个机制,双方在安全、政治等领域加强了互信。

（二）其他合作

1994 年,双方建立了中国—东盟科学技术合作联合委员会、中国—东盟经济、贸易合作联合委员会；1996 年建立了东盟北京委员会；1997 年建立了中国—东盟联合合作委员会。

三、民间合作机制

（一）中国东盟协会

2004 年 8 月 3 日，中国人民对外友好协会在北京发起并成立了中国东盟协会。该协会旨在通过人员往来、举办研讨会和文化交流等民间和非官方的形式增进各国之间政治、经济、文化、旅游和科技等领域之间的合作与交流，推动各国民间层面的沟通与了解。

（二）中国东盟商务理事会

2001 年在印度尼西亚首都雅加达成立的中国东盟商务理事会是中国—东盟对话合作机制之一，理事会参与方包括中国贸促会、东盟工商会、东盟各国全国性工商会领袖和知名企业家。中国东盟商务理事会自成立以来积极推动中国—东盟行业合作，理事会推动成立的委员会如下：2011 年成立了中国—东盟咖啡行业合作委员会；2013 年成立了中国—东盟食品行业合作委员会、中国—东盟鞋业行业合作委员会；2014 年成立了中国—东盟物流行业合作委员会、中国—东盟建材行业合作委员会、中国—东盟家具行业合作委员会；2016 年成立了中国—东盟中小企业合作委员会、中国—东盟建筑行业合作委员会、中国—东盟医药行业合作委员会；2017 年成立了中国—东盟会展行业合作委员会、中国—东盟科技产业合作委员会、中国—东盟日化行业合作委员会；2018 年成立了中国—东盟建筑装饰行业合作委员会。

第三节　合作机制的部分磋商成果

2007 年，中国和东盟在菲律宾宿务签署了《服务贸易协议》，为中国—东盟自贸区的建立奠定了基础。2009 年，中国和东盟签署了《中国—东盟自贸区投资协议》，决定成立中国—东盟中心。作为一个政府间的合作组织，中国—东盟中心为中国与东盟国家旅游机构创造了合作条件，各国在国家层面合作共享旅游资源；同时，中国与东盟诸国分别签署了旅游合作协议，定期举办"10+3"旅游部长会议等，中国与东盟的旅游合作关系日渐紧密。2016 年，东盟十国旅游部长在菲律宾首都马尼拉共同发布了《东盟旅游战略规划（2016—2025）》，该文件规划了东盟未来 10 年旅游市场一体化发展蓝图，并提出有必要采取更具战略性的方法来应对单一目的地营销、质量标准、人力资源开发、连通性、投资、社区参与、安全和安保以及自然和文化遗产保护等挑战，将东盟发展成为一个有竞争力、可持续、更具社会经济包容性和综合性的旅游目的地。2016 年 3 月，中国和东盟签署了《落实中国—东盟面向和平与繁荣的战略伙伴关系联合宣言的行动计划（2016—2020）》，双方承诺加强各级旅游主管部门与旅游企业的联系与合作，鼓励数据和信息共享，共同开发旅游产品，实施合作项目。2017 年 11 月 13 日，中国与东盟在马尼拉举行的第 20 次中国—东盟峰会上发表了《中国—东盟旅游合作联合声明》，该声明强调了旅游产业发展对双方推动人文交流和社会经济永续发展，以及为增进互信和维护地区稳定的战略意义。对于进一步实现旅游产业发展，双方也从制度建设、信息共享、联合推介、服务水平提升、人力资源开发、互联互通发展等领域提出了新的目标（张志文，2017）。

第十一章　互信背景下的中国与东盟国家区域产业合作

　　东盟地处太平洋和印度洋的交汇处，地理位置极佳，邻近全球重要航道和海上交通要塞。东盟部分国家是中国与东盟国家的主体成员，自成立以来就在中国与东盟国家地区发挥了重要的区域经济合作作用，成为区域合作的成功典范。作为"海上丝绸之路"建设的重要节点地区，中国与东盟国家区域合作产业主要涵盖海上交通运输及海洋经济等相关产业。

　　多年来，中国与东盟国家之间通过建立多个层面的对话机制以深化双方的互信。多国邮轮产业合作的基础在于互信，中国与东盟国家邮轮产业的全面合作，涵盖了邮轮旅游资源共享、邮轮设计制造的协作、跨国邮轮公司的管理与运营等诸多领域。随着"一带一路"合作机制的提出，亚投行、丝路基金的设立，双方的合作互信关系进一步稳固。在互信基础上建立起来的产业合作，能够超越地域与文化的藩篱，促进产业融合与发展。中国—东盟围绕区域合作、地区政治经济发展所进行的各项沟通与交流，为双方充分发挥各自的产业优势，扩大产业合作提供了必要的保障。

　　中国与东盟国家之间基于互信的区域产业合作存在三种模式，分别是合作与互利共赢、协同竞争与趋同共存、冲突与相互制衡。合作与互利共赢就是两国在经贸交往中相互配合、彼此协作，求同存异，最终达到珠联璧合、互利共赢，实现双方的共同利益。国与国之间的共赢，也体现在解决经济利益冲突时，双方能够彼此合作，化解矛盾，进一步加强双方的经贸合作关系。对于国家之间的冲突，双方既存在各自的利益差异，又存在共同利益，彼此在经济合作中如能采用积极策略促进双边关系发展，则可以推动两国的利益趋同并实现收益最大化。协同竞争与趋同共存，经济全球化及竞争加剧的背景下国家之间出现了协同竞争，邻近区域的经济交往会促进彼此之间的政治及文化的交流，建立在互信基础上的交流推动了趋同共存。冲突与相互制衡就是使相互对峙的多方力量能够保持均衡态势，通过互相制衡，多方力量能够行使自己的权利和义务。中国与东盟国家地域相邻，经济互补，各方经济合作发展的前提在于能否确保在政治上实现充分互信，这是中国与东盟国家地区产业合作长期稳定发展的先决条件。

在国际政治领域，国家之间的关系一般为无政府状态，国与国之间没有主权拥有者。各国之间缺乏一个凌驾于各国之上的权力机构，那些理性的国际关系参与者追求的首先是保证各自的领土完整以及国内政局的稳定，其次是寻求自身实力的最大化，如强国通过不断地增强实力以提升自己的相对实力，以便与其他强国实现外交均势，弱国与弱国之间、弱国与强国之间通过结盟来加强自身力量，达到自我保护的目的。东盟十国通过联盟的方式增强整体实力，借以提高其在国际政治经济领域的影响力。目前中国是东盟最大的贸易伙伴国，东盟是中国周边外交和经贸合作的重点区域。东盟作为区域共同体在推动亚太地区经济、政治和安全合作等方面起到了重要的作用，形成了以小国带动大国参与区域合作的态势。中国与部分东盟成员国接壤，中国与东盟所有国家均建立了外交关系，东盟与中国在政治、经济、安全等领域互补性较强，双方建立互信有助于互联互通项目建设。

第一节　中国—马来西亚互信与产业合作

互信是国家之间开展产业合作的基础，1974 年马来西亚成为第一个与中国建交的东盟国家。1974 年拉扎克总理访华，之后马来西亚与中国建交，两国关系实现正常化。1981 年马哈蒂尔担任马来西亚总理，以反对美国霸权主义为由，主张"向东看"，时值中国改革开放，马来西亚积极加强与中国在政治经济领域的合作，中马两国开始加快产业合作。2005 年两国发表联合公报，承诺两国将扩大和深化战略领域的合作，双方将在政治外交领域高度互信。2016 年，马来西亚积极响应中国提出的"一带一路"倡议并与中国开展了多个项目的合作。

中马两国在钢铁、光伏、通信和房地产等领域深度合作，借助"两国双园"模式，即两国在对方国家互设产业园，如建立中马钦州产业园、中马关丹产业园，双方逐渐形成了港口—双园—运输—新区—制造等领域的合作布局，包括皇京港、巴生港、关丹港、港口联盟、钦州产业园区、关丹产业园区、东海岸铁路、南部铁路、马来西亚城、基都绒燃气循环电站、曼绒燃煤电站、沐若水电站等大型项目（史田一，2020）。产业园的建立为两国实现供应链及优势产业的聚集、国际双向投资合作提供了便利，马来西亚的关丹和中国广西钦州将成为"一带一路"陆海新通道的重要节点。2018 年 8 月，马哈蒂尔再次当选总理后首次访问中国，到访了阿里巴巴总部、大疆创新公司及吉利集团总部，随后中马发表联合声明，表示将推动两国政府"在信息通信技术、数据分析、设计研发、物联网、云计算和人工智能等高价值领域开展技术转移等合作"，大力促进电子商务等领域的合作。① 当前，马来西亚也面临数字经济与传统产业融合的趋势，马哈蒂尔第二次访华期间表示希望将中国的 5G 及人工智能技术引入马来西亚，通过与中国合作以提升马来西亚高端制造业水平。

第二节　中国—新加坡互信与产业合作

新加坡是推行"小国大外交"的成功范例之一。多年来新加坡对中国大力开展经济外交，同时采取大国平衡战略，以确保自身的经济利益与安全利益，新加坡扮演了东盟与中国关系协调者的角色。中国和新加坡的互信可以分为三个阶段：第一阶段是 1965~1974 年。在这一阶段，双方没有高层互访，彼此缺乏信任。20 世纪 70 年代，中国开始积极接触东南亚国家，1971 年新加坡代表队应邀到北京参加了"亚非乒乓友谊赛"。1972 年，中国乒乓球队进行了回访，中新两国开始了"乒乓外交"。第二阶段是 1975~1990 年。1975 年新加坡外长拉贾拉南访华，1976 年新加坡总理李光耀率团访华，1978 年中国领导人邓小平访问新加坡，1979 年中新两国签订贸易协定，1980 年两国互设商务代表处。两国经贸交往日益密切，高层互访交流频繁，双方的互信逐渐增强。第三阶段是 1990 年两国建交至今，中国在这一阶段开始了全面的深化改革开放，新加坡适时地加入了这一进程，两国展开了一系列合作（方晓，2020）。

1991 年新加坡出台了战略性经济计划，同时鼓励本国企业在亚洲各国建立新加坡工业园区继续生产，将区域化战略作为新加坡加快经济起飞的重要策略之一。新加坡在中国建立了苏州新加坡工业园、无锡新加坡工业园、沈阳新加坡工业园、天津生态城、广州知识城等项目，利用中国人力成本较低的优势，发展制造业，将附加值较低的产业移出新加坡。新加坡结合自身的特点大力开展经济外交，与中国达成广泛而稳固的经济合作关系是中新交往的特点之一。两国建交后经贸关系迅速发展，2008 年两国建立了中新自由贸易区，2013 年中国成为新加

---

① 中华人民共和国政府和马来西亚政府联合声明 [EB/OL]. (2018-08-21) [2020-04-15]. http://www.beijingreview.com.cn/shishi/201808/t20180821_800138703.html.

坡最大的贸易伙伴。1994年5月启动的苏州新加坡工业园区由中、新两国合作开发建设，经过多年的发展，目前入驻园区的企业超过10万家，2021年规模以上工业总产值超过6000亿元，被誉为"国际合作的成功典范"。2007年11月，中新两国签署协议，正式立项天津生态城项目。天津生态城是全球第一个由两个国家合作开发建设的生态城项目，旨在聚焦全球气候变化、加快节能环保技术的推广和应用，为中国乃至全球其他城市提供可持续发展的建设样板。

第三节　中国—泰国互信与产业合作

泰国是东盟第二大经济体，同时也是奉行"大国平衡外交"战略的中小国家之一。作为东盟创始国之一，泰国在东盟内部的政治、经济、安全共同体构建进程中起到举足轻重的作用，在东盟内部具有较强的号召力。1975年7月泰国与中国建交之后，一直与中国保持着良好的合作关系，1997年亚洲金融危机期间，中国通过国际货币基金组织向泰国提供了10亿美元贷款，帮助泰国渡过危机（李文、陈雅慧，2011）。1999年2月，中国与泰国签订《中华人民共和国和泰王国关于二十一世纪合作计划的联合声明》，肯定了两国关系已经发展成为不同社会制度国家和睦相处的典范，同时表示进一步拓展双方之间睦邻互信的全方位合作关系，从而使中泰关系进入一个新的发展阶段（中华人民共和国外交部，2020）。2001年8月，中泰两国发表《联合公报》，就促成两国战略性合作达成共识。2011年12月22日，中泰两国在泰国曼谷签署《中华人民共和国政府和泰王国政府关于可持续发展合作谅解备忘录》；2012年4月19日，中泰两国在北京签署《中华人民共和国和泰王国关于建立全面战略合作伙伴关系的联合声明》，标志着中泰两国关系进一步提升为全面战略合作伙伴关系。2012年7月至2015年7月，泰国在担任东盟—中国对话伙伴协调国期间，通过推动正式或非正式会议，促进东盟与中国之间逐步建立互信。

2013年习近平总书记到访东南亚期间提出"一带一路"倡议，得到泰国政府的积极响应。2014年12月泰国总理巴育访华期间，表示愿与中方深化铁路、通信、旅游等领域的合作，促进区域互联互通，朝着建立亚太自由贸易区的目标迈进。[①] 2014年12月，中泰签署《中泰铁路合作谅解备忘录》，作为泛亚铁路的

---

① 习近平：中泰铁路合作"我感到满意"[EB/OL].（2014-12-24）[2021-01-08]. https：//www.bjnews. com. cn/news/2014/12/24/347059. html.

一部分，该铁路将连接泰国北部的廊开和南部港口马普达普，① 经过多轮谈判，中泰铁路合作项目一期工程终于 2017 年 12 月开工，项目全长 867 千米，预计 2027 年初竣工开通。泰国和中国的产业合作以互补性产品合作为主，双方在各自的优势领域进行投资，辅以先进技术，优化流通环节，同时推进泰中两国在科技、文化、教育、信息等领域的全面合作。中国和泰国合作建立产业园，以泰中罗勇工业园为代表。罗勇工业园区位于泰国东部海岸，靠近泰国首都曼谷和廉差邦深水港，包括一般工业区、保税区、物流仓储区和商业生活区，主要吸引汽配、机械、家电等中国企业入园设厂。泰中罗勇工业园被中国政府认定为首批"境外经济贸易合作区"，也是中国传统优势产业在泰国的产业集群中心与制造出口基地，最终形成集制造、会展、物流和商业生活区于一体的现代化综合园区。②

第四节　中国—越南互信与产业合作

越南与中国于 1950 年建立外交关系。1950~1975 年，中越关系平稳发展，友好往来，中国对越南在军事、经济和技术领域给予了大量援助。1991 年中国与越南实现邦交正常化，21 世纪初两国逐步开始区域经济合作。中国—越南（深圳—海防）经贸合作区（深越合作区）于 2008 年成立，该合作区所在的越南海防市是越南北部最大的港口城市，位于越南"两廊一圈"规划和中国"一带一路"倡议的交汇点上，距离中国边境 220 千米。③ 深越合作区的发展模式是依靠两国政府，为海外的科技型企业提供发展平台，园区重点引进电子、机电类企业，助力中国低端制造业转移海外，形成"中国总部+越南工厂"的发展模式。2013 年，越南响应中国提出的"一带一路"倡议，与中国云南省合作建立了河口—老街跨境经济合作区，总面积 21 平方千米，其中云南境内 11 平方千米，越南境内 10 平方千米，合作区域内的主导产业包括现代物流、跨境商贸、国际会展及加工制造业等。2014 年 11 月，时任国务院总理李克强在东盟一领导

① 中泰签署铁路和农产品贸易两项合作谅解备忘录 ［EB/OL］. (2014-12-25)［2021-05-15］. http：//www.scio.gov.cn/ztk/wh/slxy/htws/Document/1388923/1388923.htm.

② 泰中罗勇工业园——促进泰国工业和产业发展完善 ［EB/OL］. (2022-07-13)［2022-07-18］. http：//world.people.com.cn/n1/2022/0713/c1002-32474122.html.

③ 中国·越南（深圳-海防）经济贸易合作区 ［EB/OL］. (2021-02-17)［2022-08-10］. http：//www.cocz.org/news/content-286474.aspx.

人会议上提出构建澜湄合作机制的设想，得到了越南、老挝、缅甸、泰国和柬埔寨等国的积极支持。越南与中国同为社会主义国家，政局较稳定，且具有劳动力成本低廉的优势。在澜湄合作机制框架下，越来越多的中国企业赴越南投资，中国与越南的产业合作从最初的加工制造业转向服务业、农林渔业等，合作领域多样化。

越南在外交政策上同样采取了大国平衡策略，以寻求掌握更多的话语权。越南是东南亚国家，自身产业基础薄弱，南海海域的石油成为其支柱产业之一，中国成为越南原油最大的出口市场。[①] 2018 年 9 月 21 日，越南国家主席陈光大在任期内突然病逝，越共中央总书记阮富仲兼任了国家主席一职，越南对中国的外交政策开始转变，越南表达出了与中国开展深度合作的意愿。

第五节 中国—菲律宾互信与产业合作

中国与菲律宾于 1975 年建立外交关系，多年来，中菲两国之间的关系始终受到政治、经济、域外大国干预等方面的影响。作为曾经的美国海外殖民地，菲律宾虽然早在 1946 年就宣布独立，但美国长达 50 多年的殖民统治对其政治、经济、意识形态影响颇深。

在 21 世纪的最初十年，阿罗约执政时期，中菲关系经历了发展的黄金十年，两国的互信持续加深，高层往来频繁，双方在经贸、军事、文化交流等领域的合作不断深化。2010 年 5 月，阿基诺三世当选总统，在其执政初期，中菲关系呈现了良好的发展势头。2016 年杜特尔特当选菲律宾总统，因其不满美国对其内政的干涉，菲美关系趋冷，与此同时，菲对华政策发生了改变，两国在继续深化经贸合作的同时，加强了安全合作。2016 年，菲律宾对中国提出的"一带一路"倡议规划给予了积极回应，表示愿意将基础设施建设计划对接中国的"一带一路"倡议。在菲方的积极回应下，中国对菲律宾的项目投资数量及投资金额的大幅攀升。中国与菲律宾产业合作领域主要包括基础设施建设、通信、能源、旅游及服务业等。菲律宾的公路、轨道交通、桥梁建设等都是基建领域的重点合作方向。中国推动的国际产能与装备制造合作规划与菲律宾发展工业现代化的诉求高度契合，双方合作前景广阔（邹昊飞、韩勇，2017）。通信服务也是中菲合作的重点领域之一，菲律宾的通信市场长期由 PLDT 和 Globe 主导，实为双寡头垄断，

---

① 中国成为越南最大的原油出口市场 [EB/OL]. 越南共产党电子报网，（2018-09-19）[2022-08-10]. https://cn. dangcongsan. vn/cate-3085/article-498235. html.

导致通信服务和网络质量较差。菲律宾总统杜特尔特希望能够将中国电信公司引入菲律宾，以打破菲律宾通信市场的垄断，2018 年 11 月 19 日，中国电信及其本地合作伙伴 Udenna 组成的联合体成为菲律宾第三家电信运营商竞标的正式中标方。① 中国电信进入菲律宾通信市场后，将带动国内通信设备、铁塔与通信建设服务、光缆与光源器件、手机与智能终端等通信产业链上下游企业与菲律宾通信产业全面对接。中菲通信产业合作有效地推动了菲律宾通信基础设施建设，有助于中国互联网应用产业，如移动支付、游戏、视频、电子商务等进入菲律宾市场。同时，中国在水电开发方面的优势可以帮助菲律宾减少不可再生能源的消耗，2018 年 11 月 20 日，中国能建与菲律宾方代表签署了卡利瓦大坝项目和克拉克工业园项目协议。卡利瓦大坝项目是菲律宾新百年水源计划的重要组成部分，规划建设一座 5700 万立方米的水库，向大马尼拉地区每日供应 6 亿升生活用水。② 克拉克工业园是菲律宾政府的旗舰项目，也是中菲两国政府间产业园区合作规划纲要下的重点子项目之一，项目位于菲律宾北部邦板牙省克拉克新城，园区占地约 500 公顷，拟规划商业、工业、居住及混合用地，并引入高科技和制造等产业。③

第六节　中国—印度尼西亚互信与产业合作

中国与印度尼西亚在 1950 年建立了外交关系，1967 年两国外交关系中断，1990 年两国恢复外交关系。"全球海洋支点"战略旨在使印度尼西亚成为全球海洋的核心及横跨印度洋和太平洋的海洋大国。印度尼西亚的海洋政策涵盖了海洋文化、海洋经济、海洋外交、海洋意识和海洋防务等多个领域。2013 年中国提出"一带一路"倡议构想，与印度尼西亚的"全球海洋支点"战略有很多相通之处，印度尼西亚政府对"一带一路"倡议表现积极，佐科政府较为重视"一带一路"倡议与"全球海洋支点"战略的对接，印度尼西亚积极寻求外部投资合作以协助其进行基础设施建设，与周边国家实现互联互通及加强海洋支点

① 菲律宾缘何吸引了中国电信？［EB/OL］.（2018-11-20）［2020-04-10］. http：//www.cww.net.cn/article？id=442790.

② 中国能建签署卡利瓦大坝等两项项目协议［EB/OL］.（2018-11-22）［2020-03-12］. http：//www.sasac.gov.cn/n2588025/n2588124/c9850047/content.html.

③ 中国能建签菲律宾克拉克工业园项目协议［EB/OL］.（2018-11-21）［2020-03-13］. http：//www.cocz.org/news/content-289876.aspx.

建设。

2017 年 5 月佐科总统邀请中方参与印度尼西亚"三北"经济走廊的三个重大项目，这三个项目将整合北苏门答腊、北苏拉威西和北加里曼丹地区的交通业、工业及旅游业等项目建设，在实现互联互通的基础上推动区域经济快速发展。对中国而言，中国正在经历产业结构优化升级，可以向印度尼西亚转移部分产能，投资海外的中国企业可以利用该地区较低的人工成本及能源优势获得收益，与此同时，印度尼西亚也提升了基础设施和工业化水平。印度尼西亚与中国的产业合作集中在基础设施建设、制造业及旅游产业等方面。中国与印度尼西亚合作建立的产业园区包括中国印度尼西亚经贸合作区、中国印度尼西亚综合产业园区青山园区。中国印度尼西亚经贸合作区位于距离印度尼西亚首都雅加达 37 千米处的绿壤工业园区内。中国印度尼西亚综合产业园区青山园区位于印度尼西亚中苏拉威西省摩罗瓦里县，青山园区定位资源利用型园区，总规划面积 1664 公顷（沈桂龙，2018）。

第七节　中国—文莱互信与产业合作

1984 年文莱脱离英属殖民地，独立建国，以"马来、伊斯兰和君主制"为其政治制度。1991 年 9 月 30 日，中国与文莱建交。此后，两国政府签署了一系列合作文件，这些文件积极促进了两国在航空、旅游、文化、教育、司法等领域的交流与合作。两国自建交以来，高层互访频繁，互信不断增强，两国经贸关系不断升温，进出口贸易额连年攀升，合作领域不断深化。2013 年 10 月，在李克强总理访问文莱期间，两国发表《中华人民共和国和文莱达鲁萨兰国联合声明》，双方决定进一步深化两国关系，并一致同意加强海上合作，推动共同开发（《大国战略》编委会，2018）。中国和文莱在海洋资源开发领域深度合作，合作领域主要包括油气勘探、油气开采、油气炼化、油气下游产业基础设施建设和油田服务等方面。两国在稳定和扩大能源产业合作的同时，进一步拓展了农业和渔业、信息通信、基础设施建设等领域的合作。

2014 年，中文两国签署了《文莱—广西经济走廊经贸合作谅解备忘录》，"文莱—广西经济走廊"建立的目的在于扩大双方进出口规模、增加就业机会，加速广西的工业化进程，推动文莱经济多元化发展。合作区一方面可以充分发挥文莱政局稳定、资金充裕、投资政策优惠、清真认证完善以及连通穆斯林市场的优势，另一方面可以充分发挥广西劳动力资源丰富、土地供应充足、研发、制造和技术等方面的优势。合作区以文莱的生物创新走廊、文莱工业发展局（BINA）管辖的 9 个工业区及摩拉港，广西南宁市及周围村镇、钦州港为合作的重要地区，围绕着食品加工、制药、中医药制成品、化妆品生物技术研究和医疗保健品等业务领域进行合作。① 广西和文莱在旅游、港口物流、农业和渔业等产业合作方面的经济互补性较强，双方在热带水果、近海养殖和生态旅游等领域的合作初见成效，合作区旨在通过经贸及产业合作的方式提升两国友好合作关系。2019年 4 月，习近平与文莱苏丹哈桑纳尔会晤时提出将"广西—文莱经济走廊"建设成为中国—东增区合作及"陆海新通道"建设的双示范项目，深化经贸、投资、农渔业等领域合作，分享数字经济、电子商务等新兴产业发展经验。② 经过多年的建设，"文莱—广西经济走廊"已经成为中国和文莱在地方层面合作的最具影响力的项目之一，该经济走廊加速了中文两国互联互通，推动了中国与东增区的合作，拓展了"一带一路"合作空间，进一步深化了中文两国的互信。

第八节 中国—柬埔寨互信与产业合作

1953 年，柬埔寨摆脱法国殖民统治宣布独立，并于 1958 年与中国正式建立外交关系。此后，中柬两国高层互访频繁，除了 1971～1975 年高棉政府执政期间外，两国均保持了良好的外交关系。中国和柬埔寨政治高度互信，合作基础良好，1994 年中国对柬埔寨开始直接投资，投资主要集中在基础设施建设、房地产、通信、农业、纺织业及传统服务业等领域。2019 年 1 月柬埔寨首相洪森访华，与习近平主席及李克强总理分别举行了会谈，中柬双方同意以交通、产能、能源、贸易、民生"五大版块"为重点，加强下阶段在"一带一路"框架下深度务实的合作，进一步提升两国经贸合作规模和水平（李凌秋，2019）。目前，中国是柬埔寨第一大外资来源国，中国倡导的"一带一路"与柬埔寨的"四角战略"目标一致，中柬合作能够实现互利共赢。柬埔寨的西哈努克港是其最大的海港，港口所在城市是柬埔寨唯一的经济特区，由江苏红豆集团等四家中国企业与柬埔寨共同打造的"西港经济特区"就是一个成功的范例（王蔚，2009）。

---

① "文莱—广西经济走廊"评析［EB/OL］.（2014-10-08）［2020-05-10］. https：//cari. gxu. edu. cn/info/1087/4148. htm.

② 习近平会见文莱苏丹哈桑纳尔［EB/OL］.（2019-4-26）［2020-05-11］. https：//www. mfa. gov. cn/web/zyxw/201904/t20190426_346311. shtml.

第十二章　中国与东盟国家互信的
困境与解决路径

第一节　中国与东盟国家互信的困境

中国与东盟国家间和东盟成员国之间的互信是影响区域国家合作的一个重要因素。1996 年，中国正式成为东盟的全面对话伙伴。2003 年，中国率先加入《东南亚友好合作条约》。2008 年，中国任命了第一位驻东盟大使。2011 年 11 月，东盟—中国中心（ACC）正式成立。作为一站式的信息和活动中心，ACC 发挥了促进东盟与中国在贸易、投资、教育、文化、旅游、信息和媒体等领域合作的作用。

一、中国与东盟国家间的关系

在当前大的政治经济背景下，中国与东盟的互信在不断加深。自 1996 年中国成为东盟全面对话伙伴国开始，中国与东盟各方开始频繁高层互访，并相继在经济、贸易、教育、旅游、交通和安全等方面展开了全方位的合作，民间的人文交流也日趋频繁，东盟在 2020 年取代欧盟成为了中国最大的贸易伙伴，这些因素都证明了中国与东盟之间良好的战略伙伴关系。中国—东盟国家间双边关系如表 12-1 所示。

表 12-1　中国—东盟国家间双边关系

国家	双边关系
中国—泰国	合作较好，有良好互信度

国家	双边关系
中国—越南	合作持续扩大，互信度低
中国—马来西亚	深度合作，互信度有待加强
中国—新加坡	深度合作，互信有待加强
中国—菲律宾	有一定合作，缺乏互信
中国—文莱	有一定合作，互信需要进一步加强
中国—柬埔寨	经济合作持续扩大，互信稳定
中国—印度尼西亚	有一定经济合作，双边贸易不均衡，互信度低

资料来源：根据 Project Muse 公布资料整理。

东盟提出并实施的平衡战略是影响中国—东盟互信的重要因素之一，20 世纪 60 年代东盟就提出了大国平衡战略，核心宗旨是不参与任何大国之间的敌对和斗争，但同时也不允许任何国家干预东南亚国家间的内部事务。

中国崛起所带来区域内国家发展不平衡和社会文化包容性的差异也会影响中国东盟之间的深入合作。这些影响因素可以分为两个方面：一方面，中国近 20 年的人口数量和国民生产总值都在持续增长，其发展速度远超大部分东盟国家，造成了区域国家间的发展差异，这也会影响周边国家的整体心态；另一方面，虽然中国是由 56 个民族组成的社会，但几千年以来中国以汉文化为中心，其主流道德思想深受孔孟文化的影响，对其他民族和宗教的包容性和接纳性可能略逊于部分东盟国家，如菲律宾、马来西亚、新加坡。这两方面原因引起了一些东南亚国家对于中国整体社会道德规范、文化包容性和大国强权方面的担忧。

综上所述，中国和东盟之间的关系是复杂而微妙的，双边关系的影响因素包含领土争端、大国平衡、经济利益、思想文化和区域战略等因素。西方利益集团以安全保护和利益为由拉拢该区域国家，希望借此减弱中国在东南亚的影响力。目前中国与东盟成员国之间存在广泛的经贸合作，东盟不会因为内部某个成员国与中国之间的一些矛盾而与中国交恶。往来频繁的双边贸易、巨大的经济利益驱使绝大多数成员国继续保持与中国的良好双边关系，并在对各国都有利的合作项目和政策上继续与中国同向而行。

二、东盟成员国国家间的关系

东盟成员国之间因为利益、经济发展程度不同等原因而关系微妙。李光耀、马哈蒂尔和苏哈托都曾经是处理东盟成员国之间关系的重要人物，他们曾引领东盟成员国由全面合作阶段过渡到深度合作阶段。目前东盟各国之间的关系除历史经验、各国的国家战略、国内政局和经济发展等原因之外，还受地理位置、发展历史、宗教文化等因素的影响。

从宗教、文化和地理位置来看，印度尼西亚、马来西亚和文莱边境相邻、文化相近、宗教信仰相同，但三国的关系却不稳定。尤其是印度尼西亚和马来西亚，自两国独立以来，印度尼西亚和马来西亚在社会、经济和政治发展方面理念不同，有时两国会出现严重的双边紧张局势。另外，印度尼西亚的媒体在加剧紧张局势方面也起到了推波助澜作用，边境争端也是导致两国关系紧张的因素之一。尽管两国摩擦不断，但由于边境相邻、地缘相接，政府高层频繁互动，促使两国关系逐步向正常化发展。文莱地处中国与东盟国家带最南端，自身经济结构比较单一，和其他国家之间没有更多的利益和边境冲突。

新加坡和马来西亚双边关系密切，两国的历史和文化渊源相似，两国都是由马来人、华人和印度人组成的多种族国家，都经历过英国的殖民统治。泰国、柬埔寨和越南地处中国与东盟国家区域北部，与中国相邻，受中国影响较多。柬埔寨和越南由于边境争端和历史、宗教信仰及文化等原因，两国关系始终存在芥蒂。柬埔寨和泰国因边境问题一直无法得到有效解决而关系复杂，2011 年因为柏威夏寺问题两国曾发生过激烈的武装冲突，后经海牙国际法庭调解，两国关系有所缓和。泰国在东盟中的政治声望较高，其政治主张也得到东盟绝大多数国家的认同，国内政坛呈现"动而不乱"的态势。在经济上泰国对柬埔寨的影响在逐步增大，对其产生了一定的支配能力，并成为柬埔寨的第六大投资者。

目前，东盟内部有三大共同体成为合作支柱，即东盟政治安全共同体、东盟经济共同体和东盟社会文化共同体，虽然与北大西洋公约组织（北约）的集体安全机制不同，但成员国已承诺"将其安全视为彼此相连的根本"。这些机制不仅包括东盟成员国之间的部长级磋商，也包括东盟地区论坛上东盟与包括中国在内的非成员国之间的复杂定期磋商。东盟正不遗余力地为了区域安全和经济发展而努力，东盟内部国家关系也会随之发生变化。

第二节　中国与东盟国家互信的路径选择

随着中国改革开放的持续推进，综合实力的全面提升，中国秉持亲诚惠容的外交理念，逐步改善与东盟各国的关系，为中国与东盟国家地区邮轮产业合作创造了良好的外部条件。高水平的互信将引领区域产业合作稳步发展，提质升级。合作各方互信程度越高，越容易促进区域各国政策沟通，消除误解，达成谅解，形成同舟共济、患难相扶的区域产业合作机制。

中国与东盟国家合作区域具备巨大的邮轮产业发展潜力，该区域拥有丰富的人力和自然资源，各国硬件和软件的优势互补将有效提高地区产业竞争力。中国与东盟国家之间的区域合作对于本地区的政治、经济及社会发展影响颇深，区域的平稳发展为中国和部分东盟国家深入合作奠定了基础。中国与东盟国家有着较为接近的合作目标，地缘关系与合作协议加强了互信建立的基础，互信的提升促进了各国邮轮产业对接的力度与效果。中国与东盟国家区域合作框架下政治信任度的构建受合作各方利益再平衡与再分配的影响，因此推动合作各方提升互信、加强非传统安全合作、经济合作与人文交流尤为重要。

一、培育互信的积极因素，增进文化认同与交流

文化认同有助于中国与东盟国家各国建立互信，东盟部分国家与中国同属东亚文化圈，这些国家与中国有着相似的文化背景，双方在长期的交往中，汉语逐渐渗透到东盟各国的语言当中，成为中国与东盟各国文化交流的桥梁，加之中国与东盟国家各国华人华侨数量众多，部分国家建立了完整的华文教育体系、华文传媒中心，进一步扩大了中华文化的影响力，进一步加深了中华文化与本地文化的融合度。部分国家的华人华侨社团通过举办宗族祭祀、中国文化交流等活动，形成强烈的文化传播性，推动中国传统民俗融入东南亚国家的文化当中，如马来西亚、新加坡、菲律宾等国将春节确定为法定假日。在增进文化交流与认同方面，中国可以充分调动中国与东盟国家诸国华人华侨在文化交流中的积极作用，海外华人虽然在政治上认同所在国政府，但是其所传承的文化与中华文化同根同源，其中华文教育、华文传媒和华人社团成为海外华人传承中华文化的重要载体，是延续华人华侨社会存在的关键力量，也是华人华侨社会扩大文化影响力、增进所在国对中华文化的了解及交流的重要途径之一。中国与东盟国家各国通过搭建合作交流平台，建立人文交流专家智库，促进教育、旅游及文化产业合作，促进民间的交往和沟通，深化人文交流有助于各国增信释疑，加深互信。文化交流方面，通过在各国互设人文交流办事处，举办官方和非官方的文化交流论坛，建设海上丝绸之路文化产业园、海洋文化博物馆，促进非物质文化遗产的相互交流，推动优秀影视节目的落地和交易平台的构建。在教育产业合作领域，各国可以合作举办各类各级别教育培训机构，创建各国留学生双向教学基地（周志华，2017），发挥各国在各类产业方面的比较优势。

二、完善国际经济新秩序，加强区域经济合作

国际新秩序包括政治新秩序和经济新秩序两部分，其中经济新秩序占据主导

地位。国际经济新秩序的建立推动了经济全球化，经济全球化进一步加剧了全球产业链的分离与整合，产业链的构建不再囿于以地域为界的生产要素分工，而是演变为以现代工艺技术为基础的分工，产业链内的价值分布随着地域的扩张而发生变动，产品更新换代的速度加快，全球产业升级的时限缩短。

在经济层面，中国与东盟国家大都支持多边主义和自由贸易，合作前景广阔，各方对区域合作的观念相似，经济合作是助推区域内各国经济增长的最直接、最有力的方式之一，合作能够促进互利共赢，中国可以借助周边国家对中国经济高速发展所产生的依赖性，进一步构筑经济合作利益共同体。互信是建立经济合作的基础，而经济合作的深化又对互信产生了更高的需求，经济合作进一步推动了互信的建立。1997 年东南亚金融危机，中国适时向东南亚各国伸出援手，并承诺人民币不贬值，中国负责任大国的做法赢得了东盟国家的信任。2000 年，在中国东盟领导人会议期间与会领导人提出了构建自贸区的设想，旨在加强中国与东盟的经贸合作；中国东盟自贸区 2002 年开始启动，2010 年正式建成。2019 年 10 月，中国—东盟自贸区升级《议定书》(《中华人民共和国与东南亚国家联盟关于修订〈中国—东盟全面经济合作框架协议〉及项下部分协议的议定书》) 对所有协定成员全面生效，2019 年东盟成为中国第二大贸易伙伴，2020 年东盟跃升为中国第一大贸易伙伴。[①]

完善国际经济新秩序、加强区域经济合作可以通过以下举措：首先，中国与东盟国家各国加快建设区域经济协调政策体系，借鉴欧盟、北美自贸区等合作区的成功经验，推动法律法规、组织及监管体系的建设。其次，中国与东盟国家大多处在全球价值链和产业链的中低端，中国凭借与他国共同建设"新海上丝绸之路"的契机，通过优势产能"走出去"以促进制造业转型升级。中国与东盟国家各国在建立自贸区的过程中形成单一市场，部分国家因自然资源或人力成本优势成为生产基地。再次，充分发挥中国—东盟建立的多个经济合作平台，加强对话，如利用中国—东盟商务与投资峰会和博览会，推进经贸高层对话，凝聚合作共识，进一步推动自贸区合作共赢。加快国际陆海贸易新通道、澜湄经济带、中老经济走廊、中缅经济走廊等建设，以次区域经济合作促进中国和东盟的联动发展。[②] 最后，中国与东盟国家各国亦可从观念、体制等角度优化研发创新体系，各国政府加强引导，促进邮轮产业体系的建立，加强生产要素协同供给、精准匹

---

① 乘风破浪，后来居上：东盟成为 2020 年我国第一大货物贸易伙伴 [EB/OL]. (2021 - 01 - 03) [2021 - 02 - 12]. http：//asean. mofcom. gov. cn/article/jmxw/202101/20210103030949. shtml.

② 中国—东盟命运共同体建设的整体思路 [EB/OL]. (2020 - 07 - 09) [2020 - 09 - 12]. http：//ex. cssn. cn/gd/gd_rwxn/gd_ktsb_1696/zbmygttjsllysj/202007/t20200709_5153279. shtml.

配的同时助力企业提高研发能力。具体可以通过引导生产要素、功能要素突破地域限制，提升要素流动的便利性，提高跨区域邮轮产业的关联性，围绕创新链、人才链和供应链，推动邮轮相关产业的垂直整合，增强合作区域的产业竞争力。在中国与东盟国家地区邮轮产业合作方面，合作各方可以整合产业资源的主导力为长期目标，以整合产业资源的竞争力为短期目标。中国与东盟国家地区正经历百年未有之大变局，"东升西落"成为时代趋势，本地区企业应抓住当前全球产业格局变动的最佳机遇，与域外优势企业合作，优化区域产业链布局。在域外产业交流方面，合作区可以主动对接邮轮产业链高端和价值链核心，在更广阔的地理空间和领域推动建立技术密集型的现代邮轮产业体系，以此逐步融入全球邮轮产业生态圈。

三、构建海洋命运共同体，增进互信共谋发展

海洋命运共同体是人类命运共同体在海洋领域的实践，构建海洋命运共同体是重塑海洋新秩序、确保海洋可持续发展的有效途径。中国与东盟国家应秉持"共商共建共享"的新区域治理观，携手共建公平、公正的国际政治和经济新秩序，探索和平的新方式。各国可以联合起草一个能够获得多边支持的区域合作管理方案，合作方案要考虑各方立场、为满足各方需求创造相对公平的利益—共享利益，使区域合作变得更有价值。东盟各国综合国力的差异导致其与中国建立关系之后的政治经济诉求存在较大差别，新加坡、马来西亚、文莱等国家综合实力较强，希望在与中国的政治经济交往中凸显自身的能力，因而与中国的关系进展有限；另一些国家，如缅甸、老挝、印度尼西亚等国家，综合国力较弱，希望借助与中国的合作，促进本国经济、社会的发展，因而非常重视发展对华关系，中国未来与这些国家的关系有望进一步深化。在海洋可持续发展层面，构建海洋命运共同体能够同时满足个体理性和群体理性，在资源所有权不变的前提下对资源有效治理。中国与东盟国家应积极构建蓝色海洋伙伴关系，扩大各国的利益交汇点，优化海洋开发格局，拓展蓝色经济空间（薛桂芳，2018），在海洋生态保护、海洋科技领域务实合作，提升海洋经济发展的内在质量。

中国与东盟国家高度互信的建立，应如何实现？首先，建立公平公正的争端解决机制，利用各方认可的问题解决机制找到各方利益的最大均衡点，相对公正的机制成为互信的基石。其次，国与国相交时坚持和平共处五项原则，相互尊重，平等处事。最后，减少域外势力干预的影响，尽力维护合作区域的稳定。为了充分发挥域内大国在中国与东盟国家合作区域的引领作用，中国可与东盟国家建立邮轮产业合作机制，共同商讨地区行为准则，为推动区域经济发展和维护地区稳定做应有的贡献。

四、提升互信，加强非传统安全合作

在中国经济持续高速发展及国内政局稳定的情况下，中国成为中国与东盟国家地区政治、经济及军事强国，成为地区国际关系中重要的力量之一，成为安全关系多极格局中的重要一极。中国与东盟国家共同面临的非传统安全问题包括跨国组织犯罪、恐怖主义、生态环保和公共卫生安全等问题，各国应重点加强跨国组织犯罪、反恐、生态环保、能源合作及流行病等非传统安全领域的合作。近年来，中国与东盟国家的跨国组织犯罪主要包括跨境贩毒、洗钱、金融诈骗和网络电信等方式，中国和东盟合作打击跨国犯罪的机制包括"10+1""10+3"打击跨国犯罪部长会议、高管会议；中国与越南、缅甸、泰国、新加坡等国建立了年度执法会晤机制，并与东盟大部分国家签署了政府间或部门间打击跨国犯罪合作文件。① 在具体的合作层面，可以因合作国家的犯罪情况选择适合的合作策略，加强防控预警机制和司法合作机制建设等。例如，联合相关国家加强对海域海盗活动的打击，促使区域海盗活动次数逐年下降，持续推进区域海洋安全合作，为邮轮公司和邮轮乘客解除后顾之忧。评估区域内国家的旅游安全指数，如果一些国家出现因政治或自然原因引起的安全隐患，立即取消停靠该国家的所有邮轮航线，以保证游客安全和区域邮轮旅游安全声誉。对于游客不慎坠海、海啸、飓风等一切不可预估和不可抗力因素制定完善的应急预案和年审制度。

中国与东盟国家各国面临的公共卫生安全问题主要包括传染病扩散、艾滋病传播等问题。自 2003 年开始，中国与东盟国家各国正式开始卫生合作。通过双边及多边的卫生合作，多国逐步建立起日常监控预警及危机防控机制，如尝试组建中国与东盟国家邮轮产业公共卫生安全理事会、秘书处、疾控中心等合作机制；出台各国普遍认同的邮轮公共卫生政策及措施，预防及减少公共卫生突发事件；建立邮轮公共卫生信息共享平台、跨国预警监测系统等。海洋区域各国需共同制定邮轮公共卫生防控应急机制，对于邮轮航行中频发的诸如病毒、新冠病毒等制定严格的审查和防控机制，最大限度地减少区域内邮轮集体群发疫情。各国携手制定周密的回访、审查程序，对于邮轮公司、邮轮港口的卫生和公共安全应急预案进行不定期的回访、调查，并设立严苛的惩罚措施，全面保障区域邮轮运营安全。各国可以对进入本国海域内行驶的邮轮公司的防控、检疫措施加强监督，并且强制在区域内航行的邮轮公司每年回顾、修改各自的公共安全应急预案，并设立相应的检查回顾机制。

---

① 中国与东盟执法安全合作综述：共建共享，合作共赢[EB/OL]. (2015-10-22) [2020-10-18]. http：//www.chinanews.com/gn/2015/10-22/7583229.shtml.

中国与东盟国家各国面临的生态环保问题包括环境问题、能源资源及水资源问题。中国与东盟国家环境保护合作计划涵盖《大湄公河次区域生物多样性保护走廊行动计划》《中国—东盟环境保护合作战略（2009-2015）》《中国—东盟环境合作行动计划（2011-2013）》等。中国环保部于 2010 年 3 月成立了中国—东盟环境保护合作中心，作为中方落实中国—东盟环保合作战略的一个重要步骤，负责实施中国—东盟环保合作及具体实施合作战略（徐进，2014）。中国与东盟国家各国的环保产业合作目前仍处于初级阶段，主要以环境治理合作为主，《中国—东盟环保技术和产业合作框架》为中国与东盟国家各国加快环保合作网络及服务平台搭建、推进区域产业合作技术交流、项目对接及优化合作路径提供了指导性文件。中国与东盟国家各国能源合作机制主要包括东盟与中日韩能源部长会议、东亚峰会能源部长会议及东盟与中日韩能源合作论坛、能源技术合作与交流机制、能源基础设施建设合作等。在加强能源合作方面，中国与东盟国家各国具体可以通过以下形式开展：第一，加强各国对话与政策交流，协调各国能源政策，将中国国家能源计划与《东盟 2013—2035 年能源展望》合理对接；第二，进一步完善中国与东盟国家能源基础设施建设，加快实现能源互联互通；第三，加强能源技术的研发与交流，开发新能源技术，全面提升能源效率；第四，依托"一带一路"的合作基础，组建能源合作新网络，推动各类能源合作模式的开展；第五，借助与亚投行、丝路基金、亚洲开发银行等金融体系的合作，发挥资本在能源投资、贸易等领域的引导作用，推动人民币国际化。

第五编　中国与东盟国家邮轮产业协同发展的利益相关者均衡机制研究

　　本部分研究了中国与东盟国家邮轮产业协同发展的利益相关者均衡机制，首先界定了利益相关者的概念及范畴，将中国与东盟国家邮轮产业利益相关者划分为直接利益相关者和间接利益相关者；其次着手建立了利益相关者动态博弈模型，从利益相关者多主体博弈分析着手，构建了邮轮运营公司与政府机构的演化博弈模型、邮轮运营企业与消费者的信号博弈模型、邮轮运营企业与本地居民的不完全信息动态博弈模型、中国与东盟国家地方政府之间的动态博弈模型以及中国与东盟国家政府之间的协同博弈模型，利用构建的演化博弈模型、信号博弈模型、不完全信息动态博弈模型、协同博弈模型等深入研究了邮轮产业利益相关者在不同条件下的反应模式；最后，根据上述章节的分析结果提出应优化利益相关者共同参与机制、优化利益相关者利益补偿机制、优化利益相关者整合和分配机制、理顺利益相关者信息共享与管理机制及完善利益相关者法律保障机制等。

第十三章　中国与东盟国家邮轮产业协同发展的利益相关者分析

第一节　利益相关者界定和分类

一、利益相关者的界定

利益相关者理论的思想源于亚当·斯密（2014）在《道德情操论》中提出的追求个体利益能够促进社会利益的观点，斯密认为个体的经济利益与社会利益的互利共赢是实现社会和谐运转的基础。1963 年，斯坦福研究所首次提出利益相关者的概念，并将利益相关者界定为包括股东、员工、客户、债权人、政府以及社区等相关群体。斯坦福研究中心提出该概念之后的 30 多年，多位学者提出了利益相关者的定义，作为该理论的奠基者，Freeman 分别在 1983~1990 年多次对利益相关者的概念做出不同的表述，如 Freeman 和 Evan（1990）指出利益相关者就是能够影响组织目标实现或受组织目标实现过程影响的所有个体和群体。[①]

二、利益相关者的分类

通过梳理国内外关于利益相关者研究的文献，可以看出国内外学者主要运用多维细分法和米切尔（Mitchell）评分法对利益相关者的分类进行研究，其中多维细分法是采用较为广泛的一类分类方法，如 Freeman（1984）从所有权、经济

---

① Freeman R E，Evan W M. Corporate Governance：A Stakeholder Interpretation ［J］. Journal of Behavioral Economics，1990（19）：337-359.

依赖性和社会利益这三个维度对利益相关者进行分类，并构建了权力和利益矩阵。Frederick（1988）按照利益相关者是否能对企业的政策和方针施加影响，将其划分成直接利益相关者和间接利益相关者。Clarkson（1995）根据相关群体与企业的联系紧密程度将利益相关者分为主要利益相关者和次要利益相关者。李心合（2001）从合作性和威胁性两个维度将利益相关者划分为支持型、边缘型、不支持型以及混合型四种类型。盛亚和单航英（2008）从资源依赖理论的视角将利益相关者划分为高度平衡型、中间型和低度平衡型利益相关者。Mitchell 等（1997）运用属性评分法，对利益相关者所必需的三个属性，即合法性、权力性、紧急性进行评分，根据评分将其划分为确定型、预期型和潜在型利益相关者。Mitchell 评分法从量化的角度对利益相关者的概念进行界定，有力地推动了利益相关者理论在实践中的应用。国内学者陈宏辉和贾生华（2004）运用多维细分法和米切尔评分法的思路，从主动性、重要性和紧急性三个维度对利益相关者进行细分，将其划分为核心利益相关者、蛰伏利益相关者和边缘利益相关者。

本书对邮轮产业利益相关者进行分类时，以利益关系为核心，从海洋资源、经济发展、生态环境、影响力等多个方面对利益相关者主体进行划分，得出关系最密切的四类利益相关者如图13-1所示。

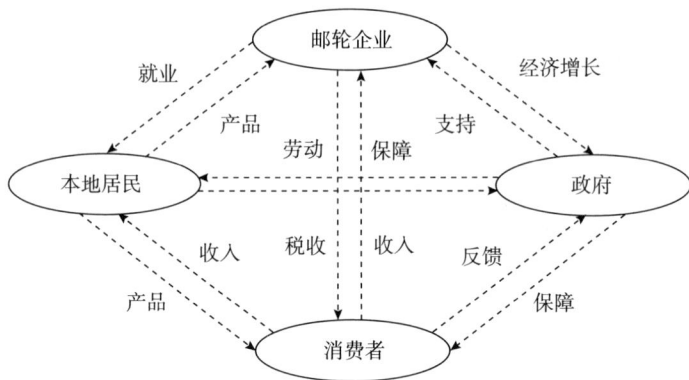

图 13-1　邮轮产业利益相关者

在这个系统中，政府作为政策的制定者、海洋资源的管理者，拥有绝对的资源分配权，同时会对不同利益群体的利益进行协调；邮轮企业凭借技术优势和资金优势从政府部门获得开发旅游资源和经营港口的机会，由此获得相应的利益；本地居民则需要企业提供就业机会，而企业的经营也需要取得本地居民的认可和支持；消费者则对邮轮企业所提供的产品和服务享有选择的权力。

根据个体或群体与邮轮产业的利益相关程度不同，利益相关者可以划分为两个层级（见图 13-2），第一层是直接利益相关者，即核心利益相关者（核心层），他们对中国与东盟国家邮轮产业的发展影响颇深，主要包括各国政府、邮轮企业、旅游企业、停泊港口、邮轮旅游者等，相较于其他群体，直接利益相关者的利益诉求最强，相关国家的政府机构需要将邮轮企业、旅游企业、港口居民的利益考虑其中。邮轮企业、旅游企业等在开展业务时，需兼顾各国政府、各港口城市的利益需求，彼此之间形成良好的合作关系，推动邮轮产业的协同发展。第二层是间接利益相关者，即边缘或非核心利益相关者（非核心层），他们对邮轮产业协同发展的影响较小，主要包括社会组织、形式多样的行业协会、邮轮相关服务企业、邮轮企业员工、新闻媒体工作者等，例如现代服务业联合会、劳动者保护协会、邮轮游艇协会等社会组织，邮轮零部件制造商、邮轮相关服务企业，新闻媒体、社会公众等。

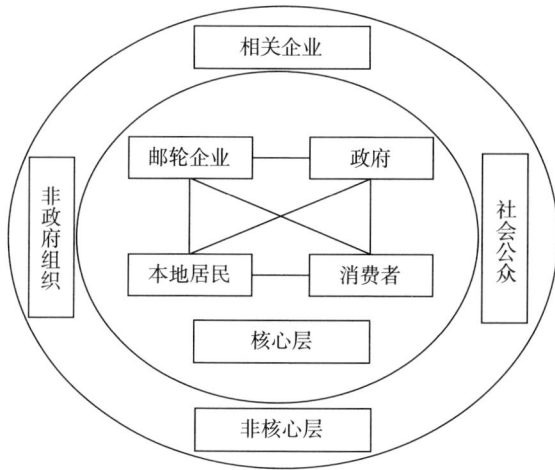

图 13-2　利益相关者示意图

直接利益相关者及间接利益相关者均会随着中国与东盟国家邮轮产业的发展而不断发生变化，彼此之间的角色和作用也会随之发生变化。动态变化的利益相关者（见图 13-3）会对中国与东盟国家邮轮产业发展产生一定的影响。

利益相关者可分为以下七类：

政府部门：主要包括中国与东盟国家地区各国中央政府和地方政府机构，如工商部门、旅游部门、税务部门、资源主管部门等，以及政府设立的旅游景区管理机构和组织。

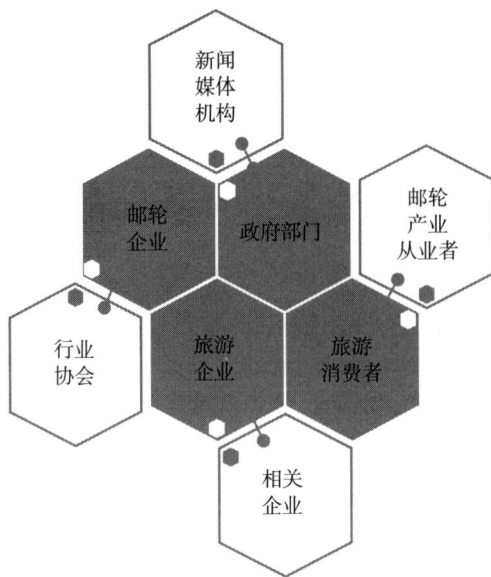

图 13-3　邮轮产业利益相关者动态变化模型

邮轮企业：主要包括中国与东盟国家航区运营的邮轮企业、管理机构和组织，如大型邮轮运营公司、邮轮相关业务的承包商、旅行社等。

当地居民：主要包括中国与东盟国家区域内的普通居民，特指因邮轮产业的运营而影响到其生活方式、生活质量、谋生渠道等方面的本地居民。

消费者：主要包括中国与东盟国家地区消费邮轮旅游产品的游客，包括观光游客、度假游客等。

停泊港口：主要包括始发港和经停港，港口主要从事接待和服务工作，以此类港口为重点研究对象。

非政府组织：主要包括国际非政府组织、行业协会等，对邮轮产业的发展起到监督、约束的作用，如国际邮轮协会（CLIA）、消费者保护协会等。

社会公众：主要包括媒体机构、学术界及普通大众。社会公众的存在能够为邮轮行业的规范发展提供帮助。公众对企业的态度，会对邮轮行业营销活动产生巨大影响，其既可能帮助企业树立良好的形象，也可能损害企业的形象。

三、利益相关者理论在研究中的实践

利益相关者理论提出合作一方在进行获利活动时，要兼顾其他参与方的利益。中国与东盟国家邮轮产业合作期望利益相关者能够构建完善的资源配置机制、理性的合作策略选择及多国政策协同机制等。在实践中，首先，多国需要确立邮轮产业合作中各个主体的权利、义务与责任，努力提高各个主体的主观参与度并明确其角色定位。多国产业合作是政府主导、企业参与的合作行为，因此这类合作中的利益分配不同于市场机制作用下的利益分配。其次，合作各方应对产业合作要素进行归类分析，以便相关者进行利益分配。产业合作要素包括结构性要素和偶发性要素，结构性要素是指各国在产业链环中所处的位置、产业投资分布和产业组织政策，偶发性要素是指各国在合作中出现的偶然性因素和个体事件。实践表明，在部分结构性要素和偶发性要素共同作用下，多国产业合作效率和利益分配机制均会受到较大影响。最后，多国应协商成立一个协同管理各国邮轮产业发展的特定组织，该组织包括决策机构、执行机构、管理机构和技术合作机构，能够对产业利益、合作策略、项目实施实行全程监控。多国建立的协商合作机制首先要解决的就是各个利益相关者的利益分配与协调合作。

邮轮产业作为一项产业链较长、涉及行业较多的综合性活动，其利益相关者包括各国政府、邮轮企业、邮轮游客、港口居民、邮轮工作者等多个群体，以上诸种利益主体的参与目的不同，其在邮轮产业协同发展中的地位、作用、利益诉求等也各不相同。本书中涉及的"利益相关者"是指与中国与东盟国家邮轮产业发展关系密切的群体，包括邮轮制造及运营方、旅游组织方、商业交易方、政府和团体组织等。

第二节　利益需求分析

一、政府部门

中国与东盟国家各国拥有丰富的海洋旅游资源、优越的区位优势，各国对海洋经济产业的利益需求成为推进邮轮产业发展的核心动力。

一方面，各国政府希望通过邮轮产业合作加强国与国之间的交流，结成海洋经济发展共同体，达到共享资源、共获收益、共同发展的目的。中国与东盟国家各国政府制定及实施邮轮产业规划方案，推动地区形成支柱型和特色型产业，进而带动地区经济整体发展。中国与东盟国家地区各国政府的利益需求呈现出对内促进经济发展、对外加强合作与沟通的特征，而政府在实现其利益需求的同时，也需要承担保护环境、加强监管等责任，为中国与东盟国家地区邮轮产业协同发展创造良好的外部环境。

另一方面，各国政府及邮轮港口所在地的地方政府希望借助邮轮产业发展加强旅游基础设施建设、完善邮轮上下游产业链、提高邮轮旅游目的地知名度、塑造当地旅游形象、增强区域邮轮旅游竞争力，达到提高经济效益、促进劳动力就业的目的。同时政府也是一个特殊的利益群体，其中少数官员出于凸显政绩、个人升迁等因素，在推进邮轮产业发展的过程中可能会过度追求产业开发与建设带来的经济效益，而忽略当地居民和邮轮消费者的利益，造成资源浪费、环境污染等不良现象。

二、邮轮企业

邮轮企业（邮轮运营公司）的主要利益需求是追求经济效益最大化，邮轮运营公司通过向消费者提供海上观光、娱乐服务等旅游产品获得相关收益。首先，中国与东盟国家邮轮产业协同发展格局形成后，为获得更多的营收，邮轮运营公司将会开辟新的邮轮航线、创新邮轮服务产品、提升品牌知名度和美誉度、开拓更多的客源地。此外，邮轮制造商、旅游产品代理商等相关企业也会与邮轮运营公司结成较为紧密的合作关系，为满足邮轮运营公司的利益需求提供帮助；邮轮制造商通过提供高质量产品保障邮轮产业的发展，同时也从邮轮产业的发展中获得了经济效益。其次，邮轮企业的发展与政府提供的资源和政策支持密切相关。在政府的相关产业政策支持下，企业借助资金优势、技术优势和管理优势，能更好地利用和开发资源，节约运营和管理成本，提高劳动生产率。同时企业发展过程中所需的相关劳务人员供给、生产安全保障等也离不开政府的支持。最后，邮轮企业的持续健康发展也需要当地居民和社会大众的支持，邮轮企业通过不断推出优质产品、提高服务质量获得社会大众的良好口碑，由此获得品牌的附加价值并与当地消费者建立了良好的营销关系。

三、当地居民

当地居民是指中国与东盟国家区域内的普通居民。首先，当地居民为了提高自身的生活质量和收入水平，可能会要求邮轮企业为其提供就业机会，邮轮企业为降低经营成本会尽可能推进产业链本地化，即在经营中尽可能利用本地资源和劳动力，提供适合本地居民的就业岗位以及相应的教育培训，以提升本地居民在邮轮产业中的参与度，最大限度地实现社区参与。其次，旅游资源和生态环境与本地居民共生共荣，旅游资源的过度开发会让本地居民失去世代和谐共存的生态系统（田光辉、姜又春，2020），作为当地环境的受益者，本地居民希望邮轮企业能够在保护环境的前提下合法经营。最后，本地居民以不同的民俗、服饰、文化和生活场景融入旅游资源中，本地居民希望旅游企业在旅游开发的过程中，能够保留这些民俗特色文化传统，能够在本地文化不受过多侵蚀的情况下获得更多的经济利益。

四、消费者

消费者不仅是推动消费升级的关键因素，还是推动邮轮产业高质量发展的重要因素。作为旅游产品的需求方，邮轮消费者希望获得较好的旅游服务和良好的消费体验。他们的利益需求表现为通过旅游消费，获得物质、精神及文化方面的享受，其消费偏好、满意度等影响了邮轮产品的开发和创新的方向以及企业的最终盈利水平。消费者对邮轮产品的品质、价格和服务体系的需求影响了邮轮企业的市场定位。

第三节　邮轮产业协同发展的利益冲突分析

一、政府部门与邮轮企业

政府是公共利益的代理人，邮轮企业则是理性经济人，两者追求的利益目标不一致，公共利益和企业自身利益之间存在矛盾，这是冲突产生的根本原因。一方面，政府通过制定产业政策引导社会经济资源向邮轮企业集聚，旨在利用企业的资金、技术、管理等方面的优势促进产业发展。邮轮业是重资产行业，发展初期企业投入成本高、获益少，企业会因投资的机会成本太高而减少投资，因而政府在吸引邮轮公司、发展邮轮产业时可能会出现资本外流的现象，并不能真正促进本地经济发展。另一方面，政府通过制定一系列政策、法律法规对邮轮企业的各项经营活动进行监管，由于各国法律法规对邮轮企业的经营内容、管理侧重点等均存在差异，邮轮企业在发展时所面对的部门既有本国中央政府和地方政府，又有其他国家的政府，因而企业在面对复杂的营商环境时，不仅要遵守本国的法律法规，还要遵守目的地国家的法律法规，这进一步增加了邮轮企业的经营成本。

政府作出决策的主要依据是实现社会效用最大化。企业在和政府博弈的过程中，会付出相应的成本，出现利益冲突。企业在追求利益最大化的过程中，并不能完全依靠自律来保障本地居民的利益，保障生态环境不受污染等，因此需要政府监管。

二、邮轮企业与消费者

邮轮企业与消费者的利益冲突主要表现在：一方面，邮轮企业在信息收集、运营管理等方面具有相对优势，邮轮企业更了解自身所提供的产品和服务质量、了解不同类型消费者的需要，而消费者只能通过邮轮企业的宣传、广告等方式了解邮轮企业，对邮轮企业提供的服务产品存在认知不足的现象，造成预期与实际获得感之间的差异，影响消费者的服务体验感和消费满意度，导致消费者的利益受损。另一方面，邮轮旅游主要是在大型半封闭活动空间进行的，如果出现恶劣天气、火灾、触礁等天灾，或发生偷渡、赌博、毒品交易、恐怖活动、海盗抢劫等人祸，或出现疫情、传染病等突发情况时，不仅会对邮轮企业造成损失，还会对消费者的人身安全、财产安全造成极大的危害。当上述突发状况发生时，消费者因身处邮轮的半封闭空间而难以做出较优的利益选择，邮轮企业却不受邮轮旅游空间限制，可能会利用掌握的信息做出优先选择而获得更多的利益。

三、邮轮企业与本地居民

邮轮企业与本地居民在经济利益分配方面存在冲突。邮轮企业的活动更多地是追求经济利益，为了实现自身利益最大化，邮轮企业不会充分考虑处在弱势地位的利益相关者——本地居民。本地居民的主要利益诉求即增加收入、提升就业机会等，不一定能得到很好的满足。本地居民是各自分散的个体，本地居民相较于邮轮企业在资金、技术等方面处于不利地位。

本地居民可能因在旅游资源产权交易中缺少合理的身份，导致在利益分配中处于劣势地位，例如，在邮轮港口项目立项、海岸线资源建设招标的过程中，本地居民的话语权很小，资源的转让与经营成为当地政府和邮轮企业的合作博弈（陈志永等，2008）。本地居民对提高公共基础设施配置、保护生态环境、传承本地文化等方面存在利益需求，此类需求可能与企业追求长期经济利益的需求存在冲突。在基础设施建设方面，邮轮航线的开发带动了港口基础设施建设，有助于港口和景区周边公共交通设施的改善，但邮轮企业在兴建港口、办事处和相关配套设施时，可能会迫使当地居民搬迁，从而产生冲突。在环境保护方面，邮轮企业的环境改善行为主要与自身经营有关，企业的运营激发了本地居民的环保意识，将对环境保护起到积极作用，但邮轮运营引起的大气污染、水污染、固体废弃物污染等会对周边海洋环境造成威胁，邮轮游客的旅游活动也会增加邮轮目的地的环境承载压力。在文化传承方面，跨国邮轮企业融入本地特色文化更有利于当地文化的传承，但邮轮企业出于经济利益考虑，可能会采取纯商业化的"文化再加工"方式，而这往往与真实的本地特色文化相背离。

四、本地居民与消费者冲突

在经济收益方面，本地居民会为旅行者提供一定的旅游产品和旅游服务从而获得收益，但是这种收益会随着市场开发阶段的演进而发生变化。在市场开发的前期阶段，旅游收入能够为本地居民带来较大的收益，这促使本地居民投入更多的精力和劳动服务于旅游市场。随着市场的扩大和开发活动的加剧，在利益分配中本地居民获益逐渐减少，消费市场扩大后还会产生环境恶化的后果。

在社会影响方面，外来消费者一般以消费跨区域、跨境的旅游产品为主，外来消费者带来的异质文化和本地居民的当地文化往往不同，外来消费者的行为可能会对当地文化产生一系列潜移默化的影响，比如对本地居民的生活方式、生活质量、价值观念等都会造成不同程度的影响。除了文化之间的相互碰撞外，面对外来消费者较强的购买力，本地居民为了获得更高的收益，可能会出现部分素质较低的经营者通过采取拉客宰客等行为欺骗消费者获得利益，这些也会造成本地居民和消费者的冲突。

五、中国与东盟国家政府之间的冲突

随着经济全球化进程的加快，跨国邮轮公司在全球迅速布局，各国政府作为理性经济人，在利益的驱动下，纷纷出台相关政策、规划建设邮轮港口等基础设施，加大本地邮轮产业发展力度，有可能造成资源的不合理配置及恶性竞争。例如，中国与东盟国家政府为了吸引邮轮公司投资以促进当地经济发展而提供各项税收优惠政策，积极进行邮轮港口基础设施建设等，导致同一航区出现旅游资源和邮轮港口的同质化竞争，资源过剩的现象。

在海洋环境治理和保护方面，海洋资源具有公共产品的特性，各国政府治理环境污染的行为具有正外部性，即一方选择治理环境对域内其他地区的环境有改善作用，另一方环境的恶化会降低域内其他地区环境质量。当双方政府都采取保护措施时，中国与东盟国家航区的环境质量将得到保障；但当双方政府步调不一致时，即一方政府采取不保护的措施，另一方政府采取保护措施时，采取保护措施的政府不仅要付出自身的成本，而且要承担不作为政府的成本，由于改善环境具有正外部性，不采取措施的政府不仅无须付出成本，还能享受到别国政府保护环境所带来的收益；当双方政府都不采取措施时，环境逐渐恶化，邮轮产业发展将受到严重影响，甚至本地港口居民的正常生活也将受到影响。

第十四章　中国与东盟国家邮轮产业协同发展的利益相关者动态博弈模型

第一节　中国与东盟国家邮轮产业协同发展的利益相关者动态博弈

中国与东盟国家邮轮产业在协同发展过程中出现不同利益相关者的动态博弈，博弈过程中各利益相关者（局中人）的行为决策既会被其他利益相关者影响，也会影响其他利益相关者。

中国与东盟国家邮轮产业协同发展过程中的利益相关者包括各国各级政府机构、相关企业及邮轮旅游者。这些利益相关者之间既存在不同的利益指向和利益诉求，也存在相同的利益指向和利益诉求，在发展过程中存在合作、博弈、冲突等情况。

从政府机构与邮轮相关企业博弈的角度来看，达成一定的利益诉求是其最主要的博弈目标。中国与东盟国家邮轮产业涉及多国政府和各级地方政府，作为社会资源的调控者和代理人，各级政府可以通过合作的方式提高邮轮产业的核心竞争力与影响力，从而达到促进邮轮产业发展、拉动经济增长、增强综合实力的目的。现代意义上的邮轮产业是一类产业融合性很强的复合型产业，邮轮产业链中从事住宿、餐饮、娱乐、观光、度假、产业制造的企业拥有经营权及资源支配权，但同时也是政府监督与管理的对象。企业盈利、政府获利、民众享利、产业健康持续发展成为政府机构与相关企业间的博弈目标。

从各国及地方政府机构、邮轮相关企业、旅游者博弈的角度来看，满足旅游者的需求、丰富邮轮服务设施及娱乐方式、增强邮轮产业发展的内生动力等都成为各方的博弈目标。其中，政府在保障邮轮航行安全、提高旅游服务质量、规划基础设施建设等方面发挥着监督与管理的作用，而游客通过意见反馈、问题投诉等形式督促政府发挥监管职能，倒逼企业提供更为优质的旅游产品及服务。虽然政府机构、相关企业、旅游者之间存在较为统一的博弈目标，但其在利益结构、价值取向等方面存在较大差异，利益冲突与利益博弈时有发生。整体来看，利益相关者之间通过博弈走向合作，由追逐个体利益转向多方协同发展。

中国与东盟国家邮轮产业规模较大，涉及的利益相关者较多。多国政府的产业合作机制、跨国及跨地区的行业监管机制、惩罚机制等并未完善。从邮轮产业的发展情况来看，利益相关者之间存在明显的利益冲突是横亘在中国与东盟国家邮轮产业发展过程中的难题，也是各利益相关者博弈的关键。中国与东盟国家邮轮产业协同发展过程中各利益相关方达成合作机制成为推动邮轮产业快速、持续发展的关键，也成为推动博弈演化的关键。中国与东盟国家邮轮产业协同发展是各利益相关者数次博弈的结果，当利益相关者不合作、不联盟带来的收益明显小于合作、联盟带来的收益时，各方会积极调整政策方针、产业规划策略等，促成各利益相关者的合作与联盟。

第二节　中国与东盟国家邮轮产业协同发展的利益相关者动态博弈模型构建

博弈论是研究决策主体的行为发生相互作用时的决策以及这种决策的均衡问题，也是研究各决策主体如何追求自身利益最大化的一种理论。按照局中人的数量，博弈可以分为单人博弈、双人博弈及多人博弈；按照局中人的行动性质及先后性质，博弈可以分为静态博弈、动态博弈与重复博弈；按照局中人的策略数量，博弈可以分为有限博弈与无限博弈；按照局中人的行为逻辑，博弈可以分为合作博弈与非合作博弈。根据上述博弈的分类，中国与东盟国家邮轮产业协同发展过程中利益相关者之间的博弈属于多主体动态博弈，据此，本书构建利益相关者动态博弈模型，旨在更加深入地探讨各利益相关者之间的利益均衡。

一、利益相关者多主体博弈

（一）利益相关者多主体博弈概念界定

博弈是指具有相互依存关系的利益相关者或决策主体各自的行为及相互作用机理，多主体博弈则是指多个利益相关者的行为决策及合作、冲突等。竞争、协作、依赖等成为多主体博弈过程中的基本模式。在竞争模式下，邮轮产业各相关利益主体为了获得更多的经济利益，积极争夺旅游资源、服务资源，如旅游企业争先提供更为优质的旅游服务，邮轮制造企业争先提供更为耐用的产品，多个利益主体间由此形成一种共生关系。在协作模式下，政府机构、相关企业和邮轮爱好者形成多主体动态博弈态势。

（二）利益相关者多主体协调模型

中国与东盟国家邮轮产业涉及多个利益主体。政府作为具有宏观调控职能、掌握公共权力与资源的利益主体，在利益相关者的多主体协调模型中（见图 14-1）的作用与其他主体不同。一方面，政府机构负责制定邮轮产业发展规划，负责与其他政府机构开展合作交流，共享产业资源；另一方面，政府机构负责监管相关企业的产品质量、旅游服务质量，确保邮轮旅游的安全性，并负责监督各相关企业及其他利益主体履行环保责任及其他责任。旅游企业与邮轮产品制造企业在该模型中均处于重要地位，彼此之间形成相互关联、相互依赖、合作共赢的关系。旅游者及社会团体等在该模型中的作用如下：旅游者的增加将会促进邮轮企业盈利目标的实现，协会等社会组织对邮轮产业链中相关企业的监督将会促进邮轮产业健康持续地发展。邮轮产业的多主体协调模型涉及多个利益相关者，彼此之间形成了相互关联、相互促进、相互制约的关系，竞争、冲突、协调、合作也成为该模型的动态发展趋势。

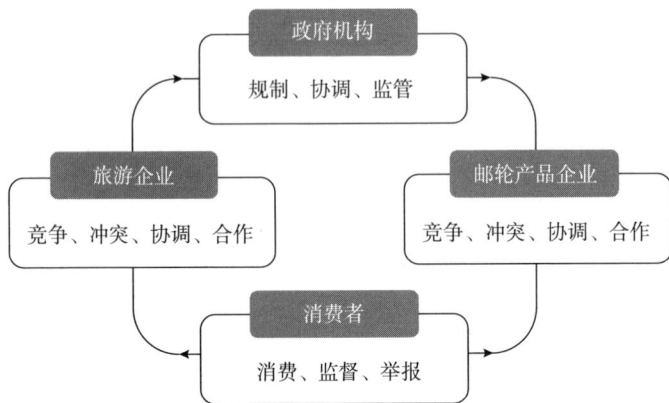

图 14-1　中国与东盟国家邮轮产业利益相关者的多主体协调模型

二、邮轮运营公司与政府机构演化博弈分析

在中国与东盟国家邮轮产业发展过程中，政府机构与邮轮运营公司作为核心

利益主体既存在共同的利益诉求，又存在利益分歧，这成为两者之间冲突与矛盾的根源。中国与东盟国家邮轮产业涉及不同的国家和地区，各国之间的经济实力、海洋资源、港口资源、邮轮航线资源等存在一定的差距。邮轮产业在协同发展的过程中，经济收益无法平均分配到每个国家。政府机构与邮轮运营公司之间形成了复杂的博弈关系，政府不仅拥有推动邮轮产业发展的经济、文化、政治资源，还拥有资源的调控权与分配权，同时拥有管理和监督的权力，此时，企业既要配合政府监管做大做强邮轮产业，又要履行相应的社会责任。

（一）模型构建

邮轮运营公司取得经营权后，面临着是否合法合规经营的选择，一些公司可能会急功近利、粗放经营、破坏海洋环境，造成严重的海洋污染。邮轮运营公司采取的策略为合法经营和违规经营。政府部门可能出于追求经济发展、短期政绩等原因而忽略了对邮轮运营公司违规运营行为的监管，导致海洋资源和生态环境日益恶化。此时政府采取的策略为监管和不监管（见图14-2）。

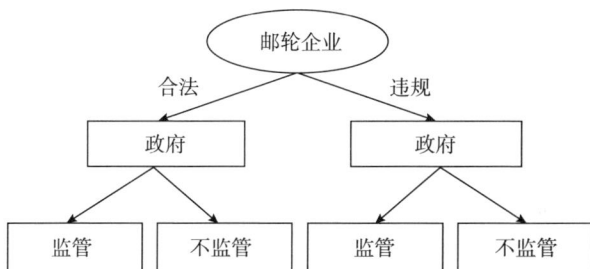

图 14-2 邮轮企业与政府之间博弈分析

以上分析是基于完全理性和完美信息的假设，但在现实中，该假设很难实现，博弈参与人的策略往往是通过不断学习而逐步改进的，因此采用演化博弈的方法探讨邮轮运营公司与政府机构之间的行为决策及其影响因素更具有现实意义。

（二）模型分析

邮轮运营公司是否合法运营与政府是否进行监管均满足一定的概率分布，并不是所有企业都不愿合法运营，政府也不会对所有企业都不进行监管。假设邮轮运营公司合法运营和违规运营的概率分别为 P 和 $1-P$，政府采取监管和不监管的概率为 Q 和 $1-Q$。企业正常经营时的生产成本为 C_1，收益为 R_1；企业违规经营时的生产成本也为 C_1，但会获得超额收益 R_2。政府监管的成本为 C_3，不监管的成本为 0。当政府监管时，企业违规经营，则会对企业处罚款 C_2，政府获得相应的收益 C_2；当政府不监管时，企业违规经营，会造成社会资本损失 C_4（其中 C_1、C_2、C_3、C_4 均大于 0）。邮轮运营公司为了正常利润合法运营的期望收益为 u_{e1}，为追求超额利润而进行违规运营的期望收益为 u_{e2}，全部邮轮运营公司运营的平均收益为 $\bar{u}_e$。政府运用政策、法律、法规等各种手段监管邮轮运营公司的期望收益为 u_{g1}，不监管的预期收益为 u_{g2}，政府的平均收益为 $\bar{u}_g$。政府监管部门与邮轮企业的博弈矩阵如表 14-1 所示。

表 14-1   政府监管部门与邮轮企业的博弈矩阵

邮轮运营公司	政府监管部门	
	监管（Q）	不监管（$1-Q$）
合法经营（P）	R_1-C_1，$-C_3$	R_1-C_1，0
违规经营（$1-P$）	$R_2-C_2-C_1$，C_2-C_3	R_2-C_1，$-C_4$

根据表 14-1 博弈矩阵可以得出以下公式：

对于邮轮运营公司，选择合法经营的预期收益为：

$$u_{e1}=Q(R_1-C_1)+(1-Q)(R_1-C_1) \qquad 式（14-1）$$

选择违规经营的预期收益为：

$$u_{e2}=Q(R_2-C_2-C_1)+(1-Q)(R_2-C_1) \qquad 式（14-2）$$

邮轮运营公司的平均期望为：

$$\bar{u}_e=Pu_{e1}+(1-P)u_{e2} \qquad 式（14-3）$$

那么将式（14-1）、式（14-2）、式（14-3）代入 $F(p)=\dfrac{\mathrm{d}p}{\mathrm{d}t}=P(u_{e1}-\bar{u}_e)$，

得到邮轮运营公司选择合法运营策略的复制动态（RD）微分方程为：

$$F(p)=\frac{\mathrm{d}p}{\mathrm{d}t}=P(u_{e1}-\bar{u}e)=P(1-P)\left[R_1-R_2+QC_2\right] \qquad 式（14-4）$$

对于政府，选择监管的预期收益为：

$$u_{g1}=-PC_3+(1-P)(C_2-C_3) \qquad 式（14-5）$$

选择不监管的预期收益为：

$$u_{g2}=0+(1-P)(-C_4) \qquad 式（14-6）$$

政府的平均期望为：

$$\bar{u}_g=Qu_{g1}+(1-Q)u_{g2} \qquad 式（14-7）$$

那么将式（14-5）、式（14-6）、式（14-7）代入 $F(q)=\dfrac{\mathrm{d}q}{\mathrm{d}t}=Q(u_{g1}-\bar{u}_g)$，

得到政府选择监管策略的复制动态（RD）微分方程为：

$$F(q) = \frac{\mathrm{d}q}{\mathrm{d}t} = Q(u_{g1} - \bar{u}_g) = Q(1-Q)\left[C_2 - C_3 + C_4 - P(C_2 + C_4)\right] \qquad 式（14-8）$$

首先，分析邮轮运营公司的复制动态微分方程式（14-4），令 $F(p)$ 等于 0，可得出 $Q = \frac{R_2 - R_1}{C_2}$ 时，邮轮运营公司合法经营和违规经营两种策略是无差异的；当 $Q \neq \frac{R_2 - R_1}{C_2}$ 时，则 $Q_1 = 0$ 和 $Q_2 = 1$，此时，$Q_1 = 0$ 和 $Q_2 = 1$ 是邮轮运营公司复制动态的两个均衡点，但不能确定收敛目标，也就是说它们并不一定具有演化稳定策略（ESS）。

当 $Q > \frac{R_2 - R_1}{C_2}$ 时，$F(p) > 0$，根据复制动态稳定性定理分析可得，$F'(p^*) < 0$ 是稳定演化策略，对 $F(p) = \frac{\mathrm{d}p}{\mathrm{d}t} = P(u_{e1} - \bar{u}_e) = P(1-P)\left[R_1 - R_2 + QC_2\right]$ 进行求导，当 $p = 1$ 时，$F'(1) < 0$，当 $p = 0$ 时，$F'(0) > 0$，所以此时 $Q_2 = 1$ 是邮轮运营公司的稳定演化策略。即政府监管的概率超过 $\frac{R_2 - R_1}{C_2}$ 时，邮轮运营公司合法经营的预期收益高于整体的平均预期收益，邮轮运营公司的策略将逐渐收敛于合法经营上来。

当 $Q < \frac{R_2 - R_1}{C_2}$ 时，$F(p) < 0$，根据复制动态稳定性定理分析可能，$F'(p^*) > 0$ 是稳定演化策略，由于 $F'(1) < 0$，$F'(0) > 0$，所以此时 $Q_1 = 0$，是邮轮运营企业的稳定演化策略，当政府监管的概率低于 $\frac{R_2 - R_1}{C_2}$ 时，政府不监管的概率高于 $1 - \frac{R_2 - R_1}{C_2}$ 时，邮轮运营公司合法经营的预期收益低于整体的平均预期收益，邮轮运营公司的策略将逐渐收敛于违规经营。

综上，邮轮运营公司的稳定演化策略有三个关键点，分别是均衡点 $Q_1 = 0$ 和 $Q_2 = 1$ 以及分界点 $Q = \frac{R_2 - R_1}{C_2}$。企业选择合法经营和违规经营的关键是违规经营所带来的超额利润 $R_2 - R_1$ 的大小与罚金 C_2 的比值，当罚金一定时，超额利润越大，邮轮运营公司越倾向于违规经营；当超额利润一定时，罚金越多，邮轮运营公司越倾向于合法经营。

其次，分析政府的复制动态微分方程式（14-8），令 $F(q)$ 等于 0，可得出

$P=1-\dfrac{C_3}{C_2+C_4}$ 时，政府监管和不监管两种策略是无差异的；当 $P\neq1-\dfrac{C_3}{C_2+C_4}$ 时，则 $P_1=0$ 和 $P_2=1$，此时，$P_1=0$ 和 $P_2=1$ 是政府复制动态的两个均衡点，但不能确定收敛目标，也就是说它们并不一定具有演化稳定策略（ESS）。

当 $P>1-\dfrac{C_3}{C_2+C_4}$ 时，$F(q)<0$，根据复制动态稳定性定理分析可得，$F'(q^*)>0$ 是稳定演化策略，由于 $F'(1)<0$，$F'(0)>0$，所以此时 $P_2=0$，是政府监管的稳定演化策略，即政府监管的概率超过 $1-\dfrac{C_3}{C_2+C_4}$ 时，政府不监管的预期收益高于整体的平均预期收益，政府的策略将逐渐收敛于不监管。

当 $P<1-\dfrac{C_3}{C_2+C_4}$ 时，$F(q)>0$，根据复制动态稳定性定理分析可得，$F'(q^*)<0$ 是稳定演化策略，由于 $F'(1)<0$，$F'(0)>0$，所以此时 $P_2=1$，是政府监管的稳定演化策略，即政府监管的概率超过 $1-\dfrac{C_3}{C_2+C_4}$ 时，政府监管的预期收益高于整体的平均预期收益，政府的策略将逐渐收敛于监管。

（三）结论

综上，政府监管的稳定演化策略有三个关键点分别是均衡点 $P_1=0$ 和 $P_2=1$ 以及分界点 $P=1-\dfrac{C_3}{C_2+C_4}$。政府选择监管和不监管的关键是监管成本、罚金，以及不监管并造成社会损害时，所导致的政府社会声望和公信力的下降。具体来说，政府监管的成本越低越会加大监管力度，企业在和政府的反复博弈中，会逐渐意识到违规经营的风险在升高，最终提高企业合法经营的概率；如果政府将罚金提高，企业也会意识到违规风险增加，进而减少违规经营的概率，同时罚金对于地方政府也是一种额外收益，所以地方政府也会加大监管力度，最终导致企业逐步趋向于合法经营；此外，如果政府监管不力造成严重的社会影响，社会对于政府监管的态度就会反应强烈，为避免政府信用丧失、公信力下降，政府会加大监管力度，从而提高邮轮公司的规范运营概率。

根据邮轮运营公司和政府复制动态微分方程分析，可以得出邮轮运营公司和政府的复制动态关系图，如图14-3所示，追求邮轮运营公司合法运营和政府监管是社会的目标，为了实现该目标，动态演化的优势组合应该是Ⅰ区域的面积最大化，即 $\dfrac{R_2-R_1}{C_2}$ 趋向于0和 $1-\dfrac{C_3}{C_2+C_4}$ 趋向于1。

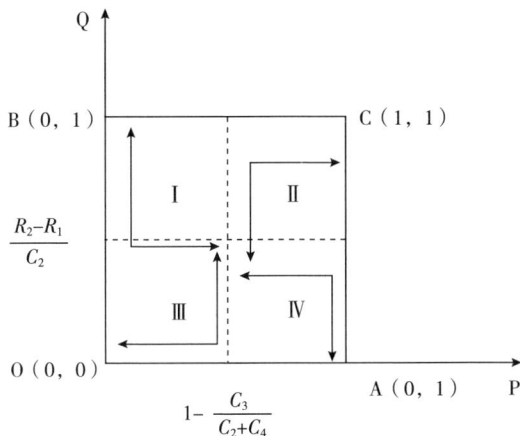

图 14-3　邮轮运营公司与政府演化博弈复制动态关系

为了实现区域 I 的面积最大化。首先，邮轮运营公司的超额利润要远远小于被监管处罚时增加的成本，即邮轮运营公司获得超额利润的机会成本非常高，反之如果处罚的力度微不足道，则根本起不到监管的作用，所以提高企业的违规运营成本非常重要；其次，政府监管的成本应该尽可能得低，政府才会加大监管的力度，进而促进邮轮运营公司合法经营；最后，政府不监管所造成的社会损失是巨大的，从社会反映、舆论导向以及上级督导等多个方面来看，都会进一步扩大政府失职的成本，进而在社会上对地方政府的形象造成负面影响，降低民众对政府公信力的信任度。

三、邮轮运营企业与消费者的信号博弈分析

中国与东盟国家航区的旅游者来自世界各地，消费者在邮轮旅行中获得满足感，邮轮运营公司则从中获得营业收入和利润。消费者在消费之前未获得完整信息，无法提前了解服务质量，但邮轮运营企业却掌握完全信息，并向消费者传递邮轮服务的相关信息，中国与东盟国家邮轮运营企业与邮轮消费者之间形成了信号博弈。

（一）模型构建

根据信号传递博弈理论，消费者作为信号接收者，仅能观察到信号发送者（邮轮运营企业）所释放出的信号，这些信号可能存在的形式为网站信息、旅游宣传单、相关从业者的推广等，在这种情况下，这些信息只是相对的可供参考，并不能完全真实地反映出邮轮产品的实际情况。根据信息发送者（邮轮运营企业）发出的信号，信号接收者（消费者）所做出的决策往往有利于信息发送者

（邮轮运营企业）。

假设邮轮运营企业有 A、B 两种类型，分别提供高质量的和低质量的邮轮产品，而且它们都占据产品的信息优势，即消费者无法在购买之前知晓产品的相关信息。邮轮运营企业 A 和 B 都是经济人，都追求自身利益最大化，所以提供低质量旅游产品的 B 企业为了获得更多的收益以 P_A（A 企业发出的价格信号）的价格出售质量欠佳的产品。

消费者并不清楚邮轮运营企业的类型，但会形成关于邮轮企业类型判断的先验概率 P_1，而且消费者清楚不同类型的邮轮运营企业在不同信号下的收益，由此形成了消费者对不同类型邮轮运营企业的后验概率 P_2。至此，消费者会重新判别企业类型，并根据利益最大化的原则选择最优策略。

由于邮轮运营企业能够获得完整的消费者信息，清楚消费者的策略空间，所以邮轮企业可以根据消费者的类型和喜好制定策略，发出能使自身获利最大化的信号。

基于上述分析，邮轮运营企业和消费者信号博弈可以简化为邮轮运营企业（参与人 1）和消费者（参与人 2）两个参与人，其中参与人 1 的两种类型分别是 A（价格为 P_A 提供高质量邮轮旅游产品）和 B（价格为 P_B 提供低质量邮轮旅游产品），参与人 1 的信息是私人信息，参与人 2 的信息是公共信息，即参与人 1 知道自己的信息和参与人 2 的信息，参与人 2 只知道自己的信息，因此参与人 2 对于参与人 1 的先验概率为 P_{1A} 和 P_{1B}，且 $P_{1A}+P_{1B}=1$。此时，参与人 1 发出信号 S（A 企业发出的信号为 S_A，B 企业发出的信号为 S_B），参与人 2 在接收信号之后，采取行动 $a \in M$，$M=\{a_1, a_2\}$，a_1 和 a_2 分别代表购买和不购买。邮轮运营企业的预期收益和消费者的效用分别为 U_s 和 U_r，邮轮运营企业的成本为 C_A 和 C_B，如果旅游企业在经营中存在 "以次充好" 等欺诈消费者的行为，将会收到政府监管部门的惩罚 C_g。根据以上假设，信号博弈存在三种均衡情况：分离均衡、混同均衡和准分离均衡。

（二）模型分析

首先是分离均衡，参与人 1 根据其类型向外传递出不同的信号。在该博弈中，企业 A 向外发出的信号为 S_A，企业 B 向外发出的信号为 S_B。这两类企业都以自己真实的态度向外传递真实的信号，而生产者作为追求利益最大化的经纪人，传递这种信号必然符合以下条件：对于 A 企业，它释放 S_A 信号，而不释放 S_B 信号，即 A 企业释放 S_A 的信号时，收益更大，也就是不等式 $P_A-C_A>P_B-C_B$ 成立（C_A、C_B 为 A、B 两个企业的生产成本），并且提供高质量旅游产品企业的价格要大于提供低质量旅游产品企业的价格，也就是 $P_A>P_B$。B 企业为了追求利润最大化也可以释放信号 S_A，因为 $P_A-C_B>P_B-C_B$。由于分离均衡的概念是不同类型的参与者 1 释放不同的信号，那么政府监管部门会对释放虚假信号的 B 企业进行查处，也就是满足 $P_A-C_B-C_g<P_B-C_B$，化简得：$P_A-P_B<C_g$（C_g 为政府监管成本）。该不等式说明，对释放虚假信号的 B 企业来说，只有被政府监管所承担的风险成本大于高质量旅游产品和低质量旅游产品的价格之差时，B 企业才会释放 S_B 信号。

分离均衡情形下，消费者（参与者 2）对于信号发出方的邮轮运营企业（参与者 1）的类型与真实类型的后验概率为 1，即消费者对于企业 A（价格为 P_A 提供高质量邮轮旅游产品）的后验概率为 1，对于企业 B（价格为 P_B 提供低质量邮轮旅游产品）的后验概率也为 1，满足完美贝叶斯分离均衡的要求。该均衡实现的关键是政府对于全体邮轮运营企业各个产品实现监管，对于企业提供旅游产品的全过程实现有效控制，这类监管成本较高，现实中难以实现。此时，邮轮旅游市场的透明度较高，交易成本趋于零，违规经营企业较少。

其次是混同均衡，参与人 1 的不同类型都会对外界释放出同一个信号 S_A，即在该博弈中，企业 A 向外发出的信号为 S_A，企业 B 向外发出的信号也为 S_A。这两类企业都向外传递同一个信号，而生产者作为追求利益最大化的经纪人，传递这种信号必然符合以下条件：对于 A 企业，释放 S_A 的信号时，收益更大，也就是不等式 $P_A-C_A>P_B-C_B$ 成立，并且提供高质量旅游产品企业的价格要大于提供低质量旅游产品企业的价格，也就是 $P_A>P_B$。对于 B 企业，B 企业为了追求利润最大化也可以释放信号 S_A，即不等式 $P_A-C_B>P_B-C_B$ 成立。由于混同均衡的概念是不同类型的参与者 1 释放相同的信号，政府监管部门会对释放虚假信号的 B 企业进行查处，只要查处的风险损失小于释放 S_A 的收益，企业 B 就会释放 S_A 信号，$P_A-C_B-C_g>P_B-C_B$，化简得：$P_A-P_B>C_g$。该不等式说明，释放虚假信号的 B 企业，只要被政府查处的风险成本小于高质量旅游产品和低质量旅游产品的价格之差时，B 类型企业就会释放 S_A 信号。

混同均衡情形下，消费者对于信号 S_A 的行动为：消费者接受并购买的概率为 P_{1A}，消费者不接受 P_A 或以 P_B 价格购买的概率为 P_{1B}；如果 B 企业释放 S_B 信号，那么消费者就会接受 P_B 且选择购买的概率为 1，满足完美贝叶斯均衡条件，邮轮运营企业和消费者都属于混同均衡。此时，邮轮旅游市场的交易成本较高，存在严重的信息不对称，消费者作为理性人，对于 A 企业，原本价格为 P_A 的高质量产品，以 P_{1B} 的概率按照价格 P_B 和以 P_{1A} 的概率按照价格 P_A 两种情况进行出售，这样就会对 A 企业造成损失，即 A 企业的损失为 $P_A-P_{1A}P_A-P_{1B}P_B=P_{1B}$ (P_A-P_B)。而对于 B 企业，原本价格为 P_B 的低质量产品，以 P_{1A} 的概率按照价格 P_A 和以 P_{1B} 的概率按照价格 P_B 进行出售，这样就会使 B 企业获得额外收益，即 B 企业的额外收益为 $P_{1A}P_A+P_{1B}P_B-P_B-C_g=P_{1A}$ (P_A-P_B) $-C_g$。

该均衡实现的条件是政府监管不严格，处罚力度小，一些邮轮运营企业明知产品质量较差的情况下，仍采取机会主义行为，如果任由这种情况发生，会出现大量的劣质低价邮轮旅游产品充斥市场，优质邮轮旅游产品则会经营困难，出现"劣币驱逐良币"的现象。

最后是准分离均衡。对于 A 企业，其释放 S_A 信号收益更大，而 B 企业，其以 k 的概率释放 S_A 信号，以 $1-k$ 的概率释放 S_B 信号，即 $P_{1A/A}=1$，$P_{1A/B}=k$，$P_{1B/B}=1-k$。1A 和 1B 表示传递信号的类型，后面的 A 和 B 表示真实类型。如果企业 B 在传递 S_A 和 S_B 时的收益相同，那么就会随机选择其中一个信号，既是 $P_A-C_B-C_g=P_B-C_B$，化简为：$P_A-P_B=C_g$，此时消费者的判断是：

$$P_{B/1A}=\frac{P_{1A/B}P_B}{P_{1A/B}P_B+P_{1A/A}P_A}=\frac{kP_B}{kP_B+P_A} \qquad 式（14-9）$$

$$P_{A/1A}=1-P_{B/1A} \qquad 式（14-10）$$

其中式（14-9），条件概率式 $P_{B/1A}$ 的含义为，前者 B 为邮轮运营企业的真实类型，后者 1A 为传递的邮轮运营企业的类型信号。第一步推导的依据是贝叶斯公式，第二步是将 $P_{1A/A}=1$，$P_{1A/B}=k$，代入 $\frac{P_{1A/B}P_B}{P_{1A/B}P_B+P_{1A/A}P_A}$ 后求解所得。式（14-10）的等号左边含义是邮轮运营企业释放 1A 信号且自身为 A 企业的概率，而释放 1A 信号的企业只包括 A 企业和以概率 k 释放 1A 信号的 B 企业两种情况，所以他们的和为 1，进而推导出式（14-10）中条件概率 $P_{A/1A}$。

消费者做出的判断符合贝叶斯法则和生产者的策略选择，满足贝叶斯均衡条件。对于上述消费者判断和生产者的策略可推导出消费者的策略集合为：如果邮轮运营企业释放信号为 S_A，消费者接受价格 P_A 且购买的概率为 $P_{A/1A}$，即为 $1-P_{B/1A}$，求解得出概率为 $\frac{P_A}{kP_B+P_A}$；消费者不接受价格 P_A 或者以 P_B 价格购买的概率为 $P_{B/1A}$，即为 $\frac{kP_B}{kP_B+P_A}$；如果邮轮运营企业释放信号为 S_B，消费者选择购买的概率为 1，这些共同构成了完美贝叶斯的准分离均衡。在该均衡状态下，出现 B 企业冒充 A 企业的现象，政府监管的效果也不再明显，如果一味加大政府监管，则可能会出现"政府失灵"的情况。

对于准分离均衡状态下 A 企业和 B 企业的经济计算，方法和混同均衡的计算一样，损失或收益的计算一般为 $P×Q$，假设单位收益或者消费者和生产者的数量是相同的，可以省去 Q。那么当 $P_{A/1A}=\frac{P_A}{kP_B+P_A}$，$P_{B/1A}=\frac{kP_B}{kP_B+P_A}$ 时，A 企业需要承担的经济损失为：$P_A - P_{A/1A}P_A - P_{B/1A}P_B = \dfrac{kP_B}{kP_B + P_{1A}}(P_A - P_B)$，B 企业可能获得的

额外收益为：$P_{A/1A}P_A + P_{B/1A}P_B - P_B - C_g = \dfrac{P_A}{kP_B + P_A}(P_A - P_B) - C_g$。

该均衡的实现条件是 $P_A - P_B = C_g$，此时，政府增加监管的效用为 0 也无法减少监管工作量，政府不再是均衡实现的关键。高质量企业和低质量企业都在市场中运营，这是市场的常态。高质量企业仍然会承受损失，低质量企业能否获益取决于处罚的力度，此时消费者面对企业真实类型和信号类型不一致的情形，可能会接受低质量的邮轮运营企业提供的产品。

（三）结论

从整个邮轮旅游市场角度，分离均衡与混同均衡和准分离均衡相比是较为理想的状态，此时市场信息更加透明，交易成本更低，消费者能够选择符合自己意愿的邮轮商品，并且不会担心被欺诈，提供高质量邮轮旅游产品的企业没有承担经济损失的风险，提供低质量邮轮旅游产品的企业也没有进行违规经营的经济动力。在混同均衡时政府的监管力度大，监管具体到各个企业的每一个环节中，工作量大，监管成本高，实施难度大，因此需要准确合理的选取监管对象。在准分离均衡状态时，政府增加监管的效用为 0 也无法减少监管工作量，政府不再是均衡实现的关键。

四、邮轮企业与本地居民的不完全信息动态博弈

本部分探讨的邮轮企业涵盖邮轮修造企业、邮轮运营企业以及邮轮服务企业等。

（一）模型构建

假设邮轮企业长期从事相关产业的开发和项目运营活动，了解自身的经营和收益情况，对本地居民的情况了解较多，而本地居民对邮轮企业了解较少，不清楚邮轮企业会做出何种决策。邮轮企业决定是否将利益分配给本地居民，之后本地居民根据邮轮运营企业的决策采取行动，本地居民在行动之前可以观察到邮轮运营企业的决策，因此，可以采用不完全信息动态博弈分析本地居民和邮轮企业的利益分配问题。

假设邮轮企业有 A 和 B 两种类型，其中 A 企业信誉好，B 企业信誉差，当本地居民抵制这两类邮轮企业时，A 企业会选择分配利益，而 B 企业不会。设 P_A 和 P_B 分别表示邮轮企业中信誉好和差的概率，邮轮企业 A 和企业 B 的利润相等，都是 R，A 企业分配收益时，其获得的利益为 R_A，居民获得的利益为 R_{LA}；B 企业分配收益时，其获得的利益为 R_B，居民获得的利益为 R_{LB}；并且 $R_A < R_B$，

$R_{LA}>R_{LB}$，即信誉好的企业比信誉差的企业带给居民更多的利益。在此基础上，不同类型的邮轮企业会选择分配利益和不分配利益两种行动策略，即行动集合 $M=\{G,N\}$，其中 G 表示分配，N 表示不分配。本地居民观察到邮轮企业的行动后会选择妥协和抵制两种策略，其中选择妥协的概率为 k，本地居民的收益为 0，抵制的概率为 $1-k$，此时居民需要花费一定的成本 C_L，信誉好的企业 A 会重新分配利益，使居民得到一定的收益 R_{LA}。企业如果不分配利益，则会造成社会信誉的损失 C_S。

经上述分析可得，邮轮企业和当地居民的博弈树如图 14-4 所示：

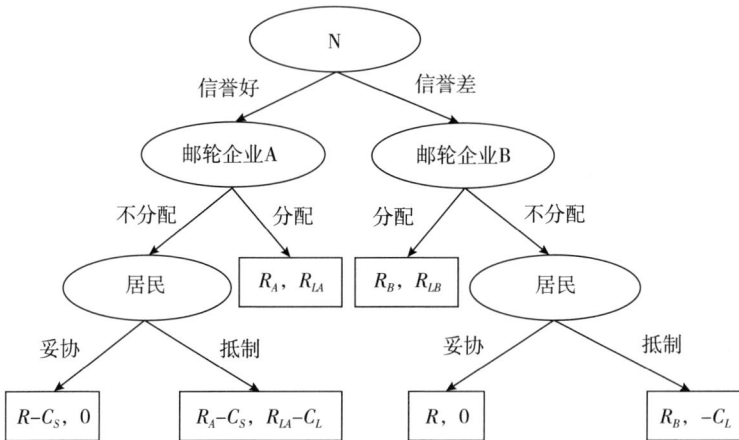

图 14-4　邮轮企业和当地居民的博弈树

（二）模型分析

从图 14-4 中的博弈树可以看出，邮轮企业与当地居民的博弈可以分为三个阶段：

第一阶段，由于该博弈是不完全信息动态博弈，所以标准做法是经过海萨尼转换，引入虚拟参与人转换 N，根据转换将参与人分成企业 A 和企业 B 两种类型，信誉好的邮轮企业的概率为 P_A，信誉差的邮轮企业的概率为 P_B，$P_A+P_B=1$。

第二阶段为邮轮企业选择是否和本地居民分享利益，邮轮企业具有优先决策权，对于 A 企业，如果选择不分享利益，那么其预期收益 $E_{A1}=k(R-C_S)+(1-k)(R_A-C_S)=k(R-R_A)-C_S+R_A$，分享利益时，其收益为 R_A，那么 A 企业不分享利益和分享利益之差为 $E_{A1}-R_A=k(R-R_A)-C_S$。那么就需要判断 $R-R_A$ 和 $C_{S/k}$ 的关系，即当不分享利益时，如果企业 A 的信誉损失较少并且本地居民妥协的概率较大时，则企业 A 必定不会分享利益，为了计算方便假设 C_S 非常小。对于 B 企业，其不分享利益的预期收益为：$E_{B1}=kR+(1-k)R_B$，已知分享利益时的收益为 R_B，那么 B 企业不分享和分享利益之差为：$E_{B1}-R_B=k(R-R_B)>0$，所以 B 企业始终都不会与当地居民分享利益。

第三阶段为本地居民是否选择抵制邮轮企业，由于本地居民对邮轮企业了解很少，导致本地居民很难准确判断邮轮企业的信誉类型，只能用条件概率计算妥协和抵制的期望收益，通过比较两者大小进行决策。假设 $P_{A/N}$ 为不分配利益条件下信誉好的邮轮企业的决策概率：

$$P_{A/N}=\frac{kP_A}{kP_A+(1-k)P_B} \qquad\qquad 式（14-11）$$

此时，$P_A=1$，$P_B=1$，那么 $P_{A/N}=P_A$，同理，在不分配利益的条件下，信誉差的邮轮企业的决策概率为 $P_{B/N}=1-P_A$。由此可计算出本地居民做出抵制决策时的期望收益为：

$$E_D=P_{A/N}(R_{LA}-C_L)+P_{B/N}(-C_L)=P_A R_{LA}-C_L \qquad\qquad 式（14-12）$$

本地居民做出妥协决策的预期收益为：

$$E_T=P_{A/N}\times 0+P_{B/N}\times 0=0 \qquad\qquad 式（14-13）$$

那么，本地居民选择抵制还是妥协的关键在于居民对于 A 企业的期望收益 $P_A R_{LA}$ 和居民需要花费的成本 C_L 的大小，即通过比较邮轮企业信誉好的概率 P_A 和居民成本与收益的比值 C_L/R_{LA} 的大小。如果邮轮企业信誉好的概率 P_A 大于居民成本与收益的比值 C_L/R_{LA}，那么就说明抵制的支付期望大于妥协的支付期望，理性的居民就会选择抵制，反之邮轮企业信誉好的概率 P_A 小于居民成本与收益的比值 C_L/R_{LA}，那么理性的居民就会选择妥协。当邮轮企业信誉好的概率 P_A 大于成本与居民收益的比值 C_L/R_{LA} 时，形成不完全信息博弈中的混同均衡。根据邮轮企业和消费者的关系，可以推断出，只有达到分离均衡才是比较理想的市场状态，但也需要政府采取相对严格的措施处罚信誉较差的邮轮企业。

（三）结论

混同均衡是博弈中的一种均衡状态，但并没有达到更加有效的分离均衡，还需要改进，因此需要政府制定相关的利益共享制度，加强邮轮企业的监管，规范其行为。

五、中国与东盟国家地方政府之间的动态博弈

中国与东盟国家航区海域相连，如果不规制邮轮营运所引起的环境污染和资源利用的负外部性①问题，势必影响整个航区邮轮产业的可持续发展。各国地方政府会选择规制和不规制两种策略，当一国地方政府选择规制环境，其辖区内的邮轮企业便会选择降低排污量，减少污染，改善环境质量；当一国政府选择不规制环境，其辖区内的邮轮企业便不会主动治理污染，导致排污量增加、环境恶化。各国地方政府之间的博弈标的存在相互重复的情况，可以相互改进彼此之间的策略，因此用复制动态机制进行分析。

（一）模型构建

假设存在一国地方政府群体 A 和另一国地方政府群体 B，为了分析简便，模型中只有两个国家，其中一国地方政府群体 A 选择规制环境的概率为 P，不规制的概率为 $1-P$，另一国地方政府群体 B 选择规制环境的概率为 Q，不规制的概率为 $1-Q$。地方政府 A 的环境规制成本 C_A 包括政府规制的执行成本和经济成本，其中执行成本包括政府对于环境污染监管等行为投入的各种财力、物力和人力等，经济成本包括政府治理污染时，对本区域造成的经济负面效应。当地方政府 A 采取规制环境措施时，邮轮企业减少污染所获得的收益为 E_A，当地方政府 A 不采取规制环境措施时，邮轮企业在该地区增加污染所产生的损失为 F_A。因环境具有外部性，所以当 A 政府采取规制措施时，对 B 政府产生影响的外部效用系数为 β_A。当另一国家地方政府 B 采取规制环境的措施时，邮轮企业减少污染所获收益为 E_B，当地方政府 B 不采取规制环境的措施时，邮轮企业在该地区增加污染所产生的损失为 F_B，同时由于环境具有外部性，所以当 B 政府采取规制措施时，对 A 政府产生影响的外部效用系数为 β_B。各国地方政府博弈支付矩阵如表 14-2 所示。

表 14-2　各国地方政府博弈支付矩阵

地方政府 A	地方政府 B	
	规制	不规制
规制	$-C_A+E_A+\beta_B E_B$ $-C_B+E_B+\beta_A E_A$	$-C_A+E_A-\beta_B F_B$ $-F_B+\beta_A E_A$
不规制	$-F_A+\beta_B E_B$ $-C_B+E_B-\beta_A F_A$	$-F_A-\beta_B F_B$ $-F_B-\beta_A F_A$

（二）模型分析

地方政府 A 选择规制环境的期望收益是：

---

① 张百灵. 正外部性视野下的环境法律激励问题研究［M］. 北京：知识产权出版社，2017：99.

$$U_{1A} = Q(-C_A + E_A + \beta_B E_B) + (1-Q)(-C_A + E_A - \beta_B F_B)$$

地方政府 A 选择不规制环境的期望收益是：

$$U_{2A} = Q(-F_A + \beta_B E_B) + (1-Q)(-F_A - \beta_B F_B)$$

地方政府群体 A 的平均期望收益是：

$$\overline{U}_A = PU_{1A} + (1-P)U_{2A}$$

地方政府 A 选择规制环境策略的复制动态方程为：

$$F(p) = \frac{\mathrm{d}p}{\mathrm{d}t} = P(U_{1A} - \overline{U}_A) = P(1-P)(U_{1A} - U_{2A}) = P(1-P)(F_A + E_A - C_A)$$

地方政府 B 选择规制环境的预期收益是：

$$U_{1B} = P(-C_B + E_B + \beta_A E_A) + (1-P)(-C_B + E_B - \beta_A F_A)$$

地方政府 B 选择不规制环境的预期收益是：

$$U_{2B} = P(-F_B + \beta_A E_A) + (1-P)(-F_B - \beta_A F_A)$$

地方政府群体 B 的平均期望收益是：

$$\overline{U}_B = QU_{1B} + (1-Q)U_{2B}$$

地方政府 B 选择规制环境策略的复制动态方程为：

$$F(q) = \frac{\mathrm{d}q}{\mathrm{d}t} = Q(1-Q)(U_{1B} - U_{2B}) = Q(1-Q)(F_B + E_B - C_B)$$

令 $F(x) = 0$，可得地方政府 A 和 B 的全部稳定状态，对于政府 A，当 $F_A + E_A - C_A > 0$ 时，$F(p) > 0$，$F'(0) > 0$，$F'(1) < 0$，此时 $P^* = 1$ 为该国地方政府 A 的演化稳定策略；当 $F_A + E_A - C_A < 0$ 时，$F(p) < 0$，$F'(0) < 0$，$F'(1) > 0$，此时 $P^* = 0$ 为该国地方政府 A 的演化稳定策略。对于政府 B，当 $F_B + E_B - C_B > 0$ 时，$F(q) > 0$，$F'(0) > 0$，$F'(1) < 0$，此时 $Q^* = 1$ 为该国地方政府 B 的演化稳定策略。当 $F_B + E_B - C_B < 0$ 时，$F(q) < 0$，$F'(0) < 0$，$F'(1) > 0$，此时 $Q^* = 0$ 为该国地方政府 B 的演化稳定策略。其中 $F_A + E_A - C_A$ 为地方政府 A 规制环境的净收入，$F_B + E_B - C_B$ 为地方政府 B 规制环境的净收入。

由上述分析可知，地方政府间的博弈并没有将政府间的外部效用引入最终的均衡，即政府规制环境的外部性并不能影响其他政府的策略选择，地方政府是否规制环境与其带来的净收入有关，与其他地方政府的决策无关。当规制环境的净收入大于 0 时，中国与东盟国家地区各国政府都会选择规制并最终达到稳定状态，当规制环境的净收入小于 0 时，中国与东盟国家地区各国政府都会选择不规制环境并最终达到稳定状态。

如果某个国家中央政府将环境保护作为主要发展目标，则该国地方政府在此考核机制下会倾向于规制环境，其他国家若不以保护环境为主要目标，则会采取

"搭便车"策略。如果某个国家中央政府更加注重地区经济发展，将保护环境作为次要目标，则不会规制环境，导致环境越来越恶化。如果各国政府能够对各个地方政府进行统一规划，则更有利于从整体上改善环境规制的问题。

（三）结论

中国与东盟国家各国缺乏统一发展目标时，会出现各个政府为了各自利益而采取不同策略的行为。只有各国政府对环境的政绩考核高于对经济发展的考核时才能使各个政府更加重视规制环境，从而达到改善区域内环境质量的目的。

六、中国与东盟国家政府之间的协同博弈

出于"理性人"的假设，中国与东盟国家政府往往追求自身利益最大化，从而出现具有排他性的"零和"博弈。因为区域内的资源、环境、要素等条件是有限的，不容易出现帕累托改进的现象。虽然某一个国家政府决策时会考虑相邻国家政府的行为，并且最终实现地区博弈的纳什均衡，但此时形成的纳什均衡是过度竞争所导致的低效均衡。本节借助"互动策略型博弈模型"对这种现象进行分析。

假设中国与东盟国家政府为各自行政区域的利益主体，各国政府之间没有联盟与合作，他们都是"理性人"，会根据效用最大化原则进行决策。假设参与博弈的国家政府有两个，即国家政府 A 和国家政府 B（见表 14-3）。

表 14-3　国家政府 A 和 B 博弈支付矩阵

国家政府 A	国家政府 B	
	合作	不合作
合作	10，10	3，8
不合作	8，3	6，6

如果两国精诚合作则双方都能获得合作带来的额外收益，此时它们的收益都是 10 个单位，如果双方拒绝合作，则无法获得合作所产生的额外收益，此时它们均获得 6 个单位的收益。如果一方合作，另一方不合作，则合作的一方将损失 3 个单位的收益，而不合作的一方将通过抢占市场和免费"搭便车"的行为，额外获得 2 个单位的收益。这样形成的纳什均衡为（合作，合作）和（不合作，不合作）两种状态。第一种状态是基于双方对于对方的决策能够做出准确预期，这在现实中难以实现，现实中的博弈双方往往是信息不对称的，通常会选择不合作来避免损失，这是典型的非合作博弈。如果想要达成合作博弈需要以下几个约

束条件：首先，政府之间存在较大的共同利益；其次，达成协议时的交易成本较小；最后，在达成协议之后，要有相应的机构或组织的跟进。

假设有 n 个博弈方参与博弈并构成集合 $N = \{1, 2, \cdots, n\}$，其中一个联盟 M 是 N 的一个子集，$M \subseteq N$，M 是 N 当中的一个联盟，其中 M 可以只包含一个博弈方，即是 N 的单点子集，成为单人联盟，或者空集，它们都没有真正意义上的结盟。此外，需要注意的是 M 的余联盟 $M^c = N - M$，因此，任意一个联盟 M 就把博弈方分成了两个联盟，一个是联盟 M，另一个是余联盟 M^c。M 联盟内部能够形成标准，使其统一行动，同时 M^c 也是如此，那么 n 个博弈方的博弈就简化为只有两个局中人 M 和 M^c 的博弈。

联盟 $M \in P(N)$ 拥有 n 个博弈方，联盟通过自身内部配合可获得最大总收益，记为联盟的"保证水平"$V(M)$，即不管联盟外的博弈方采取什么行动，联盟 M 总能获得不低于 $V(M)$ 的收入。$V(M)$ 定义了集合 $2^n \rightarrow R$ 的一个实值函数，该函数记为博弈 N 的特征函数。即：

特征函数 $V(M) = \max\limits_{x \in xM} \min\limits_{x \in xM^c} \sum_{i \in M} ui(x, y)$

其中，xM 表示 M 中所有成员的联合混合策略，xM^c 表示 N 中除了 M 的成员的联合混合策略，$ui(x, y)$ 表示博弈方 i 对应策略组合 (x, y) 的期望收益。特征函数对于形成的联盟以及博弈的结果起到决定性作用，因此特征函数的性质值得关注。

首先，如果联盟是 ϕ，则 $V(\phi) = 0$；其次，如果 $V(S \cup T) \geq V(S) + V(T)$，$\forall S \in N$，$T \in N$，并且 $S \cap T = \phi$ 成立，那么特征函数 V 具有超可加性。即对于博弈方来说，合作的效果优于不合作。如果 $V(S \cup T) = V(S) + V(T)$，$\forall S \in N$，$T \in N$，并且 $S \cap T = \phi$ 成立，那么特征函数 V 具有可加性。即对于博弈方来说，合作和不合作的效果是相同的。

联盟必须在不违背个体理性的情况下实现集体理性，而实现集体理性的障碍是分配问题。假设博弈方 i 在不参加任何联盟，自己单干时的收益为 x_i，而参加联盟时，联盟分配给它的收益为 U_i，那么对于联盟而言，必须至少找到一种分配方案使

$$U_i \geq x_i \quad i = 1, 2, \cdots, n$$

$$\sum_{i=1}^{n} ui = V(N)$$

即博弈方 i 参加联盟时能够得到高于自己单干时的收益，那么 i 才有加入联盟的动力，如果加入联盟后其收益减少，那么它就会失去加入联盟的动力，联盟就会瓦解。同时，联盟分配给博弈方的收入之和等于全部博弈方的总收益。

分配问题影响了联盟的形成，这里引入 Shapley 值来分析如何用公平的方法将总收益分配给各个成员。根据对称性、有效性、冗员性和可加性构成唯一确定的数值，则 n 个博弈方 i 的收益 σ_i 为：

$$\sigma_i = \sum_{i \in M \subseteq N} \frac{(n-m)!\,(m-1)!}{n!} [V(M) - V(M - \{i\})]$$

其中，m 表示联盟中的成员数，i 表示联盟中的博弈方。$\dfrac{(n-m)!\,(m-1)!}{n!}$ 为 Shaley 值的加权因子，$V(M-\{i\})$ 为联盟 Mc 除去成员 i 可获得的收益，$V(M) - V(M-\{i\})$ 是 i 加入联盟 M 之后给联盟 M 带来的收益增加量。

假设有 A、B、C 三个国家的政府，如果各国政府各自为政，那么它们均可获得 5 个单位的收益，如果 A 和 B 形成联盟，那么它们可获得 35 单位收益，如果 A 和 C 形成联盟，那么它们可获得 25 单位收益，如果 B 和 C 形成联盟，那么它们可获得 20 单位收益，如果 A、B、C 形成大联盟，则它们可获得 50 单位收益。以下根据 Shapley 值来分析该问题。

A、B、C 的联盟记为 $N = \{1, 2, 3\}$，当它们不结盟时，$V(1) = V(2) = V(3) = 5$，对于政府 A 所有的联盟的集合 $M1 = \{1, 1 \cup 2, 1 \cup 3, 1 \cup 2 \cup 3\}$。$V(1 \cup 2) = 35$，$V(1 \cup 3) = 25$，$V(2 \cup 3) = 20$，$V(1 \cup 2 \cup 3) = 50$，根据 Shapley 值求 σ_1 的计算如表 14-4 所示。

表 14-4　联盟中地方政府 A 的分配收益计算

$M1$	1	$1 \cup 2$	$1 \cup 3$	$1 \cup 2 \cup 3$
$V(M)$	5	35	25	50
$V(M-\{i\})$	0	5	5	20
$V(M)-V(M-\{i\})$	5	30	20	30
M	1	2	2	3
$\dfrac{(n-m)!\,(m-1)!}{n!}$	1/3	1/3	1/6	1/3
σ_i	5/3	5	10/3	10

由此，可得出 $\sigma_1 = 5/3 + 5 + 10/3 + 10 = 20$，同理可得出 $\sigma_2 = 17.5$，$\sigma_3 = 12.5$，而 $\sigma_1 + \sigma_2 + \sigma_3 = 50$，属于三国政府结盟的情况。另外，可以验证出 Shapley 值的分配是稳定的，因为此时 $\sigma_1 + \sigma_2 = 37.5 > V(1 \cup 2) = 35$，$\sigma_1 + \sigma_3 = 32.5 > V(1 \cup 3) = 25$，$\sigma_2 + \sigma_3 = 30 > V(2 \cup 3) = 20$，并且 σ_1、σ_2、σ_3 均大于各自单干时的收益 $\sigma_i = 5$。所以，多国政府 A、B、C 合作获得的收益大于两国合作获得的收益，而且稳定性

好，这能够促使各国政府更加积极地参与联盟。

中国与东盟国家各国政府公共管理政策的制定和实施建立在共同利益之上，各国政府具有合作的动机，一些国家政府结成了博弈中的"联盟"，由于联盟代表的是博弈者的利益，只要联盟形成，博弈者会相互配合为联盟争取最大收益，同时按照契约对获得的利益重新分配，博弈者不再考虑自身特殊策略的选择，而会努力为所在联盟获得最大收益。在形成这一模式之前，各方必然会经过一番利益博弈，因为新模式的制定和实施必然会重塑原有的利益格局。

组建联盟首先要突破制度变迁理论中所提出的"路径依赖"，减少以行政区划为基础的治理模式，增加以"契约型"为基础的区域治理模式，构建某种机制，使联盟内的各国政府认同联盟的共同利益，自觉调整政策和创新制度，降低联盟内各国政府的交易成本，打破已经存在的行政区域的"锁定"状态。

各国联盟也提高了区域竞争力，成为适应复杂多变外部环境的一种有效途径。联盟利益的合理分配也是联盟稳定的必要条件，深入研究分析利益结构和分配机制能够帮助联盟更加巩固，使各地方政府在合作中相互支持和协作，形成生产要素的自由流动，从而更有利于区域的发展。

第十五章　中国与东盟国家邮轮产业协同发展的利益相关者均衡机制构建

上述章节对利益相关者的概念、分类、彼此之间的利益需求、利益冲突进行了分析，并构建了中国与东盟国家邮轮产业协同发展的利益相关者动态博弈模型，本章将继续探讨如何构建利益相关者均衡机制。

第一节　利益相关者均衡机制构建的总体思路

一、提升合作共识及深化战略互信

邮轮产业高质量的协同发展，离不开各国政府的深入合作，也离不开政府与企业、政府与游客、企业与游客等之间的合作。中国与东盟国家各国政府机构应该充分发挥主导、引领及协调作用，从战略全局出发，共同协商制定合作区产业发展规划、政策、文件等，充分发挥监督及管理职能，为中国与东盟国家邮轮产业的可持续发展及转型升级奠定基础。各国政府机构、相关企业等应深化战略互信，把握邮轮产业发展机会。中国与东盟国家邮轮产业的协同发展，必将带动装备制造业、交通运输业、旅游服务业等产业的发展，而协同发展的基础不仅需要合作，更需要资源和能力，因此无论是旅游服务业还是邮轮产品生产企业，无论是地方政府机构还是国家政府机构，都应该立足邮轮产业，深化战略互信及规划对接，进一步谋求理念认同，达成邮轮产业发展共识。各国可以邮轮港口建设及基础设施完善为契机，以中国与东盟国家邮轮航线开发为纽带，以市场、信息、劳动力、金融和科技等方面的合作为重点携手开发海洋资源，以构建开放、多元、多层次的邮轮产业经济圈为路径，达成合作共识，推动中国与东盟国家邮轮产业高质量发展。

（一）营造区域共建共享的合作环境

中国与东盟国家邮轮产业涉及多个国家及地区，譬如中国、越南、泰国、新加坡、马来西亚、印度尼西亚、菲律宾等，虽然各国拥有一定的邮轮产业合作发展基础，如优越的地理位置、丰富的旅游资源、数量众多的邮轮港口和较完善的商贸服务，但各国的政治体制、经济社会发展状况、人文环境不尽相同，为了更好地推动区域邮轮产业发展，需要积极营造区域共建共享的合作环境。建议如下：一方面，各国在政治、经济、文化方面加大合作力度，通过接纳不同国家的政治制度、经济体制及文化特色，推动形成新的合作开发机制；合作各方根据自身的邮轮产业发展情况以联动的形式清除制度障碍，优化中国与东盟国家区域邮轮产业发展环境，充分发挥各国政府引导、协调、管理、监督等职能，从而改变各国、各地区相对独立、各自为政的局面。另一方面，中国与东盟国家邮轮产业协同发展过程中还要加强法治建设，制定出台能够规范管理邮轮企业并为游客提供保障的规章制度，加强对违法行为的查处力度，不断优化邮轮产业发展的政治环境、文化环境及营商环境。

（二）深化中国与东盟国家地区邮轮产业合作，建立统筹协调的运作机制

各国可以统筹建立政府主导型的合作机制，在中国与东盟国家邮轮产业协同发展的过程中采用多元共治的方式，引导多元主体广泛参与，拓宽产业合作领域，培育和发展邮轮产业相关的社会组织，充分调动和凝聚区域组织与企业等参与到邮轮产业发展进程中，进一步构建中国与东盟国家邮轮产业协商平台，形成多国联合发展的强大合力。

各国可以推动建立邮轮产业发展行业协会。虽然政府是邮轮产业发展的主导方，但各国政府机构之间、地方与中央政府机构之间的合作具有一定的局限性，无法覆盖到邮轮产业发展的各个方面；而行业协会的出现则填补了这一空白。行业协会以边界组织模糊、形成架构灵活、管理手段灵活、包容性较强等特征，有效化解了政府与企业、企业与游客之间的矛盾，对区域性邮轮产业合作具有较强的推动作用。同时，各国要加强有关部门、主体之间的沟通协调，邮轮产业协同发展过程中涉及港口建设、边防、海关、船检、旅游娱乐等多个部门及领域，仅凭借一个部门或企业无法解决邮轮产业发展过程中遇到的一系列问题，因此，邮轮产业各利益相关者之间要加强沟通协作，以问题为切入点，以政府机构、行业协会、邮轮生产企业、旅游企业的合作机制构建为基础，进一步拓展各国邮轮产业合作的广度和深度，构建积极有效的区域协调和利益分配机制。

（三）促进中国与东盟国家地区政府、管理部门、相关企业的交流互动

中国与东盟国家地区具备发展现代邮轮产业的良好基础，也具备成为全球邮轮产业中心的潜力，需要各利益相关方共同努力，深化产业合作、强化战略共识

以凝聚发展动力。其中，各利益相关方如政府机构、管理部门、相关企业间应通过深层次的交流互动及沟通协作，以推动邮轮产业高质量发展。各利益相关方可以充分利用互联网平台、大数据平台及社交媒体等加强彼此之间的利益互动。例如，各国可以合作开发邮轮旅游应用软件，游客可以通过软件实时获得邮轮旅游信息，例如航线、娱乐项目、停泊港口、当地特色等信息，并实时分享邮轮旅行体验，这能够为政府机构、管理部门及相关企业优化产品、改进服务提供意见和建议；政府机构可以借助应用软件更好地实现服务、管理及监督职能，相关企业可以借助应用软件共享资源信息。合作各方通过定期举办中国与东盟国家邮轮产业发展交流会，邀请各国政府机构代表、各国相关职能部门代表、邮轮产品生产企业代表、旅游服务企业代表等参加会议，并邀请一定的大众媒体机构及新媒体机构代表参会，为探讨邮轮产业发展路径、发展趋势等提供交流平台。邮轮产业发展交流会为完善邮轮产业配套措施、集中探讨邮轮产业遇到的困难和问题、加强违法行为惩处等提供了帮助，也为中国与东盟国家地区政府、管理部门、相关企业提供了交流互动的平台。

二、构建中国与东盟国家邮轮产业经济共同体

邮轮产业是先进制造业和服务业融合的典范，大型邮轮被誉为"造船工业皇冠上的明珠"。邮轮产业链条长、经济带动性强、覆盖面广，市场规模超过万亿级别，涉及诸多利益相关者，具有开放性、国际性、连通性等基本特征，构建中国与东盟国家邮轮产业经济共同体能够推动海洋经济迅速发展。

（一）加强中国与东盟国家地区互联互通，推动邮轮产业区域合作

邮轮产业的发展可以推动相关国家间的政策互通、设施互联、战略共建，实现人文相通及贸易相通。基础设施的优化和成熟健全的管理机制对推动中国与东盟国家邮轮产业的合作发展非常重要。加强中国与东盟国家地区互联互通，推动邮轮产业区域合作具体建议如下：中国与东盟国家各国利用中国—东盟"10+1"、区域全面经济伙伴关系、大湄公河次区域经济合作（GMS）、亚洲基础设施投资银行（AIIB）等多边合作机制和合作平台开展经济战略合作与交流，提高中国与东盟国家综合经济实力；加强海陆交通设施建设，推动邮轮、港口、机场、高铁、高速公路等多种类型的交通枢纽及交通体系建设，为产业合作、沟通交流等提供必要的交通基础设施；合力打造"中国与东盟国家邮轮旅游圈"，充分挖掘海洋资源优势、港口优势、人文历史优势等，形成具有较强竞争力的邮轮产业品牌，吸引更多的邮轮爱好者及游客，扩大中国与东盟国家邮轮产业的世界影响力；依托东南亚华侨文化、特色文化等开展类型多样、渠道丰富的文化交流，并启动中国与东盟国家合作办学、海洋博物院学院等文化合作项目建设，促进中国

与东盟国家各国之间的文化碰撞与文化交流，同时为中国与东盟国家邮轮产业协同发展提供源源不断的人才支撑。

（二）深度挖掘市场，搭建邮轮产业利益共享平台

邮轮产业合作发展所带来的经济红利不仅体现在游客数量的增加及海洋旅游经济的发展，还涉及高端装备、金融保险、交通运输、工业制造、商业贸易、基础建设等多个产业，是现代制造业与服务业深度融合的典范。在发展中国与东盟国家邮轮产业的过程中，政府机构、相关企业应借助邮轮设计研发机构、邮轮制造企业、邮轮专业院校等搭建起覆盖多国的邮轮产业利益共享平台；通过邮轮产业合作加强中国与东盟国家间的经贸合作、人文交流与利益共享，深入挖掘邮轮产业市场资源，提升邮轮产业在"一带一路"倡议中的参与度、连接度与影响力。同时聚焦邮轮产业服务质量以深耕市场运营，注重游客意见反馈与处理，推动建立邮轮港口服务评价及评级制度，利用消费者满意度倒逼邮轮产业服务质量的提升及邮轮旅游市场资源的开发，将游客的港口体验、邮轮服务体验、目的地体验等作为评价及评级标准，进而搭建出更深层次、更高质量的利益共享平台。中国与东盟国家邮轮企业应该着眼于市场资源的开发、信息资源的联合、邮轮产品的创新等，借助新媒体平台等开展邮轮旅游直播等，构建种类丰富、渠道多样、形式多样的邮轮产业利益共享平台。

三、打造利益均衡的区域市场环境

从利益相关者模型及博弈模型来看，利益均衡成为中国与东盟国家邮轮产业发展的主要趋势，也成为中国与东盟国家邮轮产业合作发展的关键。利益共享机制、利益分配机制及市场资源分布的失衡都会影响中国与东盟国家邮轮产业的发展进程，甚至会引发政府机构与政府机构、政府机构与相关企业、相关企业与游客之间的矛盾和冲突，给邮轮产业带来不可逆的消极影响。因此，在中国与东盟国家邮轮产业发展过程中，创造利益均衡的市场环境不仅会清除邮轮产业发展障碍，还会减少各利益相关者之间的矛盾和冲突。

（一）发挥市场机制的作用，科学评定要素价格

各方合作应充分发挥市场在资源配置中的重要作用，突出邮轮修造企业、邮轮运营企业及邮轮相关服务企业等在中国与东盟国家邮轮产业发展过程中的主体地位，充分发挥市场机制的作用，激发市场主体的内生动力。

作为涉及要素较多、产业链较长的高端产业，邮轮产业的健康持续发展需要大量的资金，必要的政策、制度及法律保障，还需要强大的运营管理能力、产品设计开发能力、市场拓展及服务能力、各利益相关者之间的协调能力等，涉及的生产要素比较多。以劳动力要素为例，如邮轮专业人才，其价格主要表现为工资

（奖金、津贴）、等价的金钱等，而邮轮产品、港口建设、基础设施建设、娱乐设施建设、发展规划、政策支持等都可以被视为邮轮产业发展的基础要素，同时也具有相应的资金价格、技术价格、信息价格等。由此，应该对要素价格进行综合评定，并按照价格比例进行量化，关联投入成本，以投入数量及投入比例等构建利益共享机制，进而实现邮轮产业利益分配均等化。需要注意的是，中国与东盟国家邮轮产业发展过程中所涉及的生产要素不是孤立的，而是形成了互相关联、互相交织的要素体系，因此在评价的过程中不能将其完全隔离，而是要采取一种相对科学的要素评定方法，精准量化投入成本。在此基础上，政府要发挥好战略布局、制度引领、公共服务等作用，各相关部门形成协作合力，共同推动邮轮产业持续健康发展，增强中国与东盟国家邮轮产业的发展活力。

（二）构建多元主体合作参与模式

中国与东盟国家邮轮产业协同发展应形成邮轮产业利益均衡及协同共赢的局面。邮轮产业的发展不能仅靠当地政府或企业自身，而应着眼于中国与东盟国家地区邮轮产业发展现状，以全局化的眼光、系统性的思维统筹协调各方利益，构建多元主体合作参与的模式以减少各方利益博弈及不必要的资源浪费。

多国政府要构建区域合作的政策体系，为邮轮产业相关企业的发展提供政策保障。中国与东盟国家邮轮产业涉及多个国家，面临国情不同、发展条件不同等问题，各国政府作为邮轮产业发展的引导者，可以通过区域联合的形式共同制定中国与东盟国家邮轮产业协同发展战略，推动建立多元主体联合参与的合作模式，加强邮轮协会、相关企业、政府、游客之间的联系，建立邮轮相关企业发展交流平台，引导邮轮企业加强行业自律、提升服务品质，促进邮轮产业健康发展。

（三）注重公平，兼具效率

在中国与东盟国家邮轮产业协同发展过程中，公平与效率是其中最为关键的因素。因此在利益均衡机制构建的过程中，一方面，要遵循"效率优先"的原则，尤其是邮轮制造和邮轮运营企业，需要注重优化生产要素配置的效率，促进各生产要素、各相关产品的合理配置以达到最佳的发展效果；作为政府机构，要注重政策制定、执行、反馈等各个环节的效率，推动政策快速落实、迅速到位。

另一方面，要遵循"公平优先"的原则。首先，政府机构可以为各相关企业提供参与市场竞争的平等机会，如通过政策激励、奖惩措施等为企业提供机会。其次，邮轮制造企业及运营企业要着力提高产品质量及服务质量，以创造公平竞争的环境。最后，还要推动形成公平的利益分配关系，一方面要明确利益分配依据，如采取按效益分配即按照生产要素所产生的经济效益进行分配；另一方面要形成合理的分配差距，以邮轮旅游企业、邮轮产品相关企业等所做的不同贡献及所产生的不同经济效益等为依据进行分配，以此形成良好的竞争局面，推动中国与东盟国家邮轮产业可持续发展。

第二节 协同发展的利益相关者均衡保障机制构建

中国与东盟国家邮轮产业协同发展利益均衡保障机制的构建，可以从优化建立共同参与机制、优化利益整合和分配机制、形成信息共享与管理机制、完善法律保障机制等方面着手，以便更好地保障中国与东盟国家邮轮产业的协同发展。

一、优化建立利益相关者共同参与机制

邮轮产业协同发展涉及的利益主体和利益相关方较多，需要优化建立利益相关者共同参与的机制。一方面，各参与方共建共享邮轮观光、旅游大市场，共同构建利益相关者参与平台，让政府机构、相关企业、游客、当地居民等各利益相关方能够以平台为载体，参与到邮轮产业协同发展的进程当中；另一方面，建立健全以市场需求为导向的参与机制，以创新力、驱动力等为核心强化市场需求，形成知名度较高的邮轮品牌，拓展目标群体，吸引更多的游客购物消费，进一步拉动邮轮经济发展。最后，各参与方规划形成"特色发展、优势互补"的发展格局，各邮轮旅游企业及邮轮产品制造企业了解自身优势与不足，加强彼此之间的合作与交流，延长邮轮旅游消费链。

（一）以地区政策为主导，多部门联席制定参与准则

中国与东盟国家邮轮产业涉及的国家较多，各国需要加强沟通交流，形成较为符合地方实际的政策，以保障中国与东盟国家邮轮产业合作发展。在形成及优化建立利益相关者共同参与机制的过程中，可以发挥政策的主导作用，以政策细则及政策内容为依据，制定科学、合理的参与准则。邮轮产业涉及的主体及部门较多，可以充分发挥政府机构的引导作用，引导相关企业、个人、社会团体、政府有关部门等形成联席会议制度，在充分考虑地方实际、邮轮产业发展前景、邮轮产业规划、环境保护、低碳经济发展等的基础上制定参与准则，各部门要充分履行自身职责，发挥行业监管、产业优化等作用，推动落实参与准则，进一步规范中国与东盟国家邮轮产业的发展秩序，营造积极、高效的利益相关者参与机制及参与准则。

（二）以市场机制为原则，培育中国与东盟国家邮轮产业要素市场体系

邮轮产业及邮轮市场的快速发展需要相应的机制，需要培育以产业要素为核

心的市场体系。在推动邮轮产业发展的过程中，逐步实现邮轮产品的丰富化、邮轮航线的多样化、服务内容的优质化、产业链体系的完整化等。邮轮要素市场体系的培育和完善离不开统一大市场的建立，多国合作需要相互扩大开放，减少要素流动壁垒，改变市场分割的局面，形成畅行无阻的区域统一大市场。邮轮要素市场体系的培育还建立在市场的完整性和市场的规范性基础上，完整性就是建立由市场决定价格的机制，充分发挥收益指标和市场价格对企业选择行为的指向作用；规范性就是建立市场竞争规则，有效防止不正当竞争，使邮轮市场运行更加规范有序。

各国邮轮政府机构作为邮轮产业的引导者，可以加大招商引资力度，重点吸引娱乐、餐饮、酒店、购物、会展等服务业进驻邮轮产业园区，推动建设集观光旅游、休闲娱乐、购物消费、综合服务等于一体的产业综合体，丰富产业要素，形成具有地区特色、竞争力较强的要素市场体系；此外，还要以创新为核心积极培育新的产业要素，吸收借鉴其他地区邮轮产业发展特色，并将其融入中国与东盟国家邮轮产业发展过程中，培育出较为完整、吸引力较强的要素市场体系，扩大中国与东盟国家邮轮产业的知名度，推动形成产业齐全、要素齐全、功能齐全的区域性邮轮产业发展体系。

（三）拓展邮轮产业链，建立产业链上下游环节协同开发机制

邮轮产业链的拓展与延伸是中国与东盟国家邮轮产业发展过程中至关重要的一环。政府机构、邮轮协会及各相关企业应该形成合力，推动建立产业链上下游环节协同开发机制。具体需要邮轮修造、邮轮设计、邮轮运营及服务等多个环节的协同，更需要工业制造、休闲娱乐、酒店设计及运营、餐饮业、商贸服务业及金融服务业等多个产业的协同。例如邮轮旅游企业若要创建邮轮旅游品牌，形成特色邮轮旅游综合体，就需要邮轮制造业、邮轮运营业、餐饮业、酒店运营业、旅游规划业、导游行业等各个相关行业的融入与支持。在邮轮产业的下游，需要政府机构及相关企业合力为邮轮提供最基础的停泊、物流配送等服务，拉动码头及港口所在城市的投资、就业和消费；邮轮产业中游大多为邮轮运营企业及旅游产品提供企业，既需要专业的人才队伍，又需要良好的产业发展环境，因此优化邮轮下游产业链对中游产业链的形成也具有积极的作用；邮轮产业上游大多为邮轮设计制造企业，邮轮设计和产品开发都需要配套的基础设施，在产业前后向关联效应下，邮轮及其相关产业链，共同形成了联系较为紧密的联动发展关系。增强产业联动，建立产业链上下游环节协同开发机制，对邮轮产业协同发展将产生积极的影响。

二、优化利益整合和分配机制

在优化利益整合和分配机制的过程中，一是要遵循公平公正的原则，为各企业创建较为平等的竞争环境，并采取较为公正的方式对企业进行评价，政府机构应该设定统一标准并遵循公平公正的原则，根据各个国家和地区旅游资源多寡、基础设施完善程度、核心技术掌握程度等对补偿进行调整优化，让邮轮企业在公平公正的环境下实现利益最大化。二是要采取统筹兼顾的原则，在利益整合和优化时，首先要进行整体规划，规模不同的企业由于所占的市场份额不同、所获收益不同等可能会形成一定的矛盾。作为利益优化整合及分配机制的推进者，要在制度设计、政策制定的各个环节中注重听取各利益相关者的意见和建议，努力寻找不同国家之间的利益平衡点，进而推动合作共赢。三是依托邮轮产业发展和地区合作机制，推动建立中国与东盟国家地区标准化的利益诉求表达平台，广泛吸取各方的意见和建议，建立以"民主"为核心的利益整合和分配机制，面对各利益相关者之间的矛盾及利益纠纷，有效运用各国在邮轮旅游管理方面的法律法规对利益进行分配并协调、化解利益冲突，为中国与东盟国家邮轮产业发展中各利益相关者的利益整合和分配机制的构建提供法律保障。

三、构建利益相关者信息共享与管理机制

在互联网时代，信息数字化的多向传播、知识的共享和共创促进了邮轮产业的创新和发展，各国政府、各相关企业、游客、当地居民等各利益相关者应当相互协作，推动建立信息共享与管理平台，形成信息共享与管理机制。在推动中国与东盟国家邮轮产业发展过程中，多国应该建立信息共享与管理机制，在提升邮轮产业发展效率、服务质量与产品功能、最大限度降低成本的同时，更好地服务于政府的产业发展规划、企业的创新发展、游客的海上观光、旅游休闲、消费购物等多样化的需求，增强中国与东盟国家邮轮产业的市场竞争力。

（一）以透明度原则建立利益相关者信息披露机制

在中国与东盟国家邮轮产业信息共享与管理机制的构建过程中，要遵循客观、透明的原则。一方面要完善信息披露机制，明确信息共享的利益主体及共享方式，定期对共享的信息进行监督检查，确保信息的准确性、合理性。另一方面要提高信息的有效性，充分发挥信息促进邮轮产业高效发展的功能，完善邮轮产业信息管理机制，形成邮轮产业信息信用机制，还要根据不同国家、地区的实际制定相应的信息披露机制，推动邮轮航线、停泊地点、旅游服务、酒店住宿等各个方面信息的相互联系、相互补充，周期性发布与不定期发布交叉运用，促使各个市场主体及利益相关者互相监督，进而形成较为完整、较为全面的邮轮产业信

息网。

（二）建立地区政府和邮轮行业协会的联动监管平台

政府机构与行业协会不仅是邮轮产业的利益相关者，更是监管的主体，发挥着引导邮轮产业健康发展的重要作用。行业协会作为政府机构与相关企业沟通交流的桥梁，承担着监管邮轮企业相关行为的责任，政府机构中的执法部门，肩负着监管企业违法行为的重任。合作国家应该建立政府与邮轮产业协会联动监管平台，更好地监管相关企业与其他利益相关者的行为，以确保邮轮产业健康、绿色、持续地发展。例如，政府机构共享邮轮产业发展规划、邮轮航线设立等信息，企业共享邮轮动态信息，政府对企业共享的娱乐内容及旅游规划进行监管，让企业对自身发展有更为精准的定位。

（三）通过大数据、区块链以及云计算等科技手段完善监测技术

政府与行业协会可以运用较为先进的监测技术发挥监管职能。跨地区邮轮产业辐射的范围广，涉及的国家多，监测的难度大，要解决中国与东盟国家邮轮产业发展中的监管问题，就要充分运用大数据、区块链、云计算等科技手段，精准监测邮轮航行、停泊靠岸、产业制造、服务品质等多个环节，聚焦于邮轮航行之前、航行之中及停泊之后等各个阶段，对不符合法律法规的行为进行甄别，加以监管，在提高监管精准度及监管效率的同时，规范各利益相关者的行为，运用科技手段更好地助力邮轮产业利益均衡体制机制的构建。

四、完善利益相关者法律保障机制

邮轮产业健康、持续的发展离不开法律保障。产业定性不清、法律政策不健全、各国法律政策存在差异、多主体之间的利益纠纷等都成为制约邮轮产业蓬勃发展的问题，因此亟须完善邮轮产业利益相关者法律保障机制，通过国家间的合作、相关机构的建立、法律法规的完善等多种方式进一步规范和促进邮轮产业的发展。

（一）设立法律事务监事会，保障经营管理的规范化和制度化

监管体系的建立是约束各利益相关者行为的重要方式，在完善中国与东盟国家邮轮产业利益相关者法律保障机制的过程中，中国与东盟国家各国应共同推动成立法律事务监事会。法律事务监事会可以为游客、相关企业、邮轮产业从业者等多方提供法律咨询及法律服务，对企业违法、违规行为进行制裁，借鉴吸收其他国家及国际范畴内有关邮轮产业发展的立法实践，结合中国与东盟国家邮轮产业发展现状，构建本土化邮轮法律制度，在联盟内设立共同认可及遵守的法律法规，综合受理邮轮产业发展过程中出现的法律问题，形成具有地方特色的邮轮产业制度，保障邮轮产业管理的规范化和制度化。

（二）完善行业奖惩机制，明确各方的权利和义务

奖惩机制的完善是约束各利益相关者行为的重要方式。中国与东盟国家邮轮产业合作方可以联合推动邮轮行业奖惩机制的建立，进一步细化奖惩内容及奖惩标准，通过多种途径拓宽游客及职工意见反馈渠道，充分征求游客及员工的意见和建议，不断完善奖惩细节，提高邮轮行业服务质量。对于监管部门、企业、游客等，要进一步通过完善相关法律法规明确其权利和义务，规范其行为和权利，让行业的发展、游客的旅游观光、当地居民、企业职工等的利益诉求都有法可依、有据可查，为中国与东盟国家邮轮产业形成良好的发展环境及竞争环境奠定坚实的基础。

第六编 中国与东盟国家邮轮产业协同发展的全产业链构建机制研究

　　本部分研究了中国与东盟国家邮轮全产业链构建机制。首先对全产业链的概念和特征进行了界定，并对邮轮全产业链研究进行了理论创新。其次分析了邮轮全产业链构建的动力机制、环节主导动力强化机制的构成与运转，基于内部动力和外部动力的视角分析了全产业链构建的动因，以邮轮全产业链的生产价值、市场价值和消费价值为切入点构建了动力强化机制的运转模型。再次研究了邮轮全产业链的价值增值机制，运用 DEMATEL-ISM 方法对邮轮产业链环节增值的影响因素进行筛选，结合筛选出的影响因素构建了全产业链增值路径模型，从博弈论的视角研究了全产业链的上游、中游和下游增值路径。最后研究了邮轮全产业链协同合作机制，研究首先分析了产业链协同机制的内涵，从协同创新、共链协同和环保协同的角度分析了邮轮全产业链协同合作机制。

第十六章 全产业链的概念及特征

第一节 相关概念

一、产业链和价值链

产业链的思想可以溯源至亚当·斯密提出的分工理论，马歇尔则强调了企业之间实现分工的重要性，之后赫希曼在《经济发展战略》一书中提出某一产业的经济活动能够通过关联效应影响其他产业的活动，并从产业部门前向和后向联系的角度论述了产业链的问题。1985年迈克尔·波特在《竞争优势》一书中首次提出了价值链的概念，指出企业的生产、设计、销售等一系列活动构成了价值增值过程。迈克尔·波特从战略重要性的角度将公司的业务分解为支持性活动和基础性活动，支持性活动包括基础设施、人力资源管理、技术开发和采购，基础性活动包括运入后勤、生产操作、运出后勤、营销和服务，上述活动的网状结构形成了价值链。之后随着学者们对价值链、供应链等理论的深入研究，产业链的基本概念和理论研究得到了极大的丰富。产业链是各个产业部门之间基于一定的技术经济关联并依据特定的逻辑关系和时空布局关系客观形成的链条式关联形态（龚勤林，2004），根据研究视角的不同，可以分为价值链、企业链、供需链和空间链。

二、全产业链

"全产业链"是由中粮集团在2009年首次提出的一种产业组织形式，最初应用在农业产业，相关研究主要涉及产业链的概念、产业链的构建、产业链的价值增值路径等方面，以实证研究居多。全产业链就是在开放的产业系统中，利用资本运营对产业链进行纵向或者横向整合，形成的一个首尾相连、相互连通的循环链。全产业链涉及资产布局、运营协同、组织架构等企业经营管理的不同层面，全产业链模式实质上是企业通过组织内部的管理协调来替代市场机制进行商品交换和资源配置的方式（尹泓，2019）。

三、邮轮全产业链

邮轮全产业链就是在一定的空间范围内，以邮轮产品和服务的交换为核心，产业内或不同产业间具有核心优势的企业按照一定的技术经济条件建立关联，从而实现邮轮产业链在纵向和横向环节的多维延伸和价值增值，最终建立起链网式企业战略联盟。

邮轮全产业链以邮轮设计为起点，邮轮旅游为宗旨，包含上游的邮轮设计、邮轮修造、物料和备件供应、金融服务等；包含中游的邮轮运营公司、邮轮服务、邮轮旅游营销公司、邮轮人才培训等；包含下游的邮轮港口、金融保险、旅游交通、餐饮住宿、娱乐购物等。邮轮全产业链具有生产规模大、生命周期长、产业集聚性强的特点。

四、邮轮价值链

邱羚和高长春（2015）运用迈克尔·波特的价值链分析方法，构建出邮轮产业价值链模型，邮轮产业价值增值活动可以划分为邮轮研发与设计、邮轮生产与制造、邮轮码头基础设施和邮轮人力资源管理等组成的基本活动和邮轮市场需求、邮轮旅游创意策划、邮轮物流采购、邮轮运营管理、邮轮营销销售、邮轮受众反馈和邮轮客户服务等组成的支持性活动，如图 16-1 所示。

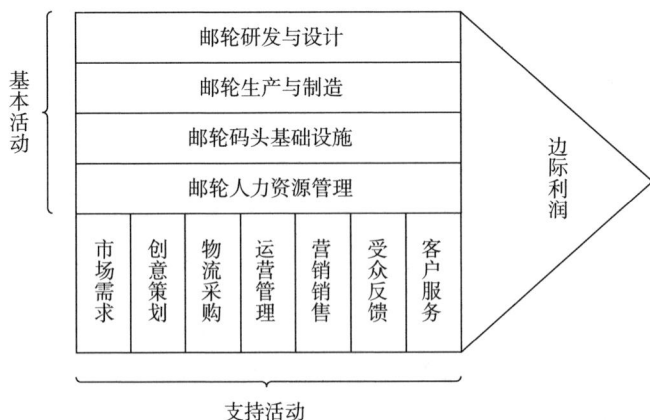

图 16-1　邮轮价值链模型

第二节 邮轮全产业链发展特征

邮轮全产业链涵盖船舶设计修造、邮轮金融服务、邮轮航线开发、邮轮市场开拓、邮轮港口服务等，形成一个承上启下、前后衔接的产业链条。邮轮全产业链具备了链网式分布和二元驱动的发展特征。

一、链网式分布

邮轮产业链各个环节的价值创造过程构成了价值链。产业链以投入产出为纽带，上游企业的产出成为下游企业的投入，直至完成整个生产过程；产业链以价值增值为导向，以满足用户需求为目标，产业链的关联关系有时间的次第性和空间指向性（王明友等，2019）。在产业链环中市场前景广阔、科技含量高的邮轮企业和服务产品形成链核，这些链核以技术产品为点，生产要素为线，前后衔接，上下延伸，纵横交错形成链网式分布，为企业纵向的上下游生产环节之间、横向的相关部门之间资源共享提供便利。邮轮企业的核心能力为企业研发新产品和推出新服务提供了一个平台，链网式的分布扩展了企业的业务范围，为企业的可持续发展奠定了基础。链网式全产业链模式的完整性、系统性与协同性促使企业的生存与发展空间在平行与纵深两个维度进行延伸，使得企业在纵向的上下游生产环节之间、横向的相关部门之间能够及时地实现信息传递与资源共享。链网式分布中的合作平台为邮轮全产业链中的信息传递提供了通道，邮轮上中下游产业通过平台向彼此传递了产品供求、技术创新、服务创新等相关信息，以此促进了链条延伸、资源整合，全产业链的系统结构以需求为导向不断推动企业技术升级和产品换代，进而提升了全产业链的整体优势和价值增值能力。

二、二元驱动

生产者驱动和采购者驱动形成了邮轮全产业链运行的二元驱动模式。邮轮产业本身就是跨区域的合作生产方式，邮轮价值链的驱动来自生产者和采购者两方面，其价值链在空间上的分离、重组和正常运行等是在生产者或者购买者的推动下完成的（张辉，2006）。生产者驱动，就是拥有技术优势、谋求扩大市场的邮轮设计制造商通过投资、合资、参股等方式帮助形成本地生产供应链的垂直分工体系，如邮轮上游设计建造环节，早在2013年，中船集团与意大利芬坎蒂尼集团合资设立了邮轮设计建造公司。在邮轮产业链的中游，邮轮运营管理环节，在生产者驱动模式下，涌现出了大量邮轮运营合资企业，如 2009 年上海国际港务（集团）股份有限公司与意大利地中海邮轮公司（MSC）合资成立地中海邮轮旅行社（上海）有限公司，共同开发新兴的中国邮轮市场。[①] 2018 年，中国船舶集团和嘉年华集团合资成立中船嘉年华邮轮有限公司。在生产者驱动的邮轮全球价值链布局中，跨国邮轮公司通过组建全球生产、销售网络来驱动邮轮的生产或服务，最终形成生产者主导的全球邮轮价值链体系。采购者驱动的全球价值链，就是拥有强大品牌优势的跨国邮轮公司，包括邮轮设计制造公司和邮轮运营公司，通过全球采购、OEM 形式构建全球邮轮产品流通网络。采购者驱动的价值链中的生产环节由跨国邮轮公司通过遍布全球的子公司分包给各国的合约商。在生产者驱动的模式中，价值链获得的高附加值来源于邮轮设计制造工艺的不断改进、邮轮产品的不断创新，邮轮价值链中的价值增值部分主要流向了生产领域。在采购者驱动的模式中，邮轮价值链获得的高附加值来源于开拓客源市场、扩大销售范围所涉及的营销环节、服务环节和品牌推广环节，邮轮价值链中的价值增值部分主要流向了市场营销和品牌塑造等流通领域。

第三节　全产业链运转的动力分析

邮轮全产业链运转的动力包括内部动力和外部动力，内部动力因素是驱动产业链主体发展的内在因素，外部动力因素则是驱动产业链发展的外部因素，现对邮轮全产业链运转的动力机制分析如下：

一、内部动力

（一）减少交易费用

中国与东盟国家合作构建邮轮全产业链有利于减少交易费用，一方面，邮轮产业上中下游企业建立的产业集群使得利益相关方因长期合作建立了相互信任的关系，抵消了部分市场风险，降低了信息搜寻成本、履约成本和交易中的机会主义行为。全产业链中长期合作的企业因彼此信任，可以仅凭口头契约和良好信誉完成产品供应和货款交付，合作的稳定性降低了交易频率和不确定性，进一步降低了交易费用。另一方面，参与主体通过协作组织降低了生产成

---

① 中意合资成立中国首家邮轮旅行社 [EB/OL]．（2009 - 12 - 17）[2023 - 04 - 26]．https：//www.chinanews.com/cj/cj-gncj/news/2009/12-17/2022192.shtml.

本和交易费用。在全产业链协作过程中，邮轮核心企业可以专注于竞争力强、利润率较高的环节，把有关的支持活动交给产业链中的其他成员来承担，从而使得关联企业获益。在全产业链协作中，合作主体形成网络式产业链结构可以实现整体收益大于单个主体独自经营的收益总和，减少交易费用是推动全产业链形成的动力之一。

（二）专门化要素的共享

合作区内的邮轮企业依据各自的比较优势，分别从事邮轮上、中、下游产业的生产活动。例如在上游设计、制造及维修环节有个别企业能够拥有远超其他企业的专门化的研发设计及生产技术，则与其合作的其他企业便可以直接使用其设计的产品和服务，以便节约生产成本。若邮轮全产业链的各个环节都能享用某些邮轮企业先进的专门化设计、生产制造、维修、邮轮运营管理及邮轮服务，则可以降低各个环节同类企业的生产成本，提高产出效率。

（三）知识的外溢

合作区域内企业的知识外部性体现在区域内的企业可以利用周边先进的知识资源开展创新活动，这些知识主要来源于合作区域内的研发机构、企业和服务机构等。Verspagen（1991）将知识外溢分为两种：租金溢出（Rent Spillovers）和纯知识溢出（Pure Spillovers）。邮轮产业区域合作中的知识溢出更多地表现为纯知识溢出，即处于产业链不同环节的企业自身拥有的知识被合作区域内其他企业学习和模仿，如研发人员的流动、合作中的传播和政府有目的推广等。知识外溢可以将新知识导入已有的知识储备中，并迅速扩散到各个相关领域，以此增加各领域的知识存量。知识外溢所引起的知识存量的增加可能会激发创新，即知识的浸润效应，其可控和易受影响的特点使得创新网络能够不断推陈出新。

（四）熟练工人的共享

从邮轮制造、维修、运营管理到服务及港口运营均缺少熟练工人。跨国产业合作会推动熟练工人的共享，区域邮轮产业发展的此消彼长会引起技术工人需求的涨落。中国与东盟国家邮轮产业合作的达成，可以促进熟练工人的正常流动，实现多国技术工人的共享。

二、外部动力

（一）资源整合

中国与东盟国家邮轮旅游资源同质化特点突出，同类的热带自然风光、相似的气候条件，各国旅游产品之间的替代性较高，相似的旅游资源之间既相互竞争又相互依赖，体现了空间共生性。此时各国需要整合协调，找准各自的市场定位、消费群体，在邮轮产品结构、经营策略上加强针对性，以避免恶性竞争。各国通过合理设计邮轮航线、优化邮轮经停港口，在追求利益最大化目标的驱动下，整合相似的邮轮旅游资源，减少同质化产品竞争。邮轮旅游市场包括两个层面，从消费层面可以界定为邮轮旅游客源市场，从生产层面可以界定为邮轮旅游生产要素市场，两个层面的市场机制共同推进了邮轮旅游资源整合。从消费层面来看，选择邮轮旅游的旅行者对旅游资源有一个自然选择的过程，旅游产品的推出会接受市场的检验，消费市场对产品的多样化需求将推动产品不断地拆分重组，进而推动旅游资源的优化整合。

旅游资源整合理论以系统论为基础，将合作区域内的旅游资源进行系统整合。邮轮产业的资源整合就是合作参与方将区域内的生产要素资源、邮轮产业基础等按照生产活动的特点与规律，合理安排邮轮产业资源的开发、邮轮设施的建设和邮轮产品的生产与供应。优势产业资源的集聚整合能够产生规模经济效应和集聚效应，合作区域内的产业资源进行系统整合之后，各地根据已有资源开发出具有比较优势的产品参与竞争，从而实现系统整体收益大于部分要素简单相加的效果。

（二）合作共生

"共生"一词源于希腊语，最早应用在生物学领域。随着学科的发展，共生理论被逐步应用于社会科学研究领域。从一般意义来讲，共生指共生单元之间按照一定的共生模式在共生环境中建立的某种关系。

中国与东盟国家各国邮轮产业以契约为纽带，共生并存，通过产业资源合作来取得各自在价值链环节的竞争优势。中国与东盟国家邮轮产业链环存在同质共生和异质共生两种方式，同质共生即邮轮产业各个链环上的同类企业或同类旅游资源之间形成跨区域的互利共赢，避免同类资源恶性竞争；异质共生即邮轮旅游产业与相关产业的融合，各个产业之间相互渗透、相互包容，共同促进经济增长。共生就是区域以政治、经济、文化等为纽带，将相近的旅游资源通过网状链接产生规模效应，实现区域旅游共赢。

（三）邮轮发展政策支持

中国与东盟国家区域作为一个整体，各国旅游资源管理者在合作框架下利用法律、行政、经济及技术等方式将旅游资源按照交通便利、地理位置、功能及特点等条件分类整合，促使人文旅游资源和自然旅游资源优势互补，实现资源的最佳组合和最高利用率，以便于旅游景点的开发、旅游设施的建设和旅游商品的创新。系统论视角下的邮轮旅游资源整合对象是旅游资源集合，资源整合的最终目的是优化区域旅游资源结构，提升中国与东盟国家航区邮轮旅游整体竞争力。以中国为例，近年来主要邮轮产业扶持政策如表16-1所示。

表 16-1　主要邮轮产业扶持政策

序号	发布时间	发布部门	政策名称	政策实施重点方向
1	2006 年 9 月	中华人民共和国交通部	《全国沿海港口布局规划》	对中国邮轮业的基础设施建设进行了总体布局
2	2008 年 6 月	国家发展改革委	《关于促进我国邮轮业发展的指导意见》	中国第一份邮轮产业国家级指导性文件，提出吸引国际邮轮靠岸；逐步形成我国邮轮设计与建造能力，建设邮轮母港 以邮轮挂靠为切入点开展相关业务 强化政策引导、服务和扶持 适度改善码头基础设施 加强邮轮市场培育 完善邮轮相关法律法规
3	2011 年 3 月	国家发展改革委	《产业结构调整指导目录》	鼓励邮轮制造、运输和母港建设
4	2013 年 2 月	国务院办公厅	《国民旅游休闲纲要〈2013—2020 年〉》	支持邮轮游艇码头等旅游休闲基础设施建设；积极发展邮轮游艇旅游等旅游休闲产品
5	2014 年 3 月	交通运输部	《关于促进我国邮轮运输业持续健康发展的指导意见》	积极培育邮轮市场 完善邮轮港口功能 加强邮轮运输行业监管 加快邮轮人才培养
6	2015 年 4 月	交通运输部	《全国沿海邮轮港口布局规划方案》	我国邮轮港口发展将以始发港为主体，重点发展七大区域八个始发港
7	2015 年 8 月	国务院办公厅	《关于进一步促进旅游投资和消费的若干意见》	推动邮轮研发设计及配套体系建设 优化邮轮港口布局，到 2020 年在全国范围内建成十个邮轮始发港
8	2017 年 2 月	国务院	《"十三五"现代综合交通运输体系发展规划》	有序推进邮轮码头建设，拓展国际国内邮轮航线 发展近海内河游艇业务，促邮轮游艇产业发展
9	2017 年 5 月	交通运输部办公厅	《深入推进水运供给侧结构性改革行动方案（2017—2020 年）》	完善邮轮始发港、访问港等港口体系布局，有序推进邮轮码头建设，鼓励通过老港区功能调整、改造现有设施满足邮轮靠泊要求。研究制定中资邮轮公司、方便旗邮轮试点政策，支持企业拓展国际国内邮轮航线

续表

序号	发布时间	发布部门	政策名称	政策实施重点方向
10	2017 年 3 月	交通运输部等六部门	《关于促进交通运输与旅游融合发展的若干意见》	加强邮轮港口与城市旅游体系的衔接，引导有条件城市建设邮轮旅游集散枢纽。优化沿海邮轮港口布局，逐步形成分布合理的邮轮港口体系。支持发展邮轮、游艇等水上旅游产品
11	2018 年 9 月	交通运输部等十部门	《关于促进我国邮轮经济发展的若干意见》	强化邮轮市场培育 推动邮轮自主设计建造 建设本土邮轮船队 提升港口服务能级 优化邮轮港口服务 推动邮轮船供业发展 强化邮轮人才支撑
12	2018 年 10 月	国务院	《中国（海南）自由贸易试验区总体方案》	支持邮轮企业根据市场需求依法拓展东南亚等地区邮轮航线 支持三亚等邮轮港口参与中资方便旗邮轮公海游试点 优化对邮轮和邮轮旅客的检疫监管模式 建设邮轮旅游岸上国际配送中心
13	2019 年 4 月	交通运输部	《关于推进海南三亚等邮轮港口海上游航线试点的意见》	推动五星红旗邮轮发展 先期在海南三亚、海口邮轮港开展中资方便旗邮轮无目的地航线试点
14	2020 年 6 月	中共中央、国务院	《海南自由贸易港建设总体方案》	加快三亚向国际邮轮母港发展 支持建设邮轮旅游试验区
15	2022 年 8 月	工业和信息化部、发展改革委、财政部、交通运输部、文化和旅游部	《关于加快邮轮游艇装备及产业发展的实施意见》	提升设计建造能力 完善装备产业基础 扩大消费市场需求 加强合作和人才培养 加强组织和政策保障

资料来源：根据中国邮轮产业历年扶持政策整理。

第十七章　邮轮价值链增值分析

第一节　基于 DEMATEL-ISM 模型的
邮轮价值链增值影响因素分析

本节借鉴相关文献的影响因素分析方法——决策实验和评价实验法（Decision Making Trial and Evaluation Laboratory，DEMATEL）（Kashyap et al.，2022）和解释结构模型法（Interpretative Structural Modeling Method，ISM）（Lin et al.，2021），构建多层递阶结构模型，对邮轮价值链的增值影响因素进行分析。

一、DEMATEL-ISM 模型

（一）DEMATEL-ISM 方法

DEMATEL-ISM 方法是将 DEMATEL、ISM 综合起来分析影响因素的组合式研究方法。DEMATEL 是基于矩阵理论，借助图论和矩阵计算工具分析各因素之间的影响关系，以中心度和原因度识别每个因素的重要性的一种量化分析方法。ISM 是一种结构模型化技术，利用可达矩阵反映系统各因素的不同类别，通过构建多层递阶结构模型找出因素间的相互联系。运用 DEMATEL 法计算得出整体影响矩阵，得到影响因素的相关指标，识别出关键因素，将整体影响矩阵转换为 ISM 方法所需的可达矩阵，可对因素的层次关系进行分析。

（二）DEMATEL-ISM 模型构建步骤

（1）确定影响因素的集合 $U=\{u_1, u_2, \cdots, u_k\}$（$k$ 为影响因素个数），构建影响矩阵 E。邀请专家确定因素间的影响关系，得到初始直接影响矩阵 $E=[e_{ij}]_{k\times k}$，其中 e_{ij} 是因素 e_i 对因素 e_j 的直接影响程度，根据影响程度的强弱，从

无影响、影响较弱、影响较强、影响很强分别赋值为 0~3，当 $i=j$ 时，$e_{ij}=0$。

（2）规范化直接影响矩阵，对直接影响矩阵 E 进行规范化处理，得到矩阵 F，如式（17-1）所示：

$$F=\left[f_{ij}\right]_{k\times k}=\frac{1}{\max\limits_{1\leqslant i\leqslant k}\sum\limits_{j=1}^{k}e_{ij}}E \qquad 式（17-1）$$

（3）求解综合影响矩阵 H，找出关键因素，如式（17-2）所示：

$$H=\left[h_{ij}\right]_{k\times k}=F+F^2+F^3+\cdots+F^n=F\left(1-F^{n-1}\right)/1-F=\left[h_{ij}\right]_{k\times k} \qquad 式（17-2）$$

即 $H=F(I-F)^{-1}$，I 为单位矩阵。

（4）求解各个因素对其他因素的影响程度 b_i、被影响程度 c_i、中心度 z_i 及原因度 y_i。

$$b_i=\sum_{j=1}^{n}h_{ij}\quad(i=1,2,\cdots,k) \qquad 式（17-3）$$

$$c_i=\sum_{j=1}^{n}h_{ji}\quad(i=1,2,\cdots,k) \qquad 式（17-4）$$

$$z_i=b_i+c_i\quad(i=1,2,\cdots,k) \qquad 式（17-5）$$

$$y_i=f_i-e_i\quad(i=1,2,\cdots,k) \qquad 式（17-6）$$

（5）通过求解得到整体影响矩阵 $T=\left[t_{ij}\right]_{k\times k}=I+H$，确定阈值 $\lambda=\eta+\theta$（η，θ 是矩阵 H 中元素的均值和标准差），构建 ISM 模型的可达矩阵 S（元素为 s_{ij}）。

$$s_{ij}=\begin{cases}1 & t_{ij}>\lambda \\ 0 & t_{ij}\leqslant\lambda\end{cases} \qquad 式（17-7）$$

（6）如果可达矩阵 S 中第 i 行所有元素为 1 的集合为 P_i，第 i 列中所有元素为 1 的集合为 Q_i，且 $P_i=P_i\cap Q_i$ 成立，则定义影响因素 a 为底层因素，在可达矩阵中剔除该因素所在的行和列，依据该标准，直至剔除所有因素，以此构建多层递阶结构模型。

二、邮轮价值链增值影响因素指标体系构建

（一）文献收集

本节运用扎根理论的思想提炼和编码方法，对 SCI、EI、SSCI 论文数据库以及中文数据库 CNKI 进行文献检索，英文文献检索主题词为 "Cruise Industry Chain" "Cruise Supply Chain" "Cruise Value Chain"，中文文献检索主题词为 "邮轮价值链增值" "邮轮产业链增值" "邮轮供应链增值"，检索年份为 2000~2023 年，检索范围为核心期刊，最终得到 17 篇英文文献，20 篇中文文献。

（二）文献编码

借鉴扎根理论的编码方法，通过对定性资料进行编码，使分析能够建立在经验事实之上。具体操作如下：在对已有文献进行逐句、逐段编码之后，进行开放式、主轴、选择性编码三个步骤的研究。开放式编码是对文献资料分解、提炼的过程，即对文献资料进行概念化和范畴化。主轴编码以开放式编码为基础，通过分析和提炼，探讨概念和范畴之间的关系，主轴编码推动了扎根理论和"邮轮价值链、产业链、供应链增值"分析框架的融合。选择性编码以主轴编码为基础，通过归纳和总结，分析主范畴的类属关系，提炼出核心指标。综上，研究对上述37篇文献进行编码，提炼出3个核心指标，5个次级指标（见表17-1），其中，a1、a2、产品创新、邮轮航线、客源市场开拓等指标统计频次较高，是邮轮价值链增值的重点关注领域。

表 17-1 邮轮全产业链价值增值影响因素编码统计

核心指标	次级指标	次级指标	频次
邮轮产业链上游 （a）	创新增值	设计创新	12
		制造技术创新	16
	规模增值	船厂的兼并与重组	8
		生产规模的扩大	12
邮轮产业链中游 （b）	品牌增值	品牌市场力	6
		品牌盈利性	11
		品牌成长力	13
		品牌忠诚力	10
	服务增值	邮轮酒店服务	15
		邮轮娱乐服务	15
		邮轮陆域服务	7
邮轮产业链下游 （c）	渠道增值	扩大市场占有率	18
		提升品牌价值	14
		降低渠道成本	8

三、基于 DEMATEL-ISM 的邮轮价值链增值影响因素分析

邀请10位从事邮轮相关研究领域的专家对14个影响邮轮价值链增值的因素进行双向打分，专家组包括5位邮轮专业的大学教授和5位邮轮行业专家，每位专家均拥有10年以上邮轮领域的科研或从业经历。根据问卷结果和专家意见，

采用求平均值的方法得到直接影响矩阵，通过式（17-1）和式（17-2）计算综合影响矩阵，得到数据如表17-2所示。

表17-2　邮轮价值链增值综合影响矩阵

因素	a1	a2	a3	a4	b1	b2	b3	b4	b5	b6	b7	c1	c2	c3
a1	0.12	0.15	0.04	0.18	0.15	0.05	0.08	0.15	0.20	0.13	0.05	0.04	0.05	0.05
a2	0.08	0.19	0.09	0.17	0.21	0.08	0.11	0.05	0.19	0.08	0.08	0.09	0.08	0.09
a3	0.13	0.16	0.14	0.16	0.13	0.13	0.08	0.11	0.07	0.06	0.07	0.11	0.10	0.10
a4	0.21	0.12	0.13	0.12	0.04	0.10	0.18	0.18	0.03	0.04	0.08	0.18	0.20	0.06
b1	0.11	0.18	0.21	0.13	0.13	0.07	0.20	0.20	0.13	0.12	0.15	0.12	0.21	0.17
b2	0.20	0.09	0.11	0.09	0.10	0.06	0.18	0.21	0.13	0.10	0.16	0.20	0.13	0.12
b3	0.15	0.11	0.10	0.12	0.12	0.07	0.10	0.16	0.14	0.15	0.10	0.10	0.10	0.17
b4	0.10	0.11	0.16	0.19	0.14	0.11	0.15	0.06	0.12	0.16	0.17	0.07	0.02	0.18
b5	0.19	0.18	0.12	0.14	0.12	0.06	0.07	0.09	0.12	0.18	0.03	0.06	0.18
b6	0.08	0.12	0.10	0.16	0.09	0.06	0.16	0.05	0.19	0.21	0.21	0.10	0.06	0.20
b7	0.16	0.20	0.06	0.17	0.12	0.07	0.03	0.04	0.14	0.15	0.02	0.09	0.09
c1	0.05	0.09	0.06	0.07	0.09	0.09	0.08	0.03	0.09	0.06	0.04	0.15	0.05	0.06
c2	0.15	0.08	0.12	0.12	0.14	0.06	0.02	0.05	0.12	0.06	0.11	0.03	0.03	0.12
c3	0.10	0.16	0.17	0.16	0.08	0.08	0.14	0.14	0.12	0.12	0.13	0.14	0.14	0.13

通过 DEMATEL-ISM 模型构建步骤（4）计算得出各个因素的影响度 b_i、被影响度 c_i、中心度 z_i、原因度 y_i，并将中心度排序，结果如表17-3所示。

表17-3　DEMATEL-ISM 方法分析结果

因素	影响因素	影响度	被影响度	原因度	中心度	中心度排序
a1	设计创新	2.677	1.335	1.342	4.012	3
a2	制造技术创新	2.345	1.041	1.304	3.386	6
a3	船厂的兼并与重组	0.978	0.856	0.122	1.834	11
a4	生产规模的扩大	0.875	0.769	0.106	1.644	14
b1	品牌市场力	1.586	1.453	0.133	3.039	9
b2	品牌盈利性	1.674	1.237	0.437	2.911	10
b3	品牌成长力	1.876	1.327	0.549	3.203	7
b4	品牌忠诚力	2.034	1.023	1.011	3.057	8

因素	影响因素	影响度	被影响度	原因度	中心度	中心度排序
b5	邮轮酒店服务	2.456	1.874	0.582	4.330	1
b6	邮轮娱乐服务	2.132	1.296	0.836	3.428	5
b7	邮轮陆域服务	0.893	0.768	0.125	1.661	13
c1	扩大市场占有率	2.235	1.975	0.260	4.210	2
c2	提升品牌价值	2.653	1.221	1.432	3.874	4
c3	降低渠道成本	0.889	0.727	0.162	1.616	12

由表 17-3 所得数据可见，DEMATEL 中心度排序位列前三名的因素分别为邮轮酒店服务（b5）、扩大市场占有率（c1）和设计创新（a1），表明这三个因素最为重要，处于核心地位。原因度排名前三的因素为提升品牌价值（c2）、设计创新（a1）和制造技术创新（a2），表明这三个因素会对其他因素产生较大影响。

接着，通过步骤（5）得出可达矩阵 S，运用 Matlab 程序运算步骤（6）并进行层级划分，构建出邮轮价值链增值影响因素多层递阶结构模型，如图 17-1 所示。

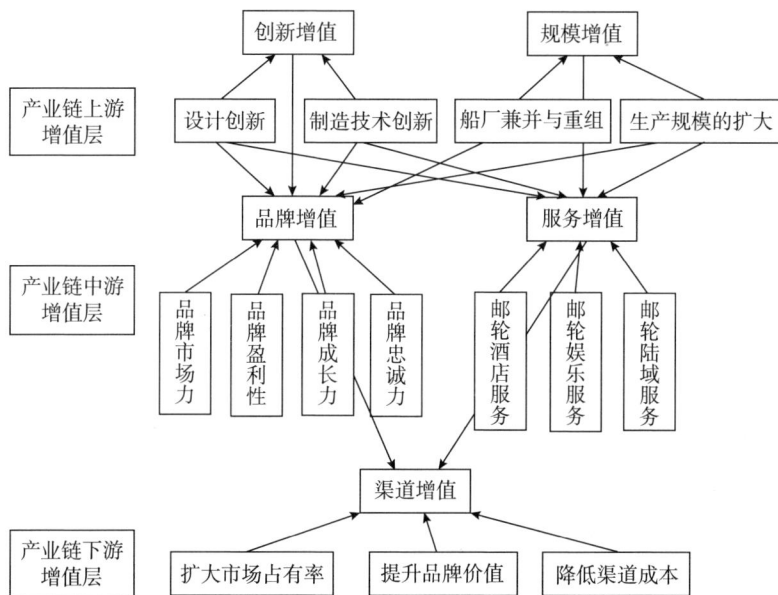

图 17-1　邮轮价值链增值影响因素多层递阶结构模型

第二节 邮轮价值链增值动力分析

前述分析可知，邮轮全产业链具有链网式分布和二元驱动的发展特征，产业链的网状分布，结合生产者驱动和消费者驱动的二元动力，共同构成了全产业链运转的动力基础。在中国与东盟国家多国合作的背景下，国际分工驱动了价值链重构，价值链的空间演化表现为从点到线再到网的动态转化特征，价值链不同环节的空间分离对中国与东盟国家地区邮轮生产网络的构建产生重要影响，桥梁企业或节点企业成为全产业链运转动力的载体，运转动力则主要源自价值链各个环节的价值增值，邮轮全产业链动力机制的运转还要考量多国协同合作的实际状况。

邮轮全产业链的增值主要包括产业链上游的邮轮设计制造环节增值、中游邮轮运营管理增值、下游邮轮服务业增值。邮轮全产业链各个环节的经营主体均作用在前后衔接的产业链环上，产业链上游的设计及制造环节侧重于创新和规模增值，产业链中游邮轮运营环节侧重于品牌增值和服务增值，产业链下游邮轮服务环节侧重于销售增值。基于此，将邮轮全产业链增值过程按照产业链环节划分为创新和规模增值、品牌增值、服务增值和销售增值模块，进而分析每个模块的功能及彼此之间的联系。

一、邮轮产业链上游环节增值动力模型

邮轮产业链上游主要涵盖邮轮设计制造业，鉴于邮轮设计制造业的寡头竞争态势，这一环节的动力运转模型构建如下：

（一）邮轮设计制造企业的需求函数

假设有 n 个相互独立的邮轮设计制造企业，这些企业的反需求函数为：

$$P(Q) = f - dQ = f - d\sum_{j=1}^{k} q_j \qquad \text{式（17-8）}$$

式（17-8）中，$P(Q)$ 为邮轮制造企业产品的市场价格，q_j 为第 j 个邮轮制造企业的产量($j=1$，…，k)，f、d 为反需求函数中的常数，f 可视为邮轮设计制造的创新指数，d 可视为投资风险系数，其中 $f>0$，$d>0$，设 $c(c>0)$ 为邮轮制造企业的边际成本。

（二）邮轮设计制造企业的 Cournot 竞争模型

假定 k 个邮轮制造企业独立经营，彼此之间并未形成产业联盟，此时邮轮设

计制造企业的 Cournot 模型是一个相互竞争的态势，每个邮轮企业认为对方的产出水平保持稳定，进而确定最优产量以使自身利润最大化，则第 i 个邮轮企业的利润 β_i 为：

$$\beta_i = q_i\left[f - d\sum_{j=1}^{k} q_i\right] - q_i c \qquad\qquad 式（17-9）$$

根据利润最大化的一阶条件，有：

$$\frac{\partial \beta_i}{\partial q_i} = f - dQ - dq_i - c_i \quad j=1,2,\cdots,k$$

$$q_i = \frac{f - dQ - c_i}{d} \quad j=1,2,\cdots,k$$

$$则 \ Q = q_1 + q_2 + \cdots + q_k = \frac{ka - \sum_{j=1}^{k} c_i - kdQ}{d}$$

$$求得 \ Q^* = \frac{kf - \sum_{j=1}^{k} c_j}{f(k+1)}, \ q_j^* = \frac{f + \sum_{j=1}^{k} c_j - kc_j - c_j}{d(k+1)}$$

$$P(Q) = \frac{f + \sum_{j=1}^{k} c_i}{k+1}$$

则第 i 个企业的利润为：

$$\beta_i^* = \frac{\left[f + \sum_{j=1}^{k} c_j - (k+1)c_j\right]^2}{d(k+1)^2} \qquad\qquad 式（17-10）$$

整个上游产业的行业利润为：

$$R_u = \sum_{j=1}^{k} \frac{\left[f + \sum_{j=1}^{k} c_j - (k+1)c_j\right]^2}{d(k+1)^2} \qquad\qquad 式（17-11）$$

二、邮轮产业链中游环节增值动力模型

邮轮产业链中游主要是邮轮运营公司，目前全球市场的邮轮运营公司数量有限，仍属于寡头竞争市场态势，且邮轮服务产品的需求量受价格的影响较大，需求富有弹性。基于此，这一环节的动力运转模型构建如下：

（一）邮轮运营企业的需求函数

假设存在两个邮轮运营公司，两个公司推出的产品和服务各不相同，边际成

本为 c，两个公司的线性反需求函数为：

$$p_1 = d - e(q_1 + \varepsilon q_2)$$
$$p_2 = d - e(\varepsilon q_1 + q_2) \qquad\qquad 式（17-12）$$

式（17-12）中，d 为企业固定成本摊销的常数，e 为常数系数。ε 为一个邮轮公司产品的价格对另一个邮轮公司需求的反应强度系数，$0 \leqslant \varepsilon \leqslant 1$，该系数的大小受各个邮轮运营公司所提供的产品的差异性、新颖性和独特性影响，反映产品相互替代程度。

整理式（17-12）得到：

$$q_1 = \frac{(1-\varepsilon)d - p_1 + \varepsilon p_2}{(1-\varepsilon^2)e}$$

$$q_2 = \frac{(1-\varepsilon)d - p_2 + \varepsilon p_1}{(1-\varepsilon^2)e} \qquad\qquad 式（17-13）$$

如果企业的边际成本为 c，那么企业 1 和企业 2 的边际利润函数分别为：

$$\pi_1 = (p_1 - c)\frac{(1-\varepsilon)d - p_1 + \varepsilon p_2}{(1-\varepsilon^2)e}$$

$$\pi_2 = (p_2 - c)\frac{(1-\varepsilon)d - p_2 + \varepsilon p_1}{(1-\varepsilon^2)e}$$

令 $\dfrac{\partial \pi_1}{\partial p_1} = 0$，$\dfrac{\partial \pi_2}{\partial p_2} = 0$，得到：

$$2(p_1 - c) - \varepsilon(p_2 - c) = (1-\varepsilon)(d-c) \qquad\qquad 式（17-14）$$
$$2(p_2 - c) - \varepsilon(p_1 - c) = (1-\varepsilon)(d-c) \qquad\qquad 式（17-15）$$

这是两个企业条件下的最优反应价格函数。式（17-14）和式（17-15）并立求解，得到非合作均衡价格为：

$$p_1 = p_2 = c + \frac{1-\varepsilon}{2-\varepsilon}(d-c) \qquad\qquad 式（17-16）$$

由此，在产品存在差异化的伯兰德（Bertrand）模型中，每个企业将在另一个企业均衡价格确定的情况下追求自身利润最大化。

（二）邮轮运营企业的 Bertrand 模型

因邮轮服务产品富有弹性，需求量受价格的影响较大，所以选用 Bertrand 模型分析邮轮中游产业链增值动力。在 Bertrand 模型中，各寡头邮轮公司商借助船票价格及船上娱乐服务价格进行竞争，而且各个寡头邮轮公司提供的产品是同质的，邮轮公司之间也没有出现串谋行为。上述研究的是双寡头的 Bertrand 模型，但邮轮产业链中游属于多寡头格局，因而有必要将双寡头研究结论推广至多寡头。经过推算，如果存在 n 个邮轮运营企业，这些企业的反需求函数为：

$$P(q) = c + \frac{1-\varepsilon}{2+(n-3)\varepsilon}(d-c) \qquad \text{式（17-17）}$$

将式（17-17）代入式（17-16）的反需求函数，得到在均衡价格下的均衡产量为：

$$q = \frac{1+(n-2)\varepsilon}{b(1-\varepsilon)\left[1+(n-1)\varepsilon\right]}(p-c) = \frac{1+(n-2)\varepsilon}{\left[1+(n-1)\varepsilon\right]\left[2+(n-3)\varepsilon\right]}\frac{d-c}{e} \qquad \text{式（17-18）}$$

对于 $0 \leqslant \varepsilon \leqslant 1$，因邮轮服务产品的需求富有弹性，在价格下降的时候，需求量上升。根据式（17-18），产品的品种数量增加时，均衡价格下降，均衡产量上升。第 i 个邮轮运营企业的利润函数 β_i 为：

$$\beta_i = \left[c_i + \frac{1-\varepsilon}{2+(n-3)\varepsilon}(d-c_i)\right]\left\{\frac{1+(n-2)\varepsilon}{\left[1+(n-1)\varepsilon\right]\left[2+(n-3)\varepsilon\right]}\frac{d-c_i}{e}\right\} - C_i \qquad \text{式（17-19）}$$

C_i 为第 i 个企业的运营成本，c_i 为第 i 个企业的边际成本，则全行业的利润为：

$$R_m = \sum_{i=1}^{n}\left[c_i + \frac{1-\varepsilon}{2+(n-3)\varepsilon}(d-c_i)\right]\left\{\frac{1+(n-2)\varepsilon}{\left[1+(n-1)\varepsilon\right]\left[2+(n-3)\varepsilon\right]}\frac{d-c_i}{e}\right\} - C_i$$

$$\text{式（17-20）}$$

三、邮轮产业链下游环节增值动力模型

邮轮产业链下游主要是旅行社、邮轮服务公司、港口服务公司等，公司数量众多，各个公司提供的产品不能完全替代，即产品存在异质性，属于垄断竞争市场态势，这一环节的动力运转模型构建如下：

当邮轮消费者对不同种类的服务产品都具有偏好，且偏好均匀分布，可以用式（17-21）表示反需求函数：

$$(p-c)/p = 1/\{\delta - \left[\delta-1\right]/n\} \qquad \text{式（17-21）}$$

其中，n 表示提供服务的公司数目，c 表示边际成本，各公司的边际成本相同而且不变，δ 表示正值参数，表示异质产品之间的替代弹性。若用 I 表示消费者的总收入，r 表示消费者手中用来购买邮轮服务产品的比例，F 表示固定成本，则厂商数目 n 可以表示为：

$$n = (p-c)rI/pF \qquad \text{式（17-22）}$$

将式（17-22）代入式（17-21）求得：

$$p = c\delta/\left[(\delta-1)(1-F/rI)\right] \qquad \text{式（17-23）}$$

第 i 个企业的利润函数 β_i 为：$\beta_i = p_i q_i - c_i q_i - F_i$

全行业的利润函数为：

$$R_l = \sum_{i=1}^{n} (p_i - c_i) q_i - F_i \qquad\qquad 式（17-24）$$

四、增值动力分析

从式（17-11）可见，创新指数 f 赋值越大，投资风险系数 d 和边际成本 c_i 的赋值越小，行业利润越高。邮轮上游产业价值链增值可以考虑：其一，上游设计制造的邮轮企业以保持研发设计创新、生产制造创新为驱动，保持技术升级的时效性和稳定性，形成规模优势，带领产业技术进步。其二，邮轮上游设计制造环节具有高风险高回报的投资属性，该环节的运转需要大量的资金融通，应充分进行风险评估，降低投资风险系数。充足的资本是邮轮上游产业价值链不断增值的保证，邮轮上游产业的资金来源于产业外部融资和内部融资两部分，充足的资本为邮轮设计制造企业提供了设计及制造创新的资金保证，通过资金投入、上游产业发展获得必要的研发及生产资金，可用于原材料采购，创新人才的引进、技术研发升级的成本支出，由此获得源源不断的创新动力，实现产业链环节的价值增值。其三，上游设计制造环节的企业可以通过内部的成本管理，降低生产的边际成本，通过与外部的原料供应商和邮轮采购方达成战略协同以拓展成本优势，实现总体成本节约。邮轮上游企业的成本管理包括成本估算、成本规划和成本控制三个环节。成本估算就是估算完成单位邮轮设计制造所需要的经费支出，估算需要考虑经济环境的影响，需要的资源要求、资源耗用率、商业数据和成本支出情况。成本规划就是将成本估算预计的成本分摊到各个任务中的过程，成本规划可以有效分配人力资源、物料采购、智力资本支出等数额，降低风险指数和边际成本。

产业链上游的创新和规模增值模块是邮轮全产业链增值的核心模块，增值主要源于邮轮设计制造环节。该增值模块主要涵盖邮轮上游产业核心链相关技术的研发与创新，通过邮轮设计理念的创新，邮轮制造技术的升级，在生产者驱动型产业链模式的推动下，跨国邮轮制造公司凭借邮轮设计制造技术的不断提升，不断开发新产品、提升产品质量，扩大生产规模并引领多样化的市场需求，优化邮轮产品结构，丰富邮轮产品种类，最终增强邮轮设计制造环节的附加值与竞争优势。创新和规模增值模块中的邮轮设计和建造技术存在垄断性、模块化、分段化和复杂化的特征，上述特征也是产业链价值增值的来源之一。邮轮设计制造存在垄断性，就几家船厂垄断全球大部分市场份额的现状，邮轮上游产业市场属于寡头垄断竞争态势，在寡头垄断市场上，少数几家企业处于支配地位或完全占据市场，实力雄厚的大企业对市场的定价具有一定的控制权，少数几家企业容易达成限制竞争的协议。在寡头垄断的邮轮设计制造市场上，竞争是一种集价格、质量、品牌、管理和创新于一体的综合竞争。少数几家企业通过扩大生产规模，实现规模增值，在建造垄断性方面，邮轮本身是一种附加值很高的船舶类型，目前设计和建造技术仅仅掌握在极少数的几家船厂手中，形成了全球四大邮轮制造公司，如意大利的芬坎蒂尼集团、芬兰的阿克尔集团、法国的大西洋船厂和德国的迈尔船厂，全球 80%以上的邮轮制造产品均来自这四大船厂。邮轮设计建造的分段化和模块化体现在：目前，邮轮船厂将邮轮建造的各功能模块分包给不同的分包商和供应商，船厂只负责最终的组装，如此节约了大量的建造时间和成本，如法国大西洋船厂首先将模块化建造方式应用于卡纳德的玛丽皇后二号邮轮的建造过程。邮轮设计建造的复杂性体现在，邮轮设计是一项很复杂的系统工程，设计需要统筹和协调，设计之初首先将邮轮上的各个区域加以划分，接着将各个部分分包出去，各个专业分包公司依据其专业特点和擅长领域签订分包合同进行设计，分工协作，相互配合。大型豪华邮轮的设计一般是由几家设计公司分工合作完成的，以"Norman Leader"号为例，其总布置由 ST Marine 船厂和 Foreship 公司共同设计完成，参与协作的还有瑞典、英国、挪威和芬兰的几家邮轮工程咨询公司（李华，2016）。在多家公司协作完成设计的过程中，实现了产业链的创新和规模增值。

由于中国与东盟国家深度参与邮轮上游产业链环节，相关国家可以在上游设计制造领域加强合作，减少交易费用、增强知识外溢效应、实现专门化要素的共享，以实现邮轮上游产业链的价值增值。

由式（17-20）可见，当每单位新增产量所带来的边际成本 c_i 和运营成本 C_i 同时减小，邮轮产业中游企业的利润得到增加。由上述分析可知，邮轮产业中游邮轮运营市场呈现高度的寡头垄断，三大著名邮轮公司如嘉年华邮轮公司、皇家加勒比邮轮公司与名胜世界邮轮（收购云顶香港）所控制的邮轮旅游市场占全球市场份额的 80%以上。邮轮产业链中游价值增值途径如下：

（一）品牌增值

邮轮产业链中游主要是邮轮运营企业，邮轮运营的特殊性决定了其品牌增值主要是通过跨国公司在全球布局完成的，邮轮品牌能够带动消费需求，具有增值能力，如跨国邮轮公司皇家加勒比推出的海洋量子号、海洋绿洲号等即为品牌的表达形式，邮轮品牌价值增值来源于品牌市场力、品牌营利性、品牌成长力和品牌忠诚力。跨国邮轮公司可以品牌的无形资产为依托、以品牌输出为方式，通过广告、个性化服务、分销拓展等手段放大品牌之间的差异，使消费者增加对邮轮品牌的认知，最终形成品牌的价值增值，其中，品牌市场力是通过品牌知名度和品牌市场占有率的提高实现品牌增值；品牌营利性是通过品牌所产生的前后数年的超额净利润在数量上的增长实现品牌增值；品牌成长力是通过客户增长率、销售收入增长率、市场占有率增长率和品牌投资增长率等数量指标的攀升实现品牌增值；品牌忠诚力是通过品牌忠诚率、数量忠诚率和品牌忠诚率的提升实现品牌增值。

（二）服务增值

邮轮中游产业的邮轮运营业，其主要产品就是邮轮服务，服务带来的邮轮产品价值及其附加值，已成为影响邮轮公司市场占有率的关键要素，优质的服务是邮轮运营公司产品价值实现和价值增值的主要原因。邮轮服务分为邮轮酒店服务、邮轮娱乐服务和邮轮陆域服务三种类型，跨国邮轮运营公司主要提供酒店服务和娱乐服务这两类。其中，邮轮酒店服务由客服部门和部分行政部门组成，跨国邮轮运营公司通过提高为游客提供的食、宿、行、游、娱、购等服务的水平和质量，实现邮轮酒店服务的价值增值；邮轮娱乐服务由俱乐部和艺术品拍卖部门组成，其服务价值增值是通过博彩服务和艺术品拍卖服务实现的；邮轮陆域服务主要是邮轮运营公司和相关企业合作为游客登船前后所提供的服务，包括邮轮港口客运服务、邮轮陆域旅游服务、邮轮旅游代理服务。邮轮港口客运服务在为游客提供行李托运、安检、候船、验票和登船等服务的过程中实现增值；邮轮陆域旅游服务是在为游客提供登船前游览、中途停靠游览和离船后游览的过程中实现增值；邮轮旅游代理服务是在为游客选择适合自己的邮轮、航线、航企、舱位和票价的服务中实现增值。

由式（17-24）可见，当邮轮服务产品的销售价格 p_i 和销售数量 q_i 分别或同时增加时，均能增加邮轮产业链下游行业的利润，由此，邮轮产业链下游增值主要是通过邮轮旅游服务产品利润的提高实现增值的，其中起到主导作用的就是销售渠道增值，增值包括扩大产品市场占有率、提升品牌价值、降低渠道成本。

邮轮旅游服务产品主要包括邮轮设施、邮轮航线和邮轮服务。邮轮设施包括电影院、剧院、赌场、网吧、青少年活动中心、健身房、游泳池、SPA 中心等；邮轮航线是串联始发港、经停港、挂靠港、目的港的邮轮海上航行路径，是邮轮旅游服务产品构成的基础和条件；邮轮服务包括邮轮上的服务内容、方式、态度、速度和效率等。邮轮公司在开发邮轮旅游服务产品、制定产品价格之后，还需要选择销售渠道，渠道增值是在将邮轮旅游服务产品销售给最终消费者的过程中实现的。作为渠道增值途径之一的市场占有率，该指标和盈利率之间呈显著的正相关关系，市场占有率的扩大将延展企业的利润空间，实现渠道增值。市场占有率的提高又离不开品牌的价值增值，品牌的价值增值来源于两个方面：一是品牌的顾客感知价值，消费者在使用邮轮设施、预定邮轮航线和享受邮轮服务的过程中获得了相应的感知价值；二是品牌的经济价值，邮轮旅游服务产品在销售终端获得了价值增值，邮轮产品销售方取得经济价值。邮轮销售渠道主要有线下销售渠道、网络销售渠道、移动电子商务销售渠道，其中，线下销售渠道包括邮轮公司品牌形象店、旅行社门店销售（佣金或包船模式）；网络销售渠道包括邮轮公司自有网站、旅行社网站和其他综合性网站；移动电子商务销售渠道包括手机WAP网站渠道、手机 App 应用渠道。降低渠道成本就是综合考量邮轮旅游服务产品的特性，选择最适合的渠道进行营销推广，在销售成本降低的同时实现渠道增值。

五、小结

邮轮全产业链具有链网式分布和二元驱动的特征，由上述价值增值的模型分析可知，邮轮产品的价格及成本是影响价值链增值的关键因素。邮轮上中下游产业链价值增值分别为 R_u、R_m、R_l，旨在使总目标函数 $R_t = R_u + R_m + R_l$ 实现最大化。

第十八章　邮轮价值链效益协同与利益分配模型

第一节　协同模型建立的基础

为研究方便，本节建立了一个两级价值链协同模型，模型中包含一个邮轮运营商（供应商）和一个邮轮旅游服务商（零售商），考虑两者在增加价值链效益积极行动的基础上，构建提升价值链整体效益的协同模型和有效契约。模型如图 18-1 所示：

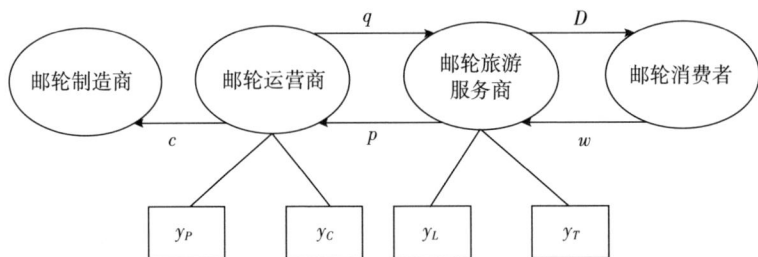

图 18-1　邮轮价值链效益协同模型

在此模型下，邮轮运营商和邮轮旅游服务商通过一定的交易机制和双边协定组建邮轮价值链，模型假设如下所示：

（1）邮轮运营商与邮轮旅游服务商两方投入的勤奋成本均为叠加勤奋成本，各自投入两类因素，分别为 y_P、y_C、y_L 和 y_T，且对邮轮产品需求有影响。

（2）假设 q 为邮轮旅游服务商（零售商）的购买量，且邮轮旅游市场需求

量满足 $D=h-g(y_P+y_C)^{-i}(y_L+y_T)^{-j}$（Song et al.，2017；高胜寒，2018），其中 h 是潜在市场需求，随机变量服从正态分布 $h\sim N(\mu,\sigma^2)$，变量的密度函数为 $h(y)$，累积分布函数为 $F(y)$，且 $F(0)=0$，g 为正常数。由于不同参与方的勤奋水平产生的效果不同，对需求拉动产生的效应也不同，设 i 和 j 分别表示邮轮运营商和邮轮旅游服务商的勤奋成本对需求的弹性系数，$i\ne j(0\le i,\ j\le+\infty)$。

（3）假设邮轮运营商的单位成本为 c，邮轮旅游服务商购买邮轮产品的价格为 w，邮轮旅游服务商订的市场售价为 p，有 $0<c<w<p$，此时邮轮产品剩余价值为 0。

后续将构建由邮轮运营商和邮轮服务提供商组成并由邮轮运营商主导的二级价值链，以此为基础，根据各环节企业合作方式的不同分为独段价值链和整体价值链效益协同模型分别进行研究。

一、独段价值链的 Stackeberg 博弈模型

独段价值链就是处在各个环节的企业在忽略整体效益的基础上以实现个体利益最大化为目标进行决策，基于此，邮轮运营商和邮轮旅游服务商分别做出决策，并构建由邮轮运营商主导的独段价值链 Stackeberg 博弈模型，邮轮运营商首先根据收益最大化原则确定勤奋成本 y_P、y_C 和单位批发价格 w，接着邮轮旅游服务商根据收益最大化原则确定勤奋成本 y_L、y_T、邮轮服务产品购买量 q 和市场销售价格 p，模型运算过程如下：

根据逆推法，邮轮旅游服务商的期望利润函数为

$$\delta_R=pE_{\min}(D,\ q)-wq-y_P-y_T \qquad\qquad 式（18-1）$$

参考杨毅等（2015）的研究方法，令

$\eta=q+g(y_P+y_C)^{-i}(y_L+y_T)^{-j}$，整理得：

$$\delta_R=(p-w)\left[\eta-g(y_P+y_C)^{-i}(y_L+y_T)^{-j}\right]-p\int_0^{\eta}F(y)\,dy-y_L-y_T$$

$$式（18-2）$$

由式（18-2）计算得到，δ_R 是关于 η 的凹函数，令

$\dfrac{\partial\delta_R}{\partial\eta}=p-w-pF(\eta)=0$，整理得 $F(\eta_d)=\dfrac{p-w}{p}$，代入式（18-2）得到：

$$\delta_R=(p-w)\left[F^{-1}\left(\frac{p-w}{p}\right)-g(y_P+y_C)^{-i}(y_L+y_T)^{-j}\right]-p\int_0^{F^{-1}\left(\frac{p-w}{p}\right)}F(y)\,dy-y_L-y_T$$

$$式（18-3）$$

令 $\dfrac{\partial\delta_R}{\partial y_L}=0$，$\dfrac{\partial\delta_R}{\partial y_T}=0$，得到邮轮旅游服务商的最优勤奋成本 y_L 和 y_T 满足关系式：

$$y'_{Ld}+y'_{Td}=\left[\,gj(p-w)(y_P+y_C)^{-i}\,\right]^{\frac{1}{1+j}} \qquad \text{式（18-4）}$$

则邮轮旅游服务商的邮轮产品最优购买量为：

$$q'_d=F^{-1}\left(\frac{p-w}{p}\right)-g(y_P+y_C)^{-i}(y'_{Ld}+y'_{Td})^{-j} \qquad \text{式（18-5）}$$

邮轮运营商在得到下游邮轮旅游服务商的市场需求反馈后，确定自己的最优勤奋成本 y_P 和 y_C，以便获得期望的最优利润，邮轮运营商的期望利润函数为：

$$\delta_V=(w-c)q'_d-y_P-y_C$$

$$=(w-c)\left\{F^{-1}\left(\frac{p-w}{p}\right)-b^{\frac{1}{1+j}}\left[\,j(p-w)\,\right]^{\frac{-j}{1+j}}(y_P+y_C)^{\frac{-i}{1+j}}\right\}-y_P-y_C \qquad \text{式（18-6）}$$

由式（18-6）计算得出，δ_V 是关于 y_P 和 y_C 的凹函数，此时，令 $\dfrac{\partial \delta_V}{\partial y_P}=0$，$\dfrac{\partial \delta_V}{\partial y_C}=0$，推导出邮轮运营商的最优勤奋成本 y_P 和 y_C 满足关系式：

$$y_{Pd}+y_{Cd}=\left\{\frac{\left[\,i(w-c)^{1+j}g\,\right]}{\left[\,j(p-w)(1+j)^{1+j}\,\right]}\right\}^{\frac{1}{1+i+j}} \qquad \text{式（18-7）}$$

$$y_{Ld}+y_{Td}=\left\{\frac{j(p-w)^{1+i}(1+j)g}{\left[\,i(w-c)^{i}\,\right]}\right\}^{\frac{1}{1+i+j}} \qquad \text{式（18-8）}$$

由式（18-8）推导出邮轮旅游服务商的最优购买量为：

$$q_d=F^{-1}\left(\frac{p-w}{p}\right)-\left[\frac{(1+j)^{i}g}{(p-w)^{j}(w-c)^{i}j^{i}i^{i}}\right]^{\frac{1}{1+i+j}} \qquad \text{式（18-9）}$$

由此可以得出独段价值链中邮轮旅游服务商获得的最大利润为：

$$\delta_{Rd}=(p-w)q_d-p\int_{0}^{p^{-1}\left(\frac{p-w}{p}\right)}F(y)dy-y_{Ld}-y_{Td} \qquad \text{式（18-10）}$$

邮轮运营商能够获得的最大利润为：

$$\delta_{Vd}=(w-c)q_d-y_{Pd}-y_{Cd} \qquad \text{式（18-11）}$$

$$\delta_d=\delta_{Rd}+\delta_{Vd}=(p-c)q_d-p\int_{0}^{F^{-1}\left(\frac{p-w}{p}\right)}F(y)dy-y_{Pd}-y_{Cd}-y_{Ld}-y_{Td}$$

$$\text{式（18-12）}$$

二、整体价值链模型

上文对独段价值链进行了探讨，本部分将继续探讨整体价值链的决策情况。邮轮产业链上的各个企业通力合作，旨在为整体价值链获得利润最大化。在整体价值链模型中，邮轮运营商和邮轮旅游服务商彼此之间能够进行充分的信息沟通和联合决策，将两者作为一个整体构建整体价值链模型。

在预构建的整体价值链模型中，邮轮运营商为提高邮轮旅游产品质量并降低运营成本而付出的勤奋成本仍为 y_P、y_C，邮轮旅游服务商付出的勤奋成本仍为 y_L、y_T，市场需求为 $D = h - g(y_P + y_C)^{-i}(y_L + y_T)^{-j}$，整体价值链的总期望利润函数为：

$$\delta_k = pE_{\min}\{D, q\} - cq - y_P - y_C - y_L - y_T \qquad\text{式（18-13）}$$

此时，令 $\dfrac{\partial \delta_K}{\partial y_P} = \dfrac{\partial \delta_K}{\partial y_C} = \dfrac{\partial \delta_K}{\partial y_L} = \dfrac{\partial \delta_K}{\partial y_T} = 0$，得到各自最优勤奋水平和最优购买量为：

$$y_{Pk} + y_{Ck} = \left[\frac{(p-c)\,i^{1+j}g}{j^j}\right]^{\frac{1}{1+i+j}} \qquad\text{式（18-14）}$$

$$y_L + y_T = \left[\frac{(p-c)^{1+i}g}{i^i}\right]^{\frac{1}{1+i+j}} \qquad\text{式（18-15）}$$

$$q_K = F^{-1}\left(\frac{p-c}{p}\right) - \left[\frac{g}{(p-c)^{i+j}i^i j^j}\right]^{\frac{1}{1+i+j}} \qquad\text{式（18-16）}$$

根据式（18-14）、式（18-15）、式（18-16）得到价值链总体最优利润为：

$$\delta_K = (p-c)q_K - p\int_0^{p^{-1}\left(\frac{p-c}{p}\right)} F(y)dy - y_{Pk} - y_{Ck} - y_{Lk} - y_{Tk} \qquad\text{式（18-17）}$$

三、小结

从上述分析可见，在购买量和总利润方面，独段价值链的最优购买量式（18-9）小于整体价值链的最优购买量式（18-16）；在最优利润方面，整体价值链式（18-17）亦高于独段价值链式（18-12）；在投入的勤奋成本方面，独段价值链投入的勤奋成本多寡与自身获利情况相关，整体价值链投入的勤奋成本多寡与产品需求弹性相关，整体价值链更能实现效益最优化。

第二节　合作博弈下的效益协同模型

上节讨论了独段价值链和整体价值链博弈模型中，价值链环节的增值情况。本节将构建企业联盟在合作博弈下的效益协同及利益分配模型。

一、邮轮产业联盟合作博弈模型构建

邮轮产业链布局具有跨区域跨行业、多领域多渠道的特征，通过上中下游企业间的多主体业务协同和产业资源的集成和共享，多家企业联合提供邮轮服务产品。

企业间的联盟可能会产生规模经济和范围经济效应，实现多主体利益最大化，促进利益的协同创造和合理分配。多主体业务协同实现邮轮价值链增值时，需要联盟中的核心企业和外围企业协同运营，而联盟的利益分配需要考虑集体利益和个体利益的协同。以下将在考虑风险共担、企业重要程度差异的背景下，构建合作与不合作战略下的利益函数，建立集体利益和个体利益的合作博弈模型。

（一）核心企业的利益函数

核心企业是整个产业联盟的主导，在符合个体理性的条件下，核心企业将做出对自身有利的策略选择，即选择其他企业合作或者不合作。

1. 基于合作战略的利益函数

核心企业如果选择合作战略，其与外围企业将携手完成邮轮设计制造、邮轮运营、邮轮服务产品提供等任务，此时，核心企业获得与其投入成本相对应的等额利益。如果联盟中的外围企业选择不合作，则核心企业有权利主张因不合作而产生的违约金，并进行再次招商以寻找替代性合作伙伴，此时需要付出招商成本。核心企业在联盟中可能需要承担信息不对称风险、企业运营风险、企业技术创新与共享的风险和联盟管理的风险等。核心企业的利益目标函数表示为：

$$Z_0 = \sum_{i=1}^{n} \sum_{j=1}^{m} \gamma (P_{ij0} - C_{ij0} - F_{ij0})(1 - \phi_{ij0}) + \sum_{i=1}^{n} \sum_{j=1}^{m} \sum_{h=1}^{H} \omega_{ijh} (U_{ijh} - C'_{ijh})$$

式（18-18）

其中，P_{ij0}，C_{ij0}，F_{ij0}，U_{ijh}，$C'_{ijh} > 0$；$\phi_{ij0} \in [0, 1]$

当 $\gamma = 0$ 时，第 h 个企业没有承担第 i 个项目中的第 j 个任务，$\gamma = 1$ 时，第 h 个企业承担了第 i 个项目中的第 j 个任务；

当 $\omega = 0$ 时，第 h 个企业承担的第 i 个项目中的第 j 个任务可保持合作，$\omega = 1$ 时，第 h 个企业中途退出其承担的第 i 个项目中的第 j 个任务。

式（18-18）表述了联盟形成过程中，收益、成本和服务费用对核心企业利益的影响，以及联盟形成后，外围企业中途退出所需支付的违约金。其中：P_{ijh} 表示企业 h 承担第 i 个项目中的第 j 个任务所获得的服务价格；C_{ijh} 表示企业 h 承担第 i 个项目中的第 j 个任务支出的运营成本，F_{ijh} 表示企业 h 承担第 i 个项目中的第 j 个任务支付给联盟的管理费用；C'_{ijh} 表示对承担第 i 个项目中的第 j 个任务的 h 企业再次招标所支出的招商成本；U_{ijh} 表示企业 h 承担任务后选择不合作所需支出的违约成本；ϕ_{ij0} 表示企业 h 承担第 i 个项目中的第 j 个任务的风险系数，邮轮产业联盟产业链环节上所有企业的风险系数之和等于1，即：

$$\sum_{i=1}^{n}\sum_{j=1}^{m}\phi_{ij0} + \sum_{i=1}^{n}\sum_{j=1}^{m}\sum_{h=1}^{H}\phi_{ijh} = 1$$；$h = 0$ 表示核心企业，$h = 1$，2，3，$\cdots$；H 表示外围企业。

2. 基于不合作战略的利益函数

如果核心企业决定采取不合作战略，则其将组建新的邮轮产业联盟，核心企业在获得机会成本的同时需要付出再次招商的成本。此时，核心企业的利益目标函数可表示为：

$$Z'_0 = \sum_{i=1}^{n}\sum_{j=1}^{m}\left(PV_{ij0}\gamma - \sum_{i=1}^{n}\sum_{j=1}^{m}\sum_{h=1}^{H}C'_{ijh}\right) \qquad 式（18-19）$$

$$PV_{ij0} > 0 \qquad\qquad 式（18-20）$$

式（18-19）中，PV_{ij0} 表示核心企业选择再次组建产业联盟时，预期在新的联盟中可能获得的净利润，即选择离开原有联盟的机会成本。

（二）外围企业的利益函数

外围企业就是产业联盟中核心企业之外的合作企业，因其也具有个体理性，因而会选择能令自身利益最大化的战略，其备选战略包括合作战略和不合作战略两类，以下将探讨这两类战略所对应的利益函数。

1. 基于合作战略的利益函数

如果外围企业遵守合约选择合作战略，则可获得承担任务所应得的等额利益，同时需要支出承担任务所应支出的运营成本并向联盟支付服务费用。如果外围企业没有按照合约完成任务，还需要支付违约金。外围企业在联盟中的风险包括协作风险、生产风险、技术风险等。如果产业联盟形成后，核心企业选择退出，则外围企业将根据其在联盟中的重要程度瓜分核心企业退出时所支付的违约金，此时外围企业的利益函数 Z_h 可表示为：

$$Z_h = \sum_{i=1}^{n}\sum_{j=1}^{m}\gamma(P_{ijh} - C_{ijh} - F_{ijh})(1 - \phi_{ijh}) + \sum_{i=1}^{n}\sum_{j=1}^{m}\omega_{ij0}T_{ij0}\alpha_{ijh} \qquad 式（18-21）$$

$$\phi \in [0, 1]；\alpha_{ijh} \in [0, 1]$$

式（18-21）中，α_{ijh} 表示外围企业 h 承担第 i 个项目中的第 j 个任务在联盟中的重要程度，所有任务的重要程度的系数之和等于1，即 $\sum_{i=1}^{n}\sum_{j=1}^{m}\sum_{h=1}^{H}\alpha_{ijh} = 1$。

2. 基于不合作战略的利益函数

如果外围企业选择不合作战略，那么该企业可以退出产业联盟，并获得参与其他联盟的机会成本（净利润），这时退出联盟的外围企业的利益函数可以表示为：

$$Z'_h = \sum_{i=1}^{n}\sum_{j=1}^{m}\gamma PV_{ij0} \qquad\qquad 式（18-22）$$

$PV_{ijh} > 0$ 式（18-23）

式（18-23）中，$PV_{ijh}(h = 1, 2, \cdots, H)$ 为外围企业 h 的机会成本，表示企业退出第 i 个项目中的第 j 个任务后，参与其他项目或者独立运营所获得的利益。

二、联盟协同优化的合作博弈模型

核心企业和各个外围企业合作博弈实现均衡的结果就是联盟利益分配，就是个体理性得到满足后实现集体理性。

1. 个体理性

任何一个企业参与邮轮产业联盟，与其他企业形成合作博弈态势，都希望合作所获利益大于不合作时所获收益，否则企业将会背弃合作联盟，影响产业联盟的稳定性。

$Z_0 \geq Z'_0$，

$$\sum_{i=1}^{n} \sum_{j=1}^{m} \gamma(P_{ijh} - C_{ijh} - F_{ijh})(1 - \phi_{ijh}) + \sum_{i=1}^{n} \sum_{j=1}^{m} \sum_{h=1}^{H} \varepsilon_{ijh}(T_{ij0} - C'_{ijh}) \geq$$

$$\sum_{i=1}^{n} \sum_{j=1}^{m} \gamma PV_{ij0} - \sum_{i=1}^{n} \sum_{j=1}^{m} \sum_{h=1}^{H} C'_{ijh}$$ 式（18-24）

式（18-24）是基于核心企业的个体理性所得到的利益约束表达，这个约束是核心企业不背弃联盟的前提条件。

$Z_h \geq Z'_h$，即

$$Z_h = \sum_{i=1}^{n} \sum_{j=1}^{m} \gamma(P_{ijh} - C_{ijh} - F_{ijh})(1 - \phi_{ijh}) + \sum_{i=1}^{n} \sum_{j=1}^{m} \varepsilon_{ij0} T_{ij0} \alpha_{ijh} \geq \sum_{i=1}^{n} \sum_{j=1}^{m} \gamma PV_{ijh}$$

式（18-25）

式（18-25）是基于外围企业的个体理性所得的利益约束，该约束是外围企业参与产业联盟的基本条件。

2. 集体理性

产业联盟中各个企业的利益之和与联盟总体利益相等，即

$$V(U) = Z_0 + \sum_{h=1}^{H} Z_h + Z =$$

$$\sum_{i=1}^{n} \sum_{j=1}^{m} \gamma(P_{ijh} - C_{ijh} - F_{ijh})(1 - \phi_{ijh}) + \sum_{i=1}^{n} \sum_{j=1}^{m} \sum_{h=1}^{H} \varepsilon_{ijh}(T_{ijh} - C'_{ijh} +$$

$$\sum_{h=1}^{H} \left[\sum_{i=1}^{n} \sum_{j=1}^{m} \gamma(P_{ijh} - C_{ijh} - F_{ijh})(1 - \phi_{ijh}) + \sum_{i=1}^{n} \sum_{j=1}^{m} \varepsilon_{ij0} T_{ij0} \alpha_{ij0} \right] +$$

$$\sum_{i=1}^{n} \sum_{j=1}^{m} F_{ij0} + \sum_{i=1}^{n} \sum_{j=1}^{m} (F_{ijh} - d_{ijh} \times p)$$ 式（18-26）

式（18-26）是基于产业联盟的集体理性得出的联盟利益约束条件，联盟所

得利益全部进入分配形成分配公平的前提条件。由前述可知，个体企业参与联盟的初衷是任务成本最小化，所以基于集体理性约束所形成的联盟利益可以转化为项目总价值并分配给各个子任务，因而联盟利益可表述为如下约束：

$$\sum_{i=1}^{n}\sum_{j=1}^{m}P_{ij0} + \sum_{i=1}^{n}\sum_{j=1}^{m}\sum_{h=1}^{H}P_{ijh} = P \qquad\qquad 式（18-27）$$

式（18-26）和式（18-27）中，$V(U)$ 表示联盟 U 总利益，Z_h 表示联盟外围企业 h 参与联盟得到的收益，Z_0 表示核心企业参与联盟得到的收益，P 表示项目总价值。

3. 联盟合作博弈均衡模型

在满足个体理性的情况下实现集体利益最大化，能够促进联盟集体利益和个体利益的协同优化，据此，推出联盟合作博弈均衡模型为：

$$\max(H) = \sum_{i=1}^{n}\sum_{j=1}^{m}\gamma(P_{ijh}-C_{ijh}-F_{ijh})(1-\phi_{ijh}) + \sum_{i=1}^{n}\sum_{j=1}^{m}\sum_{h=1}^{H}\varepsilon_{ijh}(T_{ijh}-C'_{ijh}) +$$

$$\sum_{h=1}^{H}\Big[\sum_{i=1}^{n}\sum_{j=1}^{m}\gamma(P_{ijh}-C_{ijh}-F_{ijh})(1-\phi_{ijh}) + \sum_{i=1}^{n}\sum_{j=1}^{m}\varepsilon_{ijh}T_{ijh}\alpha_{ijh}\Big] +$$

$$\sum_{i=1}^{n}\sum_{j=1}^{m}F_{ijh} + \sum_{i=1}^{n}\sum_{j=1}^{m}(F_{ijh}-d_{ijh}\times p)$$

$$\mathrm{s.t.}\ \sum_{i=1}^{n}\sum_{j=1}^{m}\gamma(P_{ijh}-C_{ijh}-F_{ijh})(1-\phi_{ijh}) + \sum_{i=1}^{n}\sum_{j=1}^{m}\sum_{h=1}^{H}\varepsilon_{ijh}(T_{ijh}-C'_{ijh}) \geqslant$$

$$\sum_{i=1}^{n}\sum_{j=1}^{m}\gamma PV_{ijh} - \sum_{i=1}^{n}\sum_{j=1}^{m}\sum_{h=1}^{H}C'_{ijh};$$

$$\sum_{i=1}^{n}\sum_{j=1}^{m}\gamma(P_{ijh}-C_{ijh}-F_{ijh})(1-\phi_{ijh}) + \sum_{i=1}^{n}\sum_{j=1}^{m}\varepsilon_{ijh}T_{ijh}\alpha_{ijh} \geqslant \sum_{i=1}^{n}\sum_{j=1}^{m}\gamma PV_{ijh} = P$$

$$d_{ijh}\cdot p \leqslant F_{ijh} \leqslant tX_h;\ C_{ijh} < P_{ijh} < P$$

$$\gamma = 0\ or\ 1,\ \phi_{ijh}\in[0,1],\ \alpha_h\in(0,1),\ C'_{ijh} > 0$$

合作博弈的核心思想是在满足个体理性的情况下实现集体理性最大化，最终实现协同合作、利益共赢。

第三节　基于 Shapley 值的邮轮产业链利益分配

上节内容分析了个体理性和集体理性情况下联盟协同优化的博弈模型，本节将从合作博弈的角度分析产业链参与方的合作对策。对于邮轮全产业链各个环节的参与主体而言，选择合适的合作伙伴，构建基于产业链的合作联盟，是实现全链利润最大化的手段之一（姜昊，2019）。对产业链环节参与主体而言，选择与谁合作、选择什么样的合作方式能够实现帕累托最优，是选择合作伙伴的重点；如何公平合理地分配产业收益成为产业链环能够持续高效运转的关键。下面将基于 Shapley 值的方法，从合作博弈的视角研究邮轮全产业链的利益分配问题。

1953 年，美国经济学家 Shapley 提出了 Shapley 值的概念，该值是采用数学逻辑建模的方法处理多人合作博弈的问题。邮轮产业联盟是两个及两个以上处在价值链各个节点上的企业为了降低交易成本、优化资源配置、获得超额利润、实现协同效应所建立的基于契约关系的合作联盟。在下述合作博弈分析中，对邮轮产业联盟做出如下假设：

第一，邮轮价值链各个节点的参与者都是理性经济人，追求自身利益最大化。

第二，在合作的各个时间节点，联盟力求最大化联盟自身收益。联盟参与者在联盟后获得的利润大于不参与联盟时得到的利润，即个体在合作中得到的收益大于不合作得到的收益。

第三，节点参与者有偏离最初选择策略的意向。

为了体现模型的一般性，以下采用多人动态合作微分博弈理论构建区域邮轮产业合作联盟的利益分配模型，模型包括博弈结构、联盟的支付、动态 Shapley 值。

一、多主体动态合作博弈结构

中国与东盟国家航区准备建立一个覆盖邮轮全产业链的产业联盟。联盟中的每个参与企业的节点分别采用 $j=1, \cdots, n$ 来表示。参与联盟的各个企业节点在 $[s_0, S]$ 中将各自净收益最大化作为目标，同时假设联盟带来的收益可以定量表示为：

$$\int_{s_0}^{S} f^j[t, x_i(t), u(t)]\exp\left[-\int_{t_0}^{T} u(y)dy + \exp\left[-\int_{t_0}^{T} u(y)dy\right]p^j[x_j(S)]\right.$$

$$j \in [1, \cdots, n] \equiv N \qquad\qquad \text{式（18-28）}$$

式（18-28）受约束于一个向量值微分方程集合：

$$x_j(t) = g_j^J[t, x_j(t), u_j(t)], \ x_j(s_0) = x_j^0, \ \forall j \in [1, \cdots, n] \equiv N \quad \text{式（18-29）}$$

式（18-29）表示在邮轮产业联盟形成的各个时间点，联盟中的第 j 个企业节点在保持动态变化的前提下，考虑贴现以后得到的终点支付和即时支付的总和等于企业节点获得的支付。整个联盟合作博弈持续的时间表示为 $[s_0, S]$。节点 j 在时间点 t 的状态用 $x_j(t) \in X_j \subset Q^{m_i+}$ 表示，联盟的动态系统采用向量值微分方程集合 $x_j(t) = g_j^J[t, x_j(t), u_j(t)]$，$x_j(s_0) = x_j^0$ 来表示，这个动态系统可以展现出企业节点 j 的某个经济指标状态变量随时间变化的变动情况。企业节点 j 的控制向量用 $X_j(t) \in$

$X_j \subset Q^{l_{j^+}}$ 表示，表示节点 j 应对经济指标状态变化时所采取的控制策略。贴现因子表示为 $\exp\left[-\int_{s_0}^{t} u(y)dy\right]$，该因子体现了各个邮轮企业节点资金的机会成本或市场利率。企业节点 $j=1,\cdots,n$ 的即时支付可以用 $f^j[t, x_j(t), r(t)]$ 来表示。

考虑参与产业链环节点的企业组成联盟 $M \subseteq N$，企业在产业链环节点 $j \in [1,\cdots,n] \equiv N$ 的状态所处的动态系统在其参与联盟 M 后转化为：

$$x_j(t) = g_j^M[t, x(t), r(t)], \quad x(s_0) = x_j^0, \quad \forall j \in M \qquad \text{式 (18-30)}$$

在式 (18-30) 中，$x_j(t)$ 为向量 $x_i(s)$，$i \in M$ 的串联。此时有：

$$\frac{\partial g_j^M[t, x_j(t), r_j(t)]}{\partial x_i} \geqslant 0, \quad \forall i \neq j \qquad \text{式 (18-31)}$$

由式 (18-31) 可知，当区域邮轮产业联盟形成后，联盟 M 中的每一个参与者 $i \in M$ 的状态与联盟 N 中企业节点 j 的状态均为正相关关系。

二、联盟的支付

联盟的支付与最优控制问题相关，在此引入动态规划，考虑一个随时间展开的系统，联盟的动态系统部分由决策者的行动来控制，在每个时间点 s，系统当前的状态和控制变量的选取满足移动定律：$x_{s+1} = w_s(x_s, u_s)$，如此，选择不同控制变量的系统将产生不同的时间路径，假设联盟参与者将会做出如下决策，选择的时间路径可表述为：

$$\omega_t = \sum_{s=t}^{T-1} f_s(x_s, u_s)$$

给定联盟的初始状态 x_t，控制变量序列：

$u_{t,T-1} = \{u_s; s = t, t+1, \cdots, T-1\}$，设初始状态变量的取值满足移动定律，由此得出状态序列 $x_{t+1,T} = \{x_s; s = t, t+1, \cdots, T-1\}$，则联盟的目标函数可以表示为：$\omega_t(z_{t,T}, t, T-1) = \sum_{s=t}^{T-1} g_s(x_s, u_s)$，其中 $\omega_t(\ )$ 是阶段收益函数 $\{g_s\}$ 的和，其中每个 g_s 是与时间、当前状态和控制向量相关的函数。对于每个 s，g_s（阶段收益函数）和 u_s（移动定律）只和 s、状态变量及控制变量的当前值有关，与状态变量和控制变量的过去值和未来值无关，总收益就是阶段收益函数的和。

在节点 s_0，联盟 M 的合作支付可表述为：

$$\int_{s_0}^{S} g^j[t, x_i(t), u(t)] \exp\left[-\int_{t_0}^{T} u(y)dy + \exp\left[-\int_{t_0}^{T} u(y)dy\right]p^j[x_j(S)]\right]$$
$$\forall M \subseteq N$$

$$\text{式 (18-32)}$$

由此，可以计算出联盟 M 的合作支付函数式（18-30）在动态系统式（18-32）下的最大化。联盟形成的时候，邮轮全产业链上中下游企业的节点之间的供求信息、研发资金、人力资本和产业资源等方面将产生协同效应。

在合作博弈初始阶段，若联盟各方采用一个最优准则，即能够追求共同利益最大化和达成分配收益协议，则在合作微分博弈开始后的各个时间节点，各个参与者均会按照最优准则从事经济活动，并且不存在偏离最优准则运行的意愿。

三、基于动态 Shapley 值的产业链利益分配

以下考虑邮轮全产业链中的邮轮设计制造、邮轮运营和邮轮服务产品销售这三个主要环节的利益分配情况，所对应的利益主体分别为邮轮制造企业、邮轮运营企业和旅游服务企业，记为集合 $\lambda = \{1, 2, 3\}$，k 表示参与合作的主体个数，ε 表示对策特征函数，合作对策可表示为 $[\lambda, \varepsilon]$，p 表示 k 人合作中的一个合作，$v(p)$ 为合作 p 的效益，$p \in k$，所有合作主体中第 j 个主体从合作最大效益 $v(k)$ 中所获得的收益表示为 Y_j，用 $y = (y_1, \cdots, y_k)$ 表示合作对策的分配效益。在产业链合作成功时，利益分配满足的条件为各参与者获得的收益等于合作整体获得的最大收益。合作整体内部适用帕累托最优规则，参与者从整体中获得的收益要大于或者等于没有合作时获得的单独收益，同时合作成员在整体联盟中获得的收益之和优于其在子联盟中获得的收益之和以保持合作的稳定性。

对于 k 个主体的合作博弈，Shapley 值可以表示为：

$$\phi_j(p) \sum_{j=1}^{k} \omega(|p| [v(p) - v(p/j)] \quad j = 1, 2, 3 \qquad \text{式（18-33）}$$

其中 $\omega(|p|) = \dfrac{(n-|p|!)(|p|-1)!}{k!}$ 可视为参与方在联盟 p 的贡献 $V(p) - V(p \setminus \{j\})$ 的一个加权因子，$|p|$ 是集合 p 的元素个数。参与人 j 对所有他可能参与的联盟所作出的贡献的加权平均即为 Shapley 值，如表 18-1 所示。

表 18-1　Shapley 值参数

分配模型	合作收益			
	χ	$\chi+\delta$	$\chi+\gamma$	$\chi+\delta+\gamma$
$V(P)$	α_{11}	α_{12}	α_{13}	α_{14}
$V(P \setminus \{i\})$	α_{21}	α_{22}	α_{23}	α_{24}
$V(P) - v(P \setminus \{i\})$	χ_1	χ_2	χ_3	χ_4
$|P|$	1	2	2	3

分配模型	合作收益			
	χ	$\chi+\delta$	$\chi+\gamma$	$\chi+\delta+\gamma$
$(n-|P|)!\ (|P|-1)!$	2	1	1	2
$\omega(P)$	1/3	1/6	1/6	1/3

表 18-1 中 $v(P)$ 表示 χ 参与联盟的特征函数的收益；$v(P\setminus\{i\})$ 表示联盟 P 中除 χ 以外其他参与方的贡献；$v(P)-v(P\setminus\{i\})$ 是 χ 在产业联盟中的贡献值。

利用公式 $\phi_j(p)\sum\limits_{j=1}^{k}\omega(|p|[v(p)-V(p/j)])$，$j=1$，2，$\cdots$，$n$ 可以计算出不同状态下的 Shapley 值。设 χ、δ、γ 分别为邮轮设计制造企业、邮轮运营企业和邮轮服务产品销售企业的收益情况，则它们的各自收益可以表述为：

邮轮制造企业收益：$\phi_1(v)=\chi_1/3+\chi_2/6+\chi_3/6+\chi_4/3$

邮轮运营企业收益：$\phi_2(v)=\delta_1/3+\delta_2/6+\delta_3/6+\delta_4/3$

邮轮服务产品销售企业收益：$\phi_3(v)=\gamma_1/3+\gamma_2/6+\gamma_3/6+\gamma_4/3$

合作博弈需要解决的首要问题即为利益分配，假设在邮轮产业链联盟中，节点参与企业都是理性的，每个节点可根据 Shapley 值分配方法对总收益进行分配。参与者 χ 在时点 $\tau\in[s_0,S]$ 得到的支付为：

$$\sum_{j=1}^{n}v^{(\tau)j}(\tau,y_N^{\tau})=\sum_{U\subseteq N}\frac{(m-1)!\ (n-m)!}{n!}[W^{(\tau)U}(\tau,y_U^{\tau})-W^{(\tau)U\setminus j}(\tau,y_{U\setminus j}^{\tau})]$$

$$\forall j\in N,\ \tau\in(s_0,\ S) \hspace{2cm} 式（18-34）$$

参与者 χ 加入联盟后的利益分配值用 $v^{(\tau)\chi}(\tau,y_N^{\tau})$ 表示，联盟 U 的合作利润用 $W^{(\tau)U}(\tau,y_U^{\tau})$ 表示。联盟 U 没有 χ 加入时的合作用 U/χ 表示，节点 χ 在联盟 U 中的边际贡献用 $W^{(\tau)U}(\tau,y_U^{\tau})-W^{(\tau)U\setminus\chi}(\tau,y_{U\setminus j}^{\tau})$ 表示。则有：

（a）$\sum\limits_{j=1}^{n}v^{(\tau)j}(\tau,y_N^{\tau})=W^{(\tau)N}(\tau,y_N^{\tau})$

（b）$\sum\limits_{j=1}^{n}v^{(\tau)j}(\tau,y_N^{\tau})\geqslant W^{(\tau)j}(\tau,y_N^{\tau})$

$$\forall j\in N,\ \tau\in(s_0,\ S) \hspace{2cm} 式（18-35）$$

由式（18-35）（a）可知，整个联盟的收益与各个节点的分配值之和相等，即在合作博弈期间，利益分配 $v^{(\tau)}(\tau,y_N^{\tau})$ 满足整体理性，由式（18-35）（b）可知，节点 j 参与联盟的收益大于其独自经营时所获得收益，利益分配 $v^{(\tau)}(\tau,y_N^{\tau})$ 也满足个体理性。

四、结论

与其他产业链运作产生的效应类似，邮轮全产业链多个环节的合作，均会产生节约成本、提高效率等效应，进而提高整体收益水平，即合作联盟产生的总收益和单一主体获得的收益都大于节点企业单独经营时所获收益。由此，邮轮产业链各个节点企业参与并构建以全产业链为基础的合作联盟可以创造出最大收益，且各个参与企业也能在全产业链合作联盟中获得最大的收益分配。

第十九章 邮轮全产业链协同发展机制研究

上述章节从协同博弈的视角分析了邮轮价值链的增值过程和邮轮产业联盟利益分配的协同博弈机理，本章将探讨区域邮轮全产业链协同发展机制。

第一节 协同机制概述

20 世纪 70 年代，德国物理学家赫尔曼·哈肯提出的"协同学"，主要研究的是系统中的诸多子系统在什么条件和环境下会进行转变，并探寻在转变过程中出现的规律和特征（郭治安，1988）。协同效应是指处于有序状态的各子系统为了适应不断变化的新环境，主动集聚、有机整合，从而产生"1+1>2"的协同效应。在区域产业合作中，区域协同效应的形成不仅有利于各子区域进行优势互补，提高整体的经济优势和协作能力，更会对区域产业的整合升级和协作共赢起到促进作用。

既然协同能够创造单个企业难以企及的价值，那么如何实现协同就成为需要关注的重要议题，在此归结为协同机制的研究问题。机制可以定义为各个要素的运行方式和彼此之间形成的结构关系，包括外部因素对事物变化的影响和事物自身变化的运行规律。

首先，产业协同机制是产业协同行为产生的内在驱动力，产业协同是产业或产业集群之间通过协作形成的以投入产出关系为联系的上下游产业间的纵向关联，产业协同可以出现在同一产业内部，也可以出现在不同产业之间，产业协同是要素自组织性的体现，本质上来说是经济发展和要素流动的结果。产业协同有效化解了要素流动的诸多限制，强化了区域对要素的吸引力，推动要素与产业环节深入融合，为区域产业发展创造了良好的条件。与产业协同发展有关的动力机制是指中国与东盟国家邮轮产业协同发展的动力、运行原理，以及维持和改善其运行的各种关联因素所构成的系统。动力机制包括外生机制和内生机制，外生机制为邮轮产业协同发展提供环境支持，内生机制是在外生机制的影响下，驱动产业协同发展的根本动力。根据协同学的观点，系统需要与外部环境进行物质、能量、信息交换，在内外参量的共同作用下，系统内产生随机的小涨落，而若干小涨落通过相关效应催化，不断积累、消化、增长和发展，形成巨涨落，使系统形成从无序到有序、从有序到新的有序的状态。

其次，产业协同机制能够自发调节产业链环上中下游各个利益相关者的行为。协同机制存在双向运作方式，它能够有效激励或者约束参与者的预期行为。中国与东盟国家邮轮产业协同发展的激励机制可分为两个方面：其一是效益机制，以邮轮产业协同的效益最大化为目标，促进合作区域间技术流、信息流、资金流的流动，驱动产业要素的最优配置，尽可能地把增量做多；其二是分配机制，按要素贡献度和稀缺度对既得利益进行合理分配，保证在共同利益增加的同时，各利益相关者的利益也得到了丰富和发展。邮轮产业协同发展的约束机制体现为三个方面：其一是外部环境的约束，主要是政治、经济、文化、法律、道德、市场等对产业协同造成的约束；其二是产业内部约束，即在追求利益最大化的目标下，产业系统中各要素为了适应外部环境的约束，在相互作用中不断调整进而形成有机整体，同时避免了各利益相关者因过于追求自身利益的最大化而过度干预市场，对竞争环境和合作环境造成负面影响；其三是制衡机制，约束中国与东盟国家各国邮轮产业参与主体的利益行为、界定主体的利益地位以及平衡主体之间的利益关系的各种机构、方法和手段及其关联形式构成的体系。中国与东盟国家邮轮产业利益分配过程中的信息公开和利益相关方参与均属于利益制衡机制。

最后，实现邮轮全产业链协同发展的关键在于机制设计。区域产业合作、跨国企业协作，涉及众多利益主体的关键是构建产业协同机制，该机制能够整合参与主体的合作目标，协调各个主体的决策和运营活动。

邮轮产业协同机制还包括耦合机制和自组织运行机制。耦合机制指的是系统内部各子系统相互作用、相互协调、相互促进的动态发展过程。中国与东盟国家邮轮产业的协同发展，既需要国家之间在政治、经济、文化、生态等方面的耦合，也需要各国做好自身在产业政策、基础设施建设等方面的配套工作。自组织运行机制是产业协同系统的基本运行机制，当邮轮产业协同系统的外部环境相互作用、相互演化到一定程度时，系统内各子系统自行组织形成更具竞争优势、更加有序均衡的结构，从而推动邮轮产业的协同发展。这种结构的产生和发展充分反映了结构本身所具备的自我推动、自我适应、自我调控的能力。

中国与东盟国家邮轮产业协同属于非平衡状态的开放系统，一方面，不仅受到政局动荡、经济波动、文化冲突等国际环境变化的冲击，也面临着邮轮港口基础设施建设不完善等问题。另一方面，中国与东盟国家邮轮产业之间的协同发展是"1+1>2""2+2>4"的非线性关系，这种关系是通过产业关联、资源整合、竞合共存、共建共享等复杂过程来联系和实现的。所以，这种非平衡状态的开放系统，在诸多利益相关者的作用下由小涨落变成巨涨落，而且随着中国与东盟国家邮轮产业的壮大，在产业合作和竞争的相互推动下，逐步发展成为稳定有序的协同发展新局面。

第二节　区域邮轮全产业链协同创新机制

一、协同创新网络的构成

由前述章节分析可知，邮轮产业链具有链网式分布特征，由此构建邮轮产业链协同创新网络。邮轮产业链网式分布所构成的协同创新系统主要包括链网外部主体协同、知识要素协同和链网内部主体协同。如图 19-1 所示，外部主体包括

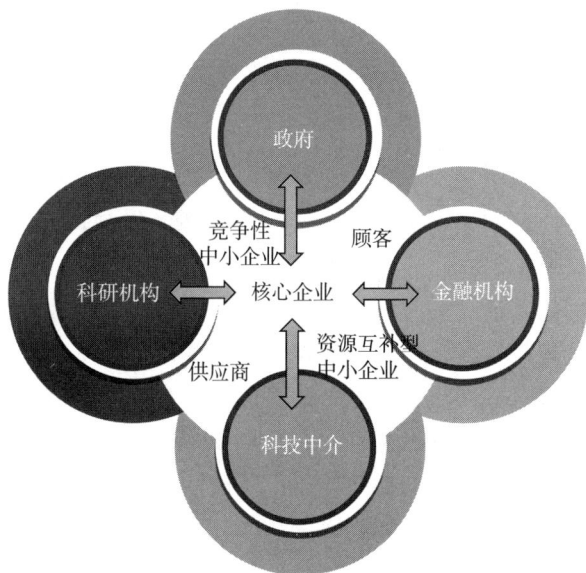

图 19-1　邮轮产业协同创新系统

政府、科研机构、金融机构、科技中介，为邮轮产业链环节主体协同创新提供资源要素。内部主体包括核心企业、供应商、竞争性中小企业、顾客和资源互补型中小企业，内部主体协同分为企业价值链协同和产业链协同两个层面，通过加强资源整合和与外部企业的竞争合作来促进内部主体创新能力的提升。竞争性中小企业和资源互补型中小企业协同创新系统之间存在信息要素协同层，该层面中的信息流和知识流在各外部主体和内部主体之间充分流动，内部主体和外部主体借助信息的流动与共享，最大限度地释放了创新要素，提升了创新要素的活力，促进了协同创新的全面开展。

二、协同创新网络运行的条件

（一）外部协同

构建邮轮产业外部协同机制的核心是实现产学研协同，牵涉的主体包括政府、科研机构、金融机构和科技中介机构。在多国邮轮产业合作的视角下，各国政府可以结合区域优势和产业分布特点制定邮轮产业发展的整体规划，并通过政策法规的协调驱动合作区域内相关企业开展协同创新活动。政府是企业协同创新的战略驱动要素；科研机构为企业提供技术、人才支撑，科技人才的创新和交流是协同创新的科技驱动要素；金融机构是企业协同创新的资本驱动要素；科技中介机构包括专业技术协会、生产力促进中心、科技企业孵化器、科技情报机构、科技咨询机构等，它们为企业提供信息咨询、技术交易、行业监管等服务，成为促进企业协同创新的服务要素。政府、科研机构、金融机构、科技中介通过政策、科技、资金以及服务要素的协同，驱动企业协同创新活动的开展，促进创新成果转化。

1. 各国邮轮产业政策的协调

在外部主体中，中国与东盟国家合作区域的各国政府是政策的制定者和执行者。首先，各国政府通过战略性产业规划，建立协同创新平台和社会化服务平台，建立健全邮轮上中下游企业协同发展的法律法规保障体系，提高协同创新主体的开放度，促进创新活动的充分开展，完善资金供给、税收、人才流动和平台建设方面的法律法规。其次，各国政府携手促进共性研发平台的建立，减少平台的重复建设和资源浪费，同时建立统一的多国邮轮企业协同创新信息平台；推动基础性研究与科技创新活动的开展。最后，各国政府协调制定和完善创新政策，为协同创新主体搭建平台，驱动产学研各主体协同创新的主观能动性，为邮轮全产业链的协同创新创造良好的环境和氛围。

2. 建立完善的邮轮金融支持体系

传统金融和新金融业态可以为邮轮企业提供多种融资渠道和金融服务，邮轮上游和中游产业，即邮轮制造和运营环节涉及的资金量巨大，良好的金融支持体系可以为邮轮全产业链的运转提供强大的支撑力。

在政策环境方面，可以通过建立健全邮轮金融相关法规，扩大邮轮金融支持体系服务的范围，加强邮轮港口基础设施建设，对金融机构采取税收优惠政策，引导其将资金投入邮轮产业。政府还可以发展离岸金融业务，降低准入门槛，吸引外资进入，为金融机构参与邮轮产业建设创造较为宽松的环境。

在金融创新方面，除了传统的融资租赁、循环贷款之外，邮轮金融还可以借鉴德国 KG 航运基金融资模式，引入第三方投入股本金，降低邮轮公司负债率，提高邮轮公司借贷能力。此外，邮轮融资还可以采用债券融资、股票上市、信托基金等融资模式。

3. 充分发挥科技中介的作用

科技中介提供的技术服务推动了邮轮产业链各环节的运转，促进了协同创新各个主体的相互了解、沟通与合作。邮轮产业联盟通过科技中介整合创新资源，使隐形技术知识变为显性，使创新理念实现实体化、产业化，将静态技术存量转变为动态技术流量，实现知识外溢效应。合作各国可以各类开发区、邮轮产业园为载体，积极搭建科技中介与企业、高校、科研院所之间的交流平台，加大对科技中介服务机构的扶持；科技中介为邮轮制造、运营环节的创新主体提供市场需求信息、创新需求信息，同时促进技术的推广和普及，从而创造出较高的效益。

（二）内部协同

产业联盟内部协同机制的构建包括两个层次：第一层次是基于企业内部价值链的协同创新；第二层次是基于产业链的协同创新。产业联盟内部协同机制由内而外，环环相扣，与联盟外部协同机制交互融合，形成复杂、多维度的企业协同创新网络。

邮轮产业联盟内的核心企业将主要精力集中在自身比较优势较大的业务上，将次要业务分包给外围企业，降低非核心业务造成的企业资源分散化的影响。为提高协同创新的效率，核心企业在协同创新过程中，关注供应链的协同创新，邮轮运营企业通过与顾客的接触，了解消费需求，进而达成创新战略，并将消费需求反馈给邮轮制造企业，邮轮制造与研发机构协作完成技术创新活动，为邮轮产品研发活动提供技术支持。供应链的前向延伸是邮轮制造商根据创新战略为邮轮运营商提供配套技术支持。在产业链的协同创新中，从邮轮制造商到终端消费者，始终伴随着知识、信息、资金和物流的协同。核心企业在协同创新的过程中，与邮轮产品供应商、制造商、零售商不断加强合作，通过前期介入的方式合作开发、携手创新，不断推动技术升级。

邮轮企业的价值增值活动可以分为基础性活动和支持性活动，在基础性活动中，投入性活动、生产性活动和产出性活动为邮轮上游产业链的创新活动提供生产协同，市场营销和服务活动为邮轮中下游产业链提供营销协同。支持性活动为全产业链各个环节的创新提供管理协同、理念协同、方法协同等；人力资源为邮轮全产业链协同创新提供人才协同，如人员的招聘、配置、培训和开发；技术研发活动所引发的技术创新是邮轮上游企业核心能力的体现。邮轮企业通过支持性活动和基础性活动实现利润，利润通过资金的形式反哺企业的价值增值活动，并为全产业链的协同创新提供源源不断的资金支持。

三、邮轮全产业链协同创新机制的构建

中国与东盟国家航区邮轮全产业链的协同创新离不开协调机制的支持，协调机制将对创新主体的行动进行协调和控制，推动多个创新主体实现有效联动和协同整合。协调机制可以从以下途径进行构建：

一是建立纵向贯通和横向联合的协调组织架构。中国与东盟国家航区可以建立纵横协调相结合的区域协调机制，在各个国家主管部门之上可以建立更高一级的联合规划委员会，统一协调邮轮全产业链的空间布局和发展规划，纵向上形成包含"中央—省—市—区"的多级协调体系，横向上各国地方政府可以建立跨区域的产业合作委员会以协调和处理区域产业链的规划和建设问题，同时建立跨系统的规划委员会综合处理产业合作中涉及的诸多问题，如邮轮全产业链构建过程中牵涉航运、交通、物流、工业、旅游等多个部门，多个部门的协同运转离不开规划委员会的综合协调。

二是建立创新资源协同的共享机制。创新主体本身存在异质性，需要建立能够有效整合地区创新资源的支撑机制，具体可以通过完善创新资源共享的利益分配机制，建立创新资源共享的制度保障机制和搭建创新资源共享的平台服务机制来实现。在利益分配机制方面，应健全法律法规、加强规则对接，以约束区域邮轮产业协同创新发展过程中各创新主体的行为，进而保障各创新主体的利益诉求、合法权益和利益分配的相对公平。在建立制度保障机制方面：首先，可以建立激励制度，该制度将在税收政策、补偿政策等方面对产业相关企业进行激励；其次，考虑建立区域协同创新专项基金，专门对邮轮产业协同创新的重大项目予以支持，有效激发科研机构、高校和企业的创新积极性；最后，建立多国邮轮相关企业科技成果等领域的互认制度，同时运用知识产权等方面的相关政策，推动合作区域内创新主体间创新资源的流动和共享。

第三节　区域邮轮全产业链共链协同机制

本节所界定的邮轮全产业链的共链协同机制包括耦合机制和供应链协同管理机制。耦合机制指的是中国与东盟国家各国合作促进全产业链协同发展时，合作系统不仅需要在政治、经济、文化及生态方面实现耦合，还需要在生产性服务业和关联产业等方面实现协调发展。供应链协同管理机制指的是邮轮全产业链系统从战略协同、策略协同和技术协同的层面，建立以协同管理为前提、以协同技术为支撑、以信息共享为基础，能够促进全产业链各个节点企业内部和外部协调发展的机制。

一、共链协同下的耦合机制

邮轮全产业链共链协同下的耦合是指邮轮产业链上游设计制造环节、中游邮轮运营环节和下游邮轮服务产品销售环节的整体耦合机制，邮轮产业的耦合机制涵盖了生产性服务业与制造业的协同耦合。邮轮全产业链系统中各个链环节点通过大量的物质、能量和信息的互流彼此关联、相互作用，并在作用的过程中实现价值增值，耦合是产业关联状态的一种表现形式。

中国与东盟国家各国利用互动合作平台，通过协同规划，选择先进制造业相对发达的国家，在不断提升生产性服务业服务邮轮制造业、运营业、销售终端的服务能力和服务水平的同时，可以利用已有的多边合作协议和产业合作组织，在地理空间和网络空间上实现生产性服务业的集聚，从而通过规模经济和范围经济实现生产性服务业与其关联产业的耦合发展。各国合力打造高端生产性服务业合作示范区，围绕中国与东盟国家航区邮轮产业区建设、邮轮港口城市旅游开发、邮轮基础设施配套建设，进一步提升邮轮产业生产性服务业的水平，通过集聚效应在中国与东盟国家邮轮产业合作区域内形成有影响力的生产性服务业集群，推动生产性服务业向规模化、高端化、专业化和数字化方向发展。

多国政府协商制定生产性服务业集聚区的产业发展规划，通过对集聚区产业的总体规模测算、产业发展前景预判、经济效益的统计分析，实时掌握生产性服务业的发展态势，通过税收优惠、政府补贴、创新奖励等政策，推动生产性服务业发展。同时，生产性服务业的集聚发展离不开集聚区提供的配套服务，多国政府主导规划的集聚区域内应建立完善的信息基础设施，高效的信息互通平台，功能完备的公共服务平台，服务平台能够为关联企业提供投资咨询、人才培训、国际交流等服务。

二、供应链协同管理机制

供应链协同管理是以网络技术为依托，以动态联盟的重构为关注点，各个节点企业在信息共享的基础上发挥自身优势，实现企业之间的合作，优势互补。邮轮供应链的协同体现为各节点企业的密切配合，各个程序的无缝对接。

供应链协同管理的主要内容体现在战略协同、策略协同和技术协同三个层面。其中，战略协同层面涵盖投资规划、经营风险、收益分配、信息协同和制定供应链运作的最优方案等；策略协同体现在需求、生产、采购、物流和库存的协同；技术协同涵盖信息传输、平台建设、网络技术、数据转换和智能处理等。可以通过以下途径建立邮轮供应链协同管理机制：

（一）供应链协同联盟的建立

中国与东盟国家多国政府可以主导建立邮轮产业供应链联盟，营造有利的发展环境，并给予邮轮相关企业相应的政策支持。邮轮供应链联盟涉及的范围广、管理的层级多，需要一个联盟主导者起到管理和协调作用，因目前中国拥有较完整的邮轮产业链，可以考虑由中国主导建立邮轮供应链协同联盟。联盟主导者对内可以整合多方资源，协调成员的利益分配，设计最优供应链协同管理方案并组织实施，同时作为联盟各方的统一联系人，为各方信息沟通及统一对外行动。联盟中的核心企业针对市场的快速变化，通过调用、整合供应链上的优势资源以快速回应市场，产业链上的节点企业均为合作伙伴，企业之间的关系是竞争与合作并存的共赢关系。协同联盟的建立还需要组建高素质、高水平的专家咨询团队，团队成员可由供应链咨询公司专家、龙头企业高管等具有丰富供应链运作经验的专家组成，咨询团队可以帮助联盟成员制定战略规划、提出解决方案。

（二）协同机制的建立

1. 战略层面的协同机制

中国与东盟国家多国政府在主导建立邮轮产业供应链联盟之后，基于战略层面可以建立协同机制，可在资源集成、投资规划、制定供应链运作的最优方案以及知识共享方面提供相应的扶持，以促进供应链的战略协同。供应链战略协同分为横向协同和纵向协同，在横向协同层面，各国政府可以进行合作，从政策制定和战略规划的角度，帮助跨国公司识别对价值链构建有利的资源，帮助邮轮供应链相关企业从整体上进行市场运作，构建供应链资源交易网络体系。在投资规划协同方面，各参与国家利用互联网、物联网建立统一监管系统，运用大数据、人工智能和云计算等技术调取、查询和挖掘各节点企业的相关数据，使供应链的各个环节和外部相关部门利用这些数据可以精准评估供应链投融资风险，降低融资成本。

2. 策略层面的协同机制

中国与东盟国家邮轮产业合作区建立之后，合作各方在策略层面协同机制的设计应着眼于供应链上下游企业之间的需求协同、采购协同、设计制造协同、分销协同和物流协同等方面。供应链的需求协同、采购协同和分销协同均离不开市场协同。市场协同的核心是让市场发挥资源配置的决定性作用，各国应建立完善、统一、开放的邮轮市场体系，充分发挥市场机制的功能，满足邮轮旅游庞大的市场需求，达到资源最优配置的目的。中国与东盟国家邮轮供应链市场的协同可以增进各国的互信、经济合作、文化交流与文明互鉴，深化《区域全面经济伙伴关系协定》和中国—东盟自由贸易区的加成效应。中国与东盟国家邮轮供应链市场资源共享需要建立以共同旅游市场为平台，以区域旅游自贸区建设为契机，建立多国共生共赢的旅游生态关系。《区域全面经济伙伴关系协定》的生效和中国—东盟自由贸易区的建立和升级，有利于降低旅游的隐性跨境成本，显著提高旅游服务贸易的效率，也有利于营造要素自由流动的环境，凸显富矿效应。中国与东盟国家邮轮产业链市场的协同发展促进了要素的流动，要素流动表现为生产要素在地域空间上的位移。一方面，各类生产要素的优化配置可以促进邮轮产业的发展；另一方面，具有竞争优势的邮轮产品逐步打破本地要素市场的约束，继续开拓新的市场。

在推动《区域全面经济伙伴关系协定》落实时，可以考虑对邮轮旅游市场发展有所侧重，扩大免税商品范围，消除所有的非贸易壁垒，有效推动邮轮相关服务贸易自由化，进一步吸引邮轮到港停靠，刺激旅游消费，增加邮轮旅游收入。另外还要加强市场监督管理，一方面，要建立市场协调机制，利用法律避免行政手段过度干预市场，确保市场能够良性运转；另一方面，可以考虑建立一个合理的邮轮旅游市场行政监管模式，比如成立中国与东盟国家邮轮旅游委员会，对各国邮轮旅游市场进行多方协同监管，并充分发挥行业协会的作用，协调配合中国与东盟国家邮轮旅游委员会的职能工作，确保市场秩序平稳运行。

第四节　区域邮轮全产业链环保协同机制

自然环境为产业的发展提供了广阔的空间、丰富的资源，是发展经济、发展产业的基础，任何人类活动都不能以牺牲自然环境为代价。中国与东盟国家邮轮产业的协同发展必须要将促进邮轮产业发展和环境的和谐共生作为重要内容，尽可能减少邮轮产业发展对环境造成的负面影响，确保邮轮产业持续健康发展。邮轮产业对环境的影响，从产业链角度可以分解为：上游邮轮建造的环保成本、邮轮动力系统的选择对环境的影响；中游邮轮航线的规划、邮轮燃料的选择及可排放废弃物的处理对环境的影响；下游邮轮靠港的能源供给、港口修建的环境成本以及航行中产生的禁止排放类废弃物等对环境的影响。邮轮产业主要涉及邮轮服务业，邮轮服务业在价值增值的过程中，将会利用到邮轮港口、邮轮服务人员等生产要素，下游产业在生产运作的过程中，可能会对海洋环境产生影响，为此，各国应该构建相应的区域合作机制，共同推动绿色邮轮港口发展。为减免港口大气污染，促进邮轮产业和环境的和谐共生，可以采取以下措施：

一、建立海上环保协调机制

从邮轮航线设计的角度分析，邮轮航线将中国与东盟国家区域的各个港口串联起来，在航行中所产生的噪声、废气、废水、废弃物在大气环流、海洋生态系统的作用下，对环境的影响将是区域性和全球性的。

因此，在区域合作方面，中国与东盟国家邮轮产业利益相关主体应建立海上环保多边协调机制，共商协作方案，通过构建国际监管合作机制，整合区域海洋污染联合防治应急资源，合作建立海洋资源环境承载能力预警体系。在国际组织合作模式方面，各国可以充分利用国际组织与本国海洋主管部门在解决海洋事务方面的不同优势，实现国际组织在中观层面的监督职能和本国海洋主管机构在微观层面的惩戒职能。如借鉴欧洲地区已有的实践经验，适时倡议签署"中国与东盟国家邮轮航行环保公约"。欧洲国家从20世纪70年代秉持"主张最小化、合作最大化"的合作思路，陆续签署了《保护地中海免受污染公约》《合作处理北海油污协定》《波罗的海区域海洋环境保护公约》等区域多边合作协定，并建立了相应的协调机制。中国与东盟国家航区国家可就海域的环境治理问题形成相对完善的区域合作制度，参照国际实践经验，结合本地区的实际需要，在多方互信的前提下，以签署"公约"或"协定"的方式，建立海域环保多边协调机制、设立海洋资源联合调查项目、建立海洋信息资源共享数据库，对海洋环境的有效治理做出制度性安排。其中，在环保信息共享及监管方面，各国可以依托云计算、大数据和人工智能领域的先进技术，构建环保信息共享及监管平台，平台除了记录运营航线上的各个邮轮的防污染设备情况、废弃物处理信息及检查历史等以外，还可利用海空立体监管技术监测邮轮航行中出现的空气及海洋污染情况。此外，在进行港口基础设施建设时，要遵循可持续发展原则，禁止在邮轮港口区域建设破坏生态环境的项目，并对相关项目进行环境影响评价和旅游容量分析，在突出当地特色的情况下，着重改善港口区域及周边的生态环境，确保邮轮产业和环境共生发展。

从邮轮航线设计的角度分析，邮轮航线将中国与东盟国家区域的各个港口串联起来，在航行中所产生的噪声、废气、废水、废弃物在大气环流、海洋生态系统的作用下，对环境的影响将是区域性和全球性的。

二、协同建设绿色邮轮港口

下游的邮轮港口所产生的环境污染最为严重，为减免港口大气污染，促进邮轮产业和环境的和谐共生，各国应共同推动绿色邮轮港口发展，具体可以采取以下措施：

（一）规范航区靠港船舶排放标准

中国与东盟国家航区可以携手制定邮轮靠港硫氧化物排放标准，制定标准时可参照中国长三角地区实施的船舶污染排放控制标准，即邮轮靠港需使用含硫量低于 0.5%m/m 的重油。参考欧盟颁布的低硫法令，中国与东盟国家航区可以考虑制定相关标准，即在航区各个邮轮港口停泊超过 2 小时的邮轮不能使用超过含硫量超过 0.1%m/m 的燃油。

（二）建设岸电基础设施

因为邮轮运营方常使用相对便宜的船舶重油作为邮轮的动力燃料，重油的含硫量高，燃烧后不仅会排放大量的 CO_2，还会排放大量的硫氧化物、氮氧化物和颗粒物，一艘邮轮每天排放的废气量相当于 100 万辆汽车的排气量，这将会造成港口周边区域大气污染。如果邮轮靠港使用岸电，那么港口大气污染就可以得到有效缓解，因此绿色港口建设能够有效推动港口生态环境保护。中国正在积极推动绿色港口规划，加快邮轮港口岸电相关设施建设，2016 年 7 月，中国与东盟国家首套邮轮岸电系统——中国上海吴淞国际邮轮港岸基供电项目一期投入运营。借助"一带一路"基础设施项目建设和亚投行投资，中国可以协助邮轮基础设施较差的国家，如越南、柬埔寨、印度尼西亚、文莱等国，适时升级邮轮岸电相关设施，为邮轮运营节能减排，减少环境污染。建设完善邮轮岸电使用收费设备，在中国与东盟国家航区推行船舶靠港岸电刷卡用电一卡通。

（三）规范岸电的使用

为推广岸电的使用，中国可以主导中国与东盟国家航区制定岸电技术标准，为航区邮轮港口岸电项目的建设提供机制保障。此外，各国政府还应对靠港邮轮使用岸电进行规范，如建立岸电使用监督检查制度，明确岸电使用主体的责任和监管方式；利用先进的设施设备和监控手段，定期对靠港邮轮的岸电使用情况进行抽检，督促岸电的使用。

第七编　中国与东盟国家邮轮产业协同发展的实现路径研究

以上章节分别从邮轮产业发展及合作的现状、邮轮产业协同发展的创新理论、邮轮产业协同发展的资源整合机制、互信机制、全产业链构建机制等角度对中国与东盟国家邮轮产业协同发展的合作机制进行了探讨。本部分将着力探讨邮轮产业协同发展的实现路径，首先分析了中国与东盟国家邮轮产业协同发展的总体思路与目标；其次分析了中国与东盟国家邮轮产业协同发展的实现路径，提出加强互信、构建政府主导的合作机制，构建区域邮轮价值链、促进邮轮产业资源的共享和实现利益相关者均衡等建议。

第二十章　中国与东盟国家邮轮产业协同发展的总体思路及目标

第一节　中国与东盟国家邮轮产业协同发展的总体思路

一、坚持"互信"发展思路

互信就是国际关系行为体之间达成的"政治认同"，国与国之间形成的相互信任是国际机制建立及正常运转的重要保障。互信的前提是各国能够确定自己在国际社会中的资格和地位，即身份认同，身份认同是国家判断自身的利益并进行外交活动的基础。建立互信，需要通过相互沟通和低敏感合作打消双方疑虑，提高彼此信任度，在增信释疑中共谋发展，最终构建睦邻友好的国际关系。

国家具备人的社会属性，需要通过履行诺言来获得国际社会的信任和认可。国际关系行为体之间的对话和合作都是建立在互谅互信的基础上的，在21世纪初，中国确定了"互信、互利、平等、协作"的新安全观，并在此基础上努力同东盟国家发展相互理解与信任的关系。根据信任传播的原理，信任一般是从近邻的国家向国际社会辐射扩散，中国与东盟国家之间建立互信有利于推动区域经济发展和实现地区繁荣稳定，深化互信是实现中国与东盟国家邮轮产业协同发展的必由之路。

近年来，"一带一路"倡议的提出促使中国与东盟之间在各个领域的交流和合作愈加密切和频繁，促成各国成为好邻居、好伙伴的原因之一就是互信的不断加深。中国与东盟国家间应以"相信对方不是威胁"为核心，互不猜疑、互不敌视，通过对话协商解决分歧争端来增进了解和信任，自愿结成相互信任的合作关系。

二、坚持"互利共赢"发展思路

"互利共赢"的发展思路主要指的是各国优势互补,加强合作与竞争,实现共同利益最大化。当前经济全球化趋势愈演愈烈,国家之间贸易往来频繁,为实现利益的最大化,推动中国与东盟国家邮轮产业协同发展,坚持"互利共赢"的发展思路,构建"互利共赢"的良好关系,不仅有助于区域内资源要素的快速流动和合理配置,实现区域旅游经济利益共赢,而且还可以充分发挥"1+1>2"的协同效应,促进中国与东盟国家邮轮产业整体利益的最大化,共享协同红利。中国与东盟国家邮轮产业协同发展的动因之一就是获取利益最大化,换言之,互利共赢既是调动利益相关者推动产业协同发展的重要驱动力,更是协同发展的目标。在任何合作中,利益分配不合理都是发生矛盾和冲突的根本原因之一,而建立各方认同的利益均衡机制平衡各利益主体,将是邮轮产业协同发展的重点。

三、坚持"因地制宜"发展思路

中国与东盟国家的旅游资源禀赋千差万别。中国与东盟国家因地理位置、经济社会发展情况、自然资源、人文环境等方面存在差异,造成各国的核心旅游吸引力各不相同,比如马来西亚的主要旅游吸引力源于独特的多元文化、热带海岛风光、马来西亚美食等;泰国的主要旅游吸引力源于佛教文化和海岸风光旅游。因此,在推动中国与东盟国家邮轮产业协同发展的过程中,既要充分尊重自然环境,结合实际和发展规律,又要因地制宜,结合各国邮轮产业发展的实际情况,深度挖掘当地特色的旅游资源,培育最具吸引力、最有影响力的旅游精品集聚区,打造区域旅游品牌,充分发挥不同地区的独特优势,走差异化路线,增加旅游产品附加值,才能为中国与东盟国家邮轮产业的发展注入延绵不绝的动力。

四、坚持"高效整合"发展思路

邮轮产业的快速发展促使全球邮轮旅游市场的竞争日趋激烈,为确保中国与东盟国家航区在世界邮轮旅游市场中处于优势地位,高效整合全域旅游资源成为关键。中国与东盟国家在挖掘邮轮旅游潜力的过程中,需要重视旅游资源的整合,通过联合开发独具特色的邮轮旅游产品,充分发挥中国与东盟国家区域邮轮旅游的优势,形成更强的竞争合力,从而提高中国与东盟国家邮轮旅游的综合竞争力,同时这也有助于生态环境的可持续发展,是实现邮轮旅游可持续发展的重要一步。

第二节　中国与东盟国家邮轮产业协同发展的目标

一、区域均衡发展

产业协同发展的最终目标是合作共赢，区域均衡发展既不是各区域平均发展，也不是用一地区的优势产业弥补另一地区的劣势产业，而是通过一系列措施促进不同地区的产业在质量、规模、结构和效益等方面实现均衡，推动要素合理配置，均衡发展关注的是有效突出各区域间产业特色，追求的是产业全面、协调、可持续的发展。实现产业协同发展的前提之一就是地区发展差距保持在合理的区间内，实现区域的均衡性发展。

二、区域经济增长

区域经济持续、稳定的增长，既是产业协同发展所展现的成果，也是各利益主体进行产业协同合作的动力之一。一方面，中国与东盟国家各国通过探索产业协同发展的有效路径，积极打造优质产业集群，充分发挥溢出效应、规模效应、竞争效应，进而辐射带动周边地区的经济发展，激发区域经济发展的活力，推动区域经济增长。另一方面，区域经济增长将有效促进要素的流动、产业结构的优化，推动利益主体更加积极地进行产业协同合作。区域经济增长是一个动态变化的过程，所有系统的演变都遵循从无序到有序、从初级简单有序到高级复杂有序的过程，在协同发展的过程中可能会出现区域经济负增长的情况，所以高质量、可持续的区域经济增长才能成为评价产业协同的重要尺度。

三、相对利益最大化

在中国与东盟国家邮轮产业协同发展的系统中，邮轮公司、政府部门、游客、员工等利益相关者，都以实现自身利益最大化为目标。这些利益主体对利益的追求既有同一性又有差异性，同一性体现在利益主体的目标是一致的，即追求自身利益最大化。差异性体现在为追求利益最大化，利益主体在制定目标时主要考虑的是自身发展的实际情况，无法兼顾到其他利益主体。协同发展目标一致要求产业协同系统内各利益相关者为达成共同目标而进行相互磋商、相互协调，进而实现整体利益最大化。

四、要素资源流动共享

中国与东盟国家邮轮产业在协同发展的过程中，需要资本、劳动力、信息、技术等要素作为支撑，这些要素相互制约、相互联系。在没有其他要素相互配合的情况下，增加单一生产要素的投入，对经济发展、产业协同很难起到应有的作用，只有若干生产要素有机结合、相互合作才能形成生产力，促进经济发展。受地理位置、经济发展水平等因素的制约，区域的生产可能会出现缺少一种甚至多种生产要素导致地区生产滞后的现象。

根据理性经济人趋利假说的观点，要素所有人受到利益驱使，使生产要素从价格相对较低的地方流动到价格相对较高的地方，要素的流动可以有效改善区域本身的要素禀赋状况，实现优势互补，助推区域产业协同发展。在中国与东盟国家邮轮产业协同发展的复杂系统中，各子系统之间存在动态变化的协同作用，要素的流通和配置作为区域产业互动的直观表现，在一定程度上可以反映产业协同的发展状况。

第二十一章　中国与东盟国家邮轮产业协同发展的实现路径

第一节　加强互信，构建政府主导的合作机制

中国与东盟国家邮轮产业合作涉及各国各级政府，就多国而言，政府主导意味着政府在邮轮产业合作中起着协调性的主导作用，多国之间的协调是以互信为前提的，政府主导模式指明了产业合作的进程与方向。政府主导的合作机制可以"求同存异"为主旨，互利共赢为目标，双边及多边合作为切入点，加强政府间的对话，厘清主要矛盾，加强互信，逐步建立和完善国家间邮轮产业合作的相关法规。在多国政府的协调下，应尽快在法规、机制、政策等方面达成共识，这将对区域邮轮产业合作起到极大的推动作用。构建政府主导的产业合作机制，是由邮轮产业的显著特点决定的。第一，因邮轮旅游目的地、邮轮航线具有不可移动性、依托性的特点，要满足邮轮消费者的需求，需要相关产业和部门密切配合、协调发展；第二，邮轮相关产品具有跨地域的公共产品属性，客观上要求各国政府积极协调，开发邮轮旅游市场，构筑一个利益共享、风险共担的旅游合作区；第三，邮轮产业是一个包含面广、关联度高、综合性强的产业，需要各国政府协同合作以促进产业的快速发展。

在多边合作框架下，构建政府主导的合作机制可以从以下几个方面展开，具体建议如下：

一、政府主导协调产业政策

中国与东盟国家邮轮产业合作区的建设离不开各国政府主导的统一协调、高效运转的工作协调机制，各国在协作成立邮轮产业合作开发机构的过程中，政府

可在其中起到积极的主导作用，协调产业政策。产业政策是中国与东盟国家各国政府根据产业经济发展的内在要求，制定的各种干预政策的总和，包括产业结构政策、税收优惠政策、产业布局政策等，统筹协调的产业政策能够调整产业组织与产业结构，实现总供给和总需求的平衡。构建政府主导的产业合作模式，在合作区域内力求产业政策相对协调，产业合理分工。多国邮轮产业合作涉及不同的行政区域、不同的利益相关者，若要使产业发展在符合本区域经济发展客观规律的同时，还能够调节各利益主体关系，这就要求产业政策在制定和实施的过程中具有很强的统筹性和执行力。中国与东盟国家邮轮产业的协同发展涉及多个国家、多个利益主体，且各个国家关于旅游产业、邮轮产业方面的政策存在差异，产业政策的相对统筹协调有利于各项政策措施之间的契合，应尽可能规避在协同进程中产生的矛盾冲突，促进产业结构的调整优化，实现政策预期效益的最大化。建议在合作国家层面建立推进机制，加强政府间协调，协商交通航运、船舶修造、滨海旅游、海洋生态等重大问题；定期研究合作区域内联合协作的产业政策和重大项目，以及区域经济发展趋势和宏观战略问题；加强针对各国邮轮产业发展的规划指导，制定具体的实施方案，加强监督检查，跟踪分析各国邮轮产业发展情况，适时提出指导意见。

中国与东盟国家在遵循市场规律的情况下，强化顶层设计，推动政策链的深度融合，加强互信、确保政策的连续性，通过政策落实优化经济环境，助力邮轮产业协同发展的实现。在邮轮产业协同发展的政策环境方面，由于邮轮产业具有高度复合性和全球化的特点，需要多国合力协调产业发展政策，考虑到多国产业政策制定的难度和复杂性，政策的协同可以集中在以下几个领域，如融资政策、人力资源政策、宣传及奖励政策等。

（一）融资政策

在融资政策方面，为减轻财政负担，政府可以考虑以优惠政策鼓励民间资本和社会资本参与邮轮产业发展，邮轮产业主体通过采取以信用担保或者特许经营、PPP 等模式获得融资，实现旅游投资主体的多元化。政府主导制定相关政策支持金融资源和社会资金等要素向中国与东盟国家地区的流动，扶持符合条件的企业发行企业债券、短期融资债券等债务融资工具，大力开展保险业务，推动针对邮轮产业的保险产品创新，充分发挥亚洲基础设施投资银行、丝路基金、中国—东盟海上合作基金在开发性金融方面的作用，助力中国与东盟国家邮轮产业协同发展。加强中国与东盟国家金融合作，推动中国与东盟国家的银行之间加快签订互开账户、双边结算和人民币现钞调运协议，提高与周边国家货币互换协议的额度，减少交易成本和汇率波动对国际收支的影响。考虑协商制定区域通用的跨境融资及招商引资体制机制，鼓励金融机构跨境合作，完善跨境金融机构在外币结算、跨境存贷款、利息结算等方面的业务，扫清融资及招商引资在资金流动上的障碍。

（二）人力资源政策

在人力资源政策方面，人才是推动邮轮产业发展的首要资源，各国应注重邮轮人才的培养和交流。多国应联合制定人力资源开发和培训制度，出台相关支持政策，支持相关院校开设邮轮旅游相关专业，实施多校联合培养计划，并加强与国际组织、国际邮轮公司的合作，借鉴和学习先进的培训方法和内容，同时也为学员提供实习和就业的机会，提高学员的实践能力。在人才培养和交流方面，各国鼓励引进高级管理人员，制定相应的人才奖励政策；举办邮轮产业从业人员技能竞赛等活动，促进人才快速成长。合作国家通过不定期开展各类研讨会议，邀请专家学者围绕中国与东盟国家地区的邮轮产业合作问题进行研究分析，并对高级别的管理人员进行适应性培训，拓宽工作思路。依托行业协会，尽快实行邮轮旅游人才资格认证，为邮轮旅游人才的柔性流动奠定基础。

（三）宣传及奖励政策

在宣传及奖励政策方面，中国与东盟国家各国可以合作制定宣传方案，联合搭建宣传及推广平台，通过大量的线上及线下宣传活动加深中国与东盟国家区域居民对邮轮旅游的认识，线上推广或线下发行和中国与东盟国家邮轮港口及旅游资源相关的宣传资料，在国际邮轮会议或其他相关活动中积极推介各国知名邮轮港口和旅游胜地，利用各级政府和民间团体广泛宣传邮轮旅游活动。在加强旅游宣传的同时，各国协商并联合制定一系列以税费减免（包括减免入港费、码头使用费及登陆许可费等）为主要形式的奖励政策（李小年、吴咏蓓，2020），利用这些政策更好地培育区域邮轮旅游市场、吸引更多的域外邮轮到访。

二、政府主导建立管理机构

中国与东盟国家区域的邮轮产业合作是多主体的跨国产业合作，因航区归属多国管辖，缺乏产业发展的整体规划，部分航区存在港口重复建设、无序竞争等现象，需要各国政府牵头，统一规划、协调一致。在管理机构建设方面，根据中国与东盟国家邮轮旅游资源和旅游产业发展的特点，设立统一的职能部门，在产业合作中借助这些部门加强对旅游资源和生态环境的保护，保障中国与东盟国家地区邮轮产业合作有条不紊地推进。中国政府可以主导建立中国与东盟国家邮轮产业合作开发委员会、中国与东盟国家区域协调委员会等。作为中国与东盟国家邮轮航区建设的主体和最大的受益者，中国所倡导的"21世纪海上丝绸之路"是以中国政府为主导的合作治理机制，也是协商共赢的机制。中国政府可以中国与东盟国家区域合作为契机，积极主导邮轮产业区域合作，充分调动各国和各地区的各类组织共同参与。在邮轮产业合作开发的过程中，中国要基于自身经验寻找突破口，合作初期可以成立政府参股或控股的经济组织，把企业引入相关开发机制，调动邮轮企业的积极性；同时在政府的积极倡导下可以成立民间组织协会等，通过非官方平台推动中国与东盟国家地区邮轮产业合作；中国可以倡议中国与东盟国家航区邮轮产业合作的参与方，联合成立中国与东盟国家区域世界遗产联合申报委员会，整合中国与东盟国家相似的旅游资源共同申报世界遗产等。

三、政府主导区域公共产品供给

中国与东盟国家邮轮产业相关的航运基础设施、航线规划和邮轮产品供给涉及政治、经济、生态、文化和海上安全等多个领域的协同，具有典型的区域公共产品特征。在中国与东盟国家邮轮产业区建设的过程中，应由政府主导区域公共产品供给，促进邮轮产业基础设施建设、航线开拓和产品供给，实现互联互通，推进合作共赢。中国作为中国与东盟国家航区邮轮产业链较完备、基础设施建设能力较强的国家，应成为产业合作中区域公共产品提供的推动者。中国通过主导中国与东盟国家区域公共产品的供给，可以推动中国与东盟周边国家建立互信，推动中国与域内国家海洋经济发展战略的对接，形成一个以中国为核心的区域合作网络。

邮轮产业的繁荣和发展与完善的邮轮交通基础设施配套体系建设息息相关，如航道建设、邮轮港口基础设施、海陆集疏运体系等。邮轮港口建设离不开港口海岸工程建设，项目资本投入量大，投资回收期长。基于此，为实现中国与东盟国家各国各类港航交通基础设施建设的互联互通，中国政府可以凭借基础建设能力的绝对优势，充分利用现有的投资机制和平台，与周边国家进行互惠合作，瞄准合适的建设领域，加快邮轮港口基础设施建设、航道海岸工程建设，加快形成陆海相连的国际邮轮航运大通道。在互联互通的公共产品提供方面，可由域内经济较发达、基础设施建设能力较强的国家，如中国、新加坡与欠发达地区签订互助协定的形式，为其他成员国提供技术和基础设施建设援助，改善区域交通航运条件，缩短区域交通时空距离，构建一个完善的航空、陆运和水运网络，能够拓展邮轮市场运营空间，促进旅游资源要素的高效交流。

实现中国与东盟国家航区沿线国家的建设投资合作，需要提出契合沿线国家的发展规划，合理设计合作方案，深化投资合作，鼓励国内龙头企业对接科技实力较强的地区设立研发中心，充分利用所在国家的科技优势和科研人才，搭建港口基建合作平台，由基建投资方向所在国提供高新技术，指导建设。同时，充分利用基础设施所在国家的政府扶持基金、当地企业投资及金融机构的贷款融资或国家基建专项资金等多种融资方式，为项目建设提供资金支持。另外，还可以采取多国共同组建项目合作中心的形式，共同为合作项目融资，携手建设邮轮港口基础设施及周边配套设施。例如，2013 年，马来西亚关丹和广西钦州合作共建"两国双园"开启经贸合作新模式，双边共建的举措全面推动了双方产业、港口建设和航运等领域的合作。广西北部湾成为关丹的合作伙伴后，关丹港得到了广西北部湾的投资，进一步加快了扩建工作。2015 年 5 月，厦门港与马来西亚巴生港签署"友好意向书"，双方在福建自由贸易试验区和厦门邮轮母港建设领域展开合作。近年来，部分中国与东盟沿线国家通过共同投资合作的形式完成了包括港口建设、邮轮产业园区、航道建设等多项建设项目，通过实践证明了"共建项目合作中心"建设模式的有效性。除了建立国家间直接投资的合作机制以外，还可以充分利用现有投资机制和融资平台进行资金融通，如已有的亚洲基础设施投资银行、中国—东盟银联体、中国—东盟海上基金、丝路基金等。

四、政府主导合作发展的观念建构

政府层面的区域邮轮产业合作态度影响了合作区域内各国民众的合作观念，产业合作观念是民众对产业合作所需的集体协作、协同发展所持的态度，具有融合性、层次性和可控性的特点，为产业合作提供了意识形态基础。政府主导产业合作发展观念的建构可以从各国民意塑造、产业交流和政府对话角度入手。

中国与东盟国家各国政府可通过政府对话的引导和协作，从管理层面建构邮轮产业合作发展的国家观念，并通过传统媒体、新媒体、自媒体等多种渠道引导民众接受合作发展的观念，将合作发展的观念逐步植入各国民众的民意观念之中，借助宣传渠道塑造民众合作共赢的合作意识，推动邮轮产业合作政策的推行实施，引导民众主动参与邮轮产业合作建设工程。政府主导产业交流可以从产业资源优势互补、品牌共享、信息共享等层面展开，产业交流对优化邮轮企业的合作模式、经营机制及未来的合作方向都会产生深远的影响。政府主导的对话模式中，中国与东盟国家建立了如"东盟旅游论坛""东盟旅游部长会议"等专项论坛，各国政府应建立多渠道、多层次的政府对话和推介模式。多国政府可以通过政府对话平台引导建构邮轮产业合作的国家观念，在中国与东盟国家邮轮产业合作发展体系建构中，民意观念是基础，产业观念是重点，国家观念是核心。

第二节　高质量构建区域邮轮价值链

随着经济增长、科技进步、生产要素跨国流动的日益频繁（金晟，2018），产业分工也在不断细化、深化。根据"迂回生产理论"可以得出，在邮轮产业链条中，先由邮轮生产企业设计制造邮轮（生产生产资料），再通过邮轮提供邮轮服务（生产消费商品），上一阶段的产品成为构成最终产品的中间产品，邮轮产业链条越长，涉及的中间品越多，分工越细化。中国与东盟国家邮轮产业分工是产业协同发展的核心和关键，产业分工越专业合理越有助于发挥产业优势。中国与东盟国家之间应形成专业、有序的产业分工与协作，优化邮轮产业布局，形成产业集群，提高整体产业效率，邮轮产业分工的深化和细化将延长整个产业链条，增加产品附加值，减少区域产业同质化竞争，促使各国产业协同发展的目标和方向达成一致，从而形成区域邮轮产业分工明确、结构合理、竞合发展的局面。

随着"一带一路"倡议的落地实施，亚洲区域一体化进程不断加快，据亚洲开发银行的统计数字显示，2006~2019 年，亚太区域合作与一体化指数增长了7%；2020 年，亚洲经济体吸引外国资产投资增幅达 18.4%，同比增长 4%（毛艳华等，2023）。其中，互联互通的基础设施建设和区域产业合作是推动区域经济一体化的重要推手。RCEP 的签订为中国与东盟国家深度介入亚太地区生产网络，推动区域价值链的融合与发展提供了良好的外部环境。全球价值链的区域化发展为中国与东盟国家优化邮轮全产业链布局提供了重要机遇。本章将通过实证分析得出相应结论，并提出高质量构建中国与东盟国家区域邮轮价值链的相关建议。

一、测算方法与资料来源

（一）测算方法

以下借鉴 Koopman 等（2010）构建的衡量一国特定部门在全球价值链上的地位以及该国参与全球价值链程度的指标体系及测度方法，测度中国与东盟国家各国参与区域邮轮产业链分工的程度。

指标的选取与构建如下：

$$RVC\text{-Degree of division} = \frac{PV_{dgc}}{E_{dg}} + \frac{KV_{dgc}}{E_{dg}} \qquad \text{式}(21-1)$$

其中，d 代表部门，g 代表本国，c 代表中国与东盟国家。PV_{dgc} 代表本国 d 部门的中间品出口到中国与东盟国家地区其他国家所产生的间接附加值出口增值，也就是中国与东盟国家出口中涵盖的本国价值增值。KV_{dgc} 代表本国 d 部门出口中涵盖的源自中国与东盟国家的价值增值。E_{dg} 代表其他国家某部门对本国的出口。若 $PV_{dgc} > KV_{dgc}$，意味着本国某部门向中国与东盟国家输出的中间品的出口值大于来自中国与东盟国家的中间品的进口值，说明本国该部门处于区域价值链分工的上游位置；若 $PV_{dgc} < KV_{dgc}$，意味着本国某部门输出的中间品的出口值小

于中间品的进口值，进口的中间品较多，反映出本国某部门更多地使用进口的中间品进行生产，该部门处在区域价值链分工的下游位置。式(21-1)代表本国参与中国与东盟国家区域价值链分工的程度。其中，$\dfrac{PV_{dgc}}{E_{dg}}$表示本国产业的前向关联度，$\dfrac{KV_{dgc}}{E_{dg}}$表示本国产业的后向关联度。

（二）资料来源

本章考察了中国与东盟国家邮轮产业在 RVC 所处的国际分工地位，所需数据均来自 OECD-TIVA 数据库。研究选取 2014~2018 年的数据（2021 版最新 TIVA 数据库收录数据截至 2018 年），因缺少邮轮产业相关的细分数据，故采用中国与东盟国家九国的制造业数据作为邮轮上游设计制造产业的替代数据，使用中国与东盟国家九国的水运、运输、住宿和食品服务数据作为邮轮中游运营业的替代数据，使用中国与东盟国家九国的商务部门服务总额、艺术、娱乐及休闲数据作为邮轮下游服务业的替代数据。

（三）数据分析

根据式(21-1)和 TIVA 数据库 2014~2018 年数据计算得出区域价值链分工程度（RVC-Degree of division）指数，将 2014~2018 年区域价值链分工程度指数及 5 年平均值绘制成图 21-1、图 21-2 和图 21-3。图 21-1 表述的是中国与东盟国家九国各国邮轮上游区域价值链分工程度，图 21-2 表述的是中国与东盟国家九国各国邮轮中游区域价值链分工程度，图 21-3 表述的是中国与东盟国家九国各国邮轮下游区域价值链分工程度。

由图 21-1 可以看出，在邮轮上游产业（邮轮制造业）方面，中国区域价值链分工程度指数 5 年均值为 4.028，在九国中的表现最为亮眼，位于中国与东盟国家区域分工体系的上游位置，参与分工体系的程度较深。紧随其后的有印度尼西亚、马来西亚、越南、文莱、泰国、新加坡、菲律宾、柬埔寨参与邮轮上游产业链分工体系的程度较低。由图 21-1 的数据可知，中国深度参与了邮轮上游区域价值链的分工体系。

由图 21-2 可以看出，在邮轮中游产业（邮轮运营业）方面，中国 5 年均值为 8.044，说明中国邮轮中游产业介入中国与东盟国家区域分工体系程度较深；马来西亚、新加坡、印度尼西亚、越南参与邮轮中游产业链分工体系的程度较高，5 年均值分别达到 5.985、4.648、3.165 和 3.055；介入最少的是柬埔寨和文莱，5 年均值分别为 2.269 和 1.411。

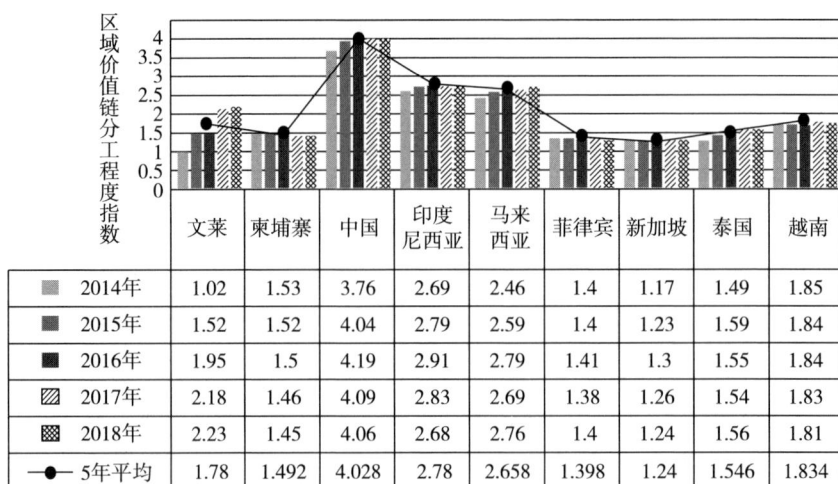

	文莱	柬埔寨	中国	印度尼西亚	马来西亚	菲律宾	新加坡	泰国	越南
2014年	1.02	1.53	3.76	2.69	2.46	1.4	1.17	1.49	1.85
2015年	1.52	1.52	4.04	2.79	2.59	1.4	1.23	1.59	1.84
2016年	1.95	1.5	4.19	2.91	2.79	1.41	1.3	1.55	1.84
2017年	2.18	1.46	4.09	2.83	2.69	1.38	1.26	1.54	1.83
2018年	2.23	1.45	4.06	2.68	2.76	1.4	1.24	1.56	1.81
5年平均	1.78	1.492	4.028	2.78	2.658	1.398	1.24	1.546	1.834

图 21-1 中国与东盟国家九国各国邮轮产业上游区域价值链分工程度

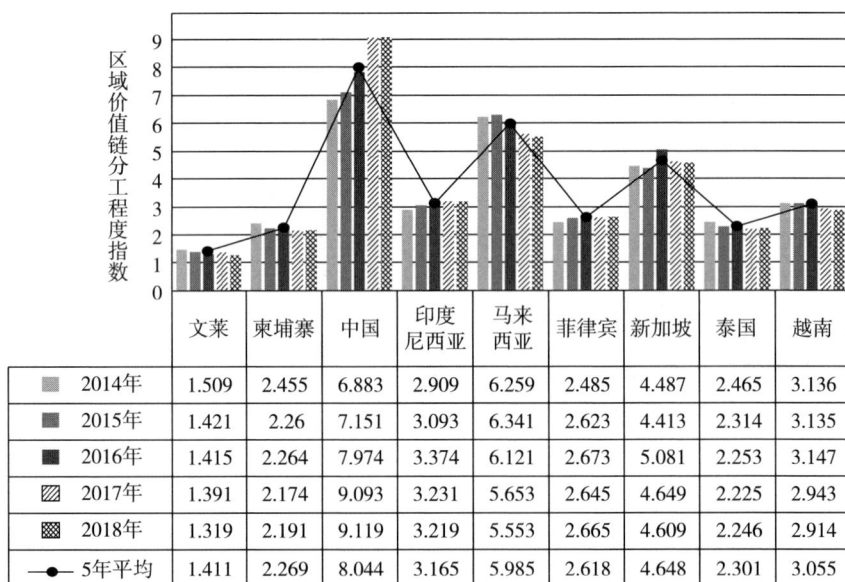

	文莱	柬埔寨	中国	印度尼西亚	马来西亚	菲律宾	新加坡	泰国	越南
2014年	1.509	2.455	6.883	2.909	6.259	2.485	4.487	2.465	3.136
2015年	1.421	2.26	7.151	3.093	6.341	2.623	4.413	2.314	3.135
2016年	1.415	2.264	7.974	3.374	6.121	2.673	5.081	2.253	3.147
2017年	1.391	2.174	9.093	3.231	5.653	2.645	4.649	2.225	2.943
2018年	1.319	2.191	9.119	3.219	5.553	2.665	4.609	2.246	2.914
5年平均	1.411	2.269	8.044	3.165	5.985	2.618	4.648	2.301	3.055

图 21-2 中国与东盟国家九国各国邮轮产业中游区域价值链分工程度

		文莱	柬埔寨	中国	印度尼西亚	马来西亚	菲律宾	新加坡	泰国	越南
▦	2014年	1.932	2.572	10.992	8.489	5.582	4.372	3.418	3.125	4.202
▦	2015年	1.905	2.439	11.969	8.968	5.927	4.147	3.595	2.915	4.205
■	2016年	1.957	2.466	13.274	9.362	5.05	4.034	3.628	2.818	4.151
▨	2017年	1.914	2.408	14.784	9.135	5.464	3.739	3.606	2.819	3.971
▩	2018年	1.835	2.424	14.838	8.887	5.365	3.651	3.675	2.858	3.867
●—	5年平均	1.909	2.462	13.172	8.968	5.506	3.989	3.584	2.907	4.079

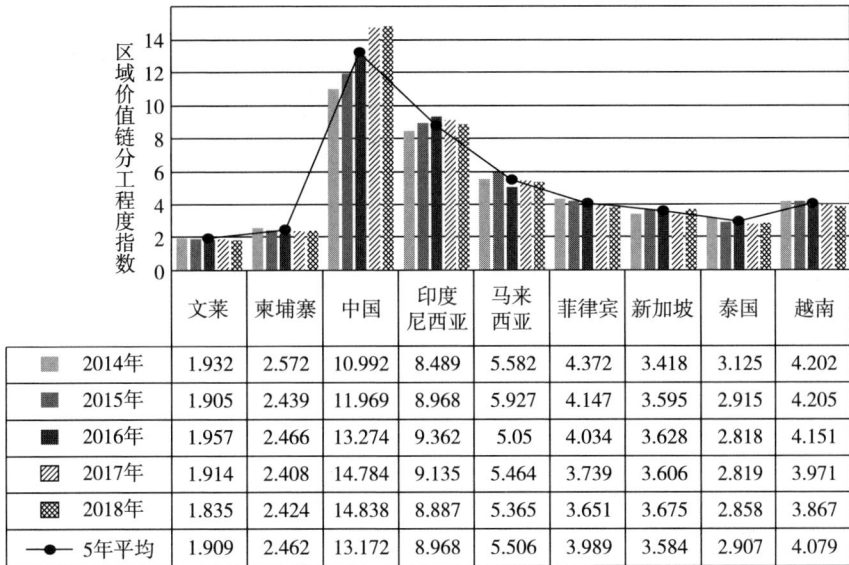

图 21-3　中国与东盟国家九国各国邮轮产业下游区域价值链分工程度

由图 21-3 可以看出，在邮轮下游产业方面，中国、印度尼西亚、马来西亚、新加坡和越南价值链分工程度指数较高，5 年均值分别达到了 13.172、8.968、5.506、3.584 和 4.079，上述国家参与邮轮下游产业链分工体系的程度也较高。由此，中国与东盟国家可以在邮轮全产业链的特定阶段进行专业化生产，继而基于自身的比较优势深度介入全球价值链。中国与东盟国家各国的资源禀赋和经济发展水平差别较大，在资本、自然资源、技术和人力资源方面可以形成较强的互补关系。由图 21-1 至图 21-3 对比可知，印度尼西亚、菲律宾、泰国和越南邮轮下游服务业参与区域价值链分工的程度高于邮轮上游和中游的参与程度。

二、优化建议

（一）以中国为主导重构邮轮区域价值链

由图 21-1、图 21-2、图 21-3 的数据分析可知，中国在邮轮全产业链均具有明显的比较优势，应构建以中国为主导的区域邮轮价值链。中国应合理利用全球"价值双循环"中的中心地位，不断扩大自身在国际分工领域的影响力，在区域价值链重构中获得更多的发展空间和制度性话语权（张辉等，2022），有效推动本土企业创新。

具体而言，一方面，我国可凭借强大的生产网络，在与越南、柬埔寨、印度尼西亚、菲律宾等资源丰富的发展中经济体的经济循环中形成优势互补。我国可与其进行基础设施建设技术和成功运营管理的经验分享，在此过程中带动更多中国制造、中国品牌、中国企业的外向拓展；利用与发展中经济体互联互通、合作共赢的产业合作进程，从事附加值较高的、之前由欧美邮轮企业把控的邮轮设计、市场营销等活动，打造中国与东盟国家邮轮自有品牌，破解"低端锁定"，培育我国邮轮企业的核心竞争力，提升自身在区域价值链中的地位，进而主导区域价值链重构。另一方面，我国在与较发达的经济体，如新加坡、马来西亚等国的经济循环中，依托广阔的市场空间，引进先进的人力资源和管理经验，学习管理理念，在邮轮价值链的环流中，选择用市场驱动创新的策略，借鉴欧美发达经济体跨国邮轮公司贴近用户需求的衡量标准，向最终消费地转移价值链高端研发设计等活动，促进邮轮研发中心在国内的设立，通过国内庞大的邮轮市场，吸引先进技术和FDI，通过技术合作和企业合资带来知识溢出效应，推动产业升级。

随着贸易保护主义的兴起和地缘政治冲突的加剧，世界贸易组织主导下的世界贸易组织相关协定在全球范围内的影响力逐渐弱化，区域性质的协定逐步取代国际多边协定成为主流，导致原本高效运转的全球产业链运行受阻，全球产业链和价值链重构呈现出集群化和区域化的特征。中国应抓住 RCEP 签署的有利时机，重塑区域经贸规则、主导区域价值链重构，加快构建以中国为核心的区域邮轮价值链，可充分发挥中国在邮轮制造、5G 通信等领域的先行优势，借助中国强大的高端制造业技术及产业配套网络、庞大的邮轮客源市场规模，充分释放泰国、越南、新加坡、马来西亚等国供应链协作潜力，逐步提高中国在区域邮轮价值链中的主导地位。同时，中国与东盟国家合作各方应充分利用 RCEP 这一亚太地区经贸规模最大、覆盖人口最多的多边自由贸易协定，利用好贸易规则，在中国与东盟国家地区积极作为，做好各地区的对接实施工作，完善与其配套的有助于邮轮产业顺利运行的政策体系，进而促进中国与东盟国家各国经济高质量发展。

（二）产业链合理分布

由图 21-1、图 21-2、图 21-3 的数据分析可知，中国与东盟国家相较，中国在邮轮制造、邮轮运营管理、邮轮服务市场方面具有很大优势，目前正在积极拓展邮轮全产业链布局。中国深度参与了中国与东盟国家邮轮上中下游的产业分工，在全产业链都具有相对优势，在中国与东盟国家邮轮全产业链构建的区域合作进程中，我国可以将卓越的基础设施建设能力、优越的船舶制造业基础、领先的数字技术、庞大的消费市场和数据资源优势转化为参与邮轮全产业链构建的新动能，积极参与并引领邮轮产业的区域性分工，将成果转化为区域价值链领导力，提高中国邮轮产业在区域价值链中的地位。中国既是船舶生产大国又是旅游消费大国，具备完整的工业体系和邮轮全产业链，且人力资源丰富，资本不断积累、技术不断升级，目前正在提升邮轮设计制造的技术水平，中国可以利用比较优势从中低端邮轮服务价值链逐步迈入具有较高附加值的邮轮设计制造的中高端价值链领域。

在邮轮上游产业方面，可由中国主导，合理协调区域价值链专业化分工，根据各国的比较优势制定差别化协作及生产计划。对合作区域中具备一定的船舶制造基础且具有劳动力成本优势的国家（越南、泰国），中国可利用其在劳动密集型制造业领域具有较强竞争优势及较高分工地位的特点，强化与上述两国在邮轮初级制造领域的合作；对合作区域中具备较高的邮轮修造技术的国家——新加坡，中国可以利用其在知识密集型制造业领域的竞争优势，与其加强技术交流合作和实现修造环节对接，强化两国在邮轮高端制造业领域的合作。同时通过技术溢出效应有效提升中国与东盟国家合作区域整体邮轮修造技术。中国通过加强与越南、泰国、新加坡等有一定邮轮修造基础的国家合作，共建区域价值链，能够推动"一带一路"高质量发展，推动邮轮航线和各国邮轮产业相关基础设施实现互联互通。

邮轮产业链中游主要是邮轮运营业，中国与东盟国家航区的邮轮运营业基本是由诸如皇家加勒比、嘉年华邮轮等跨国邮轮公司主导运营和管理的，中国与东盟国家的邮轮运营业不可避免地与国际资本发生千丝万缕的联系，参与跨国公司的国际合作和国际分工活动。由图21-2可知，邮轮中游邮轮运营业参与度较高的国家包括中国、马来西亚、新加坡。新加坡在邮轮中游运营业的分工程度较高，且其具有资本要素和技术要素禀赋，可以利用充足的资本和领先的运营管理技术优势，通过FDI向区域其他国家输出资本和技术，促进区域邮轮价值链整合。中国可以利用其在该地区较高的分工地位，将中国与东盟国家航区作为其跨国管理和技术合作的重点区域，将积累的邮轮运营管理经验运用到"一带一路"区域价值链分工上，还可以利用其在"一带一路"区域价值链分工上的主导地位，不断提高在知识密集型行业上的竞争优势和技术含量，按照资源禀赋和比较优势推动邮轮全产业布局区域化，在更高层次上参与国际分工，扩大双向贸易和投资。抓住RCEP机遇充分挖掘各国合作潜力，构建高水平多边合作机制，聚焦邮轮产业中游的运营管理，充分发挥合作各国的管理优势和人才优势，构建互补合作联盟。

在邮轮下游产业——服务业方面，由图21-3可知，中国、印度尼西亚、马来西亚、新加坡和越南有较高的区域价值链分工参与度指数，可以利用中国、印度尼西亚、马来西亚、越南人力资源较为丰富，拥有较低的人力成本，可以参与劳动密集型价值链（倪月菊，2021），积极开展邮轮服务人员培训、海员培训等劳动密集型行业的有关业务，为邮轮产业发展提供邮轮服务人员、邮轮修造人员等人力资本供给。同时，利用新加坡国际航运中心、区域金融和贸易中心的优越条件，及其在邮轮服务方面积累的宝贵经验，为邮轮下游服务业提供智力资本。

中国与东盟国家邮轮产业协同发展的关键在于产业链梯度有序分布。产业链在空间上的错位发展，能够充分发挥区域的竞争优势，强化地区之间的优势互补，有效将区域内的要素资源高度融合，实现产业对接，获得规模经济的最大化。作为中国与东盟国家地区邮轮产业资源最丰富、产业链最完整的国家，中国在该地区邮轮产业合作框架的构建中，应起到积极的主导协调作用。中国政府在推进中国与东盟国家邮轮产业合作时，可以将自身作为邮轮产业发展的区域增长极，以邮轮产业链为轴，推动邮轮上中下游产业的合理布局，利用比较优势，合理分工协作，在整个过程中，政府可以作为先期主导力量推动邮轮产业合作，进而共同推动中国与东盟国家区域邮轮产业的发展。

（三）产业错位发展

产业错位发展就是凭借区域内产业资源的差异性，充分发挥各自的优势特点，实现功能互补，规避邮轮旅游目的地之间的同质竞争、共生共荣。实施错位发展战略，协同整合邮轮产业优势，培育若干具有国际竞争力的产业集群，构建合理分工和梯度互补的产业体系。具体而言，区域邮轮产业的错位发展应根据中国与东盟国家九国的比较优势分工定位，中国与东盟国家基于邮轮产业合作组织平台，如国际邮轮峰会、国际邮轮协会（CLIA）、亚洲邮轮港口协会、世界旅游城市联合会邮轮分会等国际组织，加强各国各区域之间的沟通合作，合理布局区域主导产业、优势产业有序分工和错位发展；产业链在布局时可以考虑按照"点—线—面—网"的路径进行推进。一方面，要强化产业分工布点，明确分工定位，从整体角度出发，充分考虑自身优势，根据区位、资源等条件，打造最具有竞争力的环节，实现错位发展。比如新加坡作为亚洲重要的金融、服务和航运中心，相比中国与东盟国家，地域狭小，其主要旅游吸引力是会展旅游、医疗及教育旅游等城市旅游方式，故其发展的重点在于拓展国际市场，深入发展邮轮接待、邮轮服务、到港消费等环节，巩固和优化已有的邮轮旅游优势，增强综合竞争力。结合上述中国与东盟国家的功能定位，可以考虑组建以产业共链、风险共担、收益共享为最终目标的"产业链共同体"，构建符合实际需要和未来发展趋势的区域产业梯度结构，推动产业分工协作。另一方面，向内构建优质邮轮产业链，中国与东盟国家各国参与邮轮产业分工大部分集中在产业链下游的港口及相关服务业，以港口为例，各国的邮轮港口受限于地理区位条件、海陆岸线资源、地方经济水平、基础设施条件等因素，发展的前景和方向存在交叉和重叠，为避免过多的同类化竞争，最大限度确保各类资源高效合理的利用，应积极引导各邮轮港口向"一港一品，港城结合"的模式发展，形成区域差异，进而提升整个区域邮轮旅游吸引力和国际竞争力。

第三节　促进邮轮产业资源的共享

中国与东盟国家邮轮产业资源涵盖促进邮轮市场资源、技术和信息资源以及人力资源开发和共享等多个方面。以下将对上述资源的有效整合和合理共享提出建议。

一、促进邮轮市场资源的共享

中国与东盟国家邮轮市场资源的整合和共享需要以品牌培育及共享为平台，以产品创新为契机，以区域旅游客源市场的整合和共享为纽带，建立多国共生共赢的旅游生态关系。在推动市场资源共享时，一是可以考虑利用 RCEP 的生效和中国—东盟自由贸易区的建立和升级的机会，逐步消除中国与东盟国家的各类非贸易壁垒，降低旅游的隐性跨境成本，提高旅游服务贸易的效率，营造要素自由流动的环境，进一步吸引邮轮到港停靠，刺激旅游消费，增加邮轮旅游收入。二是加强市场监督管理，一方面，要建立市场协调机制，利用法律避免行政手段过度干预市场，确保市场能够良性运转。另一方面，可以考虑建立一个合理的邮轮旅游市场共享模式，比如成立中国与东盟国家邮轮旅游委员会，对各国邮轮旅游市场及品牌进行多方协同监管，并充分发挥行业协会的作用，协调配合中国与东盟国家邮轮旅游委员会的职能工作，确保市场秩序平稳运行。中国与东盟国家邮轮市场资源涉及多个国家、多个地区、多个企业，牵涉群体较多，中国与东盟国家各国可以推出共有品牌，共同制定市场策略，准确定位客源市场，规划设计邮轮航线。以下将从邮轮品牌的培育及共享、客源市场的开拓及共享、产品的创新与共享阐释邮轮市场资源的共享模式。

（一）推动品牌培育及共享

中国与东盟国家区域多样的自然及人文邮轮旅游资源，为邮轮品牌的培育、邮轮旅游产品的开发创造了良好的条件。中国与东盟国家区域邮轮品牌的培育和共享应在多国政府、行业协会、区域合作组织的协力推动下进行。中国与东盟国家可以围绕某一特色主题培育区域邮轮品牌，各国分析自身优势，选择最有特点、最具特色的旅游项目开发邮轮旅游品牌，推进品牌共享战略，携手开拓邮轮旅游市场；在邮轮品牌培育方面，应建立邮轮旅游目的地市场促销渠道，借助传统媒体与新媒体，加大邮轮品牌宣传力度，可由最大的邮轮客源市场所在地——中国牵头，建立一个涵盖中国与东盟国家九国的邮轮旅游推广平台，整合中国与东盟国家航区各具特色的景区景点、餐饮、旅游品牌，培育具有典型特征的区域邮轮旅游品牌。如推出中国与东盟国家邮轮旅游 App，建立邮轮旅游发展委员会网站，充分利用互联网技术、云计算和大数据，有针对性地满足各国游客的旅行需求，及时将邮轮品牌培育和共享中所需的信息推送给合作各方，将培育和共享品牌的信息通过专栏的形式归纳总结，通过新媒体平台宣传品牌特色，扩大邮轮旅游宣传面，吸引更多的游客参与邮轮旅游。

邮轮品牌共享，可以将拥有相似旅游资源的邮轮旅游目的地由点连成线，扩大客源市场规模，提高区域品牌知名度。邮轮品牌共享策略的实施，可以通过将若干邮轮旅游产品或服务整合到同一品牌下，从而达到扩大品牌知名度和美誉度的效果；从产业层面将参与品牌共享战略的邮轮运营企业统一市场定位，明确目标市场和产品范围；同时，还需制定多方认可的协议以规范各参与方的行为，协议将规范企业的生产、定价、渠道建设及促销推广等方面；各国将原本分散的邮轮企业聚集到统一的品牌旗下，企业制定并遵循一致的品牌共享规范后，当地企业的品牌影响力也会随之扩大。

(二)邮轮客源市场的开拓和共享

在开拓和共享区域邮轮旅游客源市场时，需要考虑诸多因素，比如，旅游资源禀赋、基础设施建设、经济基础、邮轮发展情况等。结合实际情况，可以将中国与东盟国家区域邮轮客源市场分为三级。一级旅游中心地为中国香港、新加坡。考虑到两者的经济发展水平较高，在邮轮港口建设、邮轮公司运营、邮轮航线等方面均发展得比较成熟，在国际上也享有盛誉，可以成为中国与东盟国家邮轮旅游的集散中心和门户，其主要任务在于通过提升区域旅游形象、打造精品旅游品牌等方式提高中国与东盟国家邮轮旅游的知名度和吸引力，拓展邮轮旅游客源市场。二级旅游中心地为中国与东盟国家各省份以及马来西亚、泰国、印度尼西亚。作为邮轮旅游的重要节点：一方面，要承接一级旅游中心地分散的旅游客流，成为一级和三级旅游中心地的中转地，引导游客合理、有序流向其他旅游中心地；另一方面，要加强中国与东盟国家邮轮旅游市场的宣传推广工作，将旅游形象的塑造、品牌推广与市场营销深度融合，以便进一步开拓客源市场。三级旅游中心地为文莱、柬埔寨、菲律宾、越南，考虑到资源的独特性越来越受到游客的欢迎，在加强基础设施建设、为游客提供高质量旅游服务的同时，共享邮轮旅游客源市场，进一步做大邮轮旅游市场规模。

(三)邮轮产品的创新和共享

邮轮产品的创新和共享包括航线和旅游服务产品的创新和共享。

东盟国家岛屿众多、自然及人文旅游资源丰富、大多具有悠久的历史文化，中国与东盟国家可以联手开辟"邮轮文化体验航线""邮轮美食体验航线""邮轮养生体验航线"等。中国与东盟国家地区在开发邮轮航线的过程中，可以充分借鉴地中海地区航线设计中的"循环"理念，推出环形封闭式多点挂靠航线，还可以借鉴北美和波罗的海地区的多母港航线推出基于观光旅游邮轮产品。在循环航线邮轮产品方面，中国沿岸的邮轮港口（如厦门、福州、广州）可以设计途经中国香港—中国高雄—越南岘港—中国三亚—中国香港的循环航线，途经新加坡港—巴生港—岘港—马尼拉港—岘港的循环航线。在多母港挂靠航线方面，可以设计新加坡港—槟城港（马来西亚）—贝诺瓦港（印度尼西亚巴厘岛）的多港挂靠航线。

具体到邮轮旅游产品的创新和共享，现有的邮轮旅游产品主要包括观光类、休闲度假类、文化类和会议类邮轮旅游产品，邮轮旅游产品创新可以在已有产品的基础上深入开发，如在观光旅游产品的基础上注入更多的民族文化内涵，如在邮轮港口服务区和旅游目的地设计颇具特色的民俗文化主题观光、本地特色餐饮体验观光等，在邮轮途经中国与东盟国家各国旅游观光景点时，游客可以亲身体验各国民俗文化，如儒家文化（中国、新加坡）、伊斯兰文化（马来西亚、文莱）、佛教文化（泰国、柬埔寨）以及品尝各国特色美食。在休闲度假类邮轮产品创新方面，邮轮本身就是旅游目的地，邮轮餐饮娱乐设施在设计方面，可以根据各航区游客的消费习惯，设计不同的参与项目，针对中国客源市场，可以考虑设计象征团圆祥和的聚餐圆桌，提供中国特色美食，针对东南亚客源市场，可以提供在东南亚广受欢迎的泰式菜系、马来西亚娘惹菜以及伊斯兰美食等。

2020年底RCEP的成功签署，为中国与东盟国家共享邮轮品牌资源、优化邮轮航线、推动邮轮客源市场的开拓和共享提供了良好的契机。各国在消除贸易壁垒、促进要素自由流动的背景下，可以携手共建邮轮品牌，优化设计邮轮航线，共同推动邮轮客源市场的整合营销，共享区域邮轮品牌对旅游目的地经济发展的拉动效应。

二、技术和信息资源的共享

技术和信息资源的共享可以通过建构国际邮轮智库联盟、政府协作平台和企业协作平台、共享信息资源基础设施加以实现。

（一）创立中国与东盟国家邮轮智库联盟

随着智库外交的兴起，跨国智库网络成为国家间技术及信息合作交流的重要平台。在中国与东盟国家邮轮产业合作进程中，智库作为国家软实力的重要组成部分和知识生产的重要载体，能够为产业合作区的规划和建设提供智力支持，同时中国与东盟国家邮轮产业合作区的建立也为智库联盟的合作发展提供了巨大空间（赵恒煜，2022）。中国与东盟国家各国可以成立中国与东盟国家邮轮产业智库联盟，形成研究机构联合体，如中国与东盟国家邮轮联合研究委员会、国际邮轮研究创新平台、国际邮轮产业研究院，携手制定中国与东盟国家邮轮产业发展规划。中国与东盟国家邮轮产业智库联盟可在中国与东盟国家邮轮联合研究委员会的主导下，由产业相关的各类研究机构、高校、企业、政府部门等以"共同发展、资源共享"为目标成立稳定的合作联盟。智库联盟应构建一个开放、多元的成员体系，整合智库各主体的信息搭建平台，起到消除信息"孤岛"的作用，为联盟中的成员获取及共享技术和信息资源提供有效途径，实现人才共享、信息共享、技术共享和成果共享。智库联盟可以在搭建"中国与东盟国家邮轮研究创新平台""中国与东盟国家邮轮研究机构联合会"的同时，引入积淀深厚、技术领先的域外邮轮研发机构对接中国与东盟国家区域已有的邮轮研发平台，整合全球优质邮轮智库资源，促进邮轮研究机构的交流与合作，推动域内邮轮设计及制造技术的快速发展。

（二）搭建协作平台

协作平台的搭建，可以为技术和信息资源的交流互助提供保障。技术及信息资源共享平台的建设能够提高数据管理水平，增强数据共享服务能力，为技术资源共享、环境信息公开、政府决策提供数据服务。在政府协作平台层面，各国技术及信息资源共享平台建设的主要内容为初步建成中国与东盟国家邮轮技术信息中心、海洋旅游环境数据中心，搭建合作各国的共享网络体系。建设的共享数据库包括海洋污染物减排数据库、海洋环境检测数据库和环境评价数据库等，实现数据库之间的信息共享。在企业协作层面，共享平台建设的主要内容为建成中国与东盟国家邮轮企业研发设计数据中心、邮轮修造数据中心、邮轮市场数据中心、邮轮服务数据中心，为邮轮企业共享设计研发成果、掌控市场投资决策、实现产品创新、提高服务质量及服务水平创造条件。

（三）信息资源共享

在互联网大数据时代，信息资源共建共享的重要性愈加突出。为减少信息的不对称，各国需要搭建一个多层次、多领域的信息平台，既有助于实现政府间信息传递的快捷、方便和畅通，又可以帮助相关企业及时了解行业动态，依据市场的情况灵活调整，提高资源利用率。具体内容包括：一是政策信息，包括邮轮产业发展的相关规划和政策、出入境手续、基础设施建设等。二是邮轮航线信息，邮轮港口间可以搭建信息互动平台，及时反馈消费者和邮轮运营企业的需求，促进旅游目的地提高港口服务水平。邮轮航线信息包括游客数量、邮轮航线、港口停靠时间、物资补充、废物处理以及旅游目的地实时情况等。三是人才服务信息，推动区域人才柔性流动和共享。除此以外，还需要建立高效畅通的信息传导渠道，在确保信息真实有效的基础上，提高信息获取、整合、扩散及反馈的效率，实现邮轮公司、港口、游客、旅行社等多方信息的实时交流，提高口岸的通关效率，快速解决邮轮停滞换港、游客超载换轮等突发问题。

为推动邮轮经济发展还应加强信息基础设施的共建共享，在"互联网+"的时代背景下，为适应港口管理的现代化发展，需要重视信息基础建设，推动信息资源的共建共享。信息基础设施建设具有投资量大、建设周期长、通用性强及公益性的特点(于晴、张继春，2019)。在信息基础设施共享方面，各国合作搭建高速互联、高效安全的信息高速公路，持续扩大信息网络设施覆盖的范围，不断加强数字基础设施的支持能力，能够提高中国与东盟国家航区邮轮港口管理的效率。在信息基础设施的共享方面，可以考虑搭建邮轮旅游综合服务平台，实现宣传推广、仓位预定、动态播报、网上投诉等功能操作，并逐步开展与邮轮港口、海关、边检、检疫等部门的多语种信息联网，形成一体化、流程式、快速便捷的邮轮管理信息系统。

三、人力资源的开发和共享

人才是国际邮轮产业持续发展的动力之源，也是国际邮轮经济快速增长的重要引擎，邮轮人力资源的开发和共享存在于邮轮产业链的各个环节。

邮轮产业存在高复合性、交叉性和跨国性的特点，邮轮人才培养应具备全球视角，实现多层次的人才培养，不断优化邮轮人才结构和培养体系，搭建邮轮设计人才、邮轮运营管理人才、航海人才培养的多国合作培养模式。对邮轮人力资源需求量较大的是中游的邮轮运营环节，邮轮运营主要需要邮轮管理、邮轮销售和邮轮服务这三类专业人才。邮轮运营所需的人才符合三个特征，即服务多样性、劳动密集性和品质独特性，服务多样性体现在邮轮提供观光、娱乐、疗养、运动和休闲等多种服务。劳动密集性体现在邮轮工作人员与乘客的比例高达 1∶2.2，需要大量的专业人才才能满足邮轮服务需求。品质独特性体现在邮轮的中高档旅游产品特性，顾客对产品的品质要求较高，服务产品涉及航海、住宿、餐饮、医疗、通信等各部门，在提供个性化产品的同时需要各部门协同才能正常运营。中国目前已有大学开办本科以上教育层次的邮轮相关专业，但开设专业不全面，主要是邮轮管理型人才，具体操作和应用型的人才培养欠缺，中国与东盟国家在邮轮人才培养方面，也仅仅推出了诸如海员培训、服务培训类的课程，尚未形成完善的邮轮人才培养体系。

中国与东盟国家应建构多层次的邮轮教育体系，开展多层次、全方位的邮轮教育，可由人才培养体系较为完善的中国牵头，与邮轮教育培训基础较好的新加坡、泰国、马来西亚合作，构建以本科教育为龙头、高等职业教育为主体，技能培训为延伸，形成学历教育和岗位技能培训并行的邮轮教育体系。

中国与东盟国家各国可以整合国际国内的优质教学资源，搭建邮轮人才开发合作平台,实现邮轮教育资源共享。中国和新加坡是域内邮轮教育发展较好的国家,可以首先由两国共同发起,倡议域内各国共同搭建"邮轮专业国际教学平台",联合成立中国与东盟国家邮轮院校联合办学委员会,形成国际办学联合体,共同研究中国与东盟国家邮轮人才发展规划,推动邮轮人才培养模式的变革。各国共同推动中国与东盟国家邮轮人才教育交流平台的建立,加强国际交流;加强域内邮轮专业高校的交流互动,建立邮轮专业学生高校定期交换制度,推进学分互认,共建信息服务平台,共享教学资源(李江、夏建国,2019),推进国际邮轮课程体系建设,加强国际邮轮专业课程的开发力度,搭建跨国邮轮教育研究团队,联合开发邮轮课程,共享建设成果。

多国在构建及共享教育交流平台的同时,应设立中国与东盟国家邮轮产业研究中心和邮轮人才培养基地,加强与跨国邮轮公司的产学研合作,研究邮轮产业经济战略、邮轮经营管理方略。在与跨国邮轮公司合作方面,教育培训机构可以和邮轮公司签署战略合作协议,共同建设国际邮轮人才培训中心,提高人才培养质量,搭建人才培养和输出平台,对标企业需求、市场需求定向培养人才。

第四节　利益相关者均衡的实现路径

利益均衡是推动中国与东盟国家邮轮产业协同发展的动力,也是掣肘其发展的重要原因。在中国与东盟国家邮轮产业政策的引导下,整合域内邮轮产业发展的各项要素,规范区域邮轮产业管理制度,强调各个成员国在平等互利、竞合共赢的基础上实现利益转移,可以实现邮轮产业利益在合作成员之间的合理配置。为促进邮轮产业利益相关者均衡的实现,合作各国协商确定利益分享方案,逐步建立与邮轮产业相关的合作、管理、监督机构,完善各级政策的研究、制定和执行制度。

利益均衡的实现可以通过以下途径:一是通过建立利益协调机制,从全局的角度充分考虑各方利益,解决非对称性互惠问题,即多边合作中出现的利益不均衡,实现经济效益共享。二是建立利益补偿机制,目的是解决因产业实力不同而造成利益分配过度集中在某几个国家的问题,对区域邮轮产业实力较弱的国家进行适度补偿。三是利益共赢,这是利益均衡的终极目的,也是利益均衡可持续的前提条件,以下将从利益均衡实现的三个条件进行分析。

一、利益协调机制

利益协调机制是基于邮轮产业协同发展的利益相关者分类，在对利益相关者的利益诉求进行深入分析的基础上，构建协调不同利益主体相互关系的制度、组织和功能发挥的内在机制。以下将从政府层面、产业层面和技术层面分析如何构建利益协调机制。

（一）政府层面

中国与东盟国家邮轮产业在协同发展过程中易出现经济纠纷、利益分配不均、政治壁垒等问题，为了加强沟通对接，避免多方冲突，亟须建立一个统一运行、有效决策的多层次协调机制。首先，中国与东盟国家各国政府间应建立长期互动机制。长期互动机制的建立将减少利益共享和分配过程中出现的道德风险和逆向选择，有利于各国政府间建立互动期望，如在较高层级构建一个中国与东盟国家邮轮产业协调机构，为中国与东盟国家邮轮产业协同发展搭建必要的、权威的协调交流平台，发挥政府在社会管理、公共职责和区域协调等方面的职能作用，政府层面的利益协调可以在公共管理与服务、法治规范、规划合作等领域展开。其次，政府间合作规划、统筹兼顾，合理规划邮轮合作区的产业布局，各国在技术开发、环境保护、人力资源和社会保障等方面加强协调。从宏观层面对区域发展和产业结构等政策进行调整，从全局的角度充分考虑各方利益，实现经济效益共享。最后，政府间还应协调并制定各方认同的邮轮产业法律规范。具体建议如下：

1. 构建畅通的利益表达机制

构建畅通的利益表达机制是多国协定的公共政策能够顺利实施的重要条件，同时体现出国际合作的政策透明度原则和自下而上的民主性。可以从政府层面建立中国与东盟国家邮轮产业发展协会，赋予其收集利益相关者意见及建议的权利，并对收集到的利益诉求进行分类整理，按时间、紧急程度等进行梳理反馈，确保各主体的利益诉求能够引起相关部门及相关企业的重视，优化及完善配套政策，营造良好的邮轮产业发展环境。对邮轮企业、邮轮航线及邮轮旅游目的地周边的旅游企业和社区居民而言，应充分尊重其利益表达权。首先，从制度设计上确保邮轮企业和社区居民对邮轮港口建设、旅游目的地开发等相关规划及政策享受知情权和话语权，涉及邮轮旅游开发等重大问题的政策在正式决定前进行公示及听证。其次，提高合作区域邮轮企业、旅游企业和社区居民的利益表达能力，由政府扶持旅游企业、邮轮企业创建利益诉求表达平台，收集整理相关企业和消费者的利益诉求；鼓励邮轮旅游区居民利用团体组织搭建各种合法的利益表达平台，借助云平台、大数据、应用软件等收集整理利益相关者的利益诉求，通过平台将分散的个体利益诉求整合为群体利益诉求，增强利益表达的力度，提高利益诉求转达效率及精准度，降低利益表达的成本，提高利益诉求的效率，为邮轮产业的发展提供决策信息支持。

2. 构建邮轮产业管理委员会协调机制

具体而言，可由中国主导并发起中国与东盟国家邮轮产业管理委员会，管理委员会包括中国与东盟国家各国国家旅游局及产业发展相关机构，成员由中国与东盟国家邮轮航区的各个节点港口城市涉及的地区级旅游局及产业相关机构组成。委员会作为中国与东盟国家航区邮轮产业合作的最高决策机构，负责协调区域合作层面上的政治、经济、文化、法律等方面的相关事宜，通过集体决策的方式扫清阻碍邮轮产业合作的各种障碍，如边境问题、非关税壁垒问题、环境问题、安全保障问题、资金和人才流动等问题，推动合作区域内生产要素的便利流通。具体任务包括：明确中国与东盟国家邮轮产业的合作机构、多边关系、相关产业政策；明确各国邮轮产业发展规划、发展战略和发展的阶段性目标；设计统一的区域旅游主题形象、品牌营销策略；确立邮轮旅游产品的创新开发导向，确定统一的邮轮服务标准和规范；确立邮轮产业合作保障系统，如明确各类财政资金支持、信息化网络服务保障、跨国合作的安全保障等。统一中国与东盟国家邮轮产业发展统计指标，统一统计口径和行业评价标准，设立行业评价机构；定期组织对中国与东盟国家邮轮旅游市场的调研，对市场存在的问题提出解决方案。

另外，可在中国与东盟国家航区邮轮产业管理委员会下设产业咨询委员会，承担域内产业合作重大项目的统一规划、管理协调，参与各方共同规划设计项目的实施方案，协调项目建设进度，共同承担项目所需的资源配置，对受到影响的利益相关者合理补偿。还可以考虑在委员会下设产业危机管理机构，负责对产业合作进行危机管理，具体工作包括对邮轮产业合作过程中可能产生的危机进行监测、预防、控制和解决。

（二）产业层面

除上述政府层面主导的利益协调机制以外，还应充分利用市场经济下微观主体，如行业、企业和社会组织的作用推进利益均衡的实现。

具体而言：一是可以构建中国与东盟国家邮轮企业联盟。中国与东盟国家邮轮企业联盟是产业合作的二级决策机构，这一机构应由合作各国所有参与邮轮产业活动的企业及其代表组成。邮轮企业联盟的主要任务是商讨中国与东盟国家航区邮轮产业的相关政策、产业管理委员会的相关决议，制定产业合作的具体方案并组织实施。这一层面的决策主体是决定产业合作目标能否顺利推进的关键所在，也是管理委员会所倡导的资源整合、品牌营销、互利共赢等目标能否达成的关键所在。企业联盟决策的顺利推动有赖于细分企业类型，即将联盟企业划分为若干个子联盟，例如，按照企业所处产业链环节划分、按照企业的规模和实力划分、每个子联盟保证均有合作国家的企业共同参与。同时秉持共商共建的原则，开展行业自律、人员培训和合作交流等工作，共同制定区域邮轮企业的行业标准，实行统一的资格认证，并利用自身优势，搭建便利国际组织、政府部门、研究机构和企业等多方沟通协调、纵向合作的平台，促进信息和人才的交流，促使邮轮企业结成战略联盟，助推大型邮轮企业集团化、中型邮轮企业专业化、小型邮轮企业簇群化的发展道路。邮轮企业是市场合作的主体，邮轮产业合作区的构建必然加快企业间的合作，合作领域涵盖产品联合开发、技术研发、兼并破产等方面。RCEP 的实施在商品贸易、服务贸易、关税减让以及贸易投资便利化方面为推进中国与东盟国家利益均衡的实现创造了制度条件，各个合作国家在加强市场一体化建设的同时，首先实现中国与东盟国家航区经济发达国家商品、服务市场的对接，再逐步向欠发达地区推进，打破行业垄断和地区壁垒，促进商品和要素的自由流动和充分竞争①，促进产业市场的培育和发展，推动要素价格市场化。

　　二是可以构建国际邮轮产业论坛，国际邮轮产业论坛属于学术范畴的决策通道，论坛可以每年轮流在合作国家境内举办，邀请代表包括但不限于各国研究机构代表、政府代表、行业代表，汇聚一堂研讨中国与东盟国家区域、亚太区域乃至全球邮轮产业的发展趋势、热点、重点和难点，探讨产业发展的新思路、新方法和新动向，还可根据需要设立分论坛，汇聚专家学者的研究成果，并利用这些成果引导邮轮产业链各个环节的发展。比如设立一个由中国与东盟国家、邮轮企业以及行业专家学者组成的"中国与东盟国家邮轮产业论坛委员会"，论坛通过邀请与会专家学者实地考察和体验式游览，对中国与东盟国家航区邮轮产业所涉及的高端制造业、管理运营业、港口服务业等相关行业进行研究。论坛会员在委托的情况下实施协调职能，对跨区域的行为提出管理协调的策略和提议，主要职能包含但不限于：①政策层面，协调中国与东盟国家邮轮产业发展政策，研究内容包括法律保障、合作政策、行业规范和评价标准，以期为决策提供依据；还可以定期或不定期举行中国与东盟国家邮轮产业部长级会议和市长论坛，加强沟通对话，磋商相关合作项目和事项，互相借鉴、共同提高，强化邮轮产业协同发展意识，实行顶层推进。②产业层面，研究包括细分市场研究、产业内细分产品如邮轮餐饮、邮轮住宿、邮轮娱乐产品的设计与开发，航线设计及港口互通，联合邮轮企业优化航线等。③其他与航区相关的合作问题，如社会合作和生态合作等。社会合作主要是指各种非政府组织的合作，即形成社区组织、行业协会、志愿组织、慈善组织等社会中介组织或社会团体的跨界合作。生态合作也是中国与

---

①　程永林. 区域合作、制度绩效与利益协调［M］. 北京：人民出版社，2014：182.

东盟国家航区关注的焦点之一，区域经济增长的外部性，必然造成航区水环境污染、大气污染等问题。中国与东盟国家航区的生态合作，关键在于做好水环境、大气环境的区域整体规划和区域环保方面的协调，中国与东盟国家各国互为近邻，在生态环境治理和保护方面，应尽早形成共同的行动纲领。

（三）技术层面

通过聚类分析，在中国与东盟国家中，存在三类不同经济发展水平的国家，新加坡、文莱属于经济发达国家，中国、马来西亚、印度尼西亚、菲律宾、泰国属于经济发展水平较高的发展中国家，越南和柬埔寨属于经济发展水平较弱的发展中国家。从技术层面考察，上述国家可以采取区域协定或区域公约的形式，在技术开发、招商引资、资金融通等方面建立利益协调制度。

在技术开发和招商引资方面，新加坡属于积极吸引外资又兼具大量对外投资的外向型经济国家，其优势产业包括电子产业、精密工程业、航空产业、化工产业、生物医药产业等。工业基础较好的中国与东盟国家，如中国、马来西亚、泰国可以加强与新加坡优势产业的合作，引进先进的技术和管理经验，带动区域产业发展，同时带动邮轮全产业链的发展。马来西亚、泰国、印度尼西亚、菲律宾、越南在吸引外资和发展劳动密集型产业方面路径相似，上述国家可以采取宽尺度的水平型分工模式，企业之间可以相互投资，在不同地区之间形成竞争与互补。在中高端制造业及信息技术方面，中国在该地区中具有相对优势，可以向外输出技术及投资；越南、柬埔寨对外源性技术资源有较大需求，可以利用本国市场和资源与外来资源相结合的方式发展生产。

在资金融通方面，利益协调可以通过推动金融发展和金融深化加以实现，如通过优化配置区域金融资源、优化整合区域金融机构、深化金融开放的程度和构建区域金融中心的方式，提高区域金融的产业支撑力。具体可以通过推动中国与东盟国家间的金融科技和金融人才的交流与合作，加强金融信息高速公路的建设。加强中国与东盟国家各国金融监管机构的合作，建立区域资本流动监测预警机制，建立区域金融救济体系，构建中国与其他国家的汇率合作机制，推进人民币结算的推广与应用。

二、利益补偿机制

在邮轮产业协同发展的合作进程中，各个利益相关者代表不同的利益群体，且因各自经济发展阶段和邮轮产业发展水平不同，在合作中带有明显的目的性和利益驱动性，处于竞争优势的国家可能会对产业合作持积极态度且乐于开放本国市场，处于竞争劣势的国家可能会对产业合作持怀疑态度及倾向保护本国市场。这就需要建立跨国利益补偿机制，对合作博弈各国的利益进行再次分配，在一定程度上保障欠发达地区的利益，开放格局的纳什均衡才能在一定时期内稳定实现①。在 RCEP 合作框架下，虽然中国与东盟国家已经签订了多项合作协议，但却仍然缺失关于利益补偿的相关协议，协议的空缺可能会造成欠发达地区缺乏合作动力乃至抵制合作行为的出现，利益相关者关注的是自己所能获得的现实的和未来的利益。在跨国合作存在的前提下，要使区域合作可持续发展，就需要有一种促进区域合作的利益补偿机制，通过制度安排将区域合作建立在利益互补的基础上。利益补偿的目的是改变偏利共生的状况，解决你赢我损，或者你赢我不赢的问题。② 利益补偿就是获益一方向未得益一方提供利益的方式，可以从以下三个层面解决利益补偿问题：

一是外部性补偿，就是依靠外部获得补偿，即获益一方通过政治、经济、文化等层面对未获益方进行补偿。在政治层面，可以通过非政府组织、亚洲基础设施投资银行、政府间无息贷款协议或公益组织等获得利益补偿。例如，跨国利益补偿可以通过前文构想的邮轮产业管理委员会进行推动，由委员会出面协调多国行政机构参与确定补偿的金额和方式。在经济层面，考虑建立中国与东盟国家邮轮产业协同发展公用基金，主要用于补偿在邮轮产业区域合作中利益受损的国家和地区，以保持协同发展的持久性，比如发达地区向欠发达地区投资建设邮轮港口等基础设施，或者提供低息/无息贷款、输送邮轮相关人才等。中国与东盟国家邮轮产业协同发展公用基金主要用于补偿在邮轮产业区域合作中利益受损的国家和地区，以确保协同发展的持久性。还应以公平性为原则，通过建立合理的利益二次分配制度平衡发达地区和欠发达地区的利益关系，以达到利益补偿的目的。可以通过区域间的服务贸易或技术贸易差额确定补偿的金额，或者通过产业关联或技术转移的形式予以补偿。③ 在文化层面，利益补偿是通过承诺并付出保护行动加以实现的，具体包括保护旅游目的地的物态文化、制度文化、行为文化、成就文化和心态文化等方面。

二是自我补偿，包括自我主动补偿和自我发展能力补偿。中国与东盟国家在发展邮轮产业时，涉及的邮轮产业园区、邮轮港口区及旅游目的地区域的居民可能会因为园区、港口或旅游景区建设而造成的失地受损或者不获益，居民放弃原有生产方式可能损失发展权限，其通过主动、积极地参与到产业活动中，或主动参与产业建设，如参与就业、参与投资、参与管理等而获得收益，实现自我

---

① 姜德波．地区本位论[M]．北京：人民出版社，2004：94.

② 成竹，吕宛青．基于共生理论的滇越国际旅游合作研究[M]．北京：中国经济出版社，2019：121.

③ 程永林．区域合作、制度绩效与利益协调[M]．北京：人民出版社，2014：185.

补偿。

三是完善利益补偿的多边合作。邮轮产业在带动相关国家及地区经济发展、完善基础设施建设、优化资源配置的同时，也潜移默化地影响着各国家、各地区之间的经济发展格局和利益关系，以共同的利益诉求构建的利益优化及分配机制并不能使各个国家或地区之间均等受益。以部分邮轮港口城市为例，由于没有特色的旅游资源及邮轮运营规划，其在中国与东盟国家邮轮产业发展过程中只承载了邮轮停泊靠岸、配送物流的功能，因此以多边合作为基础构建及完善利益补偿机制成为未来邮轮产业发展过程中的重要举措，能够缩小中国与东盟国家及相关城市发展差距、推动区域和谐发展。具体来说，各国可以推动形成利益补偿方式多元化。各国政府机构可以成立相应的合作机构，设立利益补偿基金，通过资金扶持、价格补贴等多种方式对邮轮产业协同发展过程中的利益受损主体直接补偿；可以通过国家间的合作展开利益补偿，通过技术交流、项目合作、信息共享等形式进行利益补偿，进一步缩小国家及地区间的差距，保障多方利益巩固合作基础；可以通过国家间行政机构的强制命令、政策立法等对利益相关者进行补偿。无论采取何种形式的利益补偿方式，国家及区域间的多边合作始终是开展利益补偿的基础和前提。

三、利益共赢机制

利益共赢机制是在利益协调和利益补偿的基础上解决合作各方能否共同提升获利空间，实现对称性互惠和协同发展的问题。中国与东盟国家邮轮产业协同发展的利益共赢牵涉投资、交通和物流、旅游和城市发展等多个领域。

(一)投资利益共赢

邮轮作为资本密集型产业，不仅在前期邮轮制造和邮轮基地的建设上投资大且周期长，而且以政府贷款、权益投资和基金融资等为主要投资融资方式的风险较高。中国与东盟国家可考虑寻求邮轮产业投资合作，构建统一、规范、公平的投资环境，实现利益共赢，具体可以通过：一是通过调整投资政策，形成良好的区域投资政策环境；二是规范投资市场，建立良好的营商环境；三是对接各国的法律法规，创建公平的法律环境。

(二)交通与物流利益共赢

中国与东盟国家海域相连，大多有良好的海陆交通条件和邮轮港口基础设施。各国加强海上运输合作及邮轮航线合作，将促进中国与东盟国家航区海上大通道和物流经济圈的形成，进一步促进区域经济发展。为实现上述目标，可以采取以下方式：联合投资建设跨国区域交通体系，重点建设海上交通通道和空中通道；协调各国交通运输、物流相关的法规和制度，形成统一的航运物流市场；建立港航物流与邮轮航线的磋商和争端解决机制，协调各国港航物流与邮轮航线的关系。

（三）旅游利益共赢

在中国与东盟国家邮轮航区内，各国均有丰富的旅游资源，旅游资源的合作和共享是实现旅游利益共赢的基础。在邮轮产业合作共生系统中，多方旅游合作的动力源于各利益相关方旅游资源禀赋的差异性，因差异性的存在形成互补性资源的共享。多方通过旅游资源共享、环境共享、公共产品共享实现规模经济效应，降低邮轮国际旅游的开发成本。为了更好地实现旅游利益共赢，可以通过：联合制定跨国邮轮旅游市场规则，规范邮轮旅游经营行为，加强市场监管，建立良好的市场竞争秩序；积极开发邮轮旅游产品，加强旅游目的地建设，提高区域旅游市场的吸引力；加强邮轮运营和服务企业的合作，推动邮轮企业综合经营能力的提升，优化跨国旅游市场经营主体的结构；加大旅游投资力度，加强中国与东盟国家航区邮轮旅游相关的交通、通信等基础设施建设，增强旅游市场发展的物质基础，来提升中国与东盟国家航区区域旅游市场的整体竞争力。

参考文献

［1］ACC Participated in the 4th Task Force Meeting on the Development of ASEAN Tourism Strategic Plan 2016-2025［EB/OL］. Asean-china-center. org（2015-08-04）［2020-03-08］，http：//www. asean-china-center. org/english/2015-08/8866. html.

［2］Alchian A. Uncertainty，Evolution，and Economic Theory［J］. The Journal of Political Economy，1950，58（3）：211-221.

［3］Alexander C. New Cruise Resort Coming to Menjangan［EB/OL］.（2018-11-05）［2020-06-07］. http：//www. panorama-destination. com/dtn-news/new-cruise-resort-coming-to-menjangan/.

［4］Aumann R J，Maschler M. The Bargaining Set for Cooperative Games［C］//Advances in Game Theory. Princeton，NJ：Princeton University Press，1964.

［5］Charnes A，Cooper W，Golany B，et al. Foundations of Data Envelopment Analysis for Pareto-Koopmans Efficient Empiracal Production Functions［J］. Journal of Econometrics，1985，30（1）：91-107.

［6］Chart Management Consultants. 2019 Asia Cruise Deployment and Capacity Report［R］. Washington：CLIA，2020：16.

［7］Clarkson M. A Stakeholder Framework for Analyzing and Evaluating Corporate Social Performance［J］. Academy of Management Review，1995，20（1）：92-117.

［8］CLIA. 2018 Asia Cruise Industry Ocean Source Market Report［A/OL］.［2020-05-01］. https：//cruising. org/-/media/research-updates/research/2018-asia-ocean-source-market. ashx.

［9］CLIA. 2019 Asia Cruise Deployment & Capacity Report［A/OL］.［2020-04-05］. https：//cruising. org/-/media/research-updates/research/2019-asia-deployment-and-capacity---cruise-industry-report. ashx.

［10］ Corse R H. The Nature of the Firm ［J］. Journal of Law and Economica, 1937 (4)：12.

［11］ Cruise Lines International Association. 2019 Asia Market Report ［R］. Washington：CLIA, 2020：2.

［12］ Cuenca J S. Review of the "Build, Build, Build" Program：Implications on the Philippine Development Plan 2017-2022［R］. Philippine：Philippine Institute for Development Studies, 2021：8.

［13］ Dinkla J. A Competitive Cruise Port City ［J］. Behaviour Research and Therapy, 2005, 33 (2)：187-192.

［14］ Fisher R A. The Genetical Theory of Natural Selection ［M］. Oxford：Oxford University Press, 1930：48.

［15］ Frederick W. Business and Society：Corporate Strategy, Public Policy ［M］. New York：McGraw-Hill, 1988：56-58.

［16］ Freeman R E, Evan W M. Corporate Governance：A Stakeholder Interpretation ［J］. Journal of Behavioral Economics, 1990 (19)：337-359.

［17］ Freeman R E. Strategic management：A stakeholder approach ［M］. Cambridge：Cambridge University Press, 1984：52-80.

［18］ Gillies D B. Solutions to General Non-Zero-Sum Games ［M］//Contributions to the Theory of Games (Vol. 4) . Princeton, NJ：Princeton University Press, 1959.

［19］ Hall J A, Braithwaite R. Caribbean cruise tourism：A business of transnational partnerships ［J］. Tourism Management, 1990, 11 (4)：339-347.

［20］ Hamilton W D. Extraordinary Sex Ratios ［J］. Science, 1967, 156 (4)：477-488.

［21］ Harsanyi J C. On the Rationality Postulates Underlying the Theory of Cooperative Games ［J］. Conflict Resolution, 1961, 5 (2)：195.

［22］ Isard W. Interregional and Regional Input-Output Analysis：A Model of a Space Ec-onomy ［J］. Review of Economics and Statistics, 1951, 33 (11)：320.

［23］ Isted. Solaire Cruise Centre a new development in Manila Bay ［EB/OL］. (2019-03-11)［2020-08-09］. https：//www. seatrade-cruise. com/news-headlines/solaire-cruise-centre-new-development-manila-bay.

［24］ Kashyap A, Kumar C, Kumar V, et al. A DEMATEL model for identifying the impediments to the implementation of circularity in the aluminum industry ［J］. Decision Analytics Journal, 2022 (5)：100134.

［25］Koopman, R. , Powers, W. , Wang, Z. & Wei S. J. Give Credit Where Credit ls Due Tracing Value Added in Global Production Chains［A/OL］. (September 2010)［2023 - 04 - 17］. https：//www. nber. org/system/files/working_papers/ w16426/w16426. pdf.

［26］Laua Y, Yip T L. The Asia cruise tourism industry：Current trend and future outlook ［J］. The Asian Journal of Shipping and Logistics, 2020, 36 (4)： 202-213.

［27］Leontief W, Strout A. Multiregional Input−Output Analysis Structural Interdependence and Economic Development ［C］//Barna T. Structural Interdependence and Economic Development. New York：Palgrave Macmillan, 1963：121.

［28］Lin F, Wu P, Xu Y D. Investigation of factors influencing the construction safety of high−speed railway stations based on DEMATEL and ISM ［J］. Advances in Civil Engineering, 2021 (2021)：1-12.

［29］Marandi R. Philippines Tourism and Leisure Sector 2020/2021：An EMIS Insights Industry Report ［R］. London：EMIS, 2020：21.

［30］Maynard S J, Price G R. The Logic of Animal Conflict ［J］. Nature, 1973, 246 (11)：15-18.

［31］Mitchell R K, Agle B R, Wood D J. Towards a theory of stakeholder identification and salience：Defining the principle of who and what really counts ［J］. Academy of Management Review, 1997, 22 (4)：853- 886.

［32］Monpanthong P. Efficiency of Cruise Port Management：A Comparison of Phuket and Singapore ［J］. Pertanika Journal of Social Science and Humanities, 2018, 26 (4)：2787-2808.

［33］Moses L N. The Stability of Interregional Trading Patterns and Input−Output Analysis ［J］. American Economic Review, 1955, 45 (5)：803-832.

［34］Moses W J. The Input−Output Approach in Economic Analysis ［J］. American Economic Review, 1955, 45 (3)：528-533.

［35］Nash J. Equilibrium Points in n−Person Games ［J］. Econometrica, 1950, 18 (2)：155-162.

［36］Nash J. Two−Person Cooperative Games ［C］. Proceedings of the National Academy of Sciences, 1953, 39 (2)：109-114.

［37］Neoh N. Genting Cruise Lines Celebrities Dream Cruises'Maiden Call with MOU Singning for Cruise Tourism Development in Bintan Island ［EB/OL］. (2018- 07-09)［2020-07-18］. https：//www. travelweekly−asia. com/Cruise−Travel/Genting－Cruise－Lines－brings－local－partners－on－board.

［38］Offshore Energy. Hainan, the Philippines Join Asia Cruise Fund ［EB/OL］.
（2014－11－28）［2020－07－30］. https：//www. offshore－energy. biz/hainan－the－philip-
pines－join－asia－cruise－fund/.

［39］PR Newswire. Asia Cruise Cooperation Formed to Grow Asia Cruise Tourism
［EB/OL］. （2016－03－15）［2020－08－02］. https：//www. prnewswire. com/news－re-
leases/asia－cruise－cooperation－formed－to－grow－asia－cruise－tourism－3002
36864. html.

［40］Shapley L S. A Value for n－Person Games ［M］//Contributions to the
Theory of Games （Vol. 2）. Princeton, NJ：Princeton University Press, 1953.

［41］Solutions F. Singapore Tourism Report－Q4, 2020 ［R］. London：Fitch
Solutions Group Limited, 2020：17.

［42］Song J, Li F, Wu D D, et al. Supply chain coordination throughintegration
of innovation effort and advertising support ［J］. Applied Mathematical Modeling, 2017,
49：108－123.

［43］Taylor P, Jonker L. Evolutionary Stable Strategies and Game Dynamics ［J］.
Mathematical Biosciences, 1978 （40）：145－156.

［44］Tourism Information Technology Center. Strengthening cooperation in cruise
tourism, connecting destinations between Vietnam and Singapore ［EB/OL］. （2022－
11－08）［2023－04－16］. https：//moitruongdulich. vn/en/index. php/item/12459.

［45］Trung T Q. The development of cruise tourism in Ho Chi Minh City：Im-
pacts and Opportunities ［D］. Liverpool：Liverpool John Moores University, 2019：
15－26.

［46］Verspagen B. A New empirical approach to catching up and falling behind
［J］. Structural Change and Economics Development, 1991, 2 （2）：361.

［47］Vogel M P, Papathanassis A. Cruise Sector Growth Managing Emerging
Markets, Human Resources, Processes and Systems ［M］. Germany：Gabler Verlag
Springer Fachmedien Wiesbaden Gmbh, Wiesbaden, 2009：17－29.

［48］Von Neumann J, Morgenstern O. Theory of Games and Economic Behavior
［M］. Princeton, NJ：Princeton University Press, 1944.

［49］Wood R E. Caribbean cruise tourism：Globalization at sea ［J］. Annals of
Tourism Research, 2000, 27 （2）：345－370.

［50］艾伯特·赫希曼. 经济发展战略 ［M］. 曹征海, 译. 北京：经济科学
出版社, 1991.

［51］白嘉懿．广州港南沙国际邮轮码头东南亚航线数居内地首位［EB/OL］. （2019－11－01）［2023－03－02］．http：//www. chinanews. com. cn/cj/2019/11－01/ 8996069. shtml.

［52］蔡金城．印度尼西亚经济发展总体规划解读［J］．战略决策研究， 2011（5）：89-96.

［53］陈静．招商工业海门基地加速构建邮轮制造千亿级产业集群——国内 首个室内干船坞顺利推进［EB/OL］．（2020－04－17）［2020－05－10］．http：// www. nantong. gov. cn/ntsrmzf/ntxw/content/ffc5b070－0a81－4700－9061－abf9abd 39459. html.

［54］陈宏辉，贾生华．企业利益相关者三维分类的实证分析［J］．经济研 究，2004（4）：32-36.

［55］陈挺，林世雄．中国—东盟邮轮产业经济城市合作论坛举行 ［EB/OL］．（2015－12－17）［2020－09－08］．https：//www. china-fjftz. gov. cn/article/ index/aid/2470/gid/18. html.

［56］陈志永，李乐京，梁涛．利益相关者理论视角下的乡村旅游发展模式 研究——以贵州天龙屯堡"四位一体"的乡村旅游模式为例［J］．经济问题探 索，2008（7）：106-114.

［57］成竹，吕宛青．基于共生理论的滇越国际旅游合作研究［M］．北 京：中国经济出版社，2019：121.

［58］乘风破浪，后来居上：东盟成为2020年我国第一大货物贸易伙伴 ［EB/OL］．（2021－01－03）［2021－02－12］．http：//asean. mofcom. gov. cn/article/ jmxw/202101/20210103030949. shtml.

［59］程永林．区域合作、制度绩效与利益协调［M］．北京：人民出版社， 2014：182.

［60］《大国战略》编委会．大国战略"一带一路"再创丝绸之路新辉煌 ［M］．成都：电子科技大学出版社，2018：208.

［61］大道同行丝路共鸣｜文莱篇［EB/OL］．广西壮族自治区农业农村厅网 站（2023－09－07）［2023－10－10］，http：//nynct. gxzf. gov. cn/xxgk/ztjj/dmblh/ t17120345. shtml.

［62］丁波涛．中国—东盟信息化合作现状与发展前景［J］．东南亚纵横， 2017（4）：57-62.

［63］董保宝，葛宝山，王侃．资源整合过程、动态能力与竞争优势：机理 与路径［J］．管理世界，2011（3）：92-101.

［64］杜兰．中国东盟命运与共，携手共创美好未来［EB/OL］.（2021-11-23）

［2022－05－12］.http：//www.china.com.cn/opinion2020/2021－11/23/content_77887556.shtml.

［65］方晓.中国—新加坡关系（1965－1976）——认知差异下的互不信任［J］.红河学院学报，2020（2）：88－94.

［66］菲律宾缘何吸引了中国电信？［EB/OL］.（2018－11－20）［2020－04－10］.http：//www.cww.net.cn/article？id＝442790.

［67］凤凰岛国际邮轮港飞速发展　三亚打造"邮轮之都"［EB/OL］.河北新闻网（2013－04－27）［2020－03－02］.http：//zhuanti.hebnews.cn/2013/2013-04/27/content_3225439.htm.

［68］弗朗西斯·哈钦森.雄心勃勃皇京港正失去动力？［EB/OL］.（2019－10－08）［2020－05－15］.https：//www.zaobao.com/zopinions/views/story201910 08－995300.

［69］高歌.投资东盟［M］.南宁：广西人民出版社，2011：307.

［70］高胜寒.用关联矩阵法评价长租公寓投资价值［J］.北方经贸，2018（3）：101－103.

［71］葛红亮.新变局演进中的东南亚与中国—东盟关系［M］.北京：中国发展出版社，2017：159－163.

［72］公主邮轮：发展差异化邮轮产品体验，打造市场共赢策略［EB/OL］.（2019－07－15）［2020－05－12］.https：//www.travelweekly-china.com/76340.

［73］龚勤林.论产业链构建与统筹发展［J］.经济学家，2004（3）：121－123.

［74］顾一中.游艇邮轮学［M］.武汉：华中科技大学出版社，2012：198.

［75］郭治安.协同学入门［M］.成都：四川人民出版社，1988：21－43.

［76］海南省人民政府.海南省对外公平中央生态环境保护督察整改情况：附件［EB/OL］.（2021－11－20）［2022－08－01］.https：//www.hainan.gov.cn/hainan/ldhd/202111/43383b9dab4f4e4b82a9534e62181249.shtml.

［77］海南省人民政府.海南省贯彻落实中央第四环境保护督察组督察反馈意见整改方案［EB/OL］.（2018－05－29）［2022－05－10］.https：//www.hainan.gov.cn/hainan/0101/201805/e4b248f85e984daab3aa61587e5930bd.shtml.

［78］韩媛媛.向新加坡学习现代服务业［M］.广州：广州出版社，2015：88.

［79］赫伯特·西蒙.现代决策理论的基石［M］.杨烁，徐立，译.北京：北京经济学院出版社，1989：4.

［80］姜德波.地区本位论［M］.北京：人民出版社，2004：94.

［81］姜昊.农产品供应链视角下农户联盟绩效最优模式研究［J］.商业经

济研究，2019（7）：109-112.

[82] 交通部南海航海保障中心．航标动态［EB/OL］．（2022-06-02）［2022-07-30］．http：//www.nhhb.org.cn/getNaviDetailsByPid？guid＝DFA952F9060DB83CE050007F01006003&istype＝3.

[83] 金嘉晨．邮轮母港产业链发展对城市经济的作用［J］．港口经济，2013（4）：25-27.

[84] 金晟．生产性服务业与制造业协同发展的理论与政策研究［M］．广州：华南理工大学出版社，2018：22.

[85] 近3亿港币！渤海轮渡要增资香港邮轮子公司［N］．经济导报，2020-02-22（8）.

[86] 郎艳怀．博弈论及其应用［M］．上海：上海财经大学出版社，2015：34.

[87] 雷小华．国际陆海贸易新通道建设推进澜湄合作［EB/OL］．广西社会科学院网站，（2019-05-07）［2021-01-03］，http：//www.gass.gx.cn/html/2019/hj_0507/2959.html.

[88] 李方芳．厦门加入"亚洲邮轮专案"停靠"专案"港口的国际邮轮可享奖励［EB/OL］．（2015-12-17）［2020-09-10］．http：//www.taihainet.com/news/xmnews/szjj/2015-12-17/1614211.html.

[89] 李华．邮轮旅游地理［M］．北京：旅游教育出版社，2016：106.

[90] 李江，夏建国．交通中国［M］．上海：上海教育出版社，2019：74-75.

[91] 李俊江，史本叶，等．国际贸易学说史［M］．北京：光明日报出版社，2011：91.

[92] 李凌秋．浅议中国企业在柬埔寨投资存在的问题及对策［J］．东北亚经济研究，2019（10）：30-32.

[93] 李倩铭．旅游空间组织演变及其驱动机制研究［D］．上海：上海师范大学，2014：43-59.

[94] 李涛涛，叶欣梁，蔡二兵．新加坡邮轮母港的运营之道［J］．中国港口，2016（2）：21-23.

[95] 李文，陈雅慧．中国与东南亚国家关系的全面改善及其动因［J］．和平与发展，2011（2）：43-49.

[96] 李霞．以上海邮轮旅游为驱动的长三角地区邮轮产业联动机制研究［J］．交通企业管理，2014（10）：6-9.

[97] 李小年，吴咏蓓．全球价值链视角下中国邮轮产业发展和制度创新

［M］.上海：上海交通大学出版社，2020：114.

［98］李小年.亚洲邮轮旅游协同创新发展研究［M］.上海：上海社会科学院出版社，2020：42-43.

［99］李心合.利益相关者与公司财务控制［J］.财经研究，2001（9）：57-63.

［100］李玉举.东盟与对话伙伴国合作的差异性及我国的选择［J］.世界贸易组织动态与研究，2009（6）：30-37.

［101］李振.广州南沙邮轮产业崛起样本：三年站稳第一梯队，目标世界级邮轮母港［N］.21世纪经济报道，2019-12-27（3）.

［102］廖博谛.告别宏微观架构的经济学［M］.北京：经济日报出版社，2018：10.

［103］廖民生.我国南海地区邮轮旅游合作研究［J］.海洋开发与管理，2018，35（10）：48-50.

［104］林上军.舟山群岛开通国际邮轮港1000多名台湾游客直达舟山［N］.浙江日报，2014-10-14（9）.

［105］刘哲.渤海轮渡，难行的邮轮之路［J］.证券市场周刊，2016（21）：47.

［106］刘畅.“大马赌王”家族遭遇滑铁卢：邮轮集团云顶香港申请清盘［EB/OL］.（2022-01-20）［2022-05-06］.https：//www.thepaper.cn/newsDetail_forward_16360874.

［107］刘笑笑.第八届中国（青岛）国际邮轮峰会开幕10家邮轮公司首次齐聚青岛推动邮轮产业加快复苏［EB/OL］.（2020-08-03）［2023-04-10］.http：//news.bandao.cn/a/393750.html.

［108］刘永佶.经济中国（第3辑）［M］.北京：中央民族大学出版社，2007：245.

［109］柳礼奎，焦慧元.京津冀协同视域下天津邮轮旅游发展策略［J］.天津经济，2014（8）：16-18.

［110］龙京红，刘利娜.邮轮运营与管理［M］.北京：中国旅游出版社，2015：215.

［111］罗杰·B.迈尔森.博弈论：矛盾冲突分析［M］.于寅，费剑平，译.北京：中国经济出版社，2001：1.

［112］骆永昆.“全球海洋支点”战略背景下印度尼西亚在南海的利益探析——兼议中印度尼西亚合作的机遇与挑战［J］.亚太安全与海洋研究，2019（3）：82-93.

［113］马聪玲.邮轮旅游产业的国际分工及中国的竞争策略［J］.中国经贸

导刊，2013（9）：26-28.

[114] 迈克尔·波特. 竞争优势［M］. 陈小悦，译. 北京：华夏出版社，2005.

[115] 迈克尔·波特. 国家竞争优势［M］. 李明轩，邱如美，译. 北京：中信出版社，2012：43-63.

[116] 毛艳华，邱雪情，王龙."一带一路"贸易便利化与共建国家全球价值链参与［J］. 国际贸易，2023（1）：11-20.

[117] 门达明. 加勒比海与南海邮轮旅游比较研究［J］. 现代商业，2015（18）：52-54.

[118] 南通市人民政府. 加快打造千亿级豪华邮轮产业集群——招商工业海门基地2号坞工程、邮轮配套产业园开工［EB/OL］.（2019-12-23）［2020-04-13］. http：//www.haimen.gov.cn/hmsrmzf/ldhd/content/778a557d - f054 - 4b52 - b9f4 - eb0123fdc449.html.

[119] 倪菁. 闽台邮轮旅游市场比较与合作空间分析［J］. 长沙大学学报，2016，30（3）：41-43.

[120] 倪敏. 2022亚洲海洋旅游发展大会在浙江宁波举行［EB/OL］.（2022-07-14）［2023-04-12］. https：//www.ccn.com.cn/Content/2022/07 - 14/1658114400.html.

[121] 倪月菊. RCEP对亚太地区生产网络的影响：一个全球价值链视角的分析［J］. 东北师大学报（哲学社会科学版），2021（3）：52-62.

[122] 邱羚，高长春. 基于产业价值链的邮轮产业价值增值效应研究［J］. 湖南社会科学，2015（2）：134-137.

[123] 全球旅报. 2023年东盟旅游论坛同意加强战略措施［EB/OL］.（2023-02-09）［2023-03-02］. https：//www.sohu.com/a/638784941_393368.

[124] 商务微新闻. 商务部国际司负责人解读《区域全面经济伙伴关系协定》（RCEP）［EB/OL］.（2020-11-06）［2021-05-06］. http：//www.mofcom.gov.cn/article/i/jyjl/j/202011/20201103016301.shtml.

[125] 沈桂龙. 中国"一带一路"跨境园区发展报告［M］. 上海：上海社会科学院出版社，2018：70.

[126] 盛亚，单航英. 利益相关者与企业技术创新绩效关系：基于高度平衡型利益相关者的实证研究［J］科研管理，2008，29（6）：30-35.

[127] 史田一. 中马"一带一路"合作项目的进展和问题［J］. 战略决策研究，2020（3）：3-22.

[128] 苏枫. 探索北部湾邮轮旅游圈的构建［J］. 中国商贸，2014（11）：

141-142.

[129] 苏宁，等．"一带一路"倡议与中国参与全球治理新突破［M］．上海：上海社会科学院出版社，2018：141-142.

[130] 苏小红．海上丝路［M］．广州：广东人民出版社，2016：247.

[131] 孙妍．环南海航区邮轮产业合作与区域经济发展［M］．北京：知识产权出版社，2018.

[132] 孙妍．基于产业链投入产出表的邮轮经济产业关联度测算［J］．统计与决策，2017（19）：5-10.

[133] 孙智君．产业经济学［M］．武汉：武汉大学出版社，2010：201.

[134] 泰中罗勇工业园——促进泰国工业和产业发展完善［EB/OL］.（2022-07-13）［2022-07-18］.http：//world.people.com.cn/n1/2022/0713/c1002-32474122.html.

[135] 田光辉，姜又春．新时代湖南民族地区文化与旅游融合发展研究［M］.北京：光明日报出版社，2020：13.

[136] 田纪鹏．世界城市旅游经济结构演进评价与优化研究［M］．北京：中国旅游出版社，2016：291.

[137] 屠年松，屠琪珺．中国与东盟国家和谐关系论［M］．北京：中国经济出版社，2018.

[138] 外交部亚洲司．中国—东盟合作事实与数据：1991—2021［EB/OL］.（2021-12-31）［2022-01-10］.https：//www.fmprc.gov.cn/web/wjb_673085/zzjg_673183/yzs_673193/xwlb_673195/202201/t20220105_10479078.shtml.

[139] 王子谦．海南自贸港将出台一揽子举措提升对东南亚开放水平［EB/OL］.（2023-03-02）［2023-03-13］.http：//ex.chinadaily.com.cn/exchange/partners/82/rss/channel/cn/columns/j3u3t6/stories/WS6400970ba3102ada8b2318c3.html.

[140] 王帷洋．我国邮轮经济的区域合作分析——以环渤海区域为例［D］.大连：大连海事大学，2008：49-61.

[141] 王晓樱，魏月蘅，李盛明．中国—东盟海洋合作年启动21世纪海上丝绸之路建设需把握三大关键词［EB/OL］.（2015-03-29）［2020-08-03］.http：//cn.chinadaily.com.cn/2015-03/29/content_19942275.htm.

[142] 王蔚．豪华游轮"海洋神话号"获准首航台湾［EB/OL］.（2009-03-02）［2020-06-07］.http：//www.taiwan.cn/xwzx/la/200903/t20090302_839222.htm.

[143] 王明友，李向辉，赵奕，等．我国软件产业链整合研究［M］．北京：冶金工业出版社，2019：15.

[144] 王小明. 21 世纪海上丝绸之路建设对接当地发展研究——印度尼西亚视角 [J]. 国际展望, 2017 (4): 122-143.

[145] 魏培育. 海峡两岸邮轮经济发展合作机制研究 [D]. 大连: 大连海事大学, 2012: 41-46.

[146] "文莱—广西经济走廊"评析 [EB/OL]. (2014-10-08) [2020-05-10]. https: //cari. gxu. edu. cn/in-fo/1087/4148. htm.

[147] 我国首艘国产邮轮建造 MOA 正式签约 [J]. 水上消防, 2017 (2): 44-45.

[148] 吴雅菁. 南国都市报数字报 [EB/OL]. 南国都市报数字报网 (2011-11-28) [2020-02-01]. http: //ngdsb. hinews. cn/html/2011/11/28/content_420666. htm.

[149] 吴崇伯. 印度尼西亚海洋经济发展及其与中国海洋经济合作政策思考 [J]. 中国周边外交学刊, 2016 (2): 165-180.

[150] 吴杰伟. 大帆船贸易与跨太平洋文化交流 [M]. 北京: 昆仑出版社, 2012: 28.

[151] 习近平会见文莱苏丹哈桑纳尔 [EB/OL]. (2019-4-26) [2020-05-11]. https: //www. mfa. gov. cn/web/zyxw/201904/t20190426_346311. shtml.

[152] 习近平: 中泰铁路合作"我感到满意" [EB/OL]. (2014-12-24) [2021-01-08]. https: //www. bjnews. com. cn/news/2014/12/24/347059. html.

[153] 厦门中远海运. 中远海运 & 中旅合资"星旅远洋邮轮"举行首次发布会 [EB/OL]. (2019-05-23) [2020-06-17]. https: //www. sohu. com/a/316168275_120058948.

[154] 谢睿琳. 探索两岸四地邮轮旅游圈的构建 [J]. 旅游纵览, 2015 (2): 149.

[155] 谢识予. 经济博弈论 [M]. 上海: 复旦大学出版社, 2017: 225.

[156] 新华社. 三菱重工暂停邮轮制造中国造船踏入该市场能成功吗?——中国首个国际邮轮产业园落户上海 [EB/OL]. 中华人民共和国中央人民政府网, (2016-10-12) [2022-10-18]. https: //www. gov. cn/xinwen/2016-10/12/content_5118069. htm.

[157] 徐进. 略论中国与东盟的环境保护合作 [J]. 战略决策研究, 2014 (6): 31.

[158] 许晓涛, 孙妍. 环南海国家邮轮旅游产业合作路径探析 [J]. 特区经济, 2021 (8): 125-128.

[159] 薛桂芳. 海洋法学研究 (第 3 辑) [M]. 上海: 上海交通大学出版社, 2018: 44.

［160］亚当·斯密．道德情操论［M］．赵康英，译．北京：华夏出版社，2014：152.

［161］杨静林．东盟邮轮旅游业发展方兴未艾［N］．广西日报，2017-12-06（10）．

［162］杨毅，刘洁，于建成，等．分布式储能优化配置影响因素的评价方法研究［J］．现代电子技术，2015，38（2）：152-157.

［163］叶欣梁．打造上海邮轮经济全产业链战略思路［J］．科学发展，2020（8）：20-32.

［164］叶欣梁．邮轮国产化需全产业链联动［N］．中国交通报，2019-5-7（7）．

［165］尹泓．文化产品管理［M］．成都：电子科技大学出版社，2019：74.

［166］印尼大力发展旅游业，以实现入境游客两位数增长目标［EB/OL］．（2015-07-03）［2020-09-10］．http：//cistudy.ccnu.edu.cn/info/1125/3150.htm.

［167］印尼旅游部大力扶持4大旅游地，包括巴厘岛［EB/OL］．（2020-11-09）［2021-12-01］．https：//www.163.com/dy/article/FR1B66P00534P9N2.html.

［168］邮轮参考．2018—2019香港启德邮轮码头发展专题报告［EB/OL］．（2019-02-01）［2020-05-12］．https：//www.sohu.com/a/292902083_100002900.

［169］于洪君．"一带一路"［M］．北京：党建读物出版社，2020：68.

［170］于晴，张继春．世界网力［M］．北京：国家行政学院出版社，2019：37.

［171］约翰·海萨尼．海萨尼博弈论论文集［M］．郝朝艳，魏军锋，平新乔，译．北京：首都经济贸易出版社，2003：303-305.

［172］云顶香港．云顶香港有限公司概览［EB/OL］．（2020-12-02）［2022-04-24］．http：//www.gentinghk.com/cns/home/profile.aspx.

［173］张百灵．正外部性视野下的环境法律激励问题研究［M］．北京：知识产权出版社，2017：99.

［174］张峰．社会理论前沿书系博弈逻辑［M］．北京：中国社会出版社，2008：74.

［175］张海琦，袁波．深化中国—东盟自贸区合作的总体思路与措施［J］．国际经济合作，2013（7）：38-42.

［176］张辉，吴尚，陈昱．全球价值链重构：趋势、动力及中国应对［J］．北京交通大学学报（社会科学版），2022，21（4）：54-67.

［177］张辉．全球价值链动力机制与产业发展策略［J］．中国工业经济，2006（1）：40-48.

［178］张健华. 我国商业银行效率研究的 DEA 方法及 1997-2001 年效率的实证分析［J］. 金融研究，2003（3）：11-25.

［179］张志文. 旅游合作，中国—东盟关系发展重要纽带［N］. 人民日报，2017-11-21（21）.

［180］赵恒煜. 粤港澳大湾区智库发展特征、问题及趋势研究［J］. 智库理论与实践，2022，7（6）：72-82.

［181］中华人民共和国政府和马来西亚政府联合声明［EB/OL］.（2018-08-21）［2020-04-15］. http：//www. beijingreview. com. cn/shishi/201808/t20180821_800138703. html.

［182］中泰关于建立全面战略合作伙伴关系的联合声明［EB/OL］.（2012-04-19）［2020-12-08］. http：//www. gov. cn/jrzg/2012-04/19/content_21175 98. htm.

［183］中泰签署铁路和农产品贸易两项合作谅解备忘录［EB/OL］.（2014-12-25）［2021-05-15］. http：//www. scio. gov. cn/ztk/wh/slxy/htws/Document/1388923/13889 23. htm.

［184］中国能建签署卡利瓦大坝等两项项目协议［EB/OL］.（2018-11-22）［2020-03-12］. http：//www. sasac. gov. cn/n2588025/n2588124/c9850047/con-tent. html.

［185］中船集团. 不仅仅豪华邮轮～中船集团与芬坎蒂尼集团战略合作［EB/OL］.（2018-08-29）［2020-04-12］. http：//www. eworldship. com/html/2018/Shipyards_0829/142548. html.

［186］中国·越南（深圳—海防）经济贸易合作区［EB/OL］.（2021-02-17）［2022-08-10］. http：//www. cocz. org/news/content-286474. aspx.

［187］中国—东盟命运共同体建设的整体思路［EB/OL］.（2020-07-09）［2020-09-12］. http：//ex. cssn. cn/gd/gd_rwxn/gd_ktsb_1696/zbmygttjsllysj/202007/t20200709_5153279. shtml.

［188］中国成为越南最大的原油出口市场［EB/OL］. 越南共产党电子报网，（2018-09-19）［2022-08-10］. https：//cn. dangcongsan. vn/cate-3085/article-498235. html.

［189］中国能建签署菲律宾克拉克工业园项目协议［EB/OL］.（2018-11-21）［2020-03-13］. http：//www. cocz. org/news/content-289876. aspx.

［190］中国与东盟执法安全合作综述：共建共享，合作共赢［EB/OL］.（2015-10-22）［2020-10-18］. http：//www. chinanews. com/gn/2015/10-22/7583229. shtml.

［191］中泰关于二十一世纪合作计划的联合声明［EB/OL］.（2000-11-07）［2020-12-07］. https：//www. fmprc. gov. cn/gjhdq_676201/gj_676203/yz_67620

5/1206_676932/1207_676944/200011/t20001107_9304044. shtml.

［192］中意合资成立中国首家邮轮旅行社［EB/OL］.（2009-12-17）［2023-04-26］. https：//www. chinanews. com/cj/cj-gncj/news/2009/12-17/2022192. shtml.

［193］周志华. 新形势下广西北部湾经济区发展研究——与珠三角经济区发展相比较［M］. 南宁：广西科学技术出版社，2017：80.

［194］朱建江. 区域发展导论［M］. 上海：上海社会科学院出版社，2020：118.

［195］祝尔娟，王天伟，陈安国，等. 京津冀产业发展研究重化工业和战略性新兴产业现状、趋势与升级［M］. 北京：中国经济出版社，2011：23.

［196］邹昊飞，韩勇. 经济区：中菲合作新平台［J］. 中国投资，2017（11）：54.

［197］最邮轮. 海航海娜号于印度进行拆解，但记忆不会被拆解［EB/OL］.（2017-09-09）［2021-05-06］. https：//www. sohu. com/a/190939822_658615.